러시아 과학아카데미
세계경제 및 국제관계연구소(IMEMO)

글로벌 전망 2030

러시아의 전략적 시각

알렉산드르 딘킨 지음
김현택 · 이상준 번역

한국외국어대학교 출판부

집필 책임위원회

A. 아르바토프(과학아카데미 준회원), V. 바라노프스키(과학아카데미 준회원) E. 곤트마헤르(경제학 국가박사), A. 딘킨(과학아카데미 정회원), N. 이바노바(과학아카데미 준회원), I. 코롤레프(과학아카데미 준회원), G. 마차바리아니(과학아카데미 준회원), V. 미헤에프(과학아카데미 준회원), V. 트루브니코프(과학아카데미 준회원), E. 헤신(경제학 국가박사)

편집위원회

위원장: I. 코롤레프(과학아카데미 준회원), V. 미헤에프(과학아카데미 준회원)

위 원: V. 아미로프, F. 보이톨코프스키(정치학 박사), E. 클류에바, N. 코솔라노프(역사학 박사), A. 쿠즈네초프(경제학 국가박사), S. 루코닌(경제학 박사), G. 마차바리아니(과학아카데미 준회원),E. 헤신(경제학 국가박사), V. 슈비드코(경제학 박사), A. 유시포프(경제학 박사)

여러 학문이 연계되는 연구의 총체인 본 전망은 다양한 통계자료를 바탕으로 하고 있다. 이 연구는 다양한 세계 문제, 개별 지역, 국가 등을 오래 기간 연구해온 전문가들의 글로벌 전망 비전을 기반으로 하였다. 본 집필 작업에 이용된 주요 통계 자료는 GDP 전망 평가, 노동생산성, R&D 비용, 그리고 IMEMO의 독창적 방법론을 통해 얻은 기타 지표 등이다. 이 연구의 주요 과제는 핵심적 세계정치 · 경제 동향이 러시아에게 어떤 문제와 가능성을 제시하는지 보여주는 것이다.

이 책은 요약본과 전문 텍스트 두 종류로 발행되었다. 전문 텍스트는 세계 발전 동향, 그리고 이 동향이 이데올로기, 경제, 사회관계, 정치 등 사회의 다양한 분야에 어떻게 투영되고 있는지를 밝히고 있다. 그리고 각 장은 세계 발전의 중심지와 기타 지역에 대한 분석을 담고 있다. 세계 발전 전망 분석 결과를 토대로 결론에서 러시아에게 어떤 도전과 가능성이 예상되는지를 밝히고 있는 이 책은, 공직자, 재계인사, 각 분야 전문가, 그리고 일반 대중을 대상으로 집필되었다.

*표지 그림은 르네 마그리트의 〈통찰력(1936년 作)〉의 일부를 사용한 것임

한국어판 서문

장기 예측을 하자면 글로벌 트렌드에 대한 체계적 분석이 필요하고, 그 결과 구체적인 평가와 정책 제안이 가능해진다. 러시아가 국제적 위상을 강화하고, 글로벌 트렌드 및 글로벌 거버넌스에 대한 영향력을 확대함으로써 국민의 삶의 질을 향상시키고, 나아가 국가 안보를 확보하기 위해서는 이 같은 방법이 합리적일 것이다.

러시아 과학아카데미 산하 세계경제 및 국제관계연구소(IMEMO) 소속 학자들이 그동안 축적해온 경험과 독창적 예측 방법에 의거하여 우리는 전략적으로 중요한 장기 트렌드의 질적 특징들을 밝힐 수 있게 되었다.

이와 유사한 포괄적 장기 예측은 UN과 기타 국제기구, 그리고 미국, EU, 중국 등에서 특히 주목 받고 있다. 널리 알려진 이런 범주의 연구로는 미국 국가정보위원회(NIC), 대서양 위원회(Atlantic Council) 등이 내놓은 2010년부터 2025년 사이의 글로벌 트렌드 전망을 들 수 있다.

20년 가까운 과도기(1992~2010년)를 겪은 오늘의 러시아는 세계 주요 국가들이 내놓는 미래 예측을 그대로 참고의 틀로 사용하기 어려운 시기를 맞이하고 있다. 이는 러시아의 정치 및 전문가 엘리트들이 그 사이 경험한 성숙한 변화에서 기인한 것이기도 하지만, 다른 한편으로는 2008~2009년에 발생한 글로벌 경제위기 때문이기도 하다. 특히 이 두 번째 요인은 글로벌 차원의 행위자들에게 경제, 재정, 안보, 기술, 그리고 기후변화 등의 영역에서 새로운 규범 탐색의 필요성을 강하게 요구하고 있다.

바야흐로 러시아는 정치, 군사, 경제, 사회 영역에서 세계적 상황변화에 적절히 참여하고 적응해야하는 과제에 직면하고 있다. 세계화의 큰 흐름을 거스

르면서 한 국가의 성공적 변화가 불가능한 것은 당연한 이치이다.

이번에 발간하는『글로벌 전망 2030: 러시아의 전략적 시각』은 IMEMO 에서 지속적으로 추진해온 장기 전망 프로젝트의 연장선상에서 수행되었다. 금번 장기 전망이 2001년의『새 천년의 기로에 선 세계』그리고 2007년의『세계경제 전망 2020』과의 비교에서 갖는 차별성은, 경제 전망에 대한 포괄적 비전 제시와 함께 국제사회의 트렌드에 대한 이념적, 사회적, 국제정치적, 안보적 차원에서의 평가를 시도하고 있다는 점이다.

학제 간 연구의 산물인『글로벌 전망 2030: 러시아의 전략적 시각』은 다양한 글로벌 이슈, 지역, 그리고 개별 국가를 꾸준히 연구해온 대규모 전문가 그룹이 마련한 미래 비전에 기초하고 있다. 그리고 통계 자료로는, GDP 예측, 노동생산성, R&D 투자, IMEMO 자체의 독창적 방법으로 산출된 지표 등이 활용되었다.

상이한 성격의 변화들(이를테면, 경제, 재정, 인구변화, 사회적 트렌드, 과학 발전과 기술변화, 이데올로기의 역할, 사회 심리적 경향과 문화 과정 등) 사이의 긴밀한 연관 관계들에 대한 진지한 탐구 결과, 우리는 향후 20년 동안 전개될 글로벌 차원의 질적 변화에 대한 조망을 제시할 수 있게 되었다.

이와 같은 접근 방법은 세계경제와 글로벌 정치 질서의 지속적, 혹은 변화 가능한 트렌드는 물론 국제체제의 여러 주체, 구조, 제도, 그리고 주요행위자들에 대한 집중적 연구를 가능하게 한다는 이점을 갖고 있다.

본 연구의 으뜸가는 과제는, 우리가 발견한 글로벌 경제 및 정치의 주요 트렌드들이 러시아와 세계에 어떤 위기와 도전들을 제기하고 있는지 밝히는 일이다.

『글로벌 전망 2030: 러시아의 전략적 시각』의 한국어 번역판이 출간된다니 참으로 반가운 일이다. 이 책을 통해 러시아 연구자들의 시각에서 본 세계의 미래, 한국의 미래 전망이 한국 국민과 학계 인사들 사이에 널리 소개되었으면 하는 바람이다. 아울러 이와 같은 책의 발간이 러시아와 한국 양국 사이의 협력 관계에도 적잖게 기여할 것으로 믿는다.

알렉산드르 딘킨
IMEMO 소장

목 차

서론

서 론

무엇인가를 전망하고 예측하는 것은 어렵고, 또 때로는 난망한 과제이다. 글로벌 차원의 사회경제적 역동성을 장기적으로 전망하는 작업은 더 말할 나위가 없다.

하지만 사회와 국제관계를 다루는 학문에서 미래에 대한 예측은 중요한 실천적 과제 중 하나이다. 전망을 통해 미래의 메가트렌드를 읽을 수 있으며, 다양한 시간적 지평 속에서 전략을 구상하고 또 정책의 우선 순위를 결정할 수 있기 때문이다.

과학적 전망의 진정한 목표는 장차 발생할 일들을 상세히 기술하는 데 있지 않다. 단기적으로 무슨 일이 일어날 것인가를 상세히 기술하는 일이 용이하지 않은 이유는 수많은 우연한, 주관적 요인들이 개입하기 때문이다. 전망의 최우선적 과제는 가장 중요한 장기적 트렌드를 예견하는 일, 그리고 세계적 변화의 핵심적 결정요인들과 잠재적 전환의 기점들을 파악해내는 일 두 가지이다. 이 중에서도 후자는 아주 까다로운 과제이다.

다양한 신뢰 수준을 가진 정보가 넘쳐나는 오늘날, 정치인, 공직자, 기업인, 사회 활동가들은 분기별 통계나 직관력 또는 본능적 감각에 더 이상 의존하기 힘든 상황에 이르렀다.

국가, 기업, 비정부단체, 사회단체의 중장기 정책들이 보다 성공적, 효율적일지는 전적으로 미래의 정책 결정자가 얼마나 정교하고 또 다각적인 비전을 갖고 있는 지 여부에 달려있다. 이러한 점에서 볼 때, 실현 가능한 비전과 실현 하고자 하는 비전이 과도하게 상충되지 않도록 하는 것이 중요하다.

게다가 미래의 세계 구도는, 냉정한 분석을 통해 얻은 결과와 상이한 발전을 희망하는 사람들이 갖고 있는 기대나 선입견과 늘 일치하지는 않을 것이다. 그러나 현 시점에서 미래의 장기 전망을 왜곡하여 내릴 경우, 사회가 치러야 할 대가는 시간이 갈수록 더욱 혹독해진다. 이 점에 있어서, 20세기에 있었던 다양한 이데올로기적 예측과 체제의 대격변에 관한 여러 예측의 실패 사례는 우리에게 많은 교훈을 안겨 주었다.

2008~2009년 금융위기는, 세계화 시대에 불확실성이 증대한다고 오래 전부터 주장해온 다수 전문가들의 견해가 옳았음을 여실히 보여준다. 당시 금융위기는 미래의 사회 경제 발전을 위한 새로운 개념적 틀을 모색하는 동기로 작용했다. 전문용어로 이 개념적 틀은 신 경제규범(new norm)이라고 불린다. 신 경제규범의 특징은 세계의 구조적 불균형에 대한 보상, 금융시장 통제, 글로벌 거버넌스, 소비 제한, 불평등의 심화, 녹색 성장, 높은 실업률 등의 요인과 관련을 맺고 있다.

신 경제규범이라는 개념은 20세기에 작동했던 케인즈주의와 자유주의(이 두 사조의 효과 유무와는 상관없이)라는 개념을 대신할 것으로 보인다. 케인즈주의와 자유주의는 세계화 시대 이전까지 국가경제를 지배하던 이론적 사조이다. 현대 세계에서 경제 민족주의 입장을 취하는 것은 불황을 스스로 자초하는 것이나 다름없다. 국가가 신용확대 또는 통화긴축정책을 취하는 등 금융문제에 대해 일국 차원의 처방을 제 아무리 내놓는다고 해도 국경을 초월하는 정보, 혁신, 자본, 노동력의 유입으로 인해 정책효과는 사라진다. 오늘날 거시경제정책을 수립하는 일은 예전보다 책임감과 투명성이 제고되었으며, 사회적 변수를 고려해야 한다는 점을 또한 내포하고 있으며, 단지 산업정책을 수립하거나 수단과 방법을 가리지 않고 균형재정정책을 수립하는 것을 의미하지는 않는다. 현대 사회의 모순 중 하나는 중국이 자유주의적 대외무역을 표방하고 있으며, 미국은 신용확대 및 적자를 겪고 있다는 점이다.

이제는 그 어떤 국가도, 심지어 가장 폐쇄적인 국가조차도 지역적, 전 세계적 발전 맥락을 분석하지 않고서는 미래를 진단할 수 없게 되었다. 오늘날 정치경제에서 한 국가의 대내외 경계 구분은 점점 희미해지고 있다. 금융위기의 여파로 국가가 전 세계적 정치, 경제, 사회, 이념의 발전 동향을 고려하지 않고 고립적으로 존재하는 것은 불가능하며, 국가들 간 상호영향력이 증대되었다는 사실이 더욱 분명해졌다. 이러한 상황적 변화는 연구 분석의 이론적 여건 뿐 아니라 세계질서 편성에서 주도적 위치를 차지하고자 하는 국가 엘리트층의 실질적 사고도 역동적으로 바꾸어 놓고 있다.

1960~1970년대 전 세계 연구기관들은 세계적 차원에서 인류 전체의 문제가 수면 위로 떠오르고 있다는 것을 인지하였고, 이후 여러 유형의 세계 발전방향을 제시하는 강한 어조의 혹은 모순적 내용의 보고서가 다수 발표되었다. 그 무렵 가장 명성을 얻은 것이 『로마클럽(The Club of Rome) 보고서』이다. 사회과학의 체계접근법을 기반으로 한 최초의 미래연구인 이 보고서의 주요 목표는 추정기법을 토대로 현실적인, 그리고 가설적인 세계 문제에 주목하는 것이었다. 『로마클럽 보고서』에서 언급된 문제들로는, 에너지 부족, 식량 및 기타 자원 부족, 인구 증가, 남반구 국가들의 인구폭발 우려, 전 세계적 빈곤, 군비경쟁, 다양한 국가와 지역 간 사회경제 및 과학기술 발전의 불평등 양상, 그리고 우주 및 전 세계 대양의 평화적 개발 과제 등을 들 수 있다. 이 중 몇 가지 주제는 아직도 장기전망 연구의 대상으로 남아있다. 『로마 클럽 보고서』는 커다란 심리적 반향을 일으켰다. 또한, 이 보고서는 이념적으로 대립각을 세우는 두 체제와 제3세계가 상존하고 있음에도 불구하고, 전 세계경제가 세계화라는 하나의 흐름 속에 편입되는 경향이 커다란 추세임을 예견했다.

이 무렵 세계경제, 과학기술, 국제정치에 관한 전망 연구의 붐이 본격적으로 일기 시작했다. 그 중 가장 큰 반향을 일으킨 것은 삼각위원회(Trilateral Commission), 브란트위원회(Brandt Commission), 세계질서모델프로젝트(WOMP), 미국 RAND 연구소의 보고서들이었다. 세계사회경제 및 과학기술 발전에 관한 장기적 전망(과학기술의 진보에 관한 총체적 프로그램) 연구를 목적으로 하는 최초의 시도들이 소비에트 연방(IMEMO를 포함한), 헝가리, 동독 등에서 진행되었다.

1980~1990년대에는 세계 장기 전망 분석에 관한 전문가 집단과 정치계의 관심이 약간 하향 곡선을 그렸는데 다음과 같은 이유들이 그 배경으로 작용했다.

- 실제 결과와 중대 변화에 앞서 내놓은 다수의 전망이 잘 일치하지 않았다. 이전에 발간된 그 어떤 전망 보고서도 세계질서의 전환, 즉 냉전이 종식될 것이라는 시나리오를 내놓지 못했다.
- 대다수 전문 학술단체들은, 1970년대에 학계를 풍미했던 전자데이터 처리방식의 활용 및 수학적 모델링 기법의 적용이 사회경제 및 정치 과정을 전망하는데 비효율적이라는 결론에 도달했다.
- 세계 전망 분석의 결과를 신속하게, 실제로 적용한 사례가 없다는 사실에 선진국의 정계와 재계는 실망감을 나타냈고 그 결과 미래 전망 연구를 위한 재정 지원이 감소했다.
- 세계사회경제 발전에 대한 총체적 분석보다는 수요가 높은 문제와 세부적 주제에 관한 분석이 주종을 이루었다.

2000년대 초반부터 장기 글로벌 분석에 대한 사회 및 학계의 관심이 되살아나기 시작했다. 장기 글로벌 분석에 대한 관심이 촉진된 이유는 정치경제의 세계화 영향 아래 자국의 영향력이 증대되는 강대국 엘리트들의 세계관과 심리가 질적으로 변화했기 때문이다. 냉전의 종식으로 인한 일시적 환희도 시들해졌다. 1990년대에 발생한 사건들을 살펴보면, 양극체제가 붕괴한 이후 다수의 전문가들의 예견과는 달리, 세계정치경제 발전 동향이 그다지 일원적이지 않았다는 것을 알 수 있다. 세계질서의 변환은 점점 느리게, 예측에서 더욱 동떨어진 방향으로 진행되었으며, 세계화의 효과 역시 반드시 긍정적이지는 않았다.

세계화에 따른 상호의존성은 주요 강대국들 뿐 아니라 다른 국가의 엘리트층에게도, 그리고 수백만 명의 사람들의 삶에도 실제적 영향력을 행사하며 그 범위 또한 전 방위적으로 확대되어 가고 있다. 국가 공무원, 국제기구 근무자, 다국적 기업 경영진, 군부, 정보기관은 전 세계에서 일어나는 일들을 하루하루 고려하면서 장기적 차원에서 활동계획을 수립해야 하는 상황을 맞고 있다. 따라서 전반적, 구체적 미래 모습을 예측하는 것은 심리적 동기에서 뿐만 아니라 실제적으로 매우 필요한 작업이 되었다.

2000년대 초부터는, 이전에 즐겨 다루지 않던, 틈새시장 주제에 해당하는 경제, 에너지, 환경, 기술, 인구, 교육 등에 관한 전망들이 쏟아져 나왔으며, 이런 주제들은 대체로 중기 전망의 성격을 띠고 있다. 드물기는 하지만 다양한 주제를 연계시켜 전망하거나, 보다 먼 장래를 기술하는 전망도 등장하기 시작했다. 이를테면 미래 전망 연구의 전문화가 심화되었고, 동시에 여러 학문이 연계된 학제 간 연구가 지속적으로 증가하는 추세를 보였다.

2000년대에는 정치경제 전망 시장이 전 세계에 형성되기 시작하였다. 새로 형성된 시장에서 주류를 이룬 것은 주제별, 단기 전망 분석이었지만, 총체적인, 세계를 단위로 하는 총체적 장기 전망 분석이 더 큰 중요성을 인정받기에 이르렀다. 미국, EU 주요 국가들, 그리고 일본이 앞 다투며 최근 10년 동안 다양한 미래 전망을 지속적으로 내놓았다. 이러한 전망의 결과에 관심을 보인 주체는 강대국 국가기관, 대기업, 국제기구 및 국제 비정부기구와 언론 등이다.

UN 및 기타 국제기구의 후원 하에 각종 연구 분석이 나오기 시작했다. 이러한 연구의 대다수는 여러 분야의 현재 추세를 다양한 각도에서 분석했다. 전망의 분야 또한 아주 다양해졌다. 이 중에서 정기적으로 나오는 전망 연구들의 몇몇 예를 들자면, UN 환경계획의 후원 하에 발간되는『글로벌 환경 전망(Global Environmental Outlook)』, 세계은행의『글로벌 경제 전망(Global Economic Prospects)』과『글로벌 개발 금융(Global Development Finance)』, 그리고『세계 에너지 전망(World Energy Outlook)』등이 있다. UN, IMF, OECD, UNCTAD(국제연합 무역개발회의) 및 기타 기구에서 주기적으로 발행하는 방대한 양의 경제사회인구 통계 자료에 근거하여 발표되는 연구 전망들이 명성을 얻기 시작했다. 아시아개발은행 후원으로 발간되는『아시아 발전 전망(Asian Development Outlook)』같은 개별 지역의 경제 발전에 대한 전망도 수시로 나오게 되었다.

일부 다국적 기업들은 이렇게 나온 전망을 실무에 도입하기 시작했으며, 미래 전망은 기업의 장기 전략을 세우는 데 중요한 요소로 간주 되었다. 한 예로, IBM은 글로벌 혁신 전망(Global Innovative Outlook)이라는 전담부서를 창설하고, 여기서 주기적으로 전자 및 인터넷 기술 분야의 유망한 혁신 산업이 무엇인지를 모니터링하고 있다. BP, Exxon Mobile, Royal Dutch/Shell 같은 세계적 기업들도 매년 전 세계 연료 에너지 자원시장을 면밀히 분석하고 있다. 현재는 수많은 기업의 부서들이 이 같은 전망 분석에 관심을 기울이고 있으며, 분석 대상으로는 전 세계의 환경, 사회, 물류 및 기타 분야의 발전 동향들이 포함되고 있다. 장기 전망 보고서의 증가에 영향을 미친 중요한 요인으로는, 안보문제가 세계화되었다는 점과 다수의 학자 및 정치가들이 비군사 부문을 전에 비해 더욱 중요시하게 되었다는 점 두 가지를 들 수 있다. 국방 및 안보 전망 분야의 선두 주자는 당연히 미국 정부 산하 및 민간 연구 센터들이다.

미국의 컨설팅 회사들은 국방, 안보, 교통, 물류, 민군겸용 기술 분야에서 전망을 실무에 도입하는 것은 물론, 군수시장 및 군사기술 분야를 포함한 다양한 분야의 전망 연구에도 적극 참여하고 있다.

에너지 분야 전망에서 권위를 갖고 있는 것은 케임브리지 에너지 연구회(CERA)이다. 경제금융 분야에서는 IHS 글로벌 인사이트 다국적 컨설팅 회사가 우위를 점하고 있다. 이 같은 미국의 전문 연구 센터와 더불어 전망을 실무에 도입하는 분석을 담당하는 주체로는 이미 100년 이상 활동 중인 영국의 군수 에이전시이자, 해군 및 교통 정보 전문 다국적 기업인 Jane's사가 있다.

선진국 정부 부서들도 에너지 전망에 계속해서 큰 관심을 보이고 있다. 미 상원 정보위원회에 제공되는 부분공개 보고서인 『연례 위협 평가(Annual Threat Assessment)』는 미국 정보기관이 정기적으로 작성하고 있다. 글로벌 에너지 환경 전망 및 이와 관련된 주제는 미국 에너지 정보국(EIA)의 관심사이다. 유럽대서양지역의 글로벌 군사 및 비군사 문제 및 위협에 관한 전망은 NATO 후원 하에 2009년에 발간된 『다중 미래. 2030년을 향한 항해(Multiple Futures. Navigating towards

2030)』 보고서에 제시되어 있다.

민간 싱크탱크들도 안보 분야의 다양한 전망을 내놓은 바 있다. 2007년 국제전략연구소(CSIS)는 『글로벌 전망: 최우선 안보과제(Global Security Forecast: the Top Security Challenges)』를 발간하였다. 국제안보의 다양한 국면 및 국제안보 관련 경제, 정치, 인도주의 문제에 관한 전망 보고서는 외교협회(Council on Foreign Relations)의 전문가들이 발간하고 있다.

세계경제 및 보건, 교육, 환경, 이민, 에너지 분야, 그리고 기타 지역 및 국가들과 관련된 전망 연구들 또한 나오고 있다. 이 같은 연구는 미국의 브루킹스 연구소(Brookings Institution), 카네기 국제 평화 기금(Carnegie Endowment for International Peace), RAND 연구소 및 기타 전문 기관들이 수행하고 있다.

하지만 미국이나 EU에서 지금까지 나온 연구보고서들도 총체적 수준의 글로벌 전망이라는 차원에서는 미흡한 편이다. 최근 미국에서 나온 글로벌 전망 연구 보고서들 중에서는 대서양 위원회(Atlantic Council) 후원 하에 국가정보위원회(National Intelligence Council) 전문가들이 구상한 보고서와 기타 이데올로기 전문 연구기구가 작성한 연구보고서들이 세계적 명성을 얻고 있다. 1997년부터는 몇 년 주기로 『글로벌 트렌드(Global Trends)』 보고서 시리즈가 발간되고 있다. 2010년, 2015년, 2025년까지 세계 발전 시나리오를 전망하는 보고서가 나오기도 했다. 2010년에는 『글로벌 트렌드』 보고서 시리즈의 일환으로 『글로벌 거버넌스 2025』 전망 보고서가 발간되었으며, 이 보고서 집필진은 작성과정에서 IMEMO의 전문가들에게 자문을 요청하기도 했다.

EU에서 나오는 전망보고서의 주제는 주로 유럽에 국한되어있지만, 그 중에서도 글로벌 트렌드를 다루거나 타 지역 상황에 주의를 기울이는 전망 보고서도 적지 않다. 그 중 세계경제의 장기적 전망을 다룬 유럽 보고서의 예로는, 2006년 독일 대표은행 중 하나인 도이치 방크(Deutsch Bank) 연구소에서 발간된 보고서와 프랑스 국제경제연구소(CEPII)의 보고서를 들 수 있다.

이와 같은 종합 연구 보고서들 중 주목해야 할 사례로는 2008~2009년 EU 후원 하에 발간된 『2025년 세계: 아시아의 부상과 사회 및 환경의 전환(The World in 2025: Rising Asia and Socio-Ecological Transition)』이 있다. 이 밖에도 관심 있게 살펴보아야 할 보고서로는 유럽 중도우파 정당들의 필요에 의해 2007년 여러 분석 기관들이 네트워크를 형성하여 작성한 『2025년의 세계: EU는 어떻게 대응해야 하는가(The World in 2025: How the European Union Will Need to Respond)』가 있다. EU가 제 7차 다국적 연구 사업의 일환으로 진행 중인 『Augur』 프로젝트에 포함될 2030년까지의 전망보고서는 총체적 성격을 띨 것으로 보인다.

글로벌 전망에 대한 관심이 여타 국가들에서도 증대하는 것은 당연한 이치이다. 향후 몇 년 안에 글로벌 전망 시장에 진입할 가장 유망한 국가로는 인도와 중국을 꼽을 수 있다. 중국에서는 무엇보다도 중국 경제 및 과학 발전의 장기적 분석에 큰 비중을 두고 있다. 시기 또한 다양하게 나누어 전망을 하고 있는 데, 2020년, 2030년, 심지어는 2050년까지를 내다보는 장기 전망을 시도하고 있다.

최근 몇 년간 발간된 전망 보고서나 시나리오들이 모두 심도 있는 분석을 했다고 하기는 힘들다. 유감스런 일이지만, 전망 보고서나 시나리오 중 일부는 진행 중인 정치 프로젝트나 상업적 이익, 또는 일부 계층의 이해관계를 따르는 경향을 보인 사례들도 있다. 구체적 홍보를 목표로 하고 있는 이런 종류의 전망 보고서들은 순수한 과학적 연구 결과라고 할 수 없다.

언론을 통해 센세이션을 일으키고 관심을 끌고자 하는 세칭 예언가들은 미래에 계시록에 나올 법한 세계가 도래한다는 시나리오를 쓰는 것과 유사한 무모함을 보이기도 한다. 경제, 자원, 정치군사 부문의 세계발전 동향을 평가하면서 일부 예언가들은 관심을 끌기 위해 허위 과장을 하기도 하는데, 안타까운 것은 대다수의 사람들은 이 같은 과장을 현대 미래학의 일부로 받아들이고 있다는 현실이다. 이러한 허위 과장에는 항상 미래의 국제관계체제가 매우 암울하다는 전망이 따라다닌다.

이처럼 과장된 작품들은 보통 사람들을 겁주고 심지어는 정책결정자들의 판단력을 흐리게 할 수도 있다. 글로벌 문제를 보는 지나치게 부정적인 시각이 때로는 도움이 될 수도 있는 바, 이는 그러한 시각 덕분에 사회와 정치 지도층이 미해결 문제에 대해 관심을 기울이고, 향후 정책 실행에서 돌이킬 수 없는 잘못을 범하지 않도록 각성시키는 기능을 하기 때문이다. 이런 현실을 감안할 때, 미래 발전 동향에 대한 종합적이고, 막연한 추측이 아닌 중립적 평가를 담고 있는 과학적 전망 보고서가 매우 부족한 것은 엄연한 현실이다.

우리 러시아에게 향후 20년간의 세계정치경제 발전 동향을 분석하는 일은 특히 중요하다. 지경학적, 지전략적으로 볼 때 러시아는 유럽-대서양 국가들, 중국, 그리고 이슬람 국가들 등 3대 거대 문명으로부터 동시에 영향을 받는 위치에 자리하고 있다. 20세기에 크게 손상된 자국의 정체성을 되찾고, 21세기 전략을 세우는 것은 러시아 지도층 및 러시아 사회 전체에게 요구되는 가장 어려운 과제이다. 유리 레바다(Y. Levada) 박사가 인재라고 표현한 지난 20세기에 겪은 러시아의 경험은, 러시아의 선택에 영향을 미칠 뿐 아니라, 여러 가능성에 제약을 미치는 요인으로 기능하면서, 혹은 발생할 수도 있는 실수에 대한 실존적 책임감도 부여하고 있는 셈이다. 러시아 미래의 실제적 분기점이 위치하는 곳도 바로 이 지점이다.

이 밖에도 탈사회주의 체제전환과 경제 현대화를 성공적으로 마무리하기 위해서는 향후 20년의 전망, 즉 문제점 및 위협에 대한 명확한 시각을 갖추는 것이 필수적이다. 러시아 앞에는 국제적, 글로벌 차원에서 움직이는 경제, 사회, 정치 발전 동향에 적절히 적응해야 하는 과제가 놓여있다. 동시에 러시아는 모든 글로벌 트렌드에 가시적 영향력을 행사할 수 있는 입장에 있지는 않다. 그러나 향후 수 십 년 동안 이 과제를 성공적으로 수행할 수 있는 능력은, 글로벌 트렌드의 영향력에 적응하기 위한 합리적 전략을 러시아가 제대로 세우는가, 그리고 러시아의 사회경제에서 가장 중요하고 또 비전 있는 활동 방향을 어떻게 정하는가와 긴밀하게 연결되어 있다. 우리 IMEMO 연구진이 당면한 또 하나의 실질적 과제는, 2020년까지의 러시아 발전 전략이 어떠한 국제적 여건 속에서 확립되어야 하는

지에 대해 전반적 결론을 내리는 일이다.

따라서 이번에 시도하는 전망의 포커스는 세계정치경제, 사회 및 이데올로기 흐름의 장기적, 객관적 추세에 맞추어져 있다. 또한, 핵심 주체들의 구성 및 발전 동향과 핵심 주체들 사이의 상호작용에서 등장 가능성이 높은 모델을 가정하여 분석하고 있다. 특히 관심이 집중된 부분은, 세계정치경제 발전에서 가장 중요한 국제제도 및 새로운 문제들이며, 구체적 사례로는 글로벌 거버넌스 원칙과 메커니즘 형성을 들 수 있다.

우리가 시도하는 전망은, 사회경제 발전 관련 객관적 지표들을 이용한 체제분석, 그리고 국제 및 지역 사회의 장기적 인구 동향과 개별 국가 및 국제관계에서의 정치동향 추세에 대한 전문가들의 평가를 토대로 이루어졌다. 이 같은 방법론에 힘입어 우리는 세계경제 발전의 일관된 트렌드, 그리고 주체와 구조, 제도가 작동하는 국제관계체제에 관심을 기울일 수 있게 되었다.

유사한 여타 연구들과 달리, 우리가 시도하는 전망은 시나리오를 제시하는 방법에 의존하지 않고 있다. 집필 참가자들은 의식적으로 이와 같은 방법을 선택했다. 미리 준비된 미래 모델을 제시하는 것은 우리 연구자들의 과제는 아니다. 시나리오 방법론은 일관성을 잃기 쉬우며, 작성된 시나리오에서 얻어낼 수 있는 것은 미래를 그려 보는데 도움이 되는 단지 몇몇 요소에 불과하다.

IMEMO의 장기 전망은 통계적 방법을 이용한다. 체제적 접근을 기반으로 하는 이 방법론은 국가, 지역, 국제체제의 다양한 발전 경향을 통합적으로 분석할 수 있는 시각을 제시한다. 연구 수행과정에서 국가, 지역, 국제체제 간의 상호 균형을 진단해본 결과, 세 단위 간에는 근본적인 상호연관성과 모순이 있음이 드러났다. 그 속에서 세계 발전의 역행적 추이를 소홀히 하거나, 이 같은 추이를 전반적 추세에 일부러 종속시키려 하지 않았다. 오히려 객관적, 주관적 모순들이 미칠 영향에 많은 관심을 기울였다. 따라서 이 책의 집필에 참여한 연구자들은 세계 및 지역 발전의 대체 시나리오를 작성하지는 않았다. 하지만 우리가 규정하는 조건 하에서 여기에 제시하는 미래의 전체적 틀이 그대로 현실화 되지는 않을 수 있다는 점은 미리 언급해두고자 한다. 우리의 접근 방식은 안정적 세계구도의 구상을 위해서는 체제적 위협과 문제에 대한 관심이 전제되어야 한다는 점을 바탕에 깔고 있다.

반드시 필요한 영역에서는, 세계의 사회경제 발전의 정량지표들이 갖는 의미의 범위를 구체적으로 제시하려고 노력했다. 정량지표 또는 통계체계에 의거한 미래전망 방법론은 많은 노력이 투여되어야 하는 보수적 방법으로 그 과정이 복잡하다. 이 방법론은 노동력을 수치에 포함하는 인구통계를 배제한다. 그리고 노동력 변동 평가를 기반으로 총 154국에 대한 GDP 총액을 산정하였다. 이후, 문제 시 되는 국가 부문에서 얻은 전망 평가를 몇 차례 조정하였고, 이를 통해 상호 연관성 있는 지표와 세계경제변동 추세의 통계적 틀을 얻을 수 있었다. 그리고 가장 복잡한 단계의 전망을 시도하면서는 세계경제 시뮬레이션 모델을 활용했다. 그 다음으로 개별 국가 및 세계 전체의 사회경제 발전에 대한 질적 분석을 시도했으며, 가장 중요한 세계 트렌드 및 국가와 세계 트렌드 간 상호연관성에 대한 연구를 진행했다. 세계정치경제 경향의 질적 변수들은 이번 연구의 중심과제였다. IMEMO 연구진은 세계정치경제 경향의 질적 변수의 핵심적 특징을 밝히고, 그러한 질적 변수가 러시아에게 있어 어떤 위험과 어떤 가능성을 제시하는지 설명하려고 노력했다.

전망 기간의 한도를 2030년도로 정한 것은 우연이 아니다. 사회학자들이 생각하는 적정 장기 전망 기간은 대략 17~20년이다. 그 정도 기간이면 새로운 한 세대가 형성된다. 2011~2030년은 세계화 및 정보화 시대에 형성된 첫 세대가 왕성한 활동을 하는 시기이다. 이들은 1970~1980년도에 출생하여 1990년도~2000년대 초에 교육을 받은 사람들이다. 이 세대의 사람들이 우리가 전망 보고서에서 기술한 미래의 모습을 결정하게 될 것이다.

이번 전망에 획기적인 측면이 있다면, 이는 글로벌 다층적 상호연관성에 관심을 기울였다는 점이다. 이 같은 미래 연구 방법의 근간에는, 정치경제 및 문화이데올로기의 다양성을 유지하면서도 글로벌 상호의존성이 커지고 있다는 아이디어가 자리 잡고 있다. 우리는 세계가 다중심적 성격을 가질 뿐만 아니라 동시에 위계적일 것으로 추정한다. 국가와 지역 간에 위계질서가 존재하는 체제에서 리더의 위치를 차지하려는 경쟁은 더욱 치열해질 것이나. 하지만 이와 동시에 강대국들 사이의 상호의존성 또한 증대될 것이다. 이해관계가 중첩되는 협력의 공간과 반목과 갈등의 장은 역동적으로 변화할 것이다. 국제적 동맹의 안정성은 이해관계의 부합이 아닌 가치의 부합에 의해, 그리고 국가 간 종교적 근접성에 의해 좌우될 것이다.

세계화는 계속 발전되어 나갈 것이고, 세계화로 인해 각 개별 국가, 지역 그리고 국제체제 전반의 사회 정치 개혁을 위한 경제, 사회, 정보통신의 토대가 세워질 것이다. 정치 경제의 세계화 과정 속에서 중국을 필두로, 인도, 그리고 기타 지역 강국들이 세계화 과정을 선도하게 될 것이다. 세계화 과정은 이를 주도하는 국가들에 내재하는 여러 모순들로부터 자유로울 수 없으며, 이미 등장했거나 또는 잠재적인 부정적 영향과 여파들은 점차 자신들의 모습을 드러낼 것이다. 하지만 여러 문제와 모순들에도 불구하고 세계화 과정은 멈추지 않을 것이라는 것이 우리들이 내린 중요한 결론이다.

전망 예측 기간 동안 미국은 혁신, 금융, 군사 부문에서 글로벌 리더의 역할을 지속적으로 누릴 것이다. 세계의 힘과 능력의 상관관계 변화에 가장 큰 영향력을 행사할 요소는 중국의 부상이다. 2030년 경 중국은 현재 기준으로 GDP 절대 규모에서 미국과 어깨를 나란히 하게 될 것이지만, 혁신 부문 및 기타 질적 경제 발전 요소와 삶의 질 측면에서는 여전히 뒤져있을 것이다.

전망 기간 동안 미국, 중국, 러시아와 이들의 동맹국 등 주요 핵 강대국들 사이의 군사적 갈등 및 전쟁 발발 가능성은 꾸준히 감소할 것이다. 그러나 강대국들 간의 정치 경제적 반목 발생 가능성까지 감소한다는 것은 아니다. 이들 강대국들이 제3국들 간 갈등의 간접적 참여자가 될 여지는 있다.

상대적으로 더 높은 갈등이 발생할 확률은 제2의 핵보유국들 사이의, 그리고 지역 강대국들 사이의 갈등에서 찾을 수 있다. 비국가적 주체들 사이의, 그리고 이들이 국가를 대상으로 전개하는 군사적 갈등도 증대될 것이다. 비국가적 주체가 간여하는 갈등의 숫자는 국가들 사이의 갈등 숫자를 상회할 것이다. 이러한 갈등이 나타날 수 있는 지역으로는 아프리카, 중앙아시아, 남아시아, 동남아시아, 라틴아메리카 등이 있다.

군사력은 여전히 정치적 도구가 될 것이지만, 전망 기간 동안 군사력의 역할은 상대적으로 축소될 것이다. 한편, 아래와 같은 비군사적 요소가 갖는 힘의 의미는 한층 증가할 것이다.

- 경제 및 금융
- 투자매력도
- 혁신의 역동성
- 이데올로기, 교육, 문화 매력도
- 정보기술
- 국제기구에서 차지하는 지위 및 비중
- 세계평화활동 및 인도주의 활동의 적극성
- 갈등의 외교적 조정 효율성

안보 분야에서 대두되는 문제는 비군사적 위협이다. 그 중 가장 주목할 위협 요인으로는 대량 살상과 WMD 구입을 노리는 소위 수퍼테러리즘, 종교적 극단주의, 국제범죄, 지하 국제금융조직의 활동, 불법 마약유통, 사이버테러, 해적, 식량 및 수자원 문제, 환경, 자연 및 기술적 재앙, 전세계적 유행병 문제 등을 들 수 있다. 새로운 종류의 체제적 위협과 위험은 지역 전체의 안보에 영향을 미칠 것이다. 글로벌 차원의 상호의존성이 증가함으로 인해 이 같은 위협과 위험이 새로운 힘을 얻게 될 것이다.

2030년까지 국가 안보 유지의 필요성은 지속될 것이며, 이를 위해서는 새로운 요소들을 고려해야 할 것이다. 그러나 대다수 국가들은 경제, 과학기술, 영토 및 인구 문제 때문에 이 같은 문제를 개별 국가의 힘에 의지하는 것 만으로는 해결할 수 없을 것이다. 글로벌 문제와 초국가적 위협에 대항하기 위한 국가 간의 공동 노력은 더욱 증대될 것이다.

국제적 조정 메커니즘이 발전하고 있으며, 동시에 글로벌 및 지역 차원의 거버넌스 기구 권한을 확대하려는 경향이 강해지고 있다. 이 같은 메커니즘과 원칙은 계속 형성될 것이다. 그렇다고 해도 글로벌 거버넌스가 국가 조직을 대체하지는 않을 것이며, 글로벌 거버넌스는 국가 조직을 기반으로 하면서 보충적 역할을 할 것이다.

안보, 금융안정, 사회발전 및 혁신 추구 문제에 있어 국제기구의 활동이 크게 활성화되고 있다. 국제기구의 활동이 활력을 얻는다고 해서 2030년까지 초국가적 정치경제 거버넌스 및 조정 담당 기구가 그 모습을 확실히 드러내지는 않을 것이다. 그렇지만 국가 간, 초국가 간에 이루어지는 공식적, 비공식적 기구들의 형성은 앞으로 계속될 것이다.

글로벌 제도화 및 조정을 위한 노력이 활발하게 전개될 영역들은 다음과 같다.

- 지적재산권
- 금융
- 에너지
- 국제무역
- 항공 및 해상 교통
- 세계 노동시장
- WMD 비확산
- 평화유지 활동 및 갈등 해결
- 국제 테러 및 마약 퇴치
- 해적퇴치
- 기아 및 전염병 퇴치
- 자연재해의 여파 해결

문화유산 및 생물다양성의 보존의 문제를 조정하는 글로벌 기구 프로젝트 또한 추진될 것이다. 세계의 대양, 남극, 북극, 우주와 같은 세계 공간의 초국가적 조정을 위한 정치적, 법적, 제도적 기반이 계속 형성될 것이다. 이 공간에서는 국내적 그리고 국제적 차원에서 커다란 문제들이 발생할 수 있다. 이러한 문제 해결에는 정치 및 경제 분야의 비국가적 주체들이 적극 참여하게 될 것이다. 국제법을 토대로 이를 보완 발전시켜 나가는 글로벌 법체계가 형성될 것이다. 국가 및 기타 주체들이 새로운 글로벌 기준을 준수하지 않기 때문에 발생하는 혼돈이 등장할 수도 있다.

이 같은 과정은 이데올로기 분야에서도 목격된다. 이데올로기는 개별 국가의 국내정치에 국한되지 않고, 글로벌 정치, 사회경제 및 문화 동향의 영향을 받으며 점차 발전된 모습을 보일 것이다. 초강대국과 강대국을 포함한 다수의 국가에서 각 개별 공동체의 대립적이고 고립적인 사고방식은 세계화 이데올로기와 충돌할 것이다.

세계화 과정과 글로벌 거버넌스 요소의 발전이 국가 기능과 영향력의 축소를 초래하지는 않을 것이다. 국가의 기능과 영향력은 앞으로도 유지될 뿐 아니라, 국제관계 체제의 핵심 요소로써 그 의미를 견고하게 유지할 것이다. 국가들은 세계화와 글로벌 거버넌스에 참여하는데 필요한 자격과 능력을 갖추어야 할 것이다.

안보와 개발 문제의 세계화는 세계 강대국들의 전략적 사고방식에 변화를 초래할 것이다. 기존의 군사력 강화 목표는 보다 어려운 과제로 변화하고 있다. 안보 및 개발의 전반적 문제를 해결함에 있어서 책임감 있는 리더십을 보유해야 보다 유리한 입장에 설 수 있을 것이다. 책임감 있는 리더 국가는 세계화 과정과 국제기구에 대해 자국의 영향력을 유지할 수 있기 때문에 추가적인 힘을 확보하게 된다.

강대국들 간에는 글로벌 안보 문제 해결을 위한 협력체제가 발전할 것이다. 그렇다고 안보 문제 해결에 있어서 자국에게 가장 유리한 해결 방안을 선택하기 위한 경쟁이 사라지는 것은 아니다. 글로벌 거버넌스 및 조정의 구조와 원칙 형성 문제를 둘러싸고도 리더 국가들 간의 경쟁이 나타날 것이다. 세계의 리더 국가들이 조정을 통해 국제안보에 관한 비전을 만들어내는 데 어려움을 겪게 된다면 중대한 위기가 발생할 수도 있다.

글로벌 차원에서 협력의 효율성은 경제발전 분야에서도 결정적 의미를 갖는다.

자주 대두되는 자원(원료, 노동력, 자본 및 기술) 확보에 대한 논의는 몇몇 지역에 국한되는 문제이다. 세계경제 전반의 지속가능한 발전은 리더 국가들이 금융 분야의 단일한 글로벌 규칙을 토대로 새롭고 안전한 세계금융구조를 창설할 수 있는 지 여부에 의해 큰 영향을 받을 것이다.

이러한 상황에서 냉전 시기에 정치적 동기에서 시작된 G7은 점차 세계 통화 발권국가 모임으로 변화될 수 있다. 주요 통화로는 달러화와 유로화(독일과 프랑스가 주요 역할을 담당하는)가 있으며, 제2의 통화로는 영국 파운드화, 엔화, 위안화(위안화가 변동환율제로 바뀔 경우)가 있다. 한편 중국의 주식시장은 신흥시장 중 가장 규모가 크고 또 동시에 가장 취약한 시장이 될 수도 있다.

기업과 파산국가에 대한 구제기금 창설은 피할 수 없는 선택이며, 이는 금융 원조 문제에 있어 도덕적 합의 문제를 첨예하게 만들 것이다. 도덕적 합의 문제는 누가, 누구에게, 어떤 상황에서, 그리고 어떤 조건의 지원을 해야 하는가를 놓고 진행될 것이다.

세계경제 성장을 가로막는 두 번째 중요한 요소는 거대 다국적 기업과 국가 간의 마찰이다. 2030년경이 되면 개별 국가들과의 비교에서 다국적 기업 및 은행의 투자, 생산 및 혁신 잠재력은 기하급수적으로 확대될 것이다. 다국적 기업은 개별 국가, 지역, 세계 공동체 전반의 이익과 합치되는 자체 경제 전략을 수립할 것이다. 그러나 이와 같은 합의의 메커니즘은 아직 형성되지 않았다.

다국적 기업들 사이의 힘의 역학관계에도 변화가 일어날 것이며, 미국, 일본, EU 다국적 기업들의 입지는 중국, 인도 및 일련의 신흥 국가(세계의 중견국가로 일컫는 브라질, 멕시코 등) 기업들의 추격에 의해 축소될 것이다.

세 번째 저해 요소는 세계경제의 관료주의화 및 형식화이다. 특히 국제금융경제기관들은 통계 및 공식 수치를 근거로 상황을 평가하는 경향을 갖고 있으며, 여러 국가에서 진행되는 질적 변화에는 그다지 관심을 기울이지 않는다.

한편, 국제적 평가에서 GDP 및 1인당 GDP는 더 이상 주도적 역할을 하지 않을 것으로 보인다. 과학 발전과 혁신, 개인 삶의 질, 녹색 GDP 지표, 인간의 물질적 요구뿐만 아니라 안락한 삶의 공간 확보와 개인 간 의사소통 수준이 갖는 의미는 더욱 확대될 것이다.

21세기의 지난 10년 동안 진행된 아래와 같은 세계경제의 구조적 변화

추세들은 앞으로도 지속될 것이다.

- 광산업, 농업 비중의 감소에 따른 서비스 분야 비중의 증가
- 전통적 생산 분야에서 혁신 과학제품, 기술 서비스로 생산 비중이 이동
- 의학, 교육, 엔터테인먼트, 지식 서비스의 글로벌 시장 형성을 통한 여러 분야의 지속적 국제화
- 새로운 산업, 기술, 상품의 등장
- 신기술을 토대로 한 선진국들(미국, 독일, 영국 등을 중심으로)의 재산업화

2030년이 되면 박리다매 형 성장 모델은 자취를 감출 것이다. 이 모델은 후진국에서조차 1960~2000년대 초에 나타났던 것과 같은 효과를 발휘하지 못할 것이다. EU와 아태지역의 통합된 공간에서 역내 수요가 가장 중요 요인으로 등장할 것이며, 정도의 차이는 있지만 이 같은 상황은 라틴아메리카에도 해당될 것이다. 따라서 역내 무역 흐름의 역할이 커질 것이며, 중산층의 성장과 지속적인 도시화는 국내 수요를 계속 지탱할 것이다.

서비스 분야에서는 근본적인 변화들이 일어날 것이다. 구체적으로 언급하면, 건강, 교육, 정보습득, 정보통신, 여행에 대한 수요가 상승할 것이다. 이러한 현상은 전체적으로 삶의 질을 향상시키는 트렌드를 형성할 것이다. 향후 20년 동안 인류는 21세기 초에 봉착했던 복잡한 사회 문제를 해결할 수 있을 것이며, 적어도 문제를 더 이상 악화시키지는 않는 상황을 맞이하게 될 것이다.

그렇지만 사회적 모순들이 상황을 전복시킬 수도 있다.

전 세계적 차원에서 사회적 전복을 일으키는 주체는 빈곤층이 아닌, 빈부 격차의 급격한 확대에 가장 민감하게 반응하는 중산층이다. 사회적 계층 분화는 전 세계적으로 일어나고 있다. 국가 차원에서만 부국과 빈국의 구별이 있는 것이 아니다. 기업의 국적 문제 또한 첨예화되고 있는 데, 문제의 핵심은 다국적 기업이 선호하는 직원 풀이 국민 다수로 확산되고 있지 않다는 점이다. 더 이상 필요 없는 직종이 늘어나고, 기존 노동자의 자리는 미숙련, 저임금 이민자들에 의해 대체되어 가고 있다. 신흥 최고 부

유층과 날로 수가 늘어나는 대중화된 백만장자 계급은 자신들의 이익만 추구하고 있으며, 따라서 이들과 국가 사이에서 이해관계를 조정해 줄 수 있는 또 다른 메커니즘이 필요하다.

수많은 경제 사회 문제를 해결하거나 적어도 완화시키기 위해서는 결국 발전 혁신의 길로 들어서야 한다. 이미 목격되고 있는 글로벌 혁신 발전의 주요 방향을 그려보면 다음과 같다.

- 정보 통신 분야 개발 성과의 경제적 활용
- 전자기술, 항공 및 자동차 산업, 건축 등의 분야에서 획기적 테크니컬 솔루션을 보장하는 신소재의 지속적 개발
- 생명공학, 질병진단, 치료방법, 신약개발, 환자간호 등 건강 관련 분야에서의 혁신
- 나노, 바이오, 인지, 정보 기술의 융합(NBIC 컨버전스)을 기반으로 인간 삶의 질 향상을 보장하는 근본적으로 새로운 기술의 출현, 그리고 인간의 생물적 잠재력을 크게 향상시키는 기술의 출현
- 기존 에너지 자원(석유, 가스, 석탄 등)과 원자력 에너지가 주도적 역할을 지속하면서 하에서 에너지 분야의 새로운 돌파구 마련

혁신 경제 분야의 리더십은 폭넓은 과학 체계 분야의 기초 연구를 글로벌 경제에 확산시킬 수 있고, 또 가장 앞선 국가 혁신 체계를 구축할 수 있는 국가가 차지하게 될 것이다. 혁신 체계는, 일부러 고안하거나 차용한 기술적 우선 순위가 아닌, 사회의 실질 수요, 즉 일상의 필요한 것들을 반영한 경쟁 시장을 토대로 구축될 것이다.

향후 20년 동안 미국은 세계 과학혁신 부문의 선두 자리를 확고히 지킬 것이고, 기초 연구 발전 분야에서도 우위를 차지할 것이며, EU는 대체로 개별 분야에서 자신의 입지를 유지해 나갈 것이다. 소규모 및 중간 규모의 여러 선진국들은 진보하는 혁신의 집약적인 발전에 힘입어 틈새시장 곳곳에서 새로운 가능성을 찾을 수 있을 것이다. 중국은 기초 과학 발전에 박차를 가하겠지만, 기초 과학의 전반적 수준을 고려할 때 모든 분야에서 미국과 유럽보다 뒤져있을 것이다. 향후 10년을 전망하면서 우리에게 가장 중요한 관심사 중 하나는 다음과 같은 질문들에 어떻게 답할 것인지의

문제이다. 중국은 세계 혁신 리더의 역할에 도전할 수 있을 것인가? 아니면, 여전히 기술의 모방자로 남아있을 것인가? 이 점에 대해서는 찬반양론이 팽팽하게 맞서있다. 일본과 같은 시나리오가 재현될 가능성을 배제할 수는 없다. 일본은 1980년대에 글로벌 혁신 리더가 될 것이라는 기대를 실현하지 못했다. 물론 일본은 예나 지금이나 제한된 범위에서 기초 연구를 수행하고 있으며, 개발 연구와 혁신 상품의 생산 메커니즘에 상당한 노력을 기울이고 있다.

사회적 측면에서 볼 때, 혁신 경제는 중산층의 세계적 입지를 다지는 데에 도움이 된다. 글로벌 중산층은 동시에 글로벌 세계의 소비자이자 혁신 제품의 생산자가 될 것이다. 장기적으로 중산층의 확대 및 강화에 필요한 물질적 및 기타 분야(교육, 문화, 사회) 투자 능력이 있고, 또 그렇게 할 강력한 의지를 갖고 있다면 바로 이런 나라들이 글로벌 경쟁 속에서 우위를 차지할 것은 분명하다.

현대 사회에서 세계가 어느 방향으로 발전하고 있는 지에 대한 이해 없이 국가 혁신을 성공적으로 수행할 수는 없다. 세계의 선도 국가들에서 나온 미래 전망에 우리들이 관심을 갖는 것도 바로 이 때문이다. 오늘날 러시아가 당면하고 있는 과제는 이제 막 그 모습을 드러내기 시작한 글로벌 프로세스에 합리적, 효율적으로 적응하는 일이다.

질적으로 새로운 세계질서가 구축되고 있으며, 이 새로운 질서 속에서 가능하고 확실한 미래 지향점을 찾으려는 노력이 필요한 시점이다. 이를 위해 이 책의 집필에 참여한 연구진은 가능한 한 과학적 객관성 원칙을 준수하려고 노력했다. 변화하는 세계 속에서 러시아의 미래를 그려보기 위해서는 러시아가 참여하면서 발전해야 할 세계는 어떤 모습인지, 러시아가 영향력을 행사할 수 있는 분야는 어떤 것인지, 위험한 환상과 역사적 콤플렉스에서 벗어나려면 무엇이 필요한지를 이해하는 것이 특히 중요하다.

『글로벌 전망 2030: 러시아의 전략적 시각』 집필진은 러시아가 국내적으로 과학기술 및 산업 성장의 새로운 환경 조성을 위한 여건을 갖추고 있으며, 세계 발전에 효과적 영향력을 미치고 러시아의 국제 입지를 확고히 하는데 필요한 자연자원과 인적자원을 확보하고 있다고 판단하고 있다.

여기서 러시아가 장차 취할 행보의 필요성을 평가하는 데 가장 중요한 범주는 러시아 시민의 삶의 수준과 질을 향상시키는 것이다. 여기서 상정하고 있는 러시아, 그리고 전 세계의 중간평가 시기는 2020년이다. 2020년에는 러시아를 포함한 전 세계 국가들이 채택하고 시행하기 시작한, 위기 이후 시대의 견인을 위해 마련된 전략적 개발 프로그램의 최초의 구체적 성과들을 얻을 수 있을 것이다.

전망의 구체적인 통계 예측 결과를 밝히자면, 2020년 러시아는 GDP 규모(2009년 구매력 기준)에서 세계 5위 국가로 도약할 것이다. 러시아는 독일을 제치고 유럽에서 가장 큰 경제 규모를 갖는 국가가 될 가능성이 있다. 2009년 평균 환율로 환산하면 12위에서 10위의 국가로 올라설 것이다.

러시아의 정치계, 재계, 과학계 인사들에게 있어 현 세계에서 러시아가 자신의 위치를 효과적으로 모색할 수 있는 한계선을 정확히 이해하는 일은 매우 중요하다. 바로 이런 점에서 이번 연구 결과가 국가 고위층, 재계 인사, 전문가 집단, 다양한 독자층, 그리고 러시아와 세계의 미래에 관심을 갖고 있는 모든 사람들에게 도움이 되었으면 하는 바람이다.

이 책의 집필 과정에 소중한 조언을 아끼지 않은 A. 벨로우소프, A. 클레파치, V. 마우, E. 야신 님께 심심한 감사를 표한다.

이 책의 표지 디자인을 위해 초현실주의자 르네 마그리트의 통찰력(1936년 作)이라는 작품 일부를 사용한 것은 우리 연구진이 추진한 미래 전망 작업의 핵심을 정확히 반영하고 있는 데, 이 아이디어는 마기스트르 출판사 I. 베줌노바가 제안한 것이다.

연구자들이 더 멀리 있는 미래를 그려보려고 할수록, 전망과 현실 사이의 괴리 가능성이 커지는 것은 당연하다. 일부 분석가들과 언론인들은 종종 비관적으로 또는 무심한 태도로 미래 전망을 평가하기도 한다. 가령, 놀랍고 새로운 미래 세계를 흥미진지하게 그려낸, 심오하고 독창적인 사상가 앨빈 토플러에 대해서는 그가 휴대폰을 예견하지 못했다는 비난이 등장하기도 했다. 새뮤얼 헌팅턴이 1996년 발표한 저명한 저술에 대해서도 무수한 비판의 화살이 쏟아졌다. 그러나 이 같은 비난은, 러시아 소설가 V. 슉신의 단편 「무식쟁이의 완승」에 등장하는 한 인물이 시간과 공간을 제 멋대로 무시하며 논쟁을 벌이는 상황과 유사하다고 할 수 있다. 헌팅턴이 철학적으로 예견한, 그리고 나중에 뉴욕, 모스크바, 마드리드, 런던 등지에서 실제로 일어난 테러행위들로도 이런 사람을 설득할 수는 없을 테니 말이다.

우리가 시도하는 미래 전망이 총체적 특성을 지니고 있고, 포함된 분석 대상이 방대하며 또 논의가 구체적인 까닭에 이번 연구 결과는 요약본과 전문 텍스트 두 가지 형태로 발간되었다. 요약본은 주요 개념과 연구의 핵심 결과를 담고 있으며, 이 요약본에 대한 논의를 통해 전문가 집단 사이에서 참신한 토론이 이루어졌고, 또 논의 중에 여러 질문들도 제기되었다. 이 질문들은 주로 우리가 시도하는 전망의 원칙과 방법론에 관한 것들이었는데, 그 답변은 독자들이 읽고 있는 이 서론에 포함되어 있다.

글로벌 프로세스와 지역, 국가 간 동향의 상호연계에 관한 총체적 비전을 작성하기 위해서는 다양한 전공 분야에 속한 전문가들이 대거 참여하는 연구진 구성이 필수적이다. IMEMO에서 발간하는 이 미래전망은 여러 학문 분야를 연계하여 추진한 연구의 총체적 결과물이다. 3년이 소요된 이 작업에는 경제학, 사회학, 정치학 및 국제안보 분야에 정통한 100명을 넘는 전문 인력의 노력이 투입되었다.

이번 작업은 오랜 전통을 지닌 IMEMO의 장기 미래 전망 연구의 연장선상에서 수행되었다. 금번 출간하는『글로벌 전망 2030: 러시아의 전략적 시각』은 2001년에 나온『새 천년의 기로에 선 세계』, 2007년의『세계경제 전망 2020』과는 핵심적인 부분에서 차이를 갖고 있다. 이번 미래 전망은 최초로 이데올로기, 사회, 국제정치, 국제안보 영역에서 발전하고 있는 글로벌 및 지역 동향을 총체적으로 평가하고 있기 때문이다. 바로 이런 이유에서 본 연구의 접근방법은 총체적 성격을 가지고 있으며, 그 결과 우리는 현재 형성되고 있는 글로벌 세계질서의 전망을 조감할 수 있었다.

알렉산드르 딘킨
러시아 과학아카데미 정회원

제1부

이데올로기와 글로벌 거버넌스

제1장

이데올로기적 과정

이데올로기는 (그 발전 정도와 표현 방식과 상관없이) 과거는 물론, 현재까지도 국가의 이익을 설정하고, 그러한 국익을 달성하기 위해 필요한 가능한 방법에 관한 인식과 전략적 목적을 형성하는 도덕 · 철학적 기반이 되고 있다. 본 전망에서는 종교를 과거에 형성된 이데올로기 형태로 보고 있다. 따라서 이데올로기와 삶 전반에 걸친 가장 중요한 요소로서 종교를 본 장에 포함시켰다.

그림 1.1. 현상으로서의 이데올로기

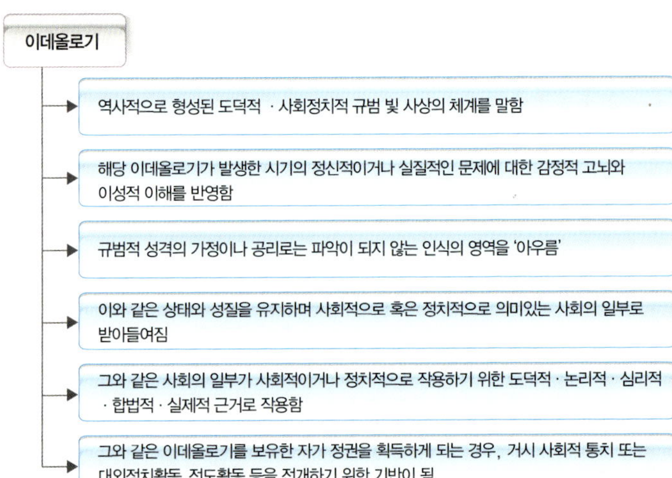

그동안 국제관계, 세계발전, 역사 등은 다음과 같은 요소의 일정한 영향을 받으며 형성되고 진화되어 왔다.

- 개별 신앙과 정치 이데올로기
- 개별 신앙 및 정치 이데올로기 간의 다양한 조합과 상호작용
- (종교 대립 등의) 이데올로기 대립

본 전망의 작성자들은, 2030년까지는 적어도 이와 같은 이데올로기적 과정이 유지되거나, 아마도 발전을 이룰 것이라는 입장을 취하고 있다. 이데올로기적 과정의 중요성이 커진다는 명제는 이데올로기적 대립이 심화된다는 것을 의미하지는 않는다. 물론 이데올로기적 대립은 세계질서가 어떻게 변화되는지에 상관없이 발생하고 있으며 앞으로도 어떠한 형태로든 지속될 것이다. 하지만 이데올로기적 과정이 반드시 이데올로기적 대립으로만 귀결되지는 않는다.

2030년까지 이데올로기적 과정의 중요성이 확대될 것이라는 근거로 다음의 요인을 들 수 있겠다.

세계화로 인해 인류는 사상 초유의 수많은 문제와 의혹에 직면해 있다. 이에 수많은 시행착오를 겪으며 그와 같은 문제와 의혹에 대한 해결책을 모색하게 된다. 이러한 모색 과정에서 이루어지는 개별적인 정치적 선택은 (종교적 신념을 포함한) 이데올로기적 판단의 영향을 받게 된다. 이데올로기보다 더 믿을만한 기준이 충분하지 않기 때문이다.

소비에트 공산주의의 패배 이후 현재 정치 무대에서는 자유주의 사상이 헤게모니를 장악하고 있다. 이러한 상황에서 본 전망은 2030년까지 해결해야 할 두 개의 과제를 제시하고 있다. 그 하나는 전 세계적으로, 특히 아직까지 자유주의의 기반이 약하거나 부재한 국가나 지역에서 자유주의적 가치와 목적이 뿌리내릴 수 있는 기반을 다지는 것이다. 또 다른 과제는 자유주의적 기반을 정치, 경제, 국제관계 및 기타 부문에 반영된 현대사회의 경향과 결합시키는 것이다.

사회주의 사상과 유일무이한 과학적 세계관이 퇴출을 당하게 되자 성직권주의가 자연스레 그 자리를 꿰차게 되었다. 하지만 여기에서도 이슬람

자체의 진화, 서구(특히 미국)와 이슬람 세계 간의 관계, 글로벌 엘리트 사이의 대립 등으로 인한 이슬람과 기독교의 역사적 분쟁이 재현되고 있다.

특정 신앙이나 종교 · 문화적 총체를 신봉하는 현상은 새로운 (역사 · 신화적) 정체성을 형성하거나 과거의 정체성, 또는 그들이 과거와 같은 성격일 것이라고 이해하고 있는 정체성을 유지하려는 엘리트 집단과 대중 집단의 요구가 커지고 있는 현상과 연결지을 수 있다. 이와 함께 선진국에서는 어떠한 종교에도 속해 있지 않거나 그러한 종교 신앙에 무관심한 사회 집단의 수가 꾸준히 늘어나고 있는 경향이 계속해서 고착화되고 있다.

대내외적으로 분화가 심화되는 가운데 사회 전반에 걸쳐 공정사회의 중요성이 재차 대두되고 있으며 이는 삶의 수준과 삶의 질, 천연자원의 가격, 천연자원 접근 이용권, 북극과 세계대양의 분리, 오염물질 배출량 등 폭넓은 분야에 적용된다.

제1차 세계금융위기 이후 국가발전(향후에는 그에 따른 세계발전)을 위한 새로운 장기 전략을 마련해야 한다는 필요성이 대두됨에 따라 각 국의 정책에 있어 이데올로기적 과정의 중요성이 높아지게 될 것이다. 특히 세계 경제 발전의 원동력이 되고 있는 국가에서는 그 중요성이 더 커질 것이다.

그림 1.2. 세계정치의 다양한 조직적 수준에서의 이데올로기와 사회 · 정치적 과정의 상호관계

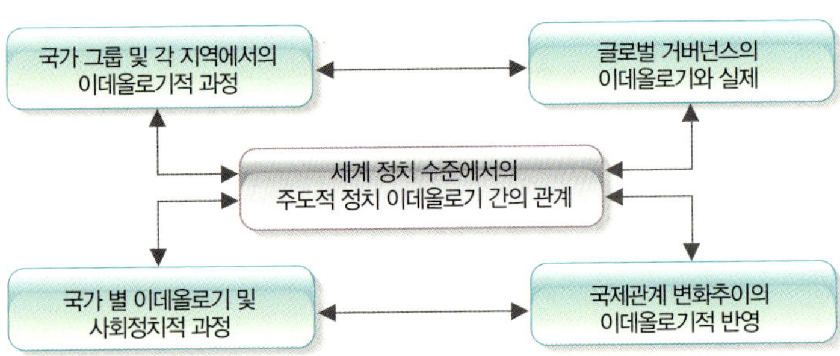

1.1. 이데올로기적 근거

본 전망은, 향후 20년 이내에(2030년까지) 상호의존성이 강화되는 경향이 세계를 주도하게 될 것이며 이와 같은 현상에 대한 이데올로기적 이해가 심화됨에 따라 인류 간, 다양한 사회공동체 간, 각 기업 간, 각 국가 간, 그리고 인간과 자연 간의 상호관계를 인식할 수 있게 될 것이라는 명제에 근거하고 있다.

이러한 맥락에서 볼 때, 본 전망의 가장 중요한 목적은 글로벌 경향과 현상에 대하여 이데올로기화된 해석을 수행하는 것이 아닌, 그러한 글로벌 경향과 현상의 변동에 대한 객관적이고 과학적인 분석이 어느 정도나 가능한지를 제시하는데 있다. 장기적 전망은 가설에 근거해 있기 때문에 항상 이데올로기적 요소를 내포하기 마련이다. 우리가 제시하는 전망 역시 이데올로기적 요소에서 완전히 자유로울 수는 없겠지만, 그 목표설정은 정강이나 정책 성명서와는 근본적으로 다르다. 본 전망은 어떤 준비된 발전 처방이나 방법을 제시하지 않으며 유일한 정답이라고 할 수 있는 세계정치경제 발전의 자각모델을 강요하지도 않는다. 다만 세계정치경제 발전에 대한 가장 확실한 전망을 밝혀내고 분석해 내는 것을 지향하고 있다.

안보와 발전의 문제는 개별 국가의 수준을 넘어 전 세계적 수준에서 비전과 솔루션이 제시되는 경우가 점점 더 많아질 것이며, 이를 위해서는 인류가 보유하고 있는 자원과 그 자원을 관리할 수 있는 능력이 결합되어야 한다. 이와 같은 조건에서는 경쟁자의 전략력 능력을 파괴하기 보다는 경쟁자와 협력을 꾀하는 것이 유리하다.

2030년 무렵이 되면 세계화, 타협적 사고, 통합적 동기부여의 이데올로기가 세계를 주도하는 이데올로기로 대두될 것이다. 이와 같은 이데올로기의 핵심은 세계 발전이 단일 세계를 구축하고 법에 기반을 둔 타협적 사고를 확산시키며 안보와 발전 문제를 세계화하는 방향으로 이루어진다는 것이다.

타협적 사고는, 경제 부문에서는 시장관계(market relations)를 통해, 국내정책 부문에서는 민주주의를 통해, 국제관계 부문에서는 국제법과 글로벌 거버넌스의 발전을 통해 실현된다.

□ 사회 지향적 시장 민주주의와 공동발전을 통한 안보의 신 글로벌 구조는 세계 발전의 중요한 전략적 방향을 결정한다.

이 시나리오는 저절로 실현되지 않는다. 국익을 보장함에 있어 대외적으로 가장 간단하며 무고하게 고통을 받고 있는 일반대중이 접근하기 가장 쉬운 방법인 고립주의와 공격이라는 이데올로기가 세계화 및 타협의 이데올로기에 맞서게 될 것이기 때문이다. 일부 국가와 각 국의 하위 독립체에서는 “국민을 복종케 하라! 내정간섭을 허용하지 말라!”와 같은 반봉건적 원칙이 계속 작용하게 될 것이다. 양극대립이 탄생시킨 힘의 균형에 기반을 둔 타협적 사고는 단기간 안에 법에 기반을 둔 타협적 사고로 발전될 수 없다. 글로벌 수준에서는 더더욱 불가능하다. 군사, 경제, 기술 및 기타 부문의 국가 전략력이 형성하는 새로운 상호관계로 인해 신공격적(neo-aggressive) 사고가 발전한다.

신공격적 사고의 반대 개념은 신타협적 사고다. 신타협적 사고는 법적 권력이라기보다는 힘의 균형에 이미 기반을 두고 있을 뿐 아니라, 인류 전체에 새로운 위협으로 부상하는 현상을 반영함은 물론, 공동발전을 위한 협력의 효과를 활용하기 위해 세계가 모든 능력을 규합해야 할 필요성이 대두되는 안보와 발전 문제의 세계화에도 기반을 두고 있다.

신공격적 사고는 지배욕구를 충족하기 위해 지속적으로 작용한다. 지배욕구와 함께, 신타협적 사고에서 비롯한 통합적 동기부여에 대한 대안적 욕구도 존재한다. 그와 함께 세계에는 공격적 사고, 힘의 균형에 기반을 둔 타협적 사고, 법에 기반을 둔 타협적 사고 등이 동시에 작용한다. 이 세 가지 사고의 확산 범위는 때에 따라 좁아지거나 확장되면서 파장의 형태를 띠며 변화된다.

그림 1.3. 신공격적 사고의 반대 개념 – 신타협적 사고

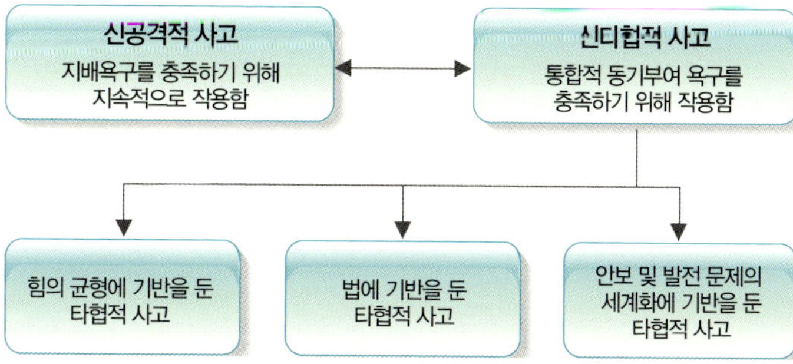

향후 20년 이내에 선진 정부 및 국가의 글로벌 엘리트 수준에서는 다음과 같은 – 그 발생에 따라 구분되는 – 지배적인 이데올로기 개념이 발달할 것이다(이하에서 소개되는 각 개념은 다른 명칭을 가지고 다양한 형태로 발현될 수 있겠으나, 본 장에서는 그 핵심과 방향성에 따라 다음과 같이 구분해 보았다).

1. 비불안정화(non-destabilized) 불평등 개념. 공산주의의 보편적 평등 개념, 사회민주주의의 기회의 평등, 자유주의의 법 앞의 평등 등 다양한 종류의 평등사상을 대신하고 있는 개념으로, 그 핵심은 인간이 완전한 평등을 이루기란 원칙적으로 불가능하다는 것을 인정하는데 있다. 다시 말해 비불안정화 불평등 개념이란, 혁명에 의해 사회·정치적 불안정이 야기될 정도가 아닌, 어느 정도 통제가 가능하면서도 사회적으로 불가피한 불평등을 유지하는 것을 의미한다. 20세기 말 이와 같은 접근방식의 일환으로 각 국에서 대두된 것이 바로 중산층이라는 개념과 그 발전 전략이다. 이와 같은 비불안정화 불평등 개념은, 세계화라는 조건 하에서 전 세계적 프로젝트로 전환될 수 있을 것이다.

2. 글로벌 민주화 프로젝트. 이 개념의 핵심은, 세상을 세계적으로 확산되어 있는 법에 기반을 둔 타협적 사고의 영역으로 전환하고 사회적으로 공격적 사고가 확산됨으로써 발생할 수 있는 상황에 대한 완충제로 작용하게 될 법에 기반을 둔 타협적 사고라는 정치적 형태를 통해 민주주의를 발전하도록 하는데 있다.

3. 개인안보를 통한 발전 개념. 이 개념은 개개인의 안전과 이익을 보장함으로써 이룰 수 있는 국가 및 글로벌 발전에 관한 새로운 개념이다.

1.2. 세계의 주요 이데올로기

현대 사회를 주도하고 있는 대표적인 종교 이데올로기로 기독교(개신교와 가톨릭교)와 이슬람교를 들 수 있다. 이와 같은 추세는 2030년까지도 지속될 것으로 보인다. 이와 함께 일부 문화권 내에서는 불교의 영향력도 지속될 것이다.

한편 세속적 이데올로기 중에서는 다양한 형태의 자유주의와 사회주의적 사상이 주도하게 될 것이다. 특히, 사회주의적 사상은 글로벌리즘 사회민주주의 형태를 띠게 될 것으로 보이며 이는 사회 개혁과, 세계사회경제 발전 및 환경이용의 균형을 강조하고 있는 녹색 사상을 결합하는 데에 기반을 둔 지속가능발전 이데올로기라는 새로운 형태로 나타나게 된다.

20세기 말에서 21세기 초에 이르기까지 감지되었던 자유주의의 주요 발전 양상은 그 영향력을 지속하게 될 것이다. 하지만 그와 같은 발전 양상의 상호관계는 자유주의적 글로벌리즘과 자유주의 개혁 글로벌리즘의 영향력이 강화되는 방향으로 바뀌게 되고 국가의 통제적 자유주의가 세계정치에 미치는 영향력은 약화될 것이다. 이에 따라 공정성과 사회경제 통제가 국가 차원에서 뿐만 아니라, 국가를 초월한 세계적 차원에서 화두로 떠오르게 되는 경우가 더 빈번해지게 된다. 반면 자유주의의 극단적 형태, 특히 신보수주의의 영향력이 부활하게 될 가능성은 매우 낮다. 다만 자유주의 이데올로기는 자유주의적 글로벌리즘의 극히 미미한 일부분으로서 계속해서 발전하게 된다.

사회주의 이데올로기의 입지가 약화됨으로써 각종 사회주의 이데올로기의 세력 관계가 바뀌게 되겠지만, 그럼에도 불구하고 글로벌 수준을 포함한 지역-국가 및 초국가적 차원에서는 개별 국가의 정치체제 부문의 사회조직 과정과 통치에 미치고 있는 지대한 영향력이 여전히 유지될 것이다.

이와 같은 경향은 라틴아메리카 지역, 남유럽 및 북유럽 지역, 그리고 아시아태평양 지역의 일부 국가에서 발전될 것으로 보이며, 특히 중국에서 부분적으로 그러한 경향이 확산될 것이다.

한편 공산주의 이데올로기가 이미 20여 년 동안 동결된 상태에 놓여 있는 현 상황에서 자유주의에 대한 보편적 대안으로 다음과 같은 세 개 그룹의 좌파적 이데올로기 체제가 발전하게 될 것으로 보인다.

첫째, 온건 사회주의 및 사회민주주의 성향의 사상 · 정치체제가 발전과 강화를 지속하게 된다. 이와 같은 체제는 세계화를 받아들일 준비가 되어있긴 하지만, 세계화가 가진 자유주의적 모델에는 동의하지 않고 있다. 또한 이 체제의 옹호자들 모두가 이와 같은 체제를 사회주의적이라고 인식하게 되지는 않는다. 어쨌든 이와 같은 체제는 주로 선진국이나 고속성장을 하고 있는 개도국에서 그 영향력이 확산될 것으로 보인다.

온건 사회주의 및 사회민주주의 성향의 사상 · 정치체제를 기반으로, 1970년대 사회 개혁적 글로벌리즘이 발생했던 것과 마찬가지로 역사상 그 유래가 없던 새로운 이데올로기적 현상이 지속적으로 발생하게 된다. 바로 이와 같은 이데올로기적 흐름은 현 단계에서 녹색, 즉 환경보호 운동과도 결합하여 20년 동안 좌파의 주류로 자리 잡게 될 것이다. 또한 인간 공동체와 자연의 균형적 발전 방안을 제시하고 있는 지속가능발전 이데올로기와의 상호연관성도 유지될 것이다.

둘째, 국가 통제적 사회민주주의(중국의 모델)의 영향력이 확대될 것이다. 이는 특히 개도국에서 두드러진 양상을 띠게 된다. 중국의 성공적인 발전을 통해 이와 같은 이데올로기가 대중화 될 수 있을 것이다.

셋째, 비교적 온건주의적인 무정부주의와 급진적인 무정부주의 (이전과는 다른 양상으로 변형된 형태로), 신 공산주의, 소셜 포퓰리즘 (신 좌파) 등이 결합된 집단이 지속적인 발전을 꾀하게 될 것이다. 이와 같은 성향의 집단에서는 내부적으로 소위 대안세계화(alterglobalist) 운동 공동체가 주류로 부각될 것이다. 이들은 자유주의적 글로벌리즘은 물론, 사회 개혁적 글로벌리즘에 대항하여 국제적이고 초국가적인 차원에서 사회적 공정성 보장을 위한 다양한 방안을 옹호하기 위한 투쟁에서 주도권을 획득하려고 할 것이다.

이와 함께 각 국의 국내 정치 및 세계정치 부문에서는 미미하게나마 민족과 종교에 기반을 둔 파시즘, 급진적 민족주의, 극단주의 등이 그 명맥을 유지할 것으로 보인다. 특히 종교에 기반을 두게 되는 경우, 이론적으로는 그 경계가 약해 보이지만, 실제로는 각 지역의 신앙과, 통치 수단으로서의 공동체적 집단주의 및 급진적 권위주의가 종교에 의존하여 이성적이라기보다는 감정적으로 결합되는 양상이 나타난다. 사회심리학적으로 본다면 이와 같은 이데올로기는 해당 공동체 집단이나 사회가 얼마나 심각한 문제를 안고 있는지를 보여주고 있다. 세계화라는 조건에서 나아갈 방향을 잡지 못하고 있거나 해당 종교 또는 그 종교로 인해 발생하는 여러 가지 현상들이 해당 집단이나 사회의 이익을 오히려 침해하고 있는 것이다. 이는 선진국 내부에도 존재하고 있는 일종의 지구촌이라고 할 수 있으며, 그 규모는 세계화가 진행됨에 따라 더 거대해질 것이다.

1.3. 지배 이데올로기 간의 관계

본 전망을 제시하기 위하여 주요 사상가치 체계와 그러한 사상가치 체계를 보유하고 있는 주체 간의 관계 수준을 세 가지 유형으로 구분해 보았다. 각 유형은 서로 다른 성질을 가지고 있으면서도 상호 연관된 성격을 띠고 있다.

그림 1.4. 주요 사상가치 체계 간의 관계 수준

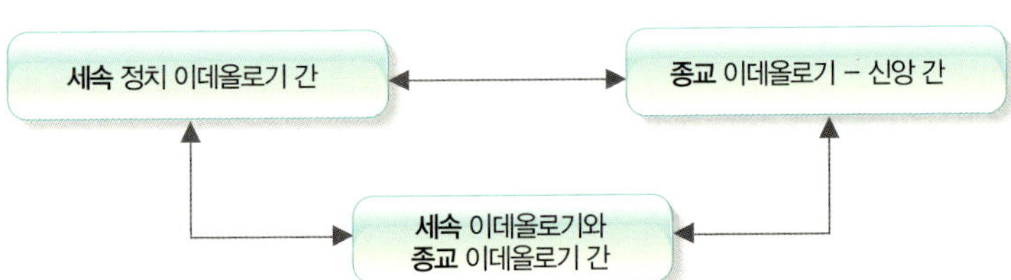

1. 지난 20~30년 동안 기독교와 이슬람교 사이에는 건널 수 없는 강이 형성되었다. 이 두 종교의 지도자들은 교리 상으로 화해를 하지 못한 채 현재의 상황과 표면적으로 우호적인 관계를 유지하는 데에만 신경을 쓰고 있다. 이들에게는 또 다른 종교전쟁이 필요 없기 때문이다. 하지만 신자나 중하급 성직자들로 가면 얘기가 달라진다. 이들 사이에서는 무신론자나 다른 종교의 신자는 물론, 자신의 종교 내의 수많은 지도자들을 반대하는 데 초점이 맞춰진 급진적 활동이 거세지고 있기 때문이다. 이와 같은 현상은 단일한 교회(One Church)가 부재한 이슬람교에서 특히 심하게 나타나고 있다.

두 종교의 지도자가 그와 같은 근본주의를 각자에게 안전한 방향으로 유도해 낼 수 있을지는 개별 국가와 각각의 문화와 종교를 보유하고 있는 지역에서 해결해 낼 수 있으며 해결을 해야 할 문제이다(소말리아, 아랍세계, 인도네시아 등지에서의 이슬람 문화를 생각해보자).

2. 최근 수십 년 동안에는 (지속가능성장을 제외하고) 중요한 의미를 가지거나 획기적으로 새로운 정치적 이데올로기가 발생하고 있지는 않고 있다. 18~20세기 사이 유럽에서 태동하여 성립된 이데올로기 간의 힘과 영향력의 상관관계가 변화되었다. 20세기 이데올로기 및 정치 현실에서 승자로서 주도적인 입지를 차지한 것은 자유주의다. 일찍이 20세기 초에 명확히 세 갈래로 나뉘었던 사회주의 사상은 세 가지 유형 모두 발전을 거듭하고 있다. 가장 성공적인 발전을 꾀했다고 할 만한 것은 사회민주주의다. 20세기 말 이후에는 지속가능발전이라는 이데올로기가 탄생함으로써 사회민주주의의 윤리적, 사회적 발전이 계속되고 있다. 사회민주주의는 1980년대에서 1990년대로 넘어가던 시기 이후 자유주의와 신보수주의의 강한 압력을 받게 되었다. 그러다 2010년대로 들어서자 침체기를 맞이하게 되었다. 유럽이 위기상황에 몰리게 되자 전문가들은 사회개혁주의가 주장하던 수많은 경제학적 가정을 의심할 수밖에 없는 상황에 몰리게 되었다. 그와 같은 경제학적 가정에는 과거 전문가들이 이론을 공식화하는데 있어 절대적인 기준이 되었던 케인스(Keynes)의 경제정책원칙도 포함된다. 세계금융위기가 신 케인스식(neokeynesian) 경제 통제정책

발전의 도화선이 될 가능성은 거의 없지만, 그럼에도 불구하고 그 가능성을 완전히 배제할 수는 없다.

한편 공산주의 사상은 그 역사와 소비에트연방의 붕괴로 인해 명예가 실추되었다. 이로써 공산주의가 주장하는 슬로건은 원칙적으로는 실현될 수 없다고 가정할 수 있는 기반이 마련되었다. 하지만 국가사회주의는 제2차 세계대전을 통해 패배를 맛보았음에도 불구하고 부활의 전환기를 맞고 있다. 이는 다각화된 경제구조를 무기로 새롭게 발전을 꾀하고 있는 신흥국가들의 민족주의가 하나로 규합되며 나타난 결과다. 경제구조가 다각화된 국가에서는 사회적 계층화가 심해지면서 그에 대한 반발로 급진주의가 나타날 수밖에 없기 때문이다.

3. 2030년까지 세속적 이데올로기와 종교적 이데올로기 간의 관계는 많은 점을 고려해 볼 때 세계와 세계를 구성하는 개별 국가 및 지역, 그리고 사회정치세력의 정치 심리적 상황에 의해 정해진다고 할 수 있다. 그와 같은 정치 심리적 상황은 정치적으로 어떤 특징을 가지느냐를 기준으로 평가할 수 있다. 그 평가기준으로 작용하는 요소는 다음과 같다.

- 사회 파괴적인 영향을 가지는 극단적 행태: 모든 종류의 정신적, 정치적 반응 및 그로부터 기인한 모든 종류의 극단주의적 양상
- 사회적으로 수용 가능한 안정화 지향적 행태: 우경 극단주의(중도우파적)와 현대화된 극단주의(사회개혁적, 중도좌파적)

1980년대에서 1990년대로 넘어가는 시기부터 발생한 보주주의에 대한 수요는 점점 커져가겠지만, 획기적으로 증가하기 보다는 이제 막 증가하기 시작하는 양상을 띠게 될 것으로 보인다. 이와 같이 보수주의를 필요로 하는 분위기가 형성됨에 따라 역사적으로 오랜 시간동안 압박을 받고 있는 사회 구조와 반동적 교리로부터 이데올로기적이며 실질적인 저항이 발생하게 될 것이다. 특히 극단주의를 정치적 수단으로 활용하고자 하는 세력의 저항이 클 것으로 예상된다. 1980년대에서 2010년대에 이르기까지 보수주의가 보다 큰 효과를 얻었던 곳에서는 앞으로 나아가고자 하는 새로운 행보, 즉 사회 개혁을 위한 새로운 개념과 새로운 접근 방식에

대한 정신적이며 실질적인 필요성이 축적될 것이다. 이와 같은 상황에서는 다양한 종류의 신흥종교가 생겨날 가능성이 매우 높다. 그와 같은 신흥종교는 전반적으로 실용적인 정치 이데올로기적 내용을 종교에 주입시키려는 특징을 가지게 될 것이다.

1.4. 이데올로기와 사회적 과정

현대 사회에서는 그 사회가 보유하고 있는 모든 제도가 발전해 나가고 있다. 이에 따라 사회적 과정이 어떤 형태로 진행되는지, 그리고 그와 같은 사회적 과정에서 다양한 역사를 보유하고 있는 이데올로기가 어떤 역할을 하는지에 따라 선진국과 개도국의 계층화가 점점 더 심화될 것으로 보인다.

생활수준과 교육수준이 낮은 개발도상국에서는 종교 이데올로기의 역할이 그대로 유지될 것이다(그 역할이 더 커지는 나라도 있을 수 있다). 이와 같은 상황에서 과거의 공식적인 성직자(그러한 성직자가 있다면)의 위상이 실추됨과 동시에 지엽적 성격이 강한 사이비 지도자(군지도자나 이슬람 국가의 왕을 지칭하는 에미르[1]와 같은 통치자 등)가 대거 등장하게 될 것이며, 이로 인해 신앙 자체 보다는 정권획득, 부의 축적, 인적 자원 및 기타 자원의 획득 등 잿밥에 관심이 더 많은 수많은 극단주의 종파가 난립하게 될 것이다.

한편 선진국에서는 사회적 과정이 도구화되는 경향이 나타나게 될 것이다. 다시 말해 사회적 과정의 이데올로기적 측면이 아닌, 해당 국가가 직면한 사회적으로 의미가 큰 문제에 대한 실질적인 해결방안을 모색하는데 총력을 기울이게 되는 것이다(그 실례로 현재 미국에서 진행 중인 보건개혁을 들 수 있겠다). 이런 측면에서 볼 때 다양한 이데올로기적 체계가 결합되는 양상이 점점 더 잦아질 것으로 보인다. 교육수준이 높은 선진국에서는 이데올로기가 정치적 투쟁의 수단에 머무르는 것에서 벗어나 향후

1) 역주: 모하메드 자손의 존칭, 왕족

반드시 수정을 거쳐야 하는 사회경제적으로 특별히 큰 의미를 지닌 대규모 프로젝트의 작업가설(working hypothesis)에 적용하기 위한 기능으로 발전해 나갈 것이다.

□ **현상으로서의 이데올로기는 점점 그 수명이 짧아지게 될 것이다. 이런 맥락에서 볼 때 이데올로기의 과제는 어떤 프로젝트를 객관적으로 확인할 수 있는 시기가 도래하기 전에 그 프로젝트에 타당성을 부여하고자 하는 것이지, 이 세상을 단 한 번에 완벽히 설명하고자 하는 것은 아니다.**

1.5. 종교의 균형

종교는, 특히 2020년 무렵까지는, 그 영향력이 강화될 가능성이 높다. 물론 개별 종교와 그 종교가 유포된 지역에 따라 다소 차이가 있을 수 있다.

이슬람 분포권이 확대될 것으로 기대된다(이는 주로 이주에 의한 결과일 것으로 보이며, 그와 함께 업무 환경이 열악한 직업에 종사하는 교육 수준이 낮은 이들이 수적으로 늘어남에 따라 나타나는 현상일 것으로 예상된다). 종교 지도자와 일반 신도 사이의 갈등이 지속될 경우에는 이것이 파벌주의(sectarianism)를 양산하게 될 것이다.

한편 개신교의 영역도 확대될 것으로 보인다. 이슬람 신도들에 비해 교육 수준이 높고 사회적으로 적극적인 성향을 보이는 신자 집단의 심리와 요구에 보다 부합하는 방향으로 그 영향력이 확대될 것이다. 실례로 최근 수십 년 동안 개신교는 정교와 이슬람교 내부에도 파고들었다.

반면 무신론의 영역은 축소될 것으로 기대된다. 이는 부분적으로 무신론자들이 신자로 편입되었기 때문이기도 하지만, 의식적인 비 신앙[2]과 불

2) 신자는 신을 믿는다(그 신이 어떻게 불리는 것이건 상관없다). 한편 무신론자는 신이 존재하지 않는다고 믿는다(즉, 무신론자의 사고와 인식은 신자와 마찬가지로 종교적이라고 할 수 있겠으나, 신자와 반대로 생각하고 있는 것이다). 이에 비해 비 신자는 신이라는 문제에 대한 그 어떠한 것에도 무관심한 태도를 보인다. 신자나 무신론자들이 주장하는 바를 단순히 사회적이거나 심리적인 원인으로 이해하고 있거나 그 문제에 대해 아예 무관심하기 때문이다.

가지론의 성장과 확대가 더 큰 원인으로 작용한다.

- **(불교나 힌두교와는 달리) 향후 이 두 종교가 세속적인 사상적-정치적 체제와 접목될 경우, 기독교와 이슬람교 모두를 기반으로 세계의 정치 및 경제 발전에 영향을 끼칠 수 있는 글로벌 이데올로기가 형성될 수 있는 가능성이 있다.**

세계 종교 지형에서 눈에 띄게 나타나고 있는 경향은 활발한 기독교 세계의 중심이 유럽과 북아메리카 지역에서 아프리카, 라틴아메리카, 아시아 지역으로 옮겨가고 있다는 것이다. 이와 함께 중동출신 이주자와 그 후손이 늘고 있는 유럽과 인도네시아와 말레이시아를 중심으로 한 아시아에서는 이슬람교 신자의 수가 급속도로 증가할 것으로 보인다.

기독교와 이슬람교가 세계 주요 종교계에서 일으키게 될 이와 같은 지리적 변동은 문화, 사회, 정치, 경제 전반에 지대한 영향을 끼치게 될 것이다. 특히 유럽, 러시아를 비롯한 CIS 지역, 동남아시아 등지에서 사상-문화적 상황이 심한 지각변동을 겪으며 그 여파가 정치와 경제에 까지 미치게 될 것이다.

반면 불교와 힌두교와 같은 종교의 거점은 그다지 심각한 변화를 겪지 않을 것으로 보인다. 힌두교 신자의 수는 주로 인도 내부의 인구 증가에 따라 늘어나게 되겠지만 불교 신자의 수는 눈에 띄게 변화되지는 않을 것으로 전망된다.

- **세계화가 진행되는 가운데 주요 종교와 신앙은 새로운 현실에 적응하고 다양하게 변화된 자유주의, 보수주의, 사회주의 등 이데올로기와 상호작용을 하면서 점차 변화될 것이다.**

그 결과 라틴아메리카의 가톨릭 사회주의나 중동의 이슬람 보수주의, 아태지역의 유교적 사회주의 등과 같은 하이브리드(hybrid) 이데올로기 현상이 확산될 수 있다. 또한 이국적 종교사상이 결합되거나 혼합되어 새로운 이데올로기가 나타나게 될 수도 있다.

그리고 2030년까지 개별 지역에서는 동일한 신앙 내부의 갈등이 보다 첨예화될 수 있다(이슬람교 내부의 수니파와 시아파 간의 갈등을 예로 들 수 있겠다). 대개의 경우 이와 같은 종교 내부의 갈등은 해당 국가나 지역의 지정학적 상황에 영향을 미치며 사회, 정치적으로 심각한 결과를 초래할 수 있다.

1.6. 기존 이데올로기 체계의 진화

□ **소위 문명적 요소(서구문명, 이슬람 문명, 중국 문명 및 기타 문명)를 무시한 발전 개념은 설 자리를 잃게 될 것이다. 세계의 발전은 단일한 세계 문명에 투영될 것이다.**

세계화의 주요 경향에서 벗어나고 있는 국가들은 소외될 것이다. 이 국가들은 자신들의 문명적 특징을 아무리 주장한다 하더라도 실질적인 의미를 갖지 못하게 될 것이다.

반면 2030년까지 문명적 접근방식과 문화적, 역사적으로 연관된 사상은 세계 엘리트 집단은 물론 대중 집단의 의식을 형성하는데 특정한 역할을 지속하게 될 것이다. 그와 같은 사상은 대개의 경우 명확한 모습으로 공개되지는 않겠지만, 주도적 지위를 가진 엘리트 집단의 사상과 행동에 어느 정도 영향을 미치게 될 것이다.

□ **서구의 엘리트 집단은 사상과 제도의 보편주의(universalism)를 주장하며 그와 같은 사상과 제도를 가지고 다른 국가에 영향을 끼치려는 시도를 하게 될 것이다.**

이슬람 및 라틴아메리카 국가의 엘리트 집단은 자신들의 정권을 유지하기 위하여 자신들의 소위 문명적 특성을 보호하려 할 것이다. 이를 통해

서방과 비 서방 간의 갈등이 추가적으로 발생하여 지속될 것으로 보인다.

한편 중국, 일본, 인도이 엘리트 집단은 대외적으로는 보편석이며 범세계적인 수사를 활용하고 대내적으로는 국수주의적 성격의 수사를 활용하게 될 가능성이 매우 높다.

그 결과 엘리트 수준에서는 일련의 가치들이 상호작용을 하며 서로 화합되는 현상이 나타나게 되겠지만, 일반 대중 집단 차원에서는 그와 같은 현상이 매우 느리게 진행될 것이다.

□ **구 정치 이데올로기는 존속될 것이다. 구 정치 이데올로기는 정통적 형태로 계속해서 과거를 고집하게 될 것이며, 이런 의미에서 정치적으로 완전히 노후할 때 까지 명맥을 유지하게 될 가능성이 높다.**

구 정치 이데올로기의 합리적 사상은 보수주의가 그랬던 것처럼 하나의 지점으로 집결되는 경향을 보이게 될 것이다. 20세기 후반 보수주의는 이전까지 사회민주주의가 무장하고 있던 사상의 일부였던 수많은 시각과 접근방식을 자기의 것으로 흡수한 바 있다. 문제는 그와 같은 통합을 통해 전혀 새로운 성격의 이데올로기가 생겨날 것인가(그럴 가능성은 매우 낮다), 아니면 그러한 통합이 정치적 실용주의와 상식의 수준에 머무를 것인가 하는 것이다.

□ **2030년까지 세계정치계에는 새로운 이데올로기적 스펙트럼이 형성되는 과정이 진행될 것이다.**

새로운 이데올로기의 발전은 이전까지 진행되었던 세속적 이데올로기 체계의 발전과 유기적으로 상호 연관되어 있긴 하지만, 전혀 새로운 객관적 조건하에서 경제 및 정치적 세계화의 순환적 변화(cyclical change)의 영향을 받으며 이루어지게 될 것이다.

서방은 여러 국가의 통합적 사회이자 문화-역사적 공동체로서 다양성을 유지함과 동시에 발전으로 인해 새로 발생하는 모순도 함께 떠안으면서 세계 사상적-정치적 과정의 중심지로서의 기능을 유지할 것이다.

■ **세계화의 영향으로 사상적-이론적 측면에서 정교하게 형성된 이데올로기는 이미 개별 국가의 국내정치적 상황은 물론, 대외관계 상황과의 연관성이 점점 더 커지고 있으며, 세계정치적, 사회경제적, 문화적 경향의 영향을 받는 빈도도 점점 잦아지고 있다.**

2020년까지 수십 년 동안 서방 사회와 이에 속한 국가에서 지배적이었던 전통적인 사상적-정치적 체제는 대부분 위기가 심화되고 발전이 정체될 것이다. 그와 같은 양상은 이미 현재에도 나타나고 있다.

동시에 서방의 세속적 사상정치체제는 점점 유일한 비종교적 이데올로기가 될 것이다. 그와 같은 비종교적 이데올로기는 국가 또는 그보다는 보다 원시적인 공동체 내에서 특정한 사회질서 모델을 실현할 뿐 아니라, 국제 질서, 즉 국가와 세계경제 및 정치의 다른 주체 간의 관계를 형성하는 데에 초점이 맞춰져 있다.

이와 같은 상황은 무엇보다 선진국 엘리트 집단의 활동과 정치적 사고, 그리고 이를 기반으로 형성되는 초국가적 엘리트 집단의 특징에 의해 조건 지워진다. 엘리트 집단의 이익과 세계화 과정의 가장 중요한 원동력인 초국가적 자본가 집단의 이익이 결합한다고 해서 이러한 이익이 주요 선진국의 이익에서 분리되었다는 것을 의미하는 것은 아니다.

□ **특히 이와 관련하여 미국의 예를 들 수 있다. 미국의 국가 이익은 이미 수십 년 동안이나 극명한 글로벌적 성격을 띠어 왔다.**

하지만 이처럼 세계화를 주도하는 국가에서는 엘리트 집단과 전문가의 새로운 이데올로기적 사고가 형성되는 등 보다 집중적으로 변화가 일고 있다. 현재 미국과 유럽에 존재하는 이데올로기적 도구는 대부분 역사적으로 다른 조건에서 생성된 것이다. 따라서 세계경제를 주도하는 국가의 초국가적 엘리트 집단이 이데올로기적 도구를 개념적으로 재검토해야 할 필요성을 인식하지 못하게 된다면, 이데올로기적 도구는 새로 발생되는 범세계적 모순을 해소하고 세계 발전 시스템이 안고 있는 과제를 해결함에 있어 점점 더 적절하지 못한 도구로 전락하게 될 것이다.

따라서 미국을 비롯한 서방 사회 전체가 안고 있는 가장 중요한 과제는 자신들의 주도권 유지를 보다 효과적으로 정당화하고 합법화해 줄 수 있는 이데올로기를 만들어 내는 것이다.

동시에 이들이 필요로 하는 것은 미국과 그 동맹국에게 가장 유리하면서도 세계정치를 주도하는 다른 주체들도 수용할 만한 세계질서 모델에 최대한 부합하는 글로벌 거버넌스 제도 및 메커니즘을 형성할 수 있는 사상-가치적 기반이다. 이러한 가치와 목적을 기반으로 서방에서 태동한 사상체계의 새로운 모델을 발전시키기 위한 조건이 점차 형성될 것으로 보인다.

1990년대부터 2000년대 초까지 미국식 자유주의 글로벌리즘의 영향력이 크게 확대된 데에는 여러 가지 이유가 있겠지만 무엇보다 미국이 세계 유일의 초강대국 지위를 얻게 된 것이 가장 큰 이유로 작용한다. 미국은 때로는 동맹국과 함께, 때로는 단독으로 세계정치 시스템의 전반적인 발전에 힘을 쏟아 부었다. 냉전이후의 국제정치적 상황에서 자유주의는 미국의 대외 정치적 이데올로기와 정치 활동에서 급진적이며, 근본주의적이라고 까지 말할 수 있는 형태, 즉 신보수주의라는 옷을 입게 되었다.

□ **미국 정부와 함께 형성되어 발전된 자유주의는 그 형태와 내용면에 있어서 독일의 질서자유주의(Ordo-liberalism)나 프랑스의 자유주의적 국가사회주의 등과 같은 유럽대륙의 자유주의적 정치사상 체계는 물론, 영국의 자유주의와도 언제나 본질적인 차이를 보여 왔다.**

이러한 차이는, 지난 20년여 년 동안 자유주의·제도주의 글로벌리즘과 신보수주의 글로벌리즘이라는 형태로 나타난 미국의 자유주의가 과격한 성격의 개념적 구조의 근간이 되어감에 따라 계속해서 더 벌어져갔다.

이렇게 두 가지 형태로 나타난 자유주의 글로벌리즘은 전통적인 자유주의를 고수하면서도 유럽의 자유주의와는 다른 사회 윤리적 기반 위에 발전해 왔다. 이러한 성격의 글로벌리즘 성향을 가진 이들은 여태까지 존재했던 자유주의 중 개인과 사회의 자유라는 가치에 기반을 둔 그 어떠한 사회 윤리적 모델보다 민주주의와 자유시장경제의 형식적인 기준과 원칙을 준수하는 것을 가장 중요하게 여겨왔다.

□ 2030년 무렵이 되면 과거 1980년대부터 2000년대 초반까지 세계정치를 주도했던 자유주의의 세계적 영향력이 서서히 약화될 수도 있다.

자유주의 이데올로기의 틀 안에서 사회 지향적 보수주의, 사회민주주의, 지속가능발전 개념 등 타 이데올로기의 개념적, 가치적 요소를 내포한 새로운 글로벌리즘 사상-정치적 체계가 발전해 나갈 것이다.

정치경제, 군사정책, 과학기술 분야에서 세계의 유일한 지도자로서의 미국의 입지적 기반이 서서히 변화되고 부분적으로 소실됨에 따라 미국식 자유주의 글로벌리즘은 비교적 느리지만 지속적으로 약화될 것이며 새로운 이데올로기적 형태로 변형될 것이다.

미국 엘리트 집단 중 일부는 그들이 어떤 정당에 소속되어 있는지에 상관없이 새로운 세계질서가 형성되는 조건 하에서 집단적 리더십 글로벌 시스템이 형성되고 있는 경향에 보다 부합하는 방향으로 미국의 정책을 개편하는 데에 더 많은 이해관계를 갖게 될 것이다.

이들 정치세력은 자유주의적 글로벌리즘의 이데올로기적 도구를 개편하고 이를 사회민주주의적 가치 및 원칙과 결합시키려고 앞장서게 될 것이며 지속가능발전과 사회개혁주의적 글로벌리즘을 옹호하는 세력과 연합하여 글로벌 거버넌스의 원칙과 모델을 만들어 낼 것이다.

미국의 또 다른 기득권층은 보다 경직된 형태로 국가의 글로벌 정치 리더십이 소멸되는 과정에 저항하는 입장을 취하게 될 것이다. 이들은 서방 사회 내부에서는 물론 미국의 정치체제 내부에서 이데올로기 투쟁의 형태와 방법을 과격화시키는 구심점으로 작용하게 될 것이다.

미국 및 초국가적 정치 엘리트 집단은 계속해서 근본주의적 자유주의와 보수주의를 고수할 것이며, 때에 따라서는 과격한 보수주의 이데올로기에 의존할 것이다. 이에 미국이나 서방의 집단적 리더십의 형태와 방법이 변형되는 것에 오랜 기간 저항할 것으로 보인다.

1990년대와 2000년대 초의 국제정치과정은 서방사회내의 양극적 대립의 조건에서 나름 내부 대안을 형성해 왔던 사회민주주의 정당들과 시민운동의 이데올로기적 발전에 있어서의 정체를 가져왔다. 이를 통해 유럽의 수 많은 국가에서는 나름의 사회경제 프로그램이 실현되고 일부 개도국의 사회정치 과정에 영향을 끼칠 수 있었다.

지난 20여 년 동안 미국의 엘리트 집단과 이들의 영향력 아래에 있던 대다수의 유럽 엘리트 집단의 사고를 지배해 왔던 다양한 형태의 자유주의 및 보수주의적 사상은 유럽과 전 세계의 사회민주주의와 개혁주의 글로벌리즘이 정치적으로 정착할 수 있는 공간을 축소시키는 결과를 초래했다.

사회개혁주의적 사상-정치체제와 이와 같은 성향을 고수하는 집단(이를테면 사회주의 인터내셔널)은 대안적인 사회발전 이데올로기 프로그램을 모색하는 정치적 기능 뿐 아니라 이러한 프로그램을 실현하기 위한 정치적-실제적 가능성을 대거 상실하게 되었다.

이는 지난 20여 년 동안 EU 내의 수많은 국가에서 사회민주주의자나 사회주의자가 정권을 잡고 있음에도 불구하고 발생한 결과다.

2010년대 말에서 2020년대 초에 이르게 되면 사회민주주의 정당 및 시민운동계에서 지도부의 세대교체가 이루어지게 될 것이다. 냉전을 체험하지 않은 1970년대에서 1980년대에 태어난 이들이 권력을 획득하게 될 것이다. 따라서 이들은 세계화, 세계의 사회적 공정성 및 전체의 공정성 문제 등이 안고 있는 긍정적인 면과 부정적인 면을 보다 객관적으로 사고할 수 있게 될 것이며 글로벌 거버넌스 및 사회경제적 통제 시스템 형성에 대한 새로운 개념과 접근방식을 제시할 수 있을 것이다. 이를 통해 사회주의자와 사회민주주의자의 이데올로기적 위기가 극복될 수 있을 것이다.

이미 2000년대 중반부터 선진국은 물론, 개도국에서도 전 세계적이거나 국제적인, 또는 국가 내부적인 사회경제 및 정치적 모순이 점점 더 자주 발생하여 감지되기 시작했다. 이렇게 모순이 심화됨에 따라 전통적인 자유주의가 보편적으로 수용할 수 있는 발전 모델이라는 생각은 점점 설득력을 잃어가고 있다.

□ **자유주의적 글로벌리즘에 기반을 두고서는 세계화 과정의 성격과 방향성을 가진 기존의 사회경제적 문제를 해결하기 위한 효율적인 장기 프로그램이 형성되지 못했다.**

아직까지는 이러한 문제를 해결할 수 있는 가치-목적적 방향이 가진 대략적인 윤곽만 드러난 상태다. 그 방향성은 비즈니스-시민사회간 관계의 새로운 윤리 개념(글로벌 콤팩트, Global Compact)과 사회적 글로벌리즘에서 부분적으로 차용한 지속가능발전 사상, 글로벌 거버넌스 및 개입의 제도주의적 원칙 등에 기반을 두고 있다.

세계금융위기는 아직까지도 자유주의 이데올로기와 현실에 획기적인 이데올로기적 효과를 가져다 주지 않고 있다. 사회민주주의 역시 소극적인 모습을 보이면서 세계사회경제의 새로운 대안을 제시하지 못했다. 이는 특히 유럽지역에서 케인스식 경제모델이 위기를 맞고 있는 시점에서 두드러진 현상이다.

하지만 세계금융위기로 인해 세계화의 객관적인 문제점이 보다 명확하게 드러나게 됨으로써 서방의 지배적인 이데올로기의 가치와 목적을 다시 한 번 생각할 수 있는 계기가 만들어지고 있다.

실제로 선진국에서 작성된 경제위기 극복 전략은 모두 사회개혁주의 사상과 국가 사회주의적 자유주의의 통제 정책적 개념을 결합하여 작성되었다. 이와 같은 경향이 지속되지 않을 것이라고 예상할 만한 근거는 없다.

1.7. 새로운 이데올로기의 형성

2030년까지 개별 국가뿐 아니라, 국제적 수준에서 새로운 이데올로기를 모색하는 과정이 활발해 질 것으로 기대된다. 이때 각 국가와 국제사회의 상호관계 역시 전체적으로 활성화 되는 양상을 띠게 될 것으로 보인다.

■ **과거 그 어느 때보다 현대 사회에서는 개별 국가나 지역의 물질적인 측면이 아닌, 범세계적 문제와 그 해결 방법에 의미를 부여하는 과정을 통해서만 새로운 정치 이데올로기가 출현할 수 있다.**

일찍이 1990년대 말부터 서방 사회 내부에서는 지배적인 자유주의 모델들 또는 사료들 및 그에 따른 세계화 모델에 대한 대안적 정치사상이 형성되고 있다.

이러한 대안적 정치사상의 지지자들은 대내외적으로 사회운동을 펼쳐나갔다. 21세기 초반 이후 서방의 엘리트 집단과 사회의 인식속에서 대안적 정치 사상의 영향력이 강화되었다. EU 및 미국의 정치 엘리트 그룹 내에서는 사회주의, 전통적 자유주의적 국가주의, 보수주의 등의 요소가 결합된 정치적 사상 체제를 기반으로 이와 같은 과정이 전개되었다.

대중적 차원에서는 사상적-심리적 경향이 보다 과격하게 표출되었다. 이는 자유주의적 글로벌리즘은 물론, 이를 기반으로 한 경제 및 정치 세계화에 반대하는 대안세계화와 반 세계화적인 범세계사회운동의 형태로 발전되었다. 이와 같은 형태는 대안세계화나 반세계화적 성향을 띤 이들의 지지로 구현되었다.

최근 10년 이내에 서방 내부에서 발생한 위에서 언급된 사조의 영향력은, 정치적으로 다소 다른 방향성을 획득하며 다른 지역에서도 큰 지지를 받게 되었다. 대안세계화와 반세계화는, 부분적으로 세계정치의 비주류에서 보다 제도적이고 공식적인 성격을 얻게 됨으로써, 2030년까지도 다양한 형태로 그 영향력을 유지할 것으로 보인다.

■ **2010~2020년 사이에는 세계화와, 세계화를 기반으로 출현한 이데올로기 사이의 대립이 보다 심화될 것이다.**

이러한 대립은 특히 미국과 EU에서 눈에 띄게 나타날 것이다. 즉, 다양한 형태로 발전한 자유주의적 글로벌리즘(자유 개혁주의적 제도주의에서 자유 제국주의적 신보수주의에 이르기까지)과 전통적 자유주의자들 사이에서 두드러질 것이다.

이와 유사한 대립은 세계화적 성향의 사회 개혁주의자들과, 사회문제를 국가가 해결해야 한다고 주장하는 보다 전통적인 성향의 사회민주주의자들 사이에서도 심화될 것이다.

이데올로기 사이의 대립과 이로 인한 정치적 분쟁은 새로 발생하는 정치적 경향과 오래전부터 존재해 왔던 정치적 경향 사이에서도 심화될 것이다. 하지만 그러한 갈등은 형식적으로 단일성을 유지하게 될 정당 및 사회운동 내부에서 가장 심각한 형태로 나타날 것이다.

세계화를 옹호하는 이들과 세계화에 기반을 둔 정치 독트린 및 이데올로기를 지지하는 이들 사이의 사상적 갈등과, 이보다 심각한 형태로 나타나는 사상 정치적 충돌 역시 심화될 것으로 보인다. 무엇보다도 새로 성립되는 세계질서에서 국가의 역할과 기능을 서로 다른 방식으로 이해하고 있기 때문이다.

국가를 바라보는 자유주의적 세계주의자들의 시각은 본질적으로 세계주의적 사회 개혁주의자들과 유사하다. 이들에게 있어 국가란, 그들이 보편적이라고 생각하는 가치의 정치 경제적인 원칙을 구현할 수 있는 수많은 도구 중 하나일 뿐이다. 이들은 그와 같은 가치와 원칙이 전 세계적으로 확산되는 현상을 주권의 상실 내지는 국가의 소멸이라는 측면에서 이해하고 있으며 이를 세계화의 가장 중요한 정치적 현상으로 바라보고 있다.

따라서 세계주의자들은 국가의 기능과 권한의 일부를 국가 기관이 활동하는 영역 밖으로 이전하는 것이 가능하고, 또 이것이 바람직하다고 보고 있으며 초국가적이며 세계적인 기구를 형성하여 정치적 원칙을 어느 곳에서나 적용할 수 있도록 보장해 주어야 한다고 생각하고 있다. 바로 이런 생각을 바탕으로 하여 2000년대 초반에 형성된 글로벌 거버넌스 개념의 수많은 변종과 이를 실제로 구현하기 위한 다양한 접근 방식이 양산되고 있다.

한편 사회적 합의와 사회경제적 통제정책을 고수하고 있는 전통적 자유주의자들은 국가를 다른 식으로 바라보고 있다. 이들에게 있어 국가란, 민주주의 원칙과 기존의 가치를 보장해 주는 최고의 보증수표이다. 국가기관의 활동은 민주주의적 절차를 준수하여 국민(민족)이 국가기관에 권한을 부여했다는 사실에 기반을 두고 있기 때문이다.

따라서 전통적 자유주의자들은 국가의 범위를 벗어나거나 국가를 도구로 삼는 초국가적 또는 범세계적 통치기관이 형성되는 것을 자유주의적 원칙과 민주주의적 법칙을 위반하는 것으로 간주하고 있다. 이러한 통치기관의 활동을 비민주주의적인 것으로 받아들인다. 서방 사회에서도 초국가적 통치기구를 설립하려는 세계주의자들의 활동이 활발해지면 질수록, 시스템 내부적인 반작용이 더욱 격화된 형태로 나타나고 있다. 이와 같은 현상은 EU에서 특히 심하게 나타나고 있는데, 유럽에서는 일찍이 2000년대 초반 그와 같은 종류의 갈등이 고개를 들기 시작했다.

세계주의적 사회 개혁주의자들 역시 세계사회의 공정성을 보장해 주는 기구나 기관이 국가를 대신해야 한다고 주장하고 있다. 통제정책적 사상 정치 패러다임의 일환으로 형성된 전통적인 접근 방식을 고수하고 있는 사회민주주의자들은 오직 국가만이 사회보장 시스템의 제 기능과 사회 전반의 공정성을 보장해 주는 메커니즘으로 작용할 수 있으며 그렇게 작용할 것이라고 보고 있다.

1990년대부터 2000년대 초반까지 서방 세계 내부에서 사회민주주의 및 자유통제정책에 대한 다양한 대안이 출현하게 됨에 따라 이전에는 세계 이데올로기적 과정에서 주변에 머물러 있거나 그다지 중요하지 않은 입지를 차지하고 있던 사조가 자유주의 글로벌리즘에 가장 적극적으로 대항하게 되었다.

이와 같은 사상적 · 심리적 기반 위에 2000년대 초부터 미국과 EU에서는 다양한 형태로 나타나기 시작한 무정부주의, 무정부 공산주의, 신나치주의 등의 대중적인 정치적 영향력이 획기적으로 확대되었다. 특히 2000년대 초에는 이와 같은 사상 체계가 유럽의 주요 국가를 중심으로 대중성을 확보하게 되었다. 미국의 행태는 물론, 경제적 세계화와 유럽 통합 과정이 초래한 사회경제적 부정적 현상과 문제로 인해 대중의 불만이 높아져 갔기 때문이다.

미국과 유럽에서 이데올로기적 과정이 전개됨으로 인해 나타나고 있는 일련의 모순점들과 현대 세계정치 부문에서 제 기능을 수행해 왔던 서방의 이데올로기 체계 대부분이 직면한 위기상황을 고려해 볼 때 다음과 같은 결론을 도출해 낼 수 있다.

■ 세계는 개별 국가를 넘어 전 인류에게 발전 방법을 제시해 줄 수 있는 완전히 다른 새로운 이데올로기가 출현하게 될 상황에 직면해 있다.

새로 출현하게 될 이데올로기는 이미 존재하고 있는 세계화 이데올로기 체계가 본질적으로 변형됨으로써 발전을 이루게 될 가능성이 높다. 하지만 기존 이데올로기의 상황과 이데올로기를 옹호하는 이들은 기존의 이데올로기와는 상관없는, 사회 심리적으로 거대한 동원력을 가진 새로운 사상 정치적 모델을 형성하게 될 것이다. 서방 세계를 비롯한 전 세계에서 이루어지게 될 향후의 이데올로기 모색 과정은 사회 발전에 관한 과학적 지식과 이데올로기적 목표설정의 형식에 기반을 두고 진행될 것이다.

2020년에 접어들게 되면 정치 분야에서는 근본적으로 새로운 방향성과 내용을 보유한 이데올로기가 다음의 두 방향으로 대두될 것이다.

1. 그 무렵이 되면 어떤 이데올로기가 출현하게 될 것인가?라는 세계화의 보다 전체적이고 전면적인 결과에 대한 의미부여를 통해 신 좌파적 대안이 형성될 것이다. 이와 같은 대안은 지속가능발전 사상, 사회민주주의, 온건한 성향의 대안적 세계주의 등의 통합에 기반을 두면서 2020년대 초까지 상승세를 탈 것이다. 만약 이 대안이 국가주의 및 초국가주의 엘리트 집단과 전문 정치가 집단, 언론 등으로부터 격렬한 박해를 받지 않게 된다면, 이는 온건 좌파적 보수주의로 받아들여지게 될 것이며 세계 현대화의 가장 체계적인 이데올로기로 자리 잡게 될 것이다.

2. 이와 함께 상기에 언급한 첫 번째 대안과 동시에 나타날 수도 있는데 세계의 사회적 양극화가 심화됨으로써 새로운 형태의 공산주의 사상이 출현하거나, 아예 반대로 급진적 엘리트 이데올로기가 출현할 수 있다. 이

두 가지 모두에서는, 과거에 그러했던 것처럼, 인종, 종족, 신앙적 기반은 물론 사회적 기반에 의한 집단적 학살이 용인될 것이다. 다만 세계 및 각 개별 국가의 사회 조직적 방향에 있어서만 차이를 보이게 될 것이다. 공산주의 사상은 아래에서 위로, 엘리트주의는 위에서 아래로 향하게 되는 것이다.

전체적으로 봤을 때 2030년이 되면 세계의 정치적 힘의 균형이 변하기 시작할 것이다. 이는 중국이 성장함과 동시에 세계화를 주도하는 열강에 편입됨으로써 나타나게 될 변화다. 2030년을 넘어서면서 라틴아메리카, 유럽, 아시아태평양 지역 등지에서 새로운 이데올로기의 중심이 발전할 것이라는 가설이 형성되기 시작하겠지만, 어쨌든 여전히 질적으로 새로운 발전 이데올로기를 제시하지는 못할 것으로 보인다. 다만 세계적으로 주류를 이루는 사상과 개념에서 벗어나지 않고 나름의 의견을 보태고자 하면서 기존의 조건에 적응하고자 할 것이다.

□ 중국이 새로운 글로벌 이데올로기의 근원지가 되지는 않을 것이다.

그 이유는 다음과 같이 설명할 수 있다. 즉, 현재 중국의 엘리트 집단을 구성하고 있는 이들은 물론, 향후 이들을 대신하게 될 새로운 엘리트 집단은 세계화와 세계정치경제 발전의 대안적 모델을 형성하는 데 관심을 보이지 않을 것이기 때문이다. 향후 15~20여 년 동안 이들의 목표는 서방의 주요 열강이 형성한 글로벌 체계에 중국의 리더십을 도입하는 것이다. 하지만 그렇다고 해서 가치 체계를 포함한 일련의 분야에서 중국이 세계화, 글로벌 거버넌스 체계의 형성 및 그 기능에 향후 자신들의 영향력을 강화시키려는 노력을 하지 않을 것이라는 의미는 아니다.

세계정치 이데올로기적 과정에서 중국이 자신의 영향력을 높이게 될 것이라는 전제조건은 바로 중국이 이미 세계화로 인해 이득을 얻게 되는 국가의 대열에 합류했다는 것이다. 따라서 중국은 당분간 무역의 자유나 국가 간 투자 활동 등 세계경제 자유화를 지지할 것으로 보인다.

한편 그 밖의 다른 이데올로기 사조는 주변적인 성격을 띠게 될 가능성이 높다. 이들은 주도적인 이데올로기 트렌드와 달리 다음과 같은 방향성을 취하게 될 것이다.

- 중국 공산주의는 변형 또는 적응될 것이다.
- 아프리카, 아시아, 라틴아메리카 일부 국가의 민족주의는 스스로 고립될 것이다.
- 공격적-극단적 이슬람주의는 테러 등의 방법을 동원하여 정치 부문에 사상적 갈등을 초래하며 지배 이데올로기와 대립할 것이다.

□ **동북아시아 지역의 국가(중국, 일본, 한국)는 유럽 및 북아메리카의 동맹국으로서 세계의 안보를 위협하는 이슬람 극단주의를 억제하는 기능을 수행하게 될 것이다.**

1.8. 대안적 세계화 모델의 이데올로기

1990년대에서 2000년대 초에 특히 급속도로 진행된 경제적 세계화 과정은 객관적인 성질을 지니고 있지만 항상 객관적인 요소를 기반으로 해서만 발전해 오지 않았다. 오히려 주관적인 성격을 극명하게 드러내면서 발전을 거듭해왔다.

□ **경제 세계화 과정은 워싱턴 컨센서스(Washington Consensus)의 일환으로 국가 금융 시장의 강제적 자유화 노선을 택한 OECD 회원국들의 정책으로 가속화되었다.**

이와 같은 정책은 경제적 목적뿐 아니라, 분명한 이데올로기적 기반을 가지며 그에 적합한 도구에 의존하게 되었다. 워싱턴 컨센서스 정책의 경제적 요소로 작용했던 것은 이전까지 WTO가 주도했던 대외무역 거래상의 관세 인하, 국제무대에서의 은행 활동 및 자금 흐름에 대한 국가의 통제 철폐 등이다. OECD에 속하지 못한 국가에 대해서는 IMF가 자유화를 명목으로 융자를 제공해 주었다. 단, 이들이 시장 개방성을 더 확대할 경우에 한해 ㄱ와 같은 조치를 헤 주었다.

이러한 노선은 다양한 논지에 의해 정당화되었다. 그중 가장 주된 논지는 이기적이고 사리사욕만을 앞세운 각 정부의 보호로부터 세계경제를 자유롭게 함으로써 자유시장의 요소가 작용할 수 있는 조건이 보장된다는 것이다.

바로 이러한 자유 시장적 행위를 통해 세계적 차원에서의 생산력 분배를 최적화하고 수요와 공급의 균형을 맞춤과 동시에 발전의 문제도 어느 정도 완화시켜야 한다는 것이다. 이 정책이 가지고 있는 또 하나의 이데올로기적 기반이 된 것은 민주주의적 세계 개념이다. 이 개념은 시장 민주주의가 공동의 가치에 따른 것이므로 모두에게 안전하다는 가설에 기반을 둔 것이다.

지난 20년 동안의 결과를 살펴보면, 실제로 경제 부문에서 자유주의적 접근방식을 받아들인 많은 국가들이 성공적으로 정부 주도적 경제에서 시장 경제로 전환할 수 있었다는 점을 알 수 있다.

2000년대 자유주의적 세계화를 비판하던 이들은 자유주의 글로벌리즘을 통해 가장 많은 이익과 이윤을 얻고 있는 이들은 다름 아닌 미국을 중심으로 한 선진국에 기반을 두고 있는 다국적 기업과 은행이라고 주장했다.

이에 중하위 개발도상국들은 다국적 기업이나 은행에 세금 및 노동력 고용과 관련한 특혜를 제공하면서 다국적 기업의 기술과 생산품, 그리고 다국적 은행의 자본을 유치하기 위해 경쟁을 해야만 하는 상황에 처하게 되었다.

한편 사회 보장 수준이 매우 높은 선진국 역시 또 다른 문제에 직면하게 되었다. 다국적 기업들은 노동집약적인 생산을 생활수준이 낮고 노동비용이 저렴한 국가로 전환하는 정책을 펴 나가고 있으며, 환경보호를 위한 고가의 자동화기기 도입 대신 환경규제 수준이 느슨한 국가로 눈을 돌리고 있다.

이런 상황에서 세계금융위기가 발생함으로써 세계화가 초래한 또 다른 부정적인 측면이 극명하게 드러나게 되었다.

□ **자유화로 인해 각국의 정부 차원에서 순환적 경제 발전의 부정적인 결과를 완화시키기 위해 조직된 시장경제 규제기구의 역할이 약화되었다.**

국경을 자유롭게 오가며 고위험 거래에서는 역외 존(offshore zone)을 활용하고 세금 포탈을 일삼으며 정당하지 못한 수입을 세탁하는 등 다국적 자본 세력가들의 활동을 규제할 수 있는 가능성이 사실상 없어져 버린 것이다.

이에 세계적인 위기 조건이 형성되었고 세계의 거의 모든 국가가 이러한 위기를 근절하기 위한 비상 대책을 마련함에 따라 국내외적으로 실질적인 사회경제적 규제를 확대시켜야 한다는 사상 체계에 대한 관심이 생겨나기 시작했다.

선진국을 비롯한 수많은 국가의 전문가들과 정치 지도자들은 대외 경제 부문에 만연해 있는 일련의 과정을 정비하고 역외 존, 헤지펀드, 유가증권 시장 등에 규제를 도입해야 한다는 생각에 주목하게 되었다.

하지만 위기를 겪으면서도 세계의 지도자들은 다국적 기업이나 은행의 금융활동에 투명성을 보장해 줄 수 있는 민주주의적 원칙, 나아가 보다 넓은 의미의 사회적 연대를 기반으로 하는 대안적 세계화 모델을 채택하지는 못했다.

□ **하지만 그와 같은 생각에 대한 관심은 커지게 되었고 그 지지층 역시 확대되었다.**

이데올로기적 파동이 일시적일 것인지, 아니면 장기적 트렌드로 바뀌게 될 것인지는 위기 이후의 시기 동안 각 국의 금융경제를 통제하는 국제기구가 얼마나 발전해 나가느냐에 달려있다.

20세기를 지나 21세기로 넘어오던 시기에 권력과 영향력을 보유하고 있던 자유주의적 세계주의자와 (해당 이데올로기의 사상적 발전 측면이 아닌 정치적 측면에서) 그 주변을 맴돌던 대안적 세계주의자, 반세계주의자, 민족주의자, 고립주의자 그룹 사이에서 형성된 사상적, 정치적 대립은 점차적으로 보다 복잡다단한 양상으로 변해가고 있다. 이와 같은 조건에서 다음과 같은 몇몇 이익집단을 따로 구분해 볼 수 있겠다

- 첫째, 세계적 차원에서 자유 시장에 굳은 믿음을 가지며 이를 통제하려는 모든 시도를 시대착오주의로 생각하는 정통 자유주의적 세계화 모델의 지지집단.
  여기에는 자유주의 세계주의자이자 제도주의자들이 부분적으로 포함된다. 이들은 미국을 비롯한 기타 선진국이 앞으로도 영원히 글로벌 리더십을 유지해야 한다는 글로벌 거버넌스 모델을 옹호하며 이를 위한 제도를 마련해야 한다고 주장하는 이들이다. 그리고 사실상 이와 같은 생각을 사상 개념적으로 공공연하게 인정하고 있지는 않지만 중국과 인도의 일부 정재계 엘리트들도 여기에 속해 있다.
- 둘째, 세계적 수준의 과정을 정비해야 한다고 주장하는 지지집단.
  이를 위해 대내외적 수준에서 글로벌 거버넌스의 과정과 체계에 영향을 끼칠 수 있는 국제적 메커니즘 및 제도를 만들어야 한다는 입장을 취한다.
  이들은 사상적으로 (완벽하게 맞아 떨어지지는 않지만) 대안적 세계주의자, 지속가능발전 사상의 좌파적 지지자, 환경보호론자 등과 동맹관계를 맺을 수 있다.
- 셋째, 세계적 수준에서는 주변자적 성향을 띠지만 개별 국가적 차원에서는 국내 정세에 영향을 미칠 수 있는 종교주의, 민족주의, 인종주의 등의 성향을 가진 급진적 극단주의자.
  이들은 현대 세계질서와 발전 모델에 대하여 파괴적인 성향을 지니고 있긴 하지만 다국적 네트워크를 형성하거나 최신 정보기술을 활용하는 등 자신들의 이익을 위하여 세계화를 이용하고 있다.
- 넷째, 자국의 발전을 지향하는 국가 지도자 및 그와 유사한 성격의 정치 엘리트.
  이들은 특히 자신들이 당면한 이익에 부합할 때에만 선별적으로 세계화를 활용하며 자유주의적 모델에 부정적인 태도를 취하고 있다. 하지만 세계발전의 전체적인 행보에는 영향력을 행사하지 못한다. 그와 함께 세계화를 통해 얻을 수 있는 부를 획득하고 그 결과물을 활용하는데 적극적으로 참여할 준비가 되어 있는 집단이다.

이와 같은 세력이 어떤 식으로 협력하고 대립하느냐에 따라 향후 20여 년 간 개별 국가의 사상 정치적 삶과 세계의 이데올로기적 과정의 운명이 결정될 것으로 보인다.

1.9. 이데올로기와 국제관계

현대 국제관계(소위 베스트팔렌 체제, Westphalian system)는 애당초 바티칸의 행정적 규제, 그리고 부분적으로 정신적 규제로부터 벗어나고자 했던 12세기 중반, 사회관계의 세속화 과정을 거치며 발생하게 되었다.

그 반대로 이루어지는 과정 역시 발생할 수 있다. 즉, 이데올로기(그것이 종교적이든 세속적이든, 아니면 다른 문제이든지 간에)가 국제관계 문제 보다 우위를 점하게 될 수도 있는 것이다.

특히 현대사회에서 세계화가 국가 기구의 역할을 파괴할 경우 이와 같은 현상이 일어날 수 있다. 하지만 2030년까지는 그럴 가능성이 그다지 높지는 않다.

하지만 국제관계의 개별 부문은 이데올로기, 특히 종교적 이데올로기의 영향을 받을 수 있다. 이럴 경우 새로운 종교적 지배 체제(보통 전제주의에 편향되는 경우가 많다)가 발생하게 될 것이며 네트워크 유형의 다국적 종교정치 조직이 지속적으로 발전하게 될 것이다. 또한 이로 인해 지역 내 분쟁이나 전쟁이 발발할 수도 있다.

1.10. 국제체계에서의 문화 간 상호작용

세계화가 진행되면서 문화 간 상호작용은 불가피한 현상이 되었다. 이와 같은 문화적 상호작용은 모든 삶의 영역에서, 전 세계의 모든 지역에서, 일상생활에서 대규모적이고 폭넓게 나타나고 있으며 이는 협력, 분쟁, 심한 경우는 전쟁으로까지 반영되고 있다.

전문가들은 대내외적으로 모든 활동 분야에서, 그리고 사회관계 및 문화적 다양성 측면에서 향후 문화적 요소의 다양성, 특히 국제관계의 중요성이 높아질 것이라는 데 의견을 같이하고 있다.

하지만 세계적으로 문화 관련 이론 문헌에는 문화현상과 관련하여 300개가 넘는 정의를 제시하고 있기 때문에 문화현상에 적용할 수 있는 전망의 대상을 정하기가 매우 어려운 것도 사실이다.

일반적으로 문화는 다음과 같이 네 그룹으로 분류할 수 있는 다양한 특징에 따라 정의할 수 있다.

- 전문적이고 사회적인 기술(습관)이나 능력
- 상징, 의미, 의식
- 상기에 제시된 두 가지 그룹의 상호작용을 보장해 주는 제도
- 물질적 대상 – 문화의 생산품, 대상, 도구

문화의 특징은 위에서 제시한 각각의 그룹이 구체화됨에 따라 결정되기도 하지만, 그 외에도 제시된 모든 요소가 해당 문화에 존재하는가의 여부, 이들이 해당 문화에서 어떤 특징을 가지며 어떤 기능을 하는지, 그리고 각각의 그룹이 서로 어떤 상호관계를 맺고 있는지에 따라 결정되기도 한다.

문화란 본질적으로 위에 제시한 모든 요소가 결합된 형태로 나타나며 언제나, 그리고 어떤 경우에나 반드시 존재하는 인공물이라고 할 수 있다. 인간은 주위의 자연이나 사회 환경과 직접적으로 기능적인 상호관계를 형성하기 위해 인공물을 때로는 의식적이거나 의도적으로 만들어낸다. 또한 경험, 지식, 제도, 수단, 가능성 등 역사적으로 조건 지워진 부족함에 대한 지속적인 심리적 보상과 같이 때로는 상호관계의 과정이나 결과의 영향을 받아 발생하기도 한다.

지리, 종족, 종교, 인종 및 기타 외형적 특징을 기준으로 이름이 붙여진 각 문화(아프리카 문화, 동아시아 문화, 유럽 그리스도 문화, 이슬람 문화, 유교 문화 등)는 각각 해당 문화와 동일시되고 있지만, 해당 문화의 내부적인 전개 과정을 설명하거나 그 발전을 전망하기에는 완벽히 맞아떨어지지는 않는다.

문화의 역할과 문화 간 과정에 대한 전망은 문화나 문화 간 과정이 내포하고 있는 개별적인 특징(오래전부터 알려져 있으며 상세하게 설명되어 있지만, 전망을 가능케 하는 잠재력은 가지고 있지 않은 특징)이 아닌 공통적인 것을 분리해 냄으로써 가능하다. 이는 현상으로서의 문화와 구체

적인 문화의 형태가 가지고 있는 고유의 특징이다. 공통적인 요소로 꼽을 수 있는 것은 채집, 생산, 약탈 등 삶을 유지하고 재생산하기 위한 기본적인 방법(즉, 폭력을 행사하고 그 결과 얻은 대상물을 재분배하는 행위)과 문화와의 관계이다.

역사적으로 모든 사회는 채집, 생산, 약탈 등의 세 가지 방법이 다양하게 결합되면서 형성되어 왔고 이런 의미에서 내부적으로 사회적 환경을 형성하며 발전해 왔다. 하지만 이러한 사회적 환경은 다른 수많은 자연적 요소 및 인위적 요소(즉, 자연, 인종, 신앙, 국가 등에 의한 경계)와는 구분되는 것이다. 비교적 폐쇄적인 사회경제 시스템의 틀 안에서 주도적인 입지를 차지했던 것은 약탈과 폭력, 재분배 등의 기능을 보장해주는 사회세력과 제도였다. 특히 재분배의 기능은 사회적 환경과 그러한 환경이 발생시킨 문화에서 중요한 의미를 가진다. 단일한 완전체, 즉 하나의 시스템으로서 사회나 국가를 세울 수 있도록 해주기 때문이다.

하지만 폭력과 재분배 제도가 우세해 짐에 따라 발생하는 역기능이 있다. 발전이라는 명목하에 시스템 상의 동기부여가 훼손된다는 점이다. 즉, 재분배의 근원지나 재분배를 받은 이는 자신들이 행한 노동의 결과를 약탈당하거나 그들 스스로, 또는 친지들이 물리적으로 위험한 상황에 처할 수 있는 이중적인 위협에 직면하게 되는 것이다. 따라서 문화에서 발전은, 설사 발전이 이루어진다 하더라도, 수세기, 수세대에 걸쳐 매우 느린 속도로 이루어지게 된다. 게다가 매 순간 매 시기에 얻을 수 있는 결과물은 지극히 불안정하며 자칫하면 순식간에 모든 것이 수포로 돌아갈 수 있는 성격을 띠게 된다.

□ **이러한 사회문화적 모형은, 수십 개의 국가나 민족이 하나같이 발전이 더딘 상황에 처하게 되는 가장 중요한 원인이 아니라면, 가장 주된 모형 중 하나이다.**

과거 세계의 집중적인 발전의 근원지는 자연과 인간이 독특한 방식으로 상호작용을 함에 따라 발생하게 되었다. 지역 문화는 비교적 제한된 영토에서 그 문화를 지배하는 억압 제도와 유착하게 되었다. 전쟁이 빈번해지자 점점 더 많은 자원이 필요하게 되었다. 자연은 기본적으로 필요로 하는 자원을 제공해 주었지만, 자연을 이용함에 있어 무언가 새로운 것을 만들어 내야 할 필요성을 깨닫게 해 주었다. 한 곳에 정착하기 시작한 몇몇 종족들은 일찍이 고대시대부터 시작된 인식과 사고의 합리화 과정을 통해 새로운 도구를 발명해야겠다는 자각을 하기 시작했다. 왜 그런 합리화 과정을 거쳤는지는 아직까지도 미스터리로 남아있다.

어쨌든 그 결과 폭력의 제도와 조직이 사회 생산 부문의 채집에서 경작과 그 사회적 동기의 해방으로 바뀔 수밖에 없도록 영향력을 발휘했던 (일치된) 상황 일체가 형성되었다. 이어서 생산 부문이 강화되고 사회에서 생산 부문의 역할이 커지는 결과가 초래되었다. 세계는 부르주아적 민주주의 혁명을 잇달아 겪게 되었고 그 결과 본질적으로 전혀 새로운 유형의 사회 환경과 문화가 형성되어 사회의 생산부문이 정치를 지배하는 가장 중요한 요소로 대두되었다.

바로 이와 같은 유형의 문화로 인해 산업-후기산업-정보로 이어지는 발전 단계 및 유형이 태동하게 되었다는 사실을 부정하기란 불가능하다. 그리고 이런 문화가 아직까지도 세계화의 원동력이자 선두주자로 남아있다. 다시 말해 전 세계로 확산되고 있는 (사회 및 정치적) 혁신과 기술의 주요 원천이자 그러한 혁신을 효율적으로 적용할 수 있는 가장 훌륭한 부문이 되고 있는 것이다.

이에 본 전망의 작성자들은 모든 문화의 역할과 의미에 공정성을 부여하면서 모든 문화가 각자의 존재와 나름의 세계관에 대한 권리를 가지고 있다는 점에는 그 어떠한 의문도 제기하지 않는다.

현대적 세계화는 다음의 두 가지 사회문화적 변혁을 야기했다.

- 우선, 세계화는 수많은 방법과 방식으로 역사적으로 형성된 문화 간 경계를 허물어왔다(단, 국가 간 경제는 허물지 않았다). 이전에 형성되었던 문화 내부의 균형과는 구분되는 채집-생산-약탈이라는 나름의 균형을 유지하며 세계적 사회 환경이 형성되고 있다. 이때 생산 부문의 지배적인 지위는 저절로 보장되지는 않을 것으로 보인다.

- 다른 한편으로 세계화는 나름의 사회문화적 영향력을 가지고 있긴 하지만 그렇다고 해서 수백, 수천 년 전에 발생한 지역 문화를 아예 없애거나 변형시키지는 않는다.

문화가 가진 다양한 요소는 그 문화 내부에서 문화 간 차용과 진화가 이루어지기 쉬운 다양한 예민함을 가지고 있다. 이런 의미에서 직업적 기술, 분명한 기능을 가진 사회 제도, 현재 생산되고 있는 물질적 문화 대상 등은 특히 유연하게 변하기 쉬운 성격을 가지고 있다. 한편 상징, 의미, 의식, 그리고 이로 인해 발생하는 사회적 습관은 변화가 쉽지 않다. 그리고 과거에 만들어진 물질적 문화 대상은 좀처럼 변화되지 않으며 그 자체가 고유한 가치를 가지는 경우가 많다.

급격한 현대화로 인해 수천, 수억의 사람들이 물질적으로나 사회적으로 위협적인 상황에 처하거나 직접적으로 위협적인 상황에 처하고 있는 상황에서 문화 요소는 세계의 발전에 저항하는 기반이자 강력한 요인이 될 수 있다.

현대 사회에서 다양한 문화 사이의 사회와 정치는 국경이나 국가 간 동맹에 의한 경계선에 의해 구분되어지지 않는다. 사회, 정치적 구분에는 특정한 틀이 없으며 동서, 남북, 기독교-이슬람 등과 같은 전통적인 이분법적 논리로는 설명되지 않는다. 오히려 각 문화의 내부에서 서로 뒤섞이는 경향이 강해지고 있다.

□ 2011년~2030년 사이에는 새로운 문화가 출현할 가능성이 매우 낮다.

하지만 대다수의 국가에서는 실제로 다문화적 성향이 강화될 수 있으며 새로운 기술과 생산품, 습관과 사고, 제도 등이 이전까지는 접근이 어려웠거나 불가능했던 문화에 침투할 수 있게 만들어 주는 이주와 세계화의 영향으로 큰 변화를 겪게 될 것이다.

이러한 변화의 과정에 가장 많은 영향을 받게 되는 곳은 이주자에게 있어 매력적으로 다가오게 되는 국가일 것이다. 즉, 생산 부문을 보유하고 있으면서도 생산 부문을 주도적으로 육성할 수 있는 제도와 문화를 가지고 있어 이것이 정치적인 지배원리로 작용하고 있는 국가인 것이다.

재분배의 원칙이 다소 극명하게 드러나는 문화가 현대화 과정에 어떤 식으로든 저항을 하게 된다면(이는 이미 오래전부터 발생하고 있는 현상이며 문서상으로도 잘 설명되어 있다), 생산의 원칙이 지배적인 문화는 위협적인 상황에 처하게 될 것이다. 하지만 이와 같은 과정에 대한 연구가 실제로 시작된 것은 아니다.

■ **위협의 핵심은 미국이나 유럽 등 세계 선진국들의 안보에 있는 것이 아니다. 그 핵심은 세계화 속에서 문화의 혁신적 잠재력과 영향력을 보장해주고 있는 제도가 폭력과 재분배의 제도로 인해 또다시 오랜 시간 동안 뒷전으로 밀려나게 될지도 모른다는 잠재적 가능성에 있는 것이다.**

이것은 세계 발전이 장기적으로 둔화되는 단계(즉, 인간이 새로운 사회적 성질과 가능성을 획득하는 단계)가 도래할 수도 있음을 의미한다. 하지만 이와 같은 현상은 본질적으로 지속적인 경제성장과 함께 발생한다.

이러한 분석을 토대로 다음의 전망적 제안을 내놓을 수 있다.

- 문화는 지속적이며 느린 속도로 진행되는 현상이기 때문에 이러한 현상이 수반하는 괄목할 만한 변화는 수 세대에 걸쳐 축적되며 2030년을 훨씬 지나야 그와 같은 변화를 감지할 수 있다.
- 따라서 2030년까지 세계의 문화 일체와 각 문화의 내부적 성격이 변화될 가능성은 매우 낮다.
- 세계화는 전쟁이나 국가 내 분쟁과 달리 문화를 밀어내지 않는다. 다만 본질적으로 새로운 세계사회 환경을 조성하면서 전체 영토와 공간의 차원에서 각 문화를 혼합시킨다.
- 만약 세계문화를 형성하는 것이 가능하다면, 이는 전 세계적 차원에서 전 세계의 각계각층과 엘리트 집단의 사회적 기반 하에서 형성될 것이며 2030년 무렵이 되면 글로벌 거버넌스 부문에서 확실한 특징과 형태가 드러나게 될 것이다.
- 세계의 사회적 환경과 문화가 형성되는 일환으로 인류의 혁신적 잠재력을 유지하고 발전시키는 제도와 조직의 주도적인 역할을 보장하기 위한 과제가 전면으로 부각될 것이다.
- 이러한 제도와 조직은 시간이 흐름에 따라, 아마도 2030년 이후가 되겠지만,

각 국가의 정부와 동일시되기 보다는 세계 시민사회나 엘리트 등의 개별적인 집단과 동일시되는 경향이 강해질 것이다.

- 폭력이나 재분배의 원칙이 강조되는 문화가 아닌, 혁신과 생산의 원칙이 강조되는 세계문화가 형성될 수 있는 가능성이나 능력이 없기 때문에 2030년까지는 세계 발전이 장기적으로 둔화될 것이며 세계경제, 정치, 사회 부문에서는 질적으로 탄력적인 변화가 이루어질 것이다.

1.11. 글로벌 거버넌스 이데올로기

모름지기 통치란, 현실적이며 객관적으로 평가가 가능한 목표를 지향하는 경우에만 효율적으로 이루어질 수 있다.

이데올로기화는 그 종류를 막론하고 글로벌 거버넌스를 사실상 비효율적으로 만들어 위기와 분쟁을 자극할 뿐이다. 하지만 여태껏 글로벌 거버넌스와 관련하여 형성된 거의 모든 관념들은 이데올로기적 요소를 분명히 담고 있다. 글로벌 거버넌스가 실현 가능하며 이를 반드시 인식해야 한다는 가설에 대한 믿음에 기반을 두고 있는 것이다.

하지만 실제로 글로벌 거버넌스의 제도와 원칙을 형성해야 한다고 강요하고 있는 것은 다름 아닌 현대의 사회 정치적 과정이다. 현대의 사회 정치적 과정은 기근, 빈곤, 전염병, 대량살상무기(WMD)의 확산, 천연자원 및 환경 이용의 문제 등 세계적으로 새로운 위협이 되고 있는 문제가 대두되고 있는 현상과 관련을 맺고 있다.

향후 20년 이내에 이와 같은 모순은 세계경제 및 국제관계를 규제하기 위한 제도를 형성하고자 하는 시나리오를 실현시키는 가운데 시스템 상의 문제를 확대시킬 수 있는 기반이 될 것이다.

세속적 이데올로기 이외에 전망 기간 동안, 그리고 그 이후에도 글로벌 거버넌스 개념의 이데올로기화를 심화시킬 수 있는 근원이 되는 것은 정통적 성향의 종교(이슬람과 가톨릭)와 정치적 사조(자유주의, 또는 새로운 형태의 사회주의)이다.

이 중 2030년까지 글로벌 거버넌스의 목적과 방법에 현실적인 영향을 줄 수 있는 가능성이 가장 큰 것은 그나마 자유주의다. 자유주의는 지역, 국가, 세계 등 모든 통치 조직의 관료화 과정의 영향을 쉽게 될 것이다.

- 글로벌 거버넌스의 합리화를 통해, 객관적으로 측정할 수 없었던 각 지역 및 세계적 차원의 장기(30년, 50년, 70년 등의 기간을 가진) 대규모 정치 프로젝트를 평가하고 그 목적을 설정하기 위한 응용 이데올로기의 수요가 높아질 가능성이 높다. 2030년까지 그와 같은 프로젝트의 수와 중요성, 거시 사회적 기획 및 사회공학의 역할은 점점 증가할 것이다.

제2장

글로벌 거버넌스

2.1. 글로벌 거버넌스의 개념과 조건

글로벌 거버넌스란 범세계적, 국제적, 초국가적, 지역적 차원의 운영과 통치를 담당하는 현재와 미래 국제제도의 다층적 집합을 일컫는 개념으로, 다양한 분야와 활동 영역(경제, 금융, 안보, 국제정치 공조 등), 전지구적 속성을 가진 공간(자연 및 사회적 공간)에서 기능하거나 기능할 제도의 시스템을 의미한다.

글로벌 거버넌스의 아이디어 적용에 기초가 되는 정치 · 이론적 배경에는, 국가의 범위를 벗어나 국제관계에 참여하는 행위자들과 이해관계가 얽혀있고 이로 인해 개별 국가의 역량으로는 효율적 또는 완전한 통제가 불가능한 국제관계와 활동 영역을 통제할 수 있는 전지구적 제도와 메커니즘의 합리성 또는 불가피성이 전제되어 있다.[3)]

전지구적 제도와 메커니즘은 현대사회의 상호의존성과 세계화 프로세스에서 비롯된 문제를 대상으로 삼아야 한다. 본서에서 다루는 글로벌 거버넌스의 범위에는 이렇듯 복합적인 개념이 내포되어 있다.

글로벌 거버넌스라는 용어는 영어 표현인 global governance의 음가

3) 이 점은 반드시 언급할 필요가 있다. 왜냐하면 러시아 비전문 학술저서 및 저널에서는 global governance(전지구적 협치)를 global cabal(전지구적 도당)과 등가의 개념으로 치부하는 시각이 점점 더 확산되어 영향력을 얻어가고 있기 때문이다.

를 그대로 차입하여 번역한 용어이다. governance(통치, 관리) 그리고 이와 어근이 유사한 government(통치, 정부)라는 두 단어 간에는 차이가 있다. 후자가 거론될 때는 중의적 해석이 불가능한, 명확하고 합법적인 행위주체가 요구되는 데 반해, 전자는 합법성을 가진 행위주체의 통치가 절실하거나 필요한 상황에서 이 행위주체가 적절한 합법적 근거가 없거나 불충분함에도 불구하고 권력을 행사하고 수행하는 경우를 의미한다.

금융 · 경제능력, 군사능력 등 통치 주체가 보유한 역량(행위능력)에만 초점을 맞추면 합법성이 문제가 되지 않기 때문에 이런 경우 정치적이나 권력적으로 보다 더 자유로울 수 있게 되는 것이다.

합법적 지위를 가진 사람과 기관이 주어진 권한 밖에서 취하는 행동은 현행법과 권한으로 통제되지 않는 상황과 문제에 대처하는 대응 기제가 될 수 있다. 그뿐만 아니라 필요한 법적 정당성을 갖춘 제도, 메커니즘, 절차를 고안하고 이를 구축 및 도입하는 과정에서 필수적 요소로 간주될 수 있다.

글로벌 거버넌스에 관심을 가지고 활동하는 두 가지 유형의 사람들 또는 집단은 다음과 같다.

1. 학술 · 전문가 집단과 다양한 사회 · 정치 세력 및 운동단체.

   이 집단의 특징인 풍부한 상상력, 다양한 시각과 기대치를 뒤로 하고, 이들이 글로벌 거버넌스와 관련된 의사결정 과정에는 직접적 또는 필연적으로 불참하고 있다는 점이 다양한 구성원을 결속시키는 공통점이다. 특히, 이 그룹에 속한 사람과 기관은 의사결정 준비과정과 채택된 결정 사항의 이행 단계별로 영향을 끼칠 수 있는 역량이 있으면서도 실제 결정 과정에 불참한다는 점이 주목할 만하다.

   이 집단의 시각과 입장은 글로벌 거버넌스의 목표 수립에 영향을 끼칠 수 있는 인지적, 정치 · 이데올로기적 환경과 여건을 형성시키는데 기여한다.

2. 국가원수 및 정부 수반, 주요 국제기구의 리더, 국가기관 또는 국제기구에 속한 관료 및 전문가 집단.

   이들은 글로벌 거버넌스와 관련된 세부 사안을 준비하고 이를 채택하는 과정에 필연적으로 개입한다.

본서에서는 바로 이 집단에 속한 사람과 기관들의 (글로벌 거버넌스의 사상과 목적에 공감하지 않으면서도 주어진 지위 때문에 의무적으로 글로벌 거버넌스를 다뤄야 하는 사람과 기관의 시각과 이해관계를 포함한) 활동 과정 및 활동 결과물로서의 글로벌 거버넌스를 다루고 있다.

글로벌 거버넌스가 하나의 현상으로서(글로벌 거버넌스의 콘텐츠, 형태와 방법, 목적 등에 관계없이) 갖게 될 규모는 세계화 프로세스가 지속되고 발전되는 규모와 비례할 것이며, 세계화 프로세스가 정체되거나 퇴보할 경우 전통적 유형의 국제 거버넌스(또는 전통적 거버넌스 제도)의 지위와 영향력은 격상될 것이다.

글로벌 거버넌스는 국가, 경제 및 사회 · 문화적 집합체의 단결과 글로벌 협력을 위해 사용될 수 있는 도구이자 집합체 간 경쟁, 각축, 갈등에도 사용될 수 있는 도구이다.

■ 2030년까지의 기간 동안 전개될 글로벌 거버넌스의 쟁점을 두 가지로 압축할 수 있다. 첫째는 상기 언급한 방향 중 실제 글로벌 거버넌스가 사용될 방향이고, 둘째는 전망기간 동안 글로벌 거버넌스가 내포하고 있는 두 가지의 객관적 경향 중 단계별로 더 지배적인 경향에 대한 문제이다.

2.2. 글로벌 거버넌스의 행위주체

글로벌 거버넌스의 이데올로기와 활용은 미국과 유럽, 그중에서도 우선적으로 앵글로색슨계의 정치 · 사상적 전통에서 비롯되었다. 21세기 초반에 진입해서야 러시아, 중국, 인도를 비롯해 규모가 큰 라틴아메리카 및 아프리카 국가들이 명목상 이 대열에 동참하기 시작했다.

만약 이대로 세계화와 국제관계가 전반적으로 안정적 발전을 구가한다면 글로벌 거버넌스의 규모와 질적 성장이 지속되면서 구체적인 거버넌스의 영역과 참여국들의 다양화가 가능해질 수 있다.

그러나 본서가 다루는 전망기간 동안에 글로벌 거버넌스는 기원, 사상적 배경, 목적과 과제, 우선방향과 이행방법 등에 있어 여전히 서양에 뿌리를 둘 것이다. 또한 행위능력이 가장 높은 국가와 국제기구에 초점을 맞춘 글로벌 거버넌스의 본질적인 속성도 바뀌지 않을 것으로 사료된다.

글로벌 거버넌스를 전개함에 있어 다른 경쟁력 있는 접근법과 실행방법이 고안될 가능성은 현재로서는 부재하며 심지어 2030년까지 그러한 가능성이 도출될 만한 환경이 조성될 리 만무하다. 하지만 글로벌 거버넌스의 세부 분야별 행위자들의 수가 점차 증가하고 그리고 글로벌 거버넌스의 방향과 행위자들의 세분화가 이루어질 가능성은 있다.

□ 20세기 말 - 21세기 초에 나타나는 글로벌 거버넌스의 주요 특성 중 하나는 행위주체의 구분이 불명확하다는 것이다.

현대정치 이론에서는 글로벌 거버넌스를 국가(정부), 기업, 글로벌 시민사회 간의 협력 과정과 결과로 정의하고 있다. 하지만 이 세 부류에서조차 행위주체가 명확하게 규정된 바 없다. 실제로, 주요국 지도자들이 다양한 방식으로 글로벌 거버넌스를 수행하고 있다. 이들은 대부분 글로벌 거버넌스와 관련하여 합법적 권한이 없는 준공식적 기구(G8, G20)의 틀 안에서 활동을 전개한다. 그 밖에도 UN 안전보장이사회를 비롯해 일련의 국제기구들이 글로벌 거버넌스를 수행하고 있다.

합법성이 부재하거나 불충분하다는 것은 글로벌 거버넌스를 수행하는 합법적인 행위주체를 명확하게 규정할 수 없다는 것을 의미한다. 글로벌 거버넌스 행위주체의 역할은 사실상 공동집단이 맡고 있다. 공동집단의 참여자, 창립자, 핵심 멤버들은 각각 자국에서 논쟁의 여지가 없는 최상의 합법성을 가진 인물들이다.

글로벌 거버넌스를 전망하기 위해서 G8, G8에서 파생된 G20과 같은 특수조직, UN 안전보장이사회, UN 총회를 글로벌 및 국제 거버넌스의 주요 행위주체로 규정했다. 따라서 WTO, IMF, 세계은행 등등 전문화된 국제기구들은 글로벌 거버넌스의 행위주체가 아닌 일종의 포럼 또는 제도로 간주해야 할 것이다.

한편, 글로벌 거버넌스의 이데올로기와 활용에 대한 정치적 관심이 확대된 요인 중 하나는 주요 국가들이 대외정책의 수단으로 소위 소프트 파워라 불리는 힘의 비중을 높였다는 점을 들 수 있다. 금융, 과학, 기술, 문화, 교육, 사상 및 세뇌 수단이 적극적으로 활용됨에 따라 국제적 차원, 그리고 더 나아가 범세계적 차원에서 잘 발달된 제도적 기반이 점점 더 요구되고 있다.

국제관계에서 전통적으로 통용되었던 대규모 무력사용은 상대적으로 감소되고 있는 반면, 다른 압박수단은 여전히 유지되고 있으며 오히려 점점 더 늘어나고 있다. 예를 들어, 다양한 경제, 정치 첩보활동, 글로벌 상호의존성의 실질적 활용에 기초한 금융경제 수단, 다른 국가로의 내정 개입, 정보통신 수단 및 기술 등이 이에 해당된다. 글로벌 거버넌스 시스템은 소프트 파워를 사용하기에 가장 적합한 환경이 될 수 있다.

□ 2030년까지 글로벌 거버넌스가 확대되고 발전할 경우 결정사항의 파급효과 또는 결정사항의 불이행이나 불완전한 이행의 결과에 대한 책임론(금융 · 경제적 책임 포함) 문제가 제기될 것이다.

앞서 말한 원칙과 제도는 시간과 장소를 고려해 볼 때 EU의 유로존에서 먼저 생겨날 가능성이 있다. 이와 관련하여 향후 개별 국가의 원조 프로그램을 지원하는 국제금융 · 경제기구가 추가적으로 모니터링과 감시 기능을 수행할 수도 있다.

앞으로 국제금융 · 경제기구들은 금융지원을 받은 개별 국가의 채무 및 기타 의무의 이행을 감시하고 위로부터 개별 국가의 국정운영에 개입할 수 있는 정치적 수단을 확보할 수 있다. 이것이 가능하다는 것은 곧 글로벌 거버넌스의 행위주체들이 고차원의 정치적 · 법적 권한을 갖게 된다는 것을 뜻한다. 만약 이러한 통제권에 대한 요구가 정치적으로 강하게 부각된다면 향후 글로벌 거버넌스의 지속적인 발전은 일정 기간 동안 침체될 것으로 예상된다.

그림 2.1. 글로벌 거버넌스 행위주체의 구성 변화

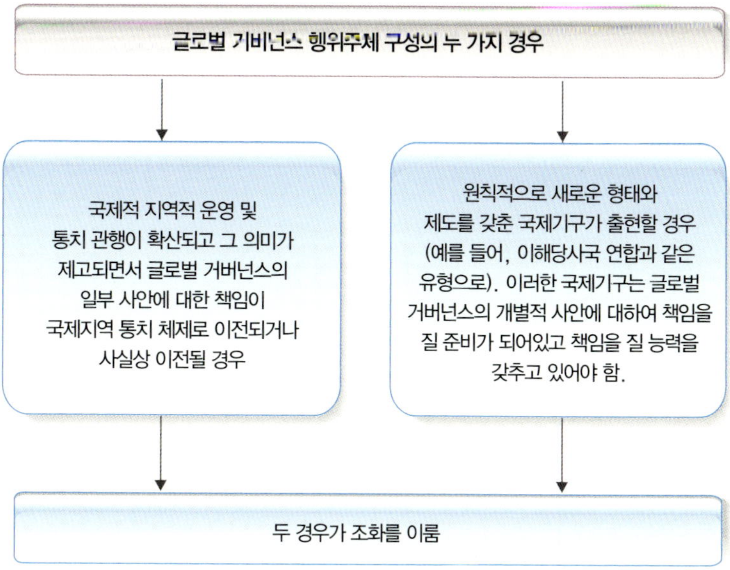

전망기간 동안 G8, G20, UN, 안보리에 신규 회원국이 가입하거나 기존 회원국이 탈퇴를 한다고 해서 해당 기구들이 글로벌 거버넌스에서 갖는 주체성이 변하지는 않겠지만, 향후 결정사안의 내용과 방향성 그리고 더 나아가 글로벌 거버넌스의 본질에 영향이 미칠 수는 있다.

2.3. 글로벌 거버넌스의 대상과 분야

본서에서 다루는 전망기간 동안에는 세계 발전, 즉 발전 방향, 콘텐츠, 목표와 우선 과제가 여전히 글로벌 거버넌스의 대상으로 간주될 전망이다.

여러 객관적 · 주관적 정황 상, 인간은 세계 발전에 의식적인 영향력을 확대 행사할 것이다. 이러한 경향이 지속됨에 따라 앞으로도 계속해서 글로벌 거버넌스 자체에 대한 수요가 증가할 것이고 그 밖에도 개념 연구, 실질적 수행을 위한 응용방법 및 기술의 발달이 절실해 질 것으로 보인다.

하지만, 세계 발전이 하나의 현상으로서 부정되고 글로벌 거버넌스가 세계 발전을 저해하는 방해수단으로 전락할지도 모른다는 추측을 가능케 하는 이데올로기적, 문화 · 정치적 정황도 분명 존재한다.

세계화를 주도하는 국가의 엘리트층은 세계 발전 문제를 이데올로기적 측면에서 고찰하면서 경제발전(통상 경제발전은 경제성장의 등가로 간주된다), 민주주의와 시장경제의 확산, 인권과 정치적 자유의 확대 등과 같은 국한된 측면에서만 발전 문제를 다루고 있다.

하지만 글로벌 거버넌스는 앞서 나열한 모든 분야에서 전통적인 생활양식과 마찰을 일으키고 세속 및 종교계 보수파 엘리트층의 반대에 부딪히고 있다.

전망기간 동안에 글로벌 거버넌스는 앞서 열거한 분야에서 목적을 달성하고 결과물을 다지는 수단이 될 것이다. 하지만, 만약 세계 발전 자체가 부정되고 세계 발전을 현재의 주류 생활양식의 틀 밖으로 벗어나지 않는 단순한 부분적 변화로 치부하게 된다면, 시간이 지남에 따라 이데올로기적 이상, 국제사회의 현실 그리고 글로벌 거버넌스 간의 괴리감은 불가피하게 점점 더 심화될 수 있다. 이러한 상황에서 글로벌 거버넌스가 실현해야 하는 이데올로기적 목표와 과제가 점점 더 많이 제시될 가능성을 배제할 수 없다. 이러한 목표와 과제는 불특정 미래에서만 가상적으로 수행될 수 있거나 실현될 가능성이 없는 것이다.

정치적 측면에서 볼 때, 글로벌 거버넌스의 이데올로기와 적용은 세 가지 역할을 한다.

- 시장 민주주의로의 문화 · 정치적 통합과 현대 사회의 위협, 문제, 도전에 직면한 국가들이 편승할 수 있는 가치를 담은 상징으로써 기능한다.
- 최우선 과제 및 해당 과제를 해결하는 접근원칙을 규정하는 글로벌 정치의 의제 설정에서 실질적으로 서방국가들의 리더십을 보장한다.
- 구체적인 정치 · 전략적 성격의 문제를 해결하도록 한다 (다만 특정한 국제기구들이 구체적인 내용을 제시하는 것과 다르게 큰 틀에서 정치적 의미와 중요성을 재조명하는데 필요한 접근방식을 제안한다).

전망기간 이후에도 두 번째와 세 번째 기능의 의미가 확대되고 다양화될 것으로 예상된다.

그림 2.2. 글로벌 거버넌스 영역의 객관적 확장

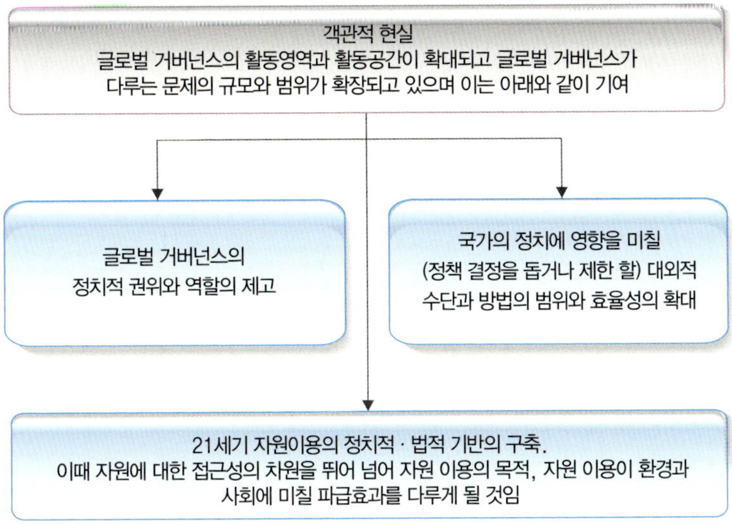

글로벌 거버넌스의 제도와 메커니즘을 강화하기 위해 글로벌 거버넌스의 원칙과 관행을 다음의 두 영역으로 확산시키는 것도 매우 중요하다. 첫 번째 영역은 세계경제와 사회에서 중요한 부분을 차지하는 활동영역이고, 두 번째는 처음부터 국가의 관할권 밖에 있었던 영역 또는 향후 국가의 관할권 밖으로 부분적으로 퇴출될 수 있는 영역을 가리킨다. 예컨대, 외기권, 세계 대양의 자유구역, 남극, 북극의 일부 그리고 일부 자연 생태계를 들 수 있다.

이렇듯 다른 영역으로 글로벌 거버넌스를 확대하는 가설적인 방법 외에, 현재 일부 분야에서 유연하게 초국가적 통치 기능을 담당하는 국제기구의 지위를 강화는 것도 전망기간 동안 글로벌 거버넌스의 원칙 확립에 영향을 끼칠 수 있다. 특히 국제원자력기구(IAEA)와 유엔교육과학문화기구(UNESCO)에 대해 언급하지 않을 수 없다. 이 두 기구가 고수하는 원칙이 다른 분야에 적용 가능한 보편적인 모델은 될 수 없지만 초국가적 통치의 성격을 띠고 있는 다른 국제기구의 방향을 설정하는 데 기여할 수는 있다.

그림 2.3. 글로벌 거버넌스에서 나타나는 이해관계의 갈등

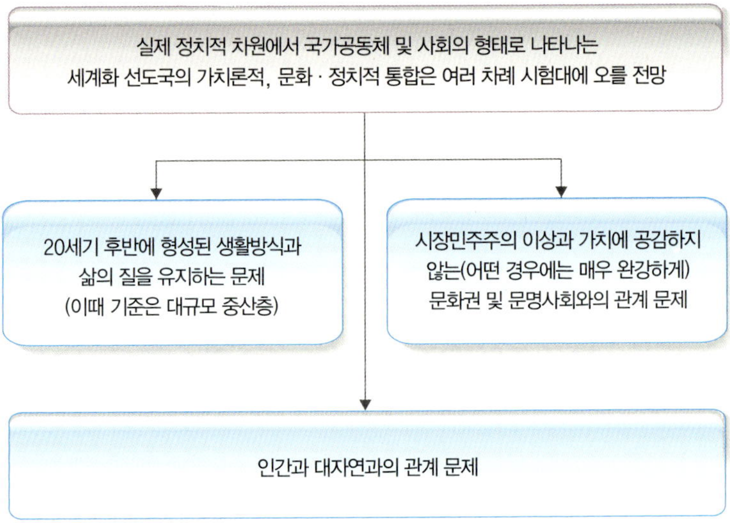

□ 21세기 초, 어쩌면 그 이전부터 초국가적 국제기구를 창설하여 이 기구로 하여금 관할권 밖의 영역을 운영하도록 하고, 해당 영역에서의 국가 간 행동을 조정할 수 있도록 의사결정권을 부여하자는 제안의 타당성이 논의되어 왔다.

선진국 뿐 아니라 중국, 브라질과 인도 등이 이러한 접근법을 점점 더 지지하고 있다.

이와 같은 접근법은 30~40년 전, 아니면 그보다 훨씬 전에 도덕이나 이데올로기로 인정되었던 문제의식, 즉 인류 전체를 위해 지구의 자원을 사용해야 한다는 문제의식을 실질적 단계에서 거론할 수 있는 여지를 마련해 줄 수 있다.

해당 영역에서 글로벌 거버넌스를 구축하는 노력에 실질적으로 대항하는 세력이 존재하고 있다. 해당 영역을 이용하는 데 있어 직접적으로 참여할 기회가 없는 국가, 비정부 주체 및 기관, 또는 정반대로 해당 공간에서 특권을 거머쥘 의도를 갖고 있는 집단이 반대 세력의 주축을 이룬다. 해당

영역과 관련하여 이견이 팽배할 경우 이 반대 세력은 글로벌 거버넌스에 반대표를 던질 수 있다.

이때 정치적 분수령은 국가집단 간에 생성되는 것이 아니라 각국 엘리트 집단의 세부적 이해관계에 의해 생성될 것으로 사료된다. 이는 심각한 국제정치적, 국제법적 갈등의 원천이 될 수도 있다.

세계경제의 선도국과 초국가적 엘리트층이 이해관계를 추구하게 됨으로써 그들의 손에 달린 글로벌 거버넌스는 점점 더 복잡한 과제를 떠안게 될 것으로 예상된다. 이러한 이해관계와 글로벌 거버넌스의 원칙이 충돌할 경우 글로벌 거버넌스의 발전은 정체될 가능성이 있다.

대규모 중산층은 혁신적인 경제성장의 가장 중요한 전제조건이며, 중산층의 수적 증가는 국가가 달성한 발전도와 경제의 사회적 효율성을 가늠하는 핵심 척도 중 하나이다. 중산층의 획기적인 수적 증가가 전 세계에서 발생한다면 이러한 증가를 뒷받침해 줄 수 있는 자원 공급의 문제가 심각해질 것이고, 궁극적으로는 인간과 대자연의 관계에 대한 원초적인 문제가 화두로 떠오르게 될 것이다.

□ 앞으로 글로벌 거버넌스의 행위주체는 중산층의 규모, 중산층의 삶의 질 그리고 이를 유지하기 위해 점점 더 많은 양의 자원을 소모함으로써 발생하게 될 환경적 파급효과 사이의 균형점을 찾아야만 하는 문제와 본격적으로 직면하게 될 전망이다.

현재 글로벌 거버넌스의 일환으로 이와 같은 환경적 파급효과의 일부만을(예를 들어, 지구온난화) 선별적으로 다루는 식의 접근법은 2030년 즈음에 그 한계를 드러낼 것이며, 이에 따라 삶의 질과 환경의 균형을 모색하기 위해 명확하고 체계적인 문제 설정이 필요하게 될 것으로 판단된다.

또한 제한적 환경과 자원을 보유한 상황에서 전 세계 또는 개별 지역의 어떤 사안에 우선 순위를 두어야 할지에 대한 정치 · 도덕적 딜레마의 발생이 예견된다.

- 우선 순위를 중산층의 수적 증가, 중산층의 생활수준과 질의 향상에 둘 것인지 (이는 곧 경제성장 유지와 변화이데올로기에 부합하는 것이다)
- 아니면 선진국의 삶의 질을 개선하는 작업이 정체되더라도 낙후된 국가와 지역의 빈곤과 낙후성 극복에 우선 순위를 두어야 하는지의 딜레마가 될 것이다.

두 번째 사안이 해결될지의 여부는 불투명하며 이는 경제성장과 발전에 예측할 수 없는 결과를 가져다 줄 수 있다.

글로벌 거버넌스의 또 다른 난제 중 하나는 시장민주주의 가치와 생활방식을 따르지 않는 문화권과의 관계 구축이다. 사실상 이러한 대립은 과거 기독교와 이슬람교가 세계관과 생활방식을 두고 벌였던 싸움을 연상시킨다. 세계화 물결 속에서 벌어지는 두 세계의 급격하고 불균형적인 상호침투로 인해 이러한 대립은 치열해 지고 있다. 이슬람 국가들은 이주와 금융을 통하여 서방국으로, 서방국은 군사, 문화, 정보 및 기술을 가지고 이슬람 국가들로 손을 뻗어 나가고 있다.

사실, 글로벌한 거버넌스는 하나의 이상에 불과하다. 실제로 글로벌 거버넌스의 활동 영역에서 많은 지역이 제외되었으며, 무엇보다도 자신들만의 세계관으로 자신들의 세계를 건설하고 있는 이슬람권이 배제되어 있다.

무력을 사용하여 이슬람 세계를 민주화하려는 서방국의 시도가 앞으로도 성공할 지는 미지수다. 이제까지 서방의 이러한 시도는 국제사회뿐만 아니라 각국 내 서방문화권(기독교와 세속문화권)과 이슬람 문화권 간의 감정적 대립을 심화시켰을 뿐이다.

이와 같은 상황이 계속 되면 결국 군사 · 정치적, 군사 · 경제적 문제를 비롯해 기타 무력이 사용되는 분쟁들이 글로벌 거버넌스의 문제 중 일부로 다루어질 수 있다. 그렇게 된다면 처음에는 일부로 다루어지던 문제들이 차후에는 글로벌 거버넌스의 존재의 이유가 되었던 본연의 문제들을 부차적인 문제로 전락시킬 가능성이 있다.

그렇다고 해서 무력분쟁을 글로벌 거버넌스의 영역에서 제외시키는 것도 문제가 된다. 그렇게 되면 글로벌 거버넌스 영역의 범위가 축소될 것이고, 그로 인해 범세계적 문제를 검토하여 복합적이고 체계적으로 전면적 대처를 감행해야 하는 행위주체들의 능력 또한 한정되고 말 것이기 때문이다.

2.4. 글로벌 거버넌스의 제도 및 기구

본서의 전망기간 동안 글로벌 거버넌스의 사상가, 지지자, 관련기구들이 해결해야 할 주요 과제는 국가 간 이해관계와 입장을 조율하는 현 메커니즘의 한계를 벗어나 핵심 글로벌 사안에 대해 정치적 의사결정을 내릴 수 있는 절차를 확립하는 것이다.

이 과제가 해결되어야만 비로소 그 뒤를 이어 지속적으로 글로벌 거버넌스 제도의 가치와 개념적 원칙이 수립될 수 있다. 하지만, 세계화 주도국의 엘리트층은 글로벌 거버넌스의 정치적 의사결정 프로세스를 확립하는 과정에서 주요국과 선도국들의 현재 지위, 이해관계, 역할을 침범할 준비가 되어 있지 않다. 그리고 앞으로도 당분간 이러한 상황의 반전은 기대하기 어렵다.

그 이유는 글로벌 거버넌스의 합법성이 글로벌 거버넌스를 선도하는 행위주체인 국가들의 합법성에서 비롯된 것이고, 글로벌 거버넌스의 수행과정도 이러한 국가들에 의해 직접적으로 영향을 받거나 이 국가들의 자원으로 창설된 국제기구에 의해 간접적으로 영향을 받기 때문이다. .

그렇기 때문에 글로벌 거버넌스의 행위주체와 주도세력은 적어도 전망기간 동안에는 세계정부, 전지구적 국가등 현재 상황에서 다분히 유토피아적일 수 있는 글로벌 거버넌스 제도의 구축과 관련된 목표를 설정하지 않을 것으로 예상된다. 그러나 EU는 이와 유사한 접근법을 실험하는 일종의 실험실 또는 테스트베드의 역할을 여전히 수행하게 될 전망이다.

전반적으로 여기에서 살펴본 접근법들은 국제사회의 객관적 현실과 부합하는 것이며, 전망기간 동안에는 이러한 접근법의 원칙적인 특징들이 극적으로 변하지는 않을 것으로 예상된다.

이때 중요한 것은 결정의 채택부터 결정사항이 이행되기까지의 절차가 비공식적인 성격을 띤다는 점이다. 국제기구는 회원국 간 입장 조율을 기반으로 행동하기 때문에 국제기구를 위시한 글로벌 거버넌스 시스템은 새로운 문제와 현상에 대해 높은 유연성을 발휘할 수 있고 신속하게 대처할 수 있는 능력을 갖출 수 있게 된다.(물론, 때로 이러한 능력은 운영의 효율성을 대가로 주어진다) 이러한 과정에 개별 참여국 또는 기구가 추가되거나 제외된다고 해서 여기서 묘사된 글로벌 거버넌스 시스템 자체가 원칙적으로 달라지지는 않는다. 다만, 참여자가 글로벌 거버넌스 시스템 전반 또는 일부 목표와 활동 방향에 반대하고 있는 높은 행위능력의 소유자일 경우에는 상황이 달라진다.

글로벌 거버넌스와 중국

2030년까지의 기간 동안 글로벌 거버넌스의 정치적 의사결정 과정에 있어서 중국의 중추적인 역할이 기대된다. 중국은 UN 안보리와 G20에서 대체적으로 건설적인 활동을 펼치고 있고 G8과도 공조하고 있으며, 자국의 발전 등 미래에 위협이 될 만한 행동을 피하는 데 주력하고 있는 국가이다.

향후 글로벌 거버넌스에 대한 중국의 관심도는 높아질 것으로 예상된다. 한 편으로 중국은 글로벌 거버넌스와 관련하여 국제사회에서 채택한 게임의 법칙을 그대로 용인하면서, 다른 한 편으로는 이러한 게임의 법칙에 자국의 시각을 반영하기 위한 노력을 아끼지 않을 것이다. 중국이 문제를 바라보는 시각은 현재 급속도로 변화하고 있다.

제도적 변화

글로벌 거버넌스를 실현하기 위한 목적으로 창설된 국제기구는 아직 없다. UN, WTO, IMF, 세계은행 등 현존하는 주요 국제기구들은 세계화가 시작되기 이전에 창설되었고 전지구적 사안이 아닌 국제적 사안을 관리하기 위해 만들어진 기구들이다. 이 1세대 국제기구들이 2세대로 보충되거나 대체되는(이러한 과정은 상당히 오랫동안 진행되고 있고 아직 완료되지 않았다) 규모에 따라 앞서 열거한 국제기구들의 고유한 역할이 조정되어 유지될 전망이다.

세계화는 세계 운영의 목표와 과제를 설정하는 데 막대한 영향을 끼치고 있다. 세계 성장세 유지, 안정화, 안전 보장, 주요 선도국의 이해관계 충족 등의 문제가 여전히 중요하겠지만, 그 밖에도 이와 유사하나 방향성은 다른 문제들(예를 들어, 글로벌 사회의 통합 및 발전, 일원화되어가고 있는 법칙에 부합하는 글로벌 사회의 기능 등)의 비중이 점점 더 커지고 있다.

□ 이미 20년 전에 두 초강대국의 대립이 종결되고 냉전체제가 와해되었음에도 불구하고 이전 세계 질서 속에서 탄생되었던 국제 경제 · 정치 기구(UN, WTO, IMF, 세계은행 등)는 단 한 번도 대대적인 개혁을 실시하지 않았다.

세계화라는 새로운 환경 속에서 많은 국가들에게 영향을 미치는 범세계적 규모의 국제정치, 세계금융, 경제와 환경 등의 문제를 현재 상태의 국제기구로는 완전하게 해결할 수 없다는 것이 오늘날의 객관적 현실이다.

이주문제, 국가와 지역의 빈곤심화, 마약산업과 마약밀매, 글로벌 전염병, 사회 및 환경 문제의 첨예화 등 이러한 현실 속에 산재한 전지구적 문제들이 점점 더 통제 불가능한 상태가 됨에 따라 사회적 긴장감, 정치 · 군사적 갈등, 테러리즘과 범죄의 확산이 유발되고 있다.

향후 20년 안에 현재의 문제와 새롭게 유발될 전지구적 문제들의 속성 때문에 국제기구 개혁의 당위성이 점점 더 힘을 얻을 것으로 보인다.

하지만 현실에서는 국제기구의 개혁에 대한 이니셔티브가 아직까지도 회원국과 해당 국제기구 관료들의 이해관계에 묻혀 있다. 그렇기 때문에 전망 기간 내내 개혁 의지와 현실 간 격차가 점점 더 벌어질 것으로 예상된다.

주요 행위자들 간의 대립

주요 행위자들 간의 대립은 UN 개혁 및 권한 확대, UN 산하 기관(안보리, 유엔경제사회이사회(ECOSOC), 총회)의 구조변화와 기능 수정, 국제금융 · 경제기구(WTO, 세계은행 및 산하기관, IMF)의 시스템 개혁 등의 제안 과정과 제안을 실현하기 위한 과정에서 분명하게 나타나고 있다.

UN 안보리에서의 자국의 참여조건 수정에 관심을 가지고 있는 일부 국가들이 이러한 개혁을 시도하고 있다. 이 국가들은 UN 안보리의 참여조건이 자국이 세계에서 차지하는 경제적 지위와 부합하지 않는다고 생각하는 일본, 독일, 인도, 브라질 등의 국가들이다. 이들 국가들에게 있어 안보리 개혁과 UN의 권한 강화는, 새로운 국제정치 질서를 구축하는 과정에서 자국의 참여도를 자국의 경제적 역량에 부합하는 만큼 대폭 확대할 수 있다는 것을 의미한다.

흥미로운 것은, 앞서 열거한 국제기구를 비롯해 모든 국제기구를 국가라는 행위자의 대안으로 바라보는 시각은 점점 더 사라지고 국가를 보완하는 필수 요소라고 바라보는 시각이 점점 더 늘어나고 있다는 점이다. 이러한 현상은 국제기구 내부는 물론 전문가 집단 사이에서도 나타나고 있다.

그러나 형태를 막론하고 실제로 국제적이 아닌 전지구적 기능을 갖춘 국제기구를 창설하자는 제안은 사실상 전무하다. 국제기구 창설이라는 짐을 짊어지려는 국가가 없는 가운데 특정 순간까지 속내를 드러내지 않는 국가들과 글로벌 거버넌스 제도에 대한 객관적인 필요성 간의 갈등이 심화될 가능성이 높다. 그리고 그로 인해 글로벌 거버넌스의 효율성이 저하될 수 있다.

□ **중국, 러시아, 미국 등 UN 안보리 상임이사국들은 극단적인 초국가성을 달가워하지 않는다. 또한 가까운 미래에 EU에서조차 초국가성이 현재의 수위보다 더 강화될 가능성은 없다. 인도와 일본 또한 초국가적 제도의 열렬한 신봉자들은 아니다.**

UN 개혁에 대한 전망

2015년 이후부터는 보다 포괄적이고 효율적인 글로벌 거버넌스 시스템 구축을 목표로 UN 개혁을 지지하는 정치 캠페인이 열기를 띠게 될 전망이다.

EU의 정치, 금융, 경제 시스템의 발전을 기반으로 글로벌 거버넌스를 실현하는 데 있어 중요한 정치·심리적 환경을 조성하는 주요 요소가 형성될 것으로 사료된다.

EU의 경험은 초국가적 거버넌스 구조의 가능성과 합리성, 일부 분야에서의 주권 제한에 대한 이데올로기적, 실제 정치적, 과학적 평가를 내릴 수 있는 중요한 토대가 될 수 있다. 하지만 전망기간 동안 EU의 경험을 타 지역 또는 글로벌 거버넌스의 영역에 그대로 적용하기는 어려울 것이다.

글로벌 시민사회 구상은 국가, 정부 간 기구(IGO), 세계경제 및 정치 분야에서 활동하는 비정부 행위자(비정부기구와 다국적기업)의 협력 가능성과 합리성을 이데올로기 차원에서 포괄하고 있다.

하지만 현실에서는 상기 행위자 중 구체적으로 어떤 행위자들이 먼저 글로벌 거버넌스에 참여할 수 있고 참여해야 하는지(참여의 형태를 막론하고), 참여자 선정의 기준과 참여자의 대표성을 가늠하는 척도는 무엇인지, 마지막으로 누가 어떻게 이러한 선별작업을 담당하게 될지 등의 다양한 문제들이 존재한다.

1 순위 참여대상 목록은 이미 작성되어 있다. 우선, 잠재력이 아직 고갈되지 않은 사회주의 인터내셔널과 세계사회포럼이 해당된다. 또한 다보스에서 열리는 세계경제포럼도 중요한 위치를 차지한다. 세계경제포럼은 세계 대다수 국가, 다국적기업, 국제기구 등 세계경제의 주요 행위자들을 위해 어젠다가 마련되는 장이다.

향후 20년 안에 전혀 다른 이데올로기를 토대로 한 새로운 초국가적 정치 구조가 형성될 가능성이 높다. 새로운 초국가적 정치 구조는 단일한 목적을 가지고 조율된 영향을 각국의 국내 정치 프로세스와 국제 의사결정 과정에 끼칠 수 있다.

이러한 초국가적 정치 구조를 발전시킬 준비가 되어 있을 뿐 아니라 이에 필요한 능력을 겸비한 행위자 그룹은 이미 존재하고 있고 점점 더 활성화되고 있다. 비공식, 공식 분야별 조합과 노동조합, 다양한 사회단체(재화와 서비스의 생산자와 소비자들의 단체, 국내외 다양한 현상에 대한 지지자 또는 반대자들로 구성된 단체), 정치 · 이데올로기 단체, 종교단체, 초국가적 조직을 포함한 지하 및 범죄 조직 등이 이 행위자 그룹에 포함된다.

앞으로 발전될 가능성이 높은 글로벌 거버넌스의 주요 제도 목록에 코피 아난 UN 사무총장이 2000년에 발의한 UN 글로벌 콤팩트를 포함시킬 수 있다.

□ 유엔 글로벌 콤팩트(UN Global Compact)는 기업협회, 개별기업, 노동조합, 비영리단체, 전문기관, 유엔 산하단체, 세계 각국의 도시 등 다양한 기관과 단체로 하여금 인권보호, 환경보호, 반부패 원칙을 준수토록 기준을 제시하는 협약이다.

협약문에는 글로벌 콤팩트를 참여자들의 차이점과 다양성을 고려하여, 세계 비즈니스 공동체 속에서 UN의 가치를 전파해야 하는 참여자들의 사명을 바탕으로 구축된 통치, 원조, 파이낸싱 구조의 독창적인 민관 파트너십으로 정의하고 있다. UN 글로벌 콤팩트는 사회 경제 분야에서 글로벌 목표를 달성하기 위해 다양한 사회 구성원들을 결속시키고, 아래로부터 형성되는 글로벌 발전 제도로서 충분한 유연성을 보유한다는 점에서 의의를 갖는다.

글로벌 시민사회

글로벌 시민사회의 참여자 수가 급속도로 증가하고 있다. 이러한 현상은 현대사회가 지닌 문제의 복잡성과 다양성에 부합한다. 하지만 다른 한편으로는 늘어나는 참여자들 간의 의견 조율이 난항을 겪으면서 자주 서로에 대한 시기, 경쟁 그리고 지루한 탁상공론이 유발되기도 한다.

충분한 근거를 토대로, 2030년까지 글로벌 거버넌스에 참여하고자 하는 후보자들의 비약적인 수적 증가를 예측할 수 있다. 하지만 글로벌 거버넌스와 관련된 정부 및 비정부기구들의 수가 많아진다고 해서 글로벌 거버넌스의 질과 효율성이 획기적으로 향상된다는 것은 아니다. 오히려 이러한 주체들이 우후죽순으로 난립하게 되면 의견 조율이 어려워질 수 있고, 국가를 비롯한 기타 행위주체들이 효율적이고 건설적으로 글로벌 거버넌스에 참여하지 못하는 상황이 발생할 수도 있다.

전망기간 동안에는 하나의 전략적 정치 · 이데올로기적 방향으로서 글로벌 시민사회 구상이 발전될 것이고, 글로벌 거버넌스에 대한 글로벌 시민사회의 참여도 또한 재고의 여지없이 높아질 전망이다. 하지만 이 구상은 실현 과정에서 이중의 위협에 노출될 수 있다.

첫째, 호전성과 단결력이 높으면서 소란을 조장하는 일에 능숙한 급진 대안세계화주의자와 급진 녹색주의사 등의 이해집단이 단기적으로 자신들의 목적과 존재에 대한 국제사회의 높아진 관심을 한 몸에 받게 되면서 상대적으로 온건한 다수의 사회정치 세력에게 피해를 입힐 수 있다.

둘째, 제도적(G8 또는 G8에서 파생된 유사제도) 문제에 있어서 글로벌 거버넌스를 주도하는 주류집단 간에 심각한 충돌이 발생할 가능성이 있다.

UN 안보리는 (이사국 확대와 거부권 폐지 시) 목표한 행동, 조치, 정책을 실현하기 위해 상기한 행위주체들을 선동하여 이들이 지지 그룹을 동원하도록 조장할 수 있다. 이때 가장 쉽게 저렴한 비용으로 동원할 수 있는 세력이 바로 앞서 언급한 호전적 급진주의자 집단이다. 만약 실제로 이러한 상황이 초래된다면 그것은 곧 글로벌 거버넌스의 위기, 마비, 전면적인 소실을 의미하게 될 것이다.

2.5. 글로벌 거버넌스의 내용: 목적과 과제

전망기간 내내 유럽, 미국, 아태 지역의 선진국들이 세계경제, 정치 등 모든 분야에서 가장 유리한 지위를 유지하고 공고히 하는데 주력할 것으로 예상된다.

하지만 미국과 EU 내에서 세계화를 지지하는 엘리트층과 단체들은 사실상 자신들이 누리고 있는 특권적 지위에 명확한 또는 잠재적인 위협을 가하는 온갖 세력이나 국가들로부터 자신들의 지위를 지켜내야 한다는 입장에서 벗어난 지 오래됐다.

일부 서방국 엘리트층은 특권적 지위를 수호하는 과제(공동의 합의와 통치를 가능케 하는 실질적 제도, 혁신 발전, 높은 노동생산성, 국민들의 양질의 삶 등을 유지하는 과제를 포함한)를 전지구적인 맥락 안에서 해석하고 있다.

이 엘리트층은 자국에게 부여된 지위와 기회를 움켜잡는 데만 몰두하는 것이 아니라 이 문제를 수요의 제한성, 다른 국가 및 지역과의 상생 발전의 필요성을 인식하면서(비록 협소한 인식이라 할지라도) 수용하고 있다.

물론, 세계화를 주창하고 세계화의 경제적 조직적 기초를 세운 주도국들에게 있어 특수한 지위를 유지하는 일은 당연히 중요한 사안이고 앞으로도 그럴 것이다. 문제는 이를 실현하기 위한 여러 수단 중에서도 다방면에서 서방과 부합하지 않거나 잠재적으로 서방의 체계와 가치를 위협할 수 있는 국가나 지역의 경제와 정치를 서방의 사상체계로 흡수하려는 생각과 방법이 지배적이라는 데 있다. 이러한 흡수정책은 객관적으로 몇 가지 성과를 도출한다.

- 전반적인 세계정치와 경제의 안정화에 기여할 수 있다.
- 경제성장의 영역을 확대할 수 있다.
- 정치 · 법적 공간을 새로운 지역과 영토로 확대할 수 있는 기회를 선진국에게 제공한다.

하지만 전망기간 동안에 이러한 흡수정책이 적절한 조절기능을 갖춰야 할 필요성이 있다. 왜냐하면 1980~2010년 동안 이러한 정책의 대상이 되었던 국가들에서 몇 가지 유형의 흡수정책 시뮬레이션이 고안되었기 때문이다. 이러한 흡수정책 시뮬레이션은 이미 몇몇 구소련 국가의 엘리트층이 선보인 바 있다.

□ **글로벌 거버넌스의 가장 중요한 목적은 선진국의 이해관계에 부합하는 방향으로 경제성장과 금융안정화를 유지하는 것이다.**

이 두 방향의 의미와 위험성은 2008~2009년에 촉발된 위기로 인해 새롭게 재조명되었다. 그 어떤 쪽이든 안정화는 가능하나, 이때 세계화 주도국 집단의 통제 및 조정 능력이 강화되어야 할 필요성이 발생한다. 또한 주도국의 이러한 영향력은 불연속성을 벗어나 지속성을 확보해야 한다.

■ **경제성장에 초점을 맞춘 모델을 거부하거나 몇 가지 기준(이 기준이 절대적으로 필요하거나 불가피해질 경우)으로 경제성장 모델을 제한하는**

일조차 글로벌 거버넌스 없이는 불가능하다. 2025~2030년 글로벌 어젠다에서 이러한 생각의 이데올로기적, 실제 정치적 중요성이 상당히 부각될 전망이다.

이러한 상황에서 선진국의 정책을 조율한다는 목표는 여전히 유지되겠지만 이 목표가 차지하는 비중은 미래의 실질적 목표와 과제 그리고 이를 바탕으로 한 거버넌스가 차지하는 비중에 비해 점점 더 줄어들 것으로 보인다. 2020년부터 경제와 정치, 문제 요소를 모니터링하는 과정에 글로벌 거버넌스의 행위주체가 상시적으로 참여할 수 있는 절차와 방법을 고안하고 적용하는 일이 점점 더 시급성을 띠게 될 것으로 판단된다.

또한 사실상 기정사실화된 정책 준비과정 및 정책 결정과정의 모니터링보다 채택된 결정사항의 실행과정을 효율적으로 모니터링 할 수 있는 시스템을 구축하고 가동시키는 문제가 이슈화 될 가능성이 높다.

- **글로벌 거버넌스 분야에서 채택된 결정사항의 실행이 심각하게 지연될 경우 글로벌 거버넌스의 행동능력은 평가절하 되고 글로벌 거버넌스의 존재 자체에 대한 회의가 야기될 수 있다.**

실제 이런 일이 발생한다면 글로벌 거버넌스를 복구하기 위해 다소 극단적인 조치를 취할 수밖에 없는 상황이 초래될 수도 있다.

현존하는 글로벌 거버넌스 시스템은 글로벌 경제, 정치체제, 문화권의 다형성과 조화를 이루어야 하는 복잡한 문제에 봉착할 수 있다. 또한 이 문제에서 또 다른 문제가 파생될 수 있는데, 그것은 2030년까지는 물론 그 이후로도 세계 발전의 객관적 상황으로 인식될 이러한 다형성에 맞서 현실적인 전략을 수립해야 하는 문제가 될 것이다.

시장경제와 민주주의를 확산시키는 방법은 그 자체로 다형성을 극복할 수 있는 방법이나 수단이 될 수 없다. 시장민주주의의 가치를 확산시키는 방법도, 여러 사례가 입증하듯 다양한 환경과 사회적 결과물 등에 적용될 수 있는 시장민주주의의 기술 확산도 이 문제를 극복하지 못한다.

그림 2.4. 글로벌 거버넌스의 메커니즘 형성

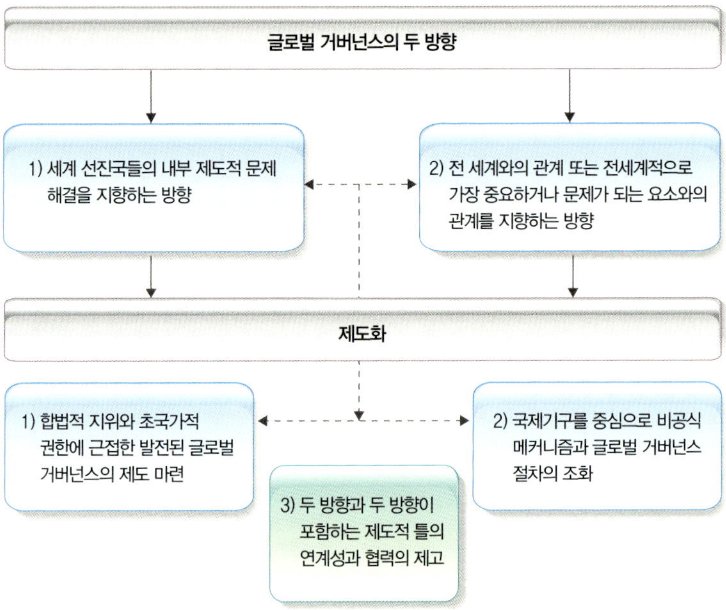

글로벌 거버넌스 행위주체들이 세계화 과정에서 세계경제의 다형성과 씨름하게 되면서 글로벌 거버넌스를 유지하기 위해 금융경제 수단, 군사적 수단, 정치 · 기술적 수단 등 다양한 압박수단의 비중을 높일 수 있다.

정치 · 이데올로기적 측면에서 볼 때 이러한 문제를 다루는 과정에서 원리주의적 접근법의 지위와 영향력이 강화될 가능성이 있다. 그 결과로 글로벌 거버넌스는 보다 더 이데올로기화된, 다시 말해 실현 불가능한 목표와 과제를 떠안게 될지도 모른다. 반면, 이제까지 다룬 문제와 정반대의 문제도 있다. 이 문제를 글로벌 거버넌스의 번데기화로 명명할 수 있는데, 글로벌 거버넌스가 일부 선진국의 내부적 문제를 해결하기 위한 다자간 의사결정 수단 및 메커니즘으로 고착화되는 문제를 일컫는다.

그림 2.4.에 정리되어 있듯이, 글로벌 거버넌스의 초기 단계부터 상호연관되어 공존하면서도 세분화되어 가고 있었던 두 가지 방향이 점점 더 분리될 것임을 예측할 수 있다.

글로벌 거버넌스의 구조 및 목표의 세분화는 전망기간 말미에 제도적 형태를 갖추게 될 것으로 보인다.

전망기간 동안 다양한 사회적 세력들이 글로벌 거버넌스의 비완성 메커니즘을 활용해 자신들의 장기적 목표를 달성하려는 추세가 점점 더 강화될 전망이다. 이러한 사회적 세력에 우선적으로 정치 엘리트층을 포함시킬 수 있다. 그중에서도 미국, EU, 일본의 정치 엘리트층이 이에 속한다. 이들은 초국가적 자본과 밀접한 관계를 맺으면서 급변화하는 글로벌 정치 · 경제 엘리트층의 골격을 이루고 있다.

글로벌 거버넌스가 비공식적인 성격을 띠고 있기 때문에, 선진국의 정치 엘리트층은 향후 강한 국가나 강한 기업으로 변모하여 경쟁자가 될 가능성이 없는 글로벌 경제, 정치 행위주체들이 발전할 수 있는 환경을 조성하는 데 있어 점점 더 많은 제약을 받고 있다.

객관적인 사회 · 경제 흐름의 영향으로 글로벌 엘리트층에서 이미 지배적인 지위를 확보하고 있는 선진국 엘리트층의 입지가 점진적으로 약화될 수 있는 전제조건이 형성되기 시작했다. 그렇기 때문에 2030년까지 글로벌 정치 · 경제 엘리트층 내에서 대대적인 변화가 있을 것으로 예상된다.

보다 더 장기적인 관점에서 분석해 볼 때, 글로벌 엘리트층과 서브글로벌 엘리트층 간의 경쟁 심화가 불가피할 것이다. 이러한 경쟁은 글로벌 거버넌스에 대한 접근성, 글로벌 거버넌스의 목표와 과제 설정 과정에서의 참여도, 국제적 또는 초국가적 차원에서 결정되는 사안의 이행을 감독할 수 있는 권리 등을 둘러싼 각축전이 될 수 있다.

2.6. 글로벌 거버넌스의 형태와 방법의 진화

21세기 초 글로벌 거버넌스의 이데올로기와 활용을 연구하는 과정에서 자유제도주의적 관점이 강화되는 경향이 지속적으로 나타났다.

2008~2009년 세계금융경제위기는 사회개량주의와 통제경제주의의 이데올로기와 활용에 대한 정치적 관심을 다시금 부활시켰다.(이러한 현상은 대불황기 후기에도 마찬가지로 관찰되었다) 이 두 사상은 국가와 국

제사회의 사회, 경제, 정치적 변혁을 가능케 하는 전략으로 재조명되곤 했다.

하지만 이제 이 두 사상은 밀접하게 연관되어 상호 의존하는 하나의 단일체계로 받아들여지고 있고 이러한 경향이 점점 더 세계경제 전반으로 확산되고 있다. 이에 따라 글로벌 사회 프로세스에 대한 새로운(이러한 경향과 부합하는) 관점이 형성되고 있으며, 더하여 이러한 경향을 추종하는 주요국의 지배계층은 이러한 경향이 발전될 수 있도록 정치적 영향력을 행사하려는 의지를 다지고 있다.

□ 글로벌 거버넌스의 제도화 경향이 두드러지고 있다. 다시 말해, 글로벌 거버넌스를 바탕으로 국제금융 · 경제기구 및 정치기구의 개혁에 대한 구체적 제안이 늘어나고 있다.

이러한 경향은 앞으로도 점점 더 강화될 것으로 보인다. 이를 배경으로 국가의 운영과 초국가적 운영의 조화에 대한 구상이 발전될 것이다. 이러한 구상의 일환으로 국제적 또는 글로벌 차원에서 채택된 결정과 정치 · 법적 규범을 국가정치 시스템, 국정운영 그리고 경제통제에 적용한다는 발상이 상당히 비중 있게 검토되고 있다.

글로벌 거버넌스의 이데올로기와 활용에 대해 민족엘리트, 국가엘리트, 초국가적 정치 · 경제 엘리트 집단의 관심이 고조됨에 따라 글로벌 거버넌스의 요소가 부분적으로 실제 삶에 반영될 수 있는 발판이 마련될 수 있다.

이를 통해 향후 글로벌 거버넌스 구상, 글로벌 거버넌스의 이데올로기와 활용에 대한 연구의 정치적 필요성이 부각될 것이고 정치적으로 투입될 필요성이 있는 글로벌 거버넌스의 요소를 실제 국제정치에 도입해야 한다는 요구가 강화될 것임을 예측할 수 있다.

EU의 사례, 세계 대양의 운영 경험, 비확산체제를 비롯한 일련의 사례를 벤치마킹하면서 우리는 전망기간 동안 특수 국제협약 및 조약으로 가동된 국제레짐, 다시 말해 초국가적 법적 통제수단이 앞으로도 중점적으로 발달하게 될 것이라고 단언할 만한 근거를 찾을 수 있었다. 이러한 국제레짐의 강점은 유연성, 역동성, 전문성 그리고 정부와 비정부기구가 모두 참여할 수 있다는 포괄성에 기초한다.

그중 항공기 및 기타 교통수단의 운영과 관련된 국제레짐 등과 같은 몇몇 국제레짐은 기능적 측면에서는 이미 국제시장과 등가의 개념으로 간주되고 있다. 왜냐하면, 이러한 제도하에서 재화와 서비스의 공급과 분배가 이루어지고 통제기능이 병행되고 있기 때문이다. 그 밖에도 글로벌 정치의 제도화에 기여하고 대규모 정치 · 군사적 갈등을 예방하는데 기여하는 핵무기 비확산제도 등의 여러 국제레짐이 가동 중에 있다.

그뿐만 아니라 G8, G20 또는 이와 유사한 회의체 등 다양한 형태의 국제 정상급 회의체의 역할은 위기 상황에서 크게 제고될 것이고 경제가 성장 국면으로 접어들면 안정궤도에 진입할 수 있을 것이다. 전반적으로 전망기간 내내 이러한 경향은 강화될 것으로 보인다.

환경 위기 또는 금융경제위기가 고조될 경우, 이와 같은 회의체가 수동적으로 글로벌 거버넌스 기구로 전환될 가능성이 있고 이러한 가능성은 전망기간 이후에 좀 더 높아질 수 있다. 그 이유는 거버넌스의 기술적 수단이 앞으로도 지속적으로 발전되면서 정책결정 과정과 정책실현 과정이 동시화 될 것이기 때문이다.

하지만 이러한 회의체의 참여자들이 글로벌 거버넌스의 행위주체라는 역할을 상시 위기관리인의 지위, 역할, 책임과 맞바꿀 의향을 갖고 있지는 않을 것으로 추측된다.

2.7. 글로벌 거버넌스의 발전 전망

지난 몇 년 동안의 경험으로 미루어 볼 때, 글로벌 거버넌스의 제도 개혁과 발전의 필요성을 둘러싸고 벌어지는 치열한 갑론을박에도 불구하고 이러한 개혁은 더디게 산발적으로 진행될 가능성이 높다.

이 사안에 대해 실제 정치적으로 접근하는 세계 각국과 지역연합체의 단기적 이해관계가 무엇보다 중요시되기 때문에 이러한 결과가 초래되는 것은 자명하다.

게다가 명목상이 아니라 실질적으로 글로벌 거버넌스 제도를 개혁하고 제도의 효율성을 제고하여 발전시키려면 대다수 국가를 비롯해 여러 사회 · 정치적 세력이 공감할 수 있는 현실적이고 매력적인 글로벌 정치이데올로기 프로젝트가 마련되어야 한다.

현재 진행 중인 UN과 같은 주요 국제기구의 민주적 개혁과 권한 확장 프로젝트는 아직까지도 유토피아적인 인상을 주고 있다.

□ **일례로, 현재 글로벌 시민사회포럼 창설 프로젝트에 대한 논의가 진행되고 있다. 이 프로젝트는 초국가적 행위자들에게 특정 정치적 사안에 대하여 투표할 수 있는 권한을 주자는 내용을 골자로 하고 있다. 그 밖에도 UN 총회, UN 안보리와 더불어 세계민족총회를 개최하자는 제안도 있다.**

그림 2.5. 글로벌 거버넌스의 발전을 좌우하는 핵심 요소

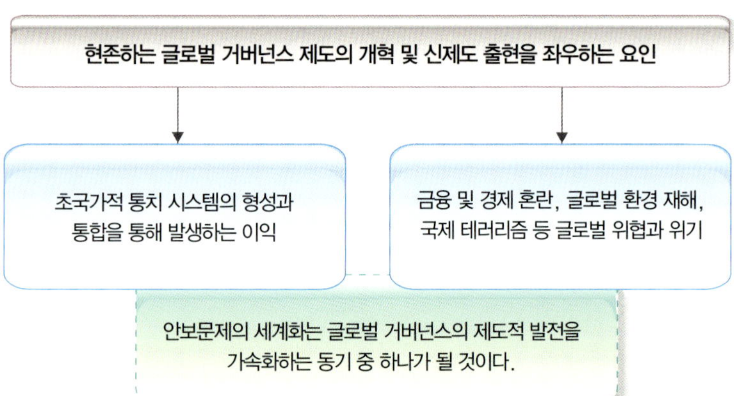

2015년 이후, 즉 2008~2009년 발 금융경제위기가 수습되고 새로운 환경에서 글로벌 거버넌스의 목표와 과제에 대한 색다른 시각이 생성되면 글로벌 거버넌스 기구들의 역량과 효율성 향상을 목표로 현존하는 기구들

의 대대적 개혁 또는 신생 국제기구의 창설을 추진할 수 있는 여건이 마련되기 시작할 것이다.

바로 이 시기에 세계화의 새로운 정치 · 이데올로기 모델이 형성되고 공론화 될 것임을 예상할 수 있다.

국제 관료제의 진화

전망기간 동안 글로벌 거버넌스의 이데올로기와 활용에 의해 미래의 기로가 달라지는 사회 · 정치 세력이 지속적으로 팽창할 전망이다. 그중에서도 다국적 정치관료 집단 및 경제관료 집단의 활성화가 기대된다. 국제관료의 지위는 1970년대부터 2000년대 초 사이에 눈에 띄게 강화되었다. 국제관료는 국제기구와 국제금융경제기관의 관료 그리고 국제기구와 연관된 전문가와 사상가들로 구성된 사회적 집단을 통칭하는 개념이다.

각국의 외교 및 전문가 공동체의 대표들로 구성된 다국적 관료집단은 자연스럽게 독립적인 공동체로서의 특징을 서서히 더해가며 자신들의 이해관계를 추구하고, 자신들을 통하는 행위주체들의 경제 · 정치적 이해관계를 충족시키기 위해 활동하게 되었다.

모국은 국제관료들이 봉사와 임무를 수행하는 동기가 아니라 이들이 국제기구 내부에서 양질의 경력을 쌓기 위한 발판으로 인식되고 있다.

자국에서 성공 가도를 달리는 정치인과 공무원들 중에도 국제기구를 전문적 정치적 자아실현의 최고봉으로 인식하는 경향이 두드러지고 있다.

이러한 경향 속에서 국가 내 지배 엘리트층 사이에서는 국제기구의 위상이 드높아지고 있다. 하지만 다른 한 편으로는 이러한 경향으로 인해 글로벌 거버넌스와 글로벌 거버넌스에 연관된 세력이 국가, 국민 그리고 기타 엘리트층의 문제와 이해관계를 대변하는 일을 도외시하게 된다. 바로 이 부분에서 초국가적 엘리트층과 국가 엘리트층 간에 잠재적인 갈등의 근원을 발견할 수 있다. 이 두 엘리트 집단은 자원과 복리 분배에 대한 감독권, 영향력 확대, 비공식적인 위계질서 내에서의 승진 등을 둘러싸고 충돌할 수 있다.

국제기구 관료들의 이해관계는 국제기구를 이용하여 경제 · 정치적 관심사를 관철시키기 위해 적극적으로 활동하는 다국적 기업의 이해관계와 밀접하게 연관된다. 다국적 기업에게 있어서 개별국가와 정부를 상대하며 이들의 반대를 극복하는 일보다 국제기구를 통해 로비활동을 벌이는 것이 더 유리하고 효과적인 경우가 많다.

국제관료들은 자신들이 직접 운영하고 일하는 기구의 권한과 영향력을 확대하는 데 집중하고 있다. 왜냐하면 이에 따라 공식적인 임금과 그 밖의 은밀한 수입까지 포함한 국제관료들의 수입, 이들의 국제적 지위 그리고 권력이 좌우되기 때문이다.

국제기구 시스템의 초국가적성이 강하면 강할수록 개별 국가가 관여하기 어려워질 것이고, 그러면 그럴수록 다국적 관료집단의 영향력과 유엔을 포함한 기타 국제기구의 초국가적 통치 잠재력에 관심을 갖고 국제관료를 지원하는 세력들의 영향력이 동반상승하게 된다.

모든 관료제가 그렇듯 국제관료제 또한 본질적으로 전체주의적 속성을 띠고 있다. 국제관료제는 민주적 원칙을 등한시하며 모든 종류의 민주적 감시에 대한 요구와 시도에 공개적으로 또는 은밀히 맞선다.

UN, IMF, 세계은행, WTO 등과 같은 글로벌 거버넌스 기구의 활동에서 정기적으로 민주적 원칙이 무시된다. 국제기구의 효율성을 위해서가 아니라 특정 국가와 국제관료 집단의 이익을 위해서 민주적 원칙이 무시되는 경우가 허다하다.

2030년 경 이 문제는 더욱 심각해질 전망이다. 전망기간 말에 즈음하여 하나의 현상으로서 국제관료제가 위기국면에 접어들면서 글로벌 거버넌스의 위기가 촉발될 가능성이 크며, 이로 인한 심각한 경제적 국제정치적 파급효과가 예상된다.

글로벌 거버넌스 구상의 중심지

앞으로 글로벌 거버넌스 구상의 이론과 이데올로기 연구는 지속되어야 한다. 또한 선진국의 정치·경제 엘리트층에 국한하지 말고 주요 개도국 지배계층까지 시야를 넓혀 지지층을 확보하는 것이 시급하다.

이러한 연구와 발전을 달성하는 과정에서 미국과 EU의 사상가, 전문가,

정치인, 정치연구소 등이 여전히 중추적인 역할을 할 것으로 예상된다.

중국과 인도 등 기타 국가들이 이러한 정치연구소로 정치인과 전문가를 파견하여 공동 작업을 수행하는 사례도 점차 확대될 전망이다. 글로벌 거버넌스의 개념과 실질적 접근방법의 연구는 과학, 경제, 정치 분야에서 미국과 EU 국가들이 선두를 유지하는 핵심 전략 중 하나로 자리매김할 것이다.

때문에, 앞으로 글로벌 거버넌스에 대한 국제정치계의 관심이 고조될 것으로 예상된다. 러시아는 글로벌 거버넌스의 이데올로기 연구, 국제기구(UN, IMF, 세계은행 등)의 개혁과 발전, G8과 G20을 비롯한 기타 국제기구의 활동에 적극적으로 동참하는 일에 관심을 가지고 있다.

정보기술의 역할

정보통신기술의 발달수준과 접근성 그리고 이를 기반으로 사회 · 정치적 영향력을 행사하여 통치를 가능케 하는 새로운 수단의 보유 여부에 따라, 글로벌 거버넌스 기구들의 활동에 관여하는 세계 각국과 사회 세력의 계층화가 일어날 전망이다.

□ 인터넷 및 인터넷과 연결된 다양한 통신수단의 실질적 사용 여부에 따라 여러 국가 간에 격차가 발생한다.

인터넷과 더불어 인터넷과 밀접하게 연결되어 있는 위성통신기술과 글로벌 위치추적기술의 사용 수준도 이러한 차이를 유발하는 중요한 요소로 작용한다. 향후 20년 동안 상기 기술들이 지속적으로 발전되면 여러 국가 집단 간, 국가 내 사회 세력 간 불균형이 심화될 것이며 더불어 소위 디지털 양극화로 불리는 현상도 심화될 것으로 보인다. 특히 이러한 불균형은 정보통신기술을 바탕으로 생성되어 확산되는 정보에 대한 접근도에 있어서 확연히 나타날 것이다. 하지만 무엇보다 글로벌 정보공간을 형성하는 채널에 대한 접근성에 있어서도 이러한 불균형이 나타날 것이라는 점이 심각한 우려를 자아낸다.

글로벌 거버넌스의 동향

오늘날 메가트렌드를 고려하고 세계정치 및 경제 시스템 발전의 순환성을 주목할 때, 글로벌 거버넌스와 글로벌 거버넌스 기구의 효율성은 본서에서 다루는 전망기간 동안 상승과 하락을 반복하며 물결모양으로 변화될 전망이다.

세계화를 주도하는 리더 국가에서 정치 · 사회적 갈등이 깊어지고 전 세계적으로 인구문제와 글로벌 이주현상이 심화됨에 따라 전망기간 동안에 글로벌 거버넌스가 다소 쇠퇴할 것으로 보인다. UN, IMF, 세계은행 등과 같은 글로벌 거버넌스 기구들의 지위 또한 약화될 소지가 있는데 반해, EU, NATO, 북미자유무역협정(NAFTA) 등 지역기구의 역할은 일시적으로 강화될 것으로 예상된다.

하지만 장기적인 관점에서 볼 때, 지역기구들은 글로벌 문제를 해결하는 데 한계가 있기 때문에 UN, IMF, 세계은행 등과 같은 기타 글로벌 거버넌스 기구들의 효율성 제고와 대대적인 개혁이 요구되는 환경이 차츰 조성될 것이다. 글로벌 거버넌스의 개혁은 2020년에서 2030년 사이에 시작되어 그 이후로도 한동안 계속될 전망이다.

■ 세계발전을 세계화의 논리로 해석하는 경향 속에서 국가의 발전과 안보 문제를 단순히 자국에 국한된 문제로 보지 않고 지역적 차원 더 나아가 글로벌 차원에서 분석하고 해결하려는 세계 주요국의 수가 대폭 증가할 것으로 예상된다.

제2부

세계경제

제3장

세계경제의 역학구도

2008~2009년 세계경제를 강타한 글로벌 경제위기는 향후 20년간 경제의 양적 · 질적 발전에 큰 영향을 미칠 것으로 예상된다. 이는 이번 경제위기가 경제 발전 과정에 미친 충격적이고 부정적인 영향 때문이 아니라 지난 10년간의 구조적 변화를 심화시켰기 때문인 것으로 보인다.

3.1. 글로벌 위기의 여파

세계경제는 2008~2009년 경제위기의 여파를 완전히 극복하지 못한 채 2010년대에 들어섰으며, 금융충격 및 경제침체를 야기한 수많은 요인들은 여전히 남아있는 상태이다. 국가적 · 국제적 차원에서 시행되고 있는 각종 위기대응정책은 경기 후퇴의 여파들을 제거 또는 최소화하고 있으나 이러한 대응정책이 경제 회복을 방해하고 성장을 저해하는 새로운 문제의 근원이 되기도 한다.

- 이번 위기가 세계경제에 미친 부정적 영향은 앞으로도 지속될 전망이다. 그러나 위기 이후 시스템적 리스크 감소를 위한 정부 및 금융당국의 노력과 경제구조 개혁정책은 장기적으로는 경제 발전을 위한 추가적 촉진제가 될 것이다.

향후 수년 내에 선진국의 심각한 국가재정 문제가 세계경제 발전에 치명적인 영향을 미칠 것으로 보인다. 무엇보다 국가의 재정적자가 심화되고 국가부채가 빠르게 증가할 것으로 예상된다. 부채 상환으로 인한 예산 부담의 증가는 정부와 금융당국의 효율적 위기 대응을 위한 추진력을 둔화시키고 있다.

금융기관 및 가계의 지급불능 문제는 통화자극 정책의 효율성을 감소시키고, 금리상승 리스크는 통화자극 정책이 경제성장률에 미치는 긍정적 영향을 약화시킨다. 이러한 상황은 부실 은행의 퇴출과 금융기관의 재무구조 개선 및 개인 채무의 감소가 병행되어야 개선될 수 있다.

경제회복을 촉진하는 각종 경제정책 요소들은 점차 그 의미를 상실할 것이다. 선진시장에 남아있는 강도 높은 금융경색으로 소비와 투자는 더딘 회복세를 보이고 있다. 이러한 금융경색은 금융기관의 잠재적 지급불능에 대한 우려가 해소되는 한편 채무자의 채무불이행 리스크가 감소되고 시장이 안정화 되어야 완화될 것이다.

해외자금 조달에 대한 신흥 경제국의 접근성은 매우 제한적이며 세계금융 · 경제계의 신뢰도 또한 회복되지 않고 있다. 투자자도 여전히 확신을 갖지 못하고 있으며 불투명하고 복잡한 상환 시스템을 가지고 있는 구조화상품에 대한 리스크 평가도 여전히 쉽지 않다.

높은 실업률이 고착화되거나 실업률 감소세가 저조하면 심각한 사회적 불안요소가 될 수 있다. 금융위기 기간 중 자국의 금융기관, 제조업 및 농업에 대한 원조와 자국의 대기업, 소위 국가 챔피언 기업과 공기업을 비롯한 기타 기업들에 대한 지원이 활성화 되었다.

한편 세계경제가 무역 및 금융 분야 보호주의로 돌아설 것이라는 전망은 기우에 그쳤으나 여전히 재정문제 및 국가채무 상환 불이행 문제의 확산은 경제민족주의의 부활을 초래할 수 있다.

□ **중기적 관점에서 볼 때 이러한 요소들은 세계경제 성장을 저해할 수 있으나 경제 발전의 기본 방향을 크게 변화시키지는 못할 것이다.**

위기를 통해 얻은 중요한 교훈은 세계경제의 혁신적 발전이나 글로벌화, 새로운 경제학적 성과를 기반으로 한 향상된 경제 운영 능력만으로는 또다시 반복될 수 있는 경제위기를 막을 수 없다는 것이다.

또한 금융위기가 세계경제 발전에 미친 영향력을 평가할 때 효율적 위기 대응정책이 위기의 사회경제적 여파에 대한 단기적 대응에 국한되어서는 안 된다는 점을 고려해야 한다. 정부차원의 대응에 있어 위기 이후의 발전을 위한 장기적 우선 과제를 결정하고 과제 이행을 위한 선결조건을 수립하는 것은 매우 중요한 의미를 갖는다.

□ **이미 많은 국가들이 위기 상황에서 완전히 벗어나기 위한 전략적 경제정책 방안을 마련하고 있다.**

국가경제의 지속가능한 성장을 위한 필수여건은 메커니즘과 제도 마련을 통해 형성 가능하다. 특히 많은 국가의 위기 대응 전략은 중장기적 경제 성장의 속도와 질을 높이기 위한 혁신발전 및 신기술 개발을 포함하고 있다.

또한 2008~2009년 위기가 세계경제의 빠른 성장 속에서 구조적 불균형이 심화되었기 때문에 발생했다는 인식이 높아지고 있다. 따라서 국가적, 국제적 차원의 새로운 규제 메커니즘을 통해 이러한 불균형을 완화하는 것은 경제발전을 위한 중기적 우선 과제가 되고 있다.

3.2. GDP 성장 전망

2001~2010년 세계경제가 평균 3.5%의 성장률을 기록한 반면, 2011~2030년의 평균 성장률은 4.3~4.4%를 기록할 전망이다.

2000년대 초반 세계경제는 급속도로 성장했다. 위기 이전 2001~2007년의 평균 성장률은 4.1%로 이전 30년의 성장률보다 높게 나타났다. 위기로 인해 많은 국가의 경제성장률이 둔화 또는 하락하였다. 그 결과

2001~2010년 세계경제의 평균 성장률은 3.5%를 기록하면서 80~90년대의 성장률은 넘어섰으나 사실상 70년대 수준(3.6%)에 그쳤다.

향후 20년간 세계경제성장률은 연간 4.3~4.4%까지 증가할 것으로 보인다. 위기 극복 및 경제회복, 주요 경제 분야에서의 과학기술 발전 그리고 세계 GDP에서 개발도상국(이하 개도국)이 차지하는 비중의 증가가 경제 성장을 촉진할 것이다.

위기 극복과 경제구조 개혁을 통해 2010년대 하반기 선진국의 경제성장률은 연평균 2.8%, 2020년대에는 2.7%를 기록할 것으로 예상된다.

이번 경제위기로 2005년까지 이미 선진국 경제에서 발견된 다음과 같은 경제적 변화가 심화되고 있다.

- 모든 경제 분야의 생산 최적화 및 생산 효율성 제고
- 에너지자원 채굴 및 운송, 전력 생산 및 자원절약과 같은 에너지 분야, 건축, 기계 제조업(자동차) 분야의 투자 증가 및 구조조정 가속화
- 과학, 교육, 보건 및 정보과학 분야의 급속한 발전

선진국의 경제성장률은 세계경제성장률을 밑돌고 세계 GDP에서 차지하는 선진국의 비중은 2010년 51.7%에서 2020년 44.3%, 2030년 37.7%로 줄어들 전망이다(실질구매력 평가(PPP) 기준 GDP, 2009년 미 달러 대비 환율 기준).

한편, 중국과 인도의 부상으로 개도국의 경제성장률이 눈에 띄게 증가할 것이다. 중국과 인도는 생산 국가 시스템을 구축하고 국제 분업구조에 빠르게 진입하고 있다. 인도는 내수를 기반으로 발전하고 있으며, 중국 내에서도 이의 역할이 증대되고 있다. 2000년대 세계 GDP에서 아시아 대국들이 37.1%를 차지한 반면, 2010년대에는 41.7%, 2020년대에는 47.7%까지 증가할 전망이다. 특히, 이와 함께 선진국 경제가 정상적으로 성장한다면 세계경제의 성장률은 증가할 것이다.

세계 GDP에서 개도국이 차지하는 비중은 2010년 39%에서 2020년 46.2%, 2030년 51.4%로 증가할 전망이다.

· 체제전환국의 경제성장률은 세계경제성장률보다 다소 높게 나타나고

있다. 세계 GDP에서 이들의 비중은 2010년 9.3%에서 2030년에는 9.9%까지 성장할 것으로 보인다.

□ **체제전환국 중 가장 대국인 러시아는 2020년까지 세계 5대 경제 강국에 진입할 것으로 전망된다.**

높은 세계경제성장률과 인구 증가세 둔화로 인해 국민 1인당 GDP가 증가할 것으로 예상된다. 2030년 국민 1인당 GDP는 2010년에 비해 두 배 증가할 것이며 개도국과 체제전환국에서는 2.6배 증가할 것으로 전망된다. 전 세계 1인당 GDP와 개도국 · 체제전환국 1인당 GDP 규모의 차이는 6.2배에서 3.8배로 감소할 전망이다.

1인당 평균 GDP 1만 달러 이상인 국가에 거주한 인구의 비중은 2010년 전체 인구의 30%에도 미치지 못하였으나 2030년에는 전세계 인구의 70%를 웃돌 것으로 예상된다. 또한 소득 격차가 지속되는 가운데 전체 인구의 40%~50%가 중산층으로 편입될 것으로 보인다(별첨 표10 1인당 GDP별 국가 분류, 천 달러, 2009년 물가 및 구매력 기준 참조).

3.3. GDP 구조

전 세계 GDP의 생산구조는 1990년부터 2010년까지 20년 동안 크게 변화했다.

물질적 재화 생산(농업, 공업, 건축)의 비중이 1990년 43%에서 2010년 33%로 감소한 반면, 비물질적 재화 생산 및 서비스 비중은 1990년 57%에서 2010년 67%로 증가하였다. 이러한 변화는 정도의 차이만 있을 뿐 거의 모든 국가에서 나타나고 있으며 특히 개도국 경제에서 두드러지게 나타난다. 개도국의 재화 생산 비중은 36%에서 27%로 감소한 반면 서비스 분야는 64%에서 73%로 증가하였다.

1990년 개도국 및 체제전환국 GDP에서 재화 생산이 차지하는 비중은

54%(서비스 46%)로 나타났다. 2000년도에는 재화 생산 및 서비스의 비중이 각각 47%, 53%로 역전되었다. 재화 생산에서는 농업이 12%에서 10%로 감소하고, 공업과 건설이 35%에서 37%로 증가한 것을 제외하고 2010년까지 특별한 변화는 없었다.

2030년까지 이러한 변동 추이는 달라지지 않을 전망이다. 구조의 변화가 빠르게 일어나는 미국 경제가 그 척도가 될 수 있다. 이미 2000년에 미국의 재화 생산과 서비스 비중은 각각 GDP의 24.8%, 75.2%를 기록하였으며 선진국 그룹의 비율과 5%의 차이를 보였다. 2010년 재화 생산과 서비스의 비중은 각각 GDP의 80.4%, 19.6%로 나타났다.

그림 3.1. 세계 GDP 생산구조

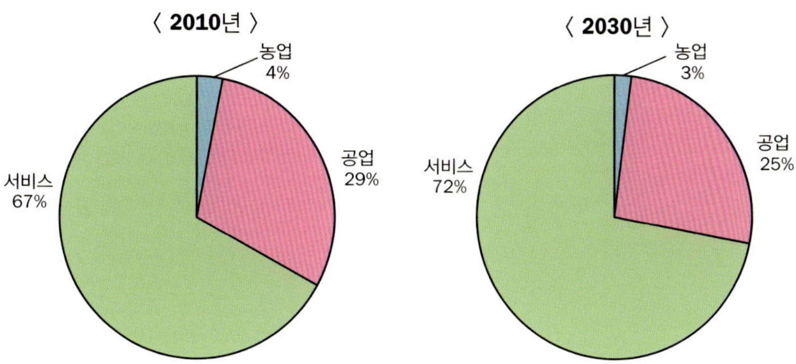

미국은 이러한 구조 변화의 한계점에 이른 것으로 보인다. 농업의 비중이 이미 GDP의 1% 미만에 불과하고 공업의 비중(제조업 11% 포함)은 GDP의 총 14.5%를 차지하고 있다. 따라서 미국 경제의 구조 변화는 둔화될 것이며 세계 다른 국가의 경제구조도 미국의 구조와 유사해질 것으로 보인다. 이렇듯 세계경제에서 물질적 재화 및 비물질적 재화 생산의 비중은 2020년 각각 31%, 69%, 2030년 28%, 72%를 기록할 것으로 전망된다. 선진국의 경우 이 비중은 2020년 각각 25%, 75%, 2030년 23%, 77%를 기록할 전망이다. 개도국과 체제전환국의 경우에는 2020년 40%, 60%, 2030년 35%, 65%를 나타낼 것으로 예상된다.

전 세계 GDP 지출구조는 매우 더디게 변화해왔다. 세계 GDP의 상당부분이 민간에 의해 소비되고 있다. 1990년 민간소비지출은 GDP의 59%, 정부지출은 17%(자본축적률 24%)를 기록하였다.

그림 3.2. 세계 GDP 지출구조

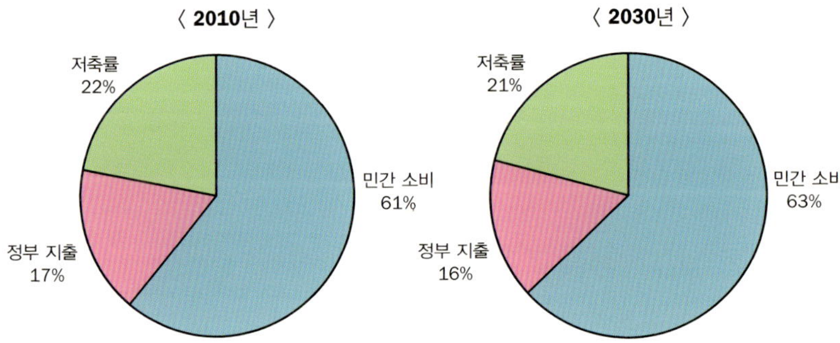

2010년 민간소비지출과 정부지출은 각각 GDP의 61%, 17%를 기록하였다. 2020년 민간소비지출은 GDP의 62%, 2030년에는 63%를 기록할 것으로 예상된다. 정부지출의 비중은 2020년 16%로 감소하고 2030년까지 안정적으로 유지될 것으로 보인다.

선진국의 GDP 지출 구조는 여타 국가와 비교했을 때 민간소비지출 및 정부지출의 비중이 크고 자본축적률이 낮은 것이 특징이다. 2030년까지 이러한 추세는 지속될 것으로 보인다. 선진국 민간소비지출의 비중은 2020년 63%, 2030년 64%로 증가할 것으로 예측된다.

개도국 및 체제전환국의 민간소비는 2000년 GDP의 60%에서 2010년 56%로 감소하였다. 이는 중국과 인도에서 일어나고 있는 경제 변화의 영향력으로 설명할 수 있다. 2000년 GDP의 47%, 65%를 기록했던 중국과 인도의 민간소비지출은 2010년 36%, 55%로 감소하였다. 개도국과 체제전환국의 경우 2020년 민간소비지출의 비중이 60%대로 회복되고 2030년에는 62%까지 상승할 것으로 보인다.

3.4. 자본축적

세계경제는 높은 성장률을 유지하기 위해 충분한 투자 자본을 확보할 것으로 전망된다.

세계경제 발전은 상당 부분 세계 자본축적의 규모 및 효율성에 의해 결정된다. 금융위기 발생 이전까지 자본에 대한 접근성은 과거에 비해 높아졌다. 이는 잘 조직된 세계금융시장이 매우 신속하게 여유자금을 축적하고 이를 효율적으로 투자에 이용했기 때문에 가능했다. 유동성 과잉현상이 특히 이러한 상황을 잘 보여주었다.

자본축적률(1990년 23.7%, 2000년 22.2%, 2010년 22.1%)의 하락과 GDP 규모로 나타나는 투자 단위당 효율성의 부진이 위기 이전의 경제 발전 상황을 결정짓는 요소였다. 자본 투자 1달러당 GDP 생산 규모는 2000년 4.5달러, 2010년에 4.52달러(1990년 4.22달러)로 나타났다.

이러한 추이는 향후 20년간 지속될 것으로 보인다. 세계 자본축적률은 2010년 22.1%에서 2020년 22%, 2030년 말 20.8%로 서서히 감소할 전망이다. 한편 2020년 달러당 GDP 생산 규모는 4.54달러, 2030년 말에는 달러당 4.80달러를 기록하며 투자효율성은 상승할 것으로 보인다.

표 3.1. 자본축적률 및 자본생산성 변화[1)]

	1990	2000	2010	2020	2030
자본축적률, %					
전 세계	23.7	22.2	22.1	22.0	20.8
선진국	23.0	22.0	19.5	19.5	19.0
개발도상국 및 체제전환국	26.0	23.0	27.5	26.0	23.0
자본생산성[2)], 달러					
전 세계	4.22	4.50	4.52	4.54	4.80
선진국	4.35	4.55	5.13	5.13	5.26
개발도상국 및 체제전환국	3.85	4.35	3.64	3.85	4.35

1) 2009년 달러당 연평균 환율을 기준으로 산출
2) 투자 단위 당 GDP

자본축적률 감소 및 투자효율성 증대는 투자의 분야별 구조 변화를 수반할 것으로 예상된다. 자본집약도가 낮은 비물질적 재화 생산 및 서비스 분야, 기술집약적 분야 및 첨단기술을 이용한 재화 생산 분야, 혁신 분야의 가속화된 성장세는 앞으로도 지속될 전망이며 주로 과학 및 보건, 교육 분야 지출을 위해 자본축적이 이루어질 것으로 보인다.

결과적으로 자본집약적 생산 분야가 GDP에서 차지하는 비중은 감소할 것으로 보인다. 한편, 재산업화를 꾀하고 있는 선진국 공업 분야의 자본기반 회복이 가속화 될 전망이다.

□ 국내외 자본축적원의 비율이 변화할 것으로 전망된다.

세계경제의 자본 확보는 선진국의 투자에 의해 결정될 것이다. 2010년 선진국의 투자 비중은 세계 전체 투자의 60%를 기록하였다. 2030년 이 비중은 다른 국가들과 비슷해 질 것으로 보인다.

개도국 및 체제전환국의 투자 비중 증가는 중국의 급속한 투자 증가로 가능해질 전망이다. 2000년 중국의 비중은 전 세계 투자의 7.5%를 기록하였으며 2030년에는 20%로 증가하면서 그 규모가 미국과 같아질 것으로 전망된다.

세계경제의 투자 규모는 기업의 수익규모에 따라 달라질 것으로 예상된다. 최근 10년 간 기업의 자체적 자금조달이 주요 투자원이 되어왔다. 기업 수익이 GDP에서 차지하는 비중은 9~15%(미국 9~11%) 수준으로 안정적이었고, 향후 2030년까지 큰 변화는 없을 것으로 전망된다. 투자효율성의 향상을 감안할 때 기업 수익은 여전히 세계경제의 주요 투자원으로 남을 것이다.

많은 국가에서 잉여자본(기업의 여유자본을 비롯한 국민소득 및 저축의 증가로 인한 여유자본)이 형성되면서 경제발전을 위한 외채 및 차입금의 비중은 다소 축소될 것으로 보인다.

□ **투자 활성화를 위한 금융 인프라가 지속적으로 개선될 것이다.**

최근 일부 선진국의 은행법 강화로 인해 유동성 및 수익성을 비롯한 은행 전반적인 안정성과 지속가능성이 향상될 것으로 기대된다. 2030년까지 향후 생산목적으로 이용될 국민저축의 운용에 있어 기관투자자(기관펀드 및 연금기금, 보험회사, 여러 저축기관)의 역할과 효율성이 지속적으로 향상될 것으로 예상된다.

2030년까지 국가의 투자 활동이 활발해질 전망이다. 이는 선진국의 투자과정에 있어 정부의 직접 참여가 확대된다는 의미는 아니다. 금융위기 동안 시행된 금융기관 및 경제주체에 대한 국유화와 지배지분 확보 등의 정책은 한시적으로 이루진 것이다.

현재의 최우선 과제는 조세 및 통화정책을 통해 민간투자에 유리한 환경을 조성하는 것이다. 투자효율성 제고를 위한 필수 조건인 숙련된 인재를 양성하는데 큰 관심을 기울여야 한다.

금융위기의 원인이 되었던 글로벌 불균형은 저축 및 자본축적의 불규칙한 변화에서 비롯되었다. 많은 국가에서 소비량이 생산량보다 높게 나타나는 반면 독일, 일본, 중국 등 이들 국가의 경제는 생산량이 소비량을 넘어선다. 국제수지 흑자를 기록한 국가는 일시적 여유 자금을 세계시장에 투자함으로써 세계의 주요 채권자가 되었다. 2030까지 이러한 불균형을 완전히 해소하기는 어려울 것으로 보인다. 그러나 단계적인 감소는 시간이 지나면서 가능할 것으로 예상된다. 한편 2030까지 이러한 과정의 부작용으로 세계의 재화 및 서비스 교역 발전이 둔화될 것으로 전망된다.

3.5. 인구변동과 노동자원

최근 수십 년간 확인된 여러 안정적 동향은 전 세계 인구변동의 양상을 결정짓고 노동시장에 영향을 미쳐왔다.

□ **현재 전 세계 인구 증가율이 현저하게 감소하고 있으며 이전의 최대 증가폭은 더 이상 나타나지 않을 것으로 보인다.**

선진국뿐만 아니라 개도국에서 일어나고 있는 출산율의 지속적인 감소가 이러한 인구변동의 주요 원인이 된다.

선진 지역에서는 인구위기가 시작되었다. 출산율 감소로 더 이상 이전 수준의 인구 재생산이 이루어지지 않고 있으며 이로 인한 인구 손실이 발생하고 있으나 현재까지는 이민을 통해 이러한 인구 손실을 대체할 수 있을 것으로 보인다.

2010년부터 2030년까지 선진국의 인구는 6,500만 명, 개도국 및 체제전환국의 인구는 9,800만 명 증가할 전망이며, 선진국 인구의 비중은 전 세계 인구의 14.6%에서 13.5%로 감소하는 반면 개도국 및 체제전환국의 인구 비중은 85.4%에서 86.5%로 증가할 전망이다.

그림 3.3. 선진국, 개도국 및 체제전환국 인구 비율 (%)

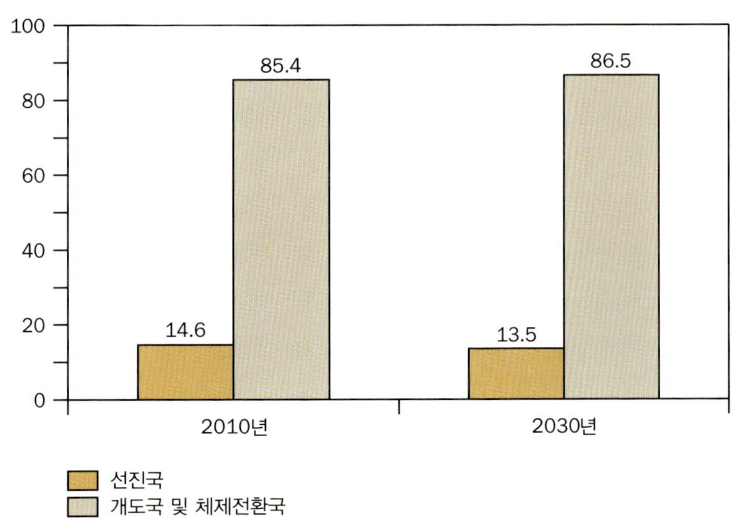

세계경제에서 노동자원 공급에 영향을 주는 인구변동의 주요 특징은 다음과 같다.

- 한 가지 확실한 것은 최근 수십 년간 나타났던 인구과잉이 인류를 위협하지는 않을 것이라는 사실이다. 지구의 인구는 90억 명을 넘지 않을 것이며 21세기 중반이면 안정화될 것으로 보인다(최근까지는 120억~140억 명까지 증가할 것이라고 예측한 바 있다). 2010년 68억 명이었던 전 세계 인구는 2030년 78억 명으로 증가할 것이며 중국 및 인도의 인구수가 전체 인구의 35~40%를 차지할 것이다.
- 2010년대 전 세계 인구의 연평균 증가율은 1% 미만인 0.89%를 기록할 것이며 2020년대에는 0.54%까지 감소할 전망이다.
- 수십 년 전까지 노동가능 연령(15~64세) 인구의 비중이 증가한 반면 2030년까지 개도국의 노동가능 연령층의 인구 증가세가 안정화될 것으로 보인다. 한편 선진국의 경우 출산율의 감소와 고령화로 인해 다른 방향의 인구변동이 일어날 것으로 예상된다.

□ 개도국에 의해 전 세계 노동 분배의 불균형이 심화될 것이다.

선진지역에서는 구조적인 노동력 부족 문제가 심화되고 있다. 저숙련 근로자에 대한 수요는 전체적으로 감소할 것으로 보인다. 반면 일부 산업 분야(농업, 건설, 호텔업, 노인요양 보호서비스)의 저숙련 근로자에 대한 수요는 유지되거나 반대로 증가할 전망이다.

지식경제가 발전하면서 고숙련 전문 인력은 부족해지고 지적재산 분야의 세계적 경쟁과 근로자의 전문성에 따른 임금 차이가 심화될 것이다.

개도국의 경우 노동 인력이 농업 분야에서 이탈하는 한편 세계경제 시스템에 급속히 편입되고 있는 공업, 건설 및 서비스 분야의 종사자는 증가할 것으로 보인다. 또한 도시지역에서는 비숙련 근로자의 과잉 현상이 지속될 것이며 이는 비공식 경제 부문의 임금 인상에 걸림돌이 되는 한편 이주 인구의 증가 가능성을 높이고 있다.

선진국과 마찬가지로 개도국에서도 비숙련 근로자에 비해 숙련된 근로자가 급증할 전망이며 이로 인해 숙련 근로자, 특히 세계 노동시장이 필요로 하는 이민 가능한 유동적 전문가의 비중이 증가할 것이다.

노동력 공급 및 고용 인구의 감소가 이미 일본에서 나타나고 있으며 2020년에는 서유럽 국가에서도 나타날 전망이다. 그러나 이러한 현상은 노동생산성의 향상과 노동 이민자(유럽의 경우)로 인해 경제성장의 걸림돌이 되지는 않을 것으로 보인다.

□ **노동력 공급 및 고용 인구의 감소에 대처하기 위해 고숙련 전문 인력과 저숙련 노동자 시장을 형성하는 것이 무엇보다 중요하다.**

대외무역 · 해외 투자의 급속한 증가, 새로운 지역통합의 형성 및 기존 지역통합의 확대로 인하여 국내 노동시장은 더욱 빠른 속도로 세계경제에 통합되고 있으며, 세계 시장이 국내 노동 여건 및 고용에 미치는 영향력이 커지는 한편 세계 노동 시장의 세계화 추세 역시 심화되고 있다. 이와 관련 UN을 비롯한 국제노동기구(ILO), EU 차원에서 세계 노동 시장의 기능을 위한 제도적 기반 및 메커니즘이 확립되고 있다.

이러한 변화는 외국 노동력을 더욱 폭넓게 활용하고 국가 간 노동력 및 일자리의 이동성 제고를 통한 전 세계 생산요소의 합리적 이용 및 세계경제의 효율성을 향상을 가능케 한다. 해외의 고숙련 전문가 및 유능한 학생을 유치하는 것은 수용국의 경제 잠재력을 강화하고 경쟁력을 향상시키는 데 기여한다.

3.6. 노동생산성

근로자 1인당 노동생산성의 연평균 성장률은 2010~2020년 2.7%, 2021~2030년 3.0%에 이를 전망이다.

선진국의 경우 국가경제 전반에 걸친 노동생산성의 향상이 GDP 성장률의 90%를 보장할 것으로 보인다. 2008~2009년 금융위기 동안에 노동의 효율성 및 생산성이 증가하였으며 특히 이러한 현상은 재화생산 분야에서 일어났다.

노동생산성의 증가는 대대적인 노동력의 감축을 야기한다. 그러나 선진국의 경우 재화 생산 분야에서 서비스 분야로 노동력 재분배가 이루어지면서 이러한 문제는 다소 약화되고 있다. 위기 이전까지 이러한 노동력의 재분배로 실업률이 수용 가능한 범위 내에서 유지될 수 있었다.

최근 수십 년간 미국의 실업인구는 경제활동인구의 4~6%에 달했으며 일본의 경우 2~4%, EU 국가는 7%에서 15~20%에 이른다. 또한 고용 구조는 점차 서비스 분야에 집중되고 있다. 예를 들면 미국의 경우 2008년 기준 총 근로자의 81.9%가 서비스 분야 종사자인 것으로 나타났다. 물질적 재화 생산 분야(농업, 임업, 어업, 광산업, 제조업, 전력·수자원·가스 사업 및 건설) 종사자는 전체 근로자의 18.1%에 불과했다. 2000년 서비스 분야와 재화 생산 분야 종사자의 비율이 78.6% 21.4%이었던 점을 감안하면 이러한 변화가 매우 빠르게 이루어졌다는 것을 알 수 있다.

이러한 구조적 변화는 이미 한계치에 근접했으며(2008년 미국의 농업 분야 종사자는 전체 근로자의 1%에 불과했다는 사실만 봐도 알 수 있다) 향후 이러한 변화 속도가 둔화될 것이 분명하다.

선진국과 선진국 이외 국가들 간의 노동생산성 차이는 1990년 18:1에서 2010년 13:1로 감소하였다. 1990년대 선진국의 노동생산성 상승률은 여타 국가들의 상승률을 뛰어넘었으나 2000~2010년에는 이러한 비율에 변화가 일어났다. 특히 2000~2010년 개도국 및 체제전환국의 노동생산성 성장률은 선진국 성장률의 네 배를 넘어섰다(표 3.2.).

표 3.2. 노동생산성 상승률 (%)

	1991~2000	2001~2010	2011~2020	2021~2030
전 세계	1.3	1.6	2.7	3.0
선진국	1.9	1.1	2.3	2.3
개도국 및 체제전환국	1.4	4.4	4.5	4.6

2030년까지 개도국 및 체제전환국의 노동생산성 상승률은 선진국의 상승률을 두 배 이상 초과할 것으로 보인다. 결과적으로 향후 양 그룹의 격차는 줄어들겠으나 2030년에도 선진국과 개도국 · 체제전환국의 노동생산성은 9:1로 여전히 큰 차이를 보일 것으로 전망된다. 이러한 노동생산성의 절대적인 격차는 1990년 5만 1천 달러에서 2010년 6만 7천 달러로 더 벌어졌으며 2030년에는 10만 2천 달러에 달할 전망이다(표 3.3).

표 3.3. 노동생산성, 천 달러[1)]

	1990	2000	2010	2020	2030
전 세계	10.9	12.4	14.5	18.8	25.4
선진국	54.0	65.4	72.7	91.3	114.8
개도국 및 체제전환국	3.1	3.5	5.4	8.4	13.2

1) 근로자 1인당 재화 및 서비스 총생산량

□ 선진국의 구조적 변화는 제한적이며 이는 노동생산성의 상승이 향후 고용문제를 심화시킬 수 있다는 것을 의미한다.

개도국의 경우 이와 같은 문제는 더욱 심각하다. 특히 중국과 인도의 노동생산성은 재화 생산 분야에서 매우 빠르게 상승하고 있다. 가격경쟁력뿐만 아니라 품질경쟁력을 갖춘 제품을 생산해야 하는 만큼 첨단 기술이 빠르게 적용되고 있다. 또한 농업 분야의 노동생산성도 급격히 상승할 것으로 예상된다.

하지만 재화 생산 분야에서 감소한 일자리를 충당할 만큼 서비스 분야가 발전하기에는 국민소득 상승률이 이에 미치지 못한다. 한편 서비스 분야의 노동생산성도 증가하면서 노동력에 대한 수요가 상대적으로 감소할 것으로 보인다.

2030년 말에는 중국 노동가능 인구의 유입이 줄어들면서 이 문제는 다소 약화될 것으로 보이나 인도의 경우에는 이러한 현상이 다소 더디게 일어날 것으로 전망된다.

제4장

장기적 발전 요소

위기 이전과 마찬가지로 향후 20년 간 세계경제 발전의 장기적 요소는 상품, 서비스, 자본 시장의 세계화와 투자 활성화가 될 것이다. 특히 세계화는 경제성장률 및 혁신 그리고 질적 성장을 결정짓는 요소가 될 것이다.

4.1. 세계화

국제경제 관계는 빠른 속도로 발전하고 있다. 세계무역량은 국내 생산량을 넘어서고 국제 투자는 무역 거래량을 넘어서고 있다. 전 세계는 더욱 빠르게 단일 금융시장으로 변모하고 있다. 국제경제 관계에서 개도국, 특히 아시아 국가들의 역할이 더욱 커질 전망이다.

세계무역

2008~2009년 발생한 세계경제위기는 지난 20년간 나타난 세계경제의 국제화 추세가 지속될 수 있을지에 대한 의구심을 갖게 하였다.

향후 20년간 세계경제가 질적으로 다른, 새로운 세계화의 단계로 진입할 것이라는 전망에 대한 근거가 있다. 이 전환 과정은 긴 시간을 필요할 것이며 이 기간 동안 경제의 세계화를 특징지을 만한 변화는 더디게 나타날 것이다.

□ 향후 20년간 세계의 상품과 서비스 교역에 양적 · 질적 변화는 있겠으나 기본적인 발전 추세는 지속될 전망이다.

GDP 대비 상품 · 서비스 교역량은 2030년까지 지속적으로 성장할 것이다.

그림 4.1. 세계 GDP와 상품 및 서비스 수출 (조 달러, 2009년 물가 기준)

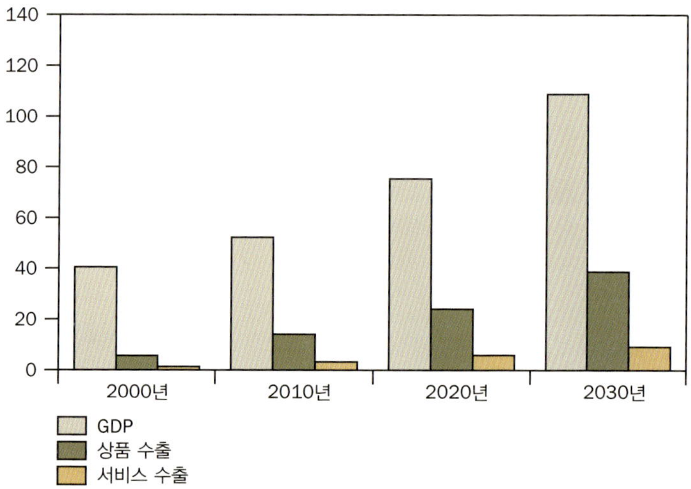

최근 완제품 가격이 원료 상품의 국제거래가에 비해 낮아지는 경우가 있었느나, 한 세기동안 유지되어 온 추세에 따라 원료 상품의 국제거래가는 완제품 가격에 비해 낮아질 전망이다.

□ 세계무역의 성장이 현저하게 둔화될 것이다.

2001~2010년 10%를 기록했던 세계 상품 수출의 연평균 증가율은 2011~2030년 5.3%로 감소할 전망이다. 상업적 서비스의 연평균 수출 증가율은 9.9%에서 5.4%로 감소할 전망이며 경제 정책의 보호주의 성향이 강화되면 더 낮은 증가율을 기록할 수도 있다. 그러나 세계화 추세가 약화되거나 국제 시장이 지역 및 국내 시장으로 분리되지는 않을 것이다.

□ 세계 총 무역량에서 서비스 분야가 차지하는 비중이 다소 증가할 것이다.

그림 4.2. 상품과 서비스 수출 (GDP 대비 %, 2009년 물가 기준)

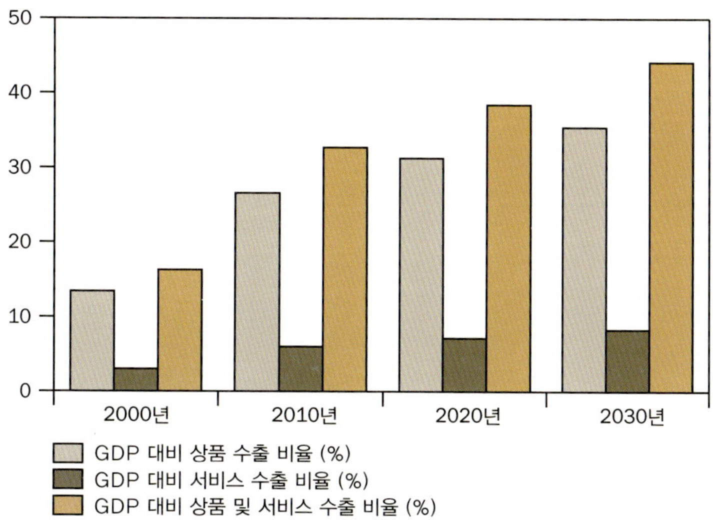

그림 4.3. 세계의 상품 및 서비스 교역 비율 (조 달러, 2009년 물가 기준)

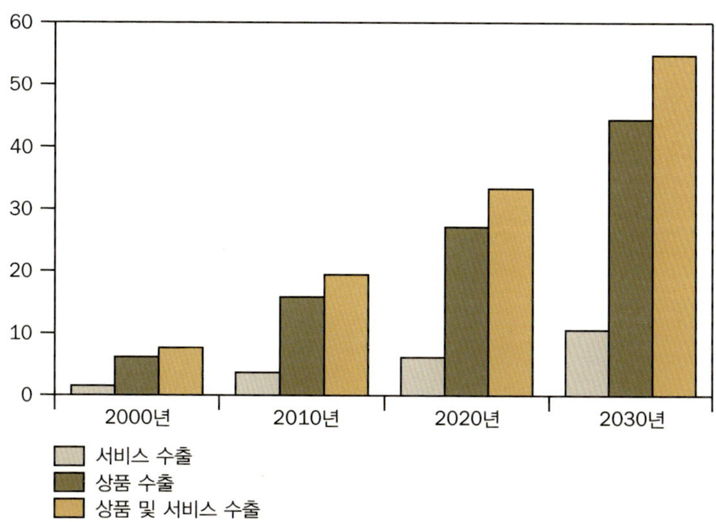

□ 분야별 무역 구조에 대대적인 변화가 일어날 것이다.

상품 무역에 있어 제조업 상품의 비중이 증가할 것이다. 특히 고부가가치 상품이 제조업 제품의 상당 부분을 차지할 전망이다. 중국, 인도, 브라질 및 기타 몇몇 선발 개도국의 수출기반 확대 및 수입수요 증가로 세계무역에서 이들 국가가 차지하는 비중이 확대될 것으로 보인다. 아태지역 국가들이 국제무역에서 차지하는 비중도 증가할 것이다.

향후 10년간 에너지 원료를 비롯한 광산업 제품의 수출증가율은 농업 분야 수출증가율보다 더디게 증가할 것이며 특히 연료 에너지 분야는 광산업 제품보다도 더 낮은 증가율을 보일 것으로 전망된다.

농업생산품 교역은 안정적인 성장세를 보이며 전 세계 수출에서의 비중이 다소 증가할 것으로 보인다. 국민 소득이 증가할수록 식품에 대한 수요 또한 증가할 것이다. 세계 대부분의 국가가 농업에 현대 기술을 적용함으로써 농산물의 자급률을 향상시키고 있지만 농업생산품의 대외무역량은 여전히 증가하고 있다.

서비스 분야의 대외무역 구조에도 현저한 변화가 일어날 것이다. 2030년까지 정보, 운영, 컨설팅, 보험, 금융 및 시장분석 서비스 등 기술집약적 서비스의 국제거래가 크게 발전할 것으로 예상된다.

교육, 보건, 문화 및 오락 관련 서비스가 본격적으로 대외무역의 대상이 될 것이다. 기술집약적 서비스를 비롯한 이 분야의 서비스가 세계 서비스 수출에서 차지하는 비중은 60~65%까지 증가할 것으로 보인다. 관광 분야의 상대적 입지는 다소 약화 되겠지만 생태관광, 농촌체험관광, 문화체험관광, 익스트림 관광과 같은 특수화 된 관광 상품의 국제 거래량은 증가세를 이어갈 것이다. 관광객 이동규모는 2010년 10억 명에서 2020년 16억 명으로 증가할 것이며 2030년까지 증가세는 계속될 것으로 예상된다.

특히 서비스 시장의 세계화는 다른 형태로 빠르게 발전할 전망이다. 향후 외국인 직접 투자가 증가하면 자본의 재분배가 이루어질 것이다. 2030년 서비스 시장으로 유입되는 투자 자본에서 개도국 및 체제전환국이 차지하는 비중은 75~80%까지 증가할 것으로 예상된다.

수용국의 제한에도 불구하고 인구학적 원인과 이민으로 인해 서비스 생산자들이 대거 국제적 이동을 할 것으로 보인다. 세계화는 교육, 보건, 문화 및 오락 분야 서비스 소비자들이 해외로 이동하면서 더욱 진전될 것이다.

다국적 기업

향후 20년간 세계경제에서의 다국적 기업의 역할은 급속하게 증대될 것으로 보인다.

외국인 직접투자 (FDI)

글로벌 금융위기로 인한 경제 정체기 이후 많은 국가에서 외국인 직접투자가 지속적으로 증가할 것으로 전망된다.

해외자산의 가치하락으로 인한 금융 · 경제위기로 FDI가 크게 감소했음에도 불구하고 GDP 대비 FDI 비중은 현재의 25~30% 수준에서 2030년 50~60%까지 증가할 전망이다. 부가가치 창출에 있어 다국적기업(MNC)의 해외생산능력이 어떠한 역할을 하는 지에 대한 통계자료는 없지만 이는 2030년이면 외국 자본이 세계 상품 및 서비스 생산의 1/3 이상, 즉 절반가량을 통제하게 된다는 것을 직접적으로 보여주는 지표이다.

이와 같은 FDI 비중은 각 국가별로 큰 차이를 보일 것이며 특히 유럽의 소규모 국가에서 최대치를 기록할 전망이다. 이는 다국적기업의 상당수가 글로벌한 특성이 아닌 지역적, 초지역적 특성을 지니게 될 것이기 때문이다.

다시 말하면, 다국적기업(특히 중간 규모의)이 설립한 초국경적 부가가치 사슬은 보통 하나의 대지역권(주로 EU나 아태지역)에 국한되거나 자신의 지역 외 또 하나의 지역(예를 들어 EU+구소련지역 또는 아태지역+아프리카)으로 진출할 수 있을 것이다. 글로벌 다국적기업은 주로 미국 기업에 해당되는 특징이나 전체적으로 봤을 때 미국 기업이 현재 FDI에서 차지하는 선도적 입지는 점차 줄어들 것이다.

세계 엘리트 기업의 지형도 변화

FDI 유출에서 신흥시장국가의 입지가 크게 강화되고 있다. 신흥시장

국가는 주요 투자 수용국으로서의 입지를 확보하면서 미국, 프랑스, 영국 등의 현재 주요 선도국과의 입지를 좁히고 있다.

중국을 비롯한 여러 아시아 국가와 러시아의 다국적기업들이 세계 엘리트 기업으로 대거 편입하고 있다.

또한 유럽의 다국적기업은 여전히 그 수에 있어 압도적인 비중을 차지하겠지만 스페인, 북유럽 및 동유럽 기업의 FDI 증가로 영국, 프랑스, 독일은 말 그대로 선도적 역할은 할 수 없게 될 것으로 보인다.

이는 상당부분 EU의 단일 시장에 의해 공고해진 경제관계의 결과이지만 외국 자본투자라는 측면에서는 한계가 될 수밖에 없다. 유럽의 다국적기업은 미국과의 관계를 지속적으로 강화할 것이며 구소련 지역 및 라틴아메리카, 중국 및 기타 개도국 및 신흥 발전 지역으로 영역을 계속 확장해 나갈 것으로 보인다.

현재까지는 FDI 통계상 역외센터(offshore center)의 역할이 증대되고 있으나 역외 사업에 대한 국제적 규제가 강화되고 제3국을 통해 국내 자본을 투자하는 기업들 사이에서 FDI에 대한 부정적인 인식이 확산되면서 그 역할은 급격하게 줄어들 전망이다.

아태지역의 통합 확대

아태지역 다국적기업의 입지가 강화되면서 역내 무역이 성장하고 나아가 역내 경제적 통합이 촉진되고 있다.

일본, 중국, 한국을 비롯한 여러 아시아 국가의 다국적기업 간 상호관계는 경쟁과 협력이라는 특징을 바탕으로 눈에 띄게 발전할 것이다.

2030년까지 이 기업들 간의 인수합병이 본격화될 전망이다. 중국에서 유입되는 FDI 자본의 성격이 변화하면서 이러한 과정에 상당한 영향을 미칠 것으로 보인다. 2030년까지 민간 기업의 투자 비중이 중국의 총 해외투자액의 40~50%를 차지할 것이며 특히 100% 출자를 통해 생산기업을 설립할 것으로 보인다. 이 밖에 해외과학연구센터 설립을 위한 FDI 규모도 증가할 전망이다. 중국 다국적기업의 힘이 성장하는 데는 다음과 같은 요인들이 있을 수 있다.

- 중국 다국적기업 지원을 위한 국가 프로그램 – Go outside
- 중국 공업발전을 위한 광물자원 확보 – 해외 자원채굴 기업 설립(2020년이 되면 내수를 충족시킬 민금의 매장량을 보유하는 광물 자원은 6종에 불과할 것으로 보인다.)
- 혁신기업을 통한 경제 현대화, 전통적 산업분야의 생산 시설을 아태지역 내 후진국으로 이전
- 중국 기업에게 있어 아태지역 투자시장 및 소비시장의 의미

2030년에는 FDI 분야의 신흥세력에 대한 EU 및 미국의 관용적이면서도 더욱 신중한 태도를 기대해야 할 것이다.

FDI의 산업 분야별 구조

2010~2020년까지 FDI의 분야별 구조가 지속적으로 급변할 것으로 예상된다. 이러한 변화는 세계경제의 분야별 구조 및 경제 전체의 변화를 반영할 것이다. 광물자원 채굴 및 전통적 제조업 기업들에 대한 다국적 투자의 증가세는 지속될 것으로 보이나 총 FDI 규모에서 이들의 비중은 눈에 띄게 감소할 것이며, 특히 서비스 분야로 눈을 돌린 유럽 및 북미 기업의 투자 비중이 감소할 전망이다.

일본에서는 이러한 현상이 크게 나타나지 않을 것으로 보인다. 일본 정부의 주요 경제 정책은 자국 내에 기술집약적 고부가가치 산업만 남겨두는 것이다. 이러한 정책으로 나머지 분야의 기업을 해외(특히 아태지역의 다른 국가)로 이전하기 위한 대규모 FDI가 이루어질 것으로 보인다.

반면, 중국, 러시아, 인도 및 라틴아메리카 일부 국가의 다국적기업은 거대 기업이 될 것으로 보인다.

FDI 분야별 구조는 향후 서비스 분야의 자유화로 인해 변화할 수 있다. 유수의 다국적 기업 중 통신, 교통, 관광, 소매업, 커뮤니티시설 분야의 기업 수가 증가할 것으로 보인다. 또한 이제 막 국제화가 시작된 서비스 분야도 있다. 그렇기 때문에 이 분야의 국제화는 급속하게 발전할 것으로 예상된다. 2030년까지 후발주자 다국적기업 중 교육, 보건 등의 서비스를 제공하는 직접 투자자가 나타날 것으로 보인다.

직접투자의 개념 변화

직접투자의 새로운 형태가 발전함에 따라 향후 직접투자 개념의 경계가 모호해 질 전망이다. 전반적으로 매우 다양한 형태의 대외 자본투자가 FDI 범위에 포함될 것으로 보인다. 특히, 기업 현대화를 목적으로 새로운 자회사를 설립하는 대신 증권시장을 통해 현존 해외기업의 주식을 확보하는 형식의 FDI는 더욱 확산될 전망이다. 전기통신 분야를 예로 들면 라이선스를 보유하고 있으나 이동통신 서비스를 제공할 지사가 없는 회사를 매입하는 형식을 말한다. 이와 같이 향후 2030년까지 FDI의 대부분이 증권시장의 거래를 통하여 이루어질 전망이다.

철강 산업과 같이 생산능력이 과잉된 분야의 경우 FDI의 주된 형태는 인수·합병이 될 것이며 이 또한 증권시장을 통해 이루어질 것으로 보인다. 더욱이 기업의 자본화 비율의 증가는 해외투자확대를 촉진시킬 것이다(자사주식과 외국기업 주식교환을 통한 지분 취득 등).

FDI가 의결권 주식에 대한 포트폴리오 투자 형식에 가까워지면서 FDI 흐름의 변동성이 심화될 것이다. 또한 10% 의결권 주식과 회사운영에 참여하는 것을 기준으로 직접투자와 포트폴리오 투자를 통계적으로 구분하는 것은 주식자본에 매우 다양하게 분산되어 있는 상황에서는 의미가 없다. 황금주이지만 비지배주인 주식의 매입은 직접투자와 다른 종류의 해외투자 간의 원칙적 구분을 어렵게 만들 것이며 이는 금융자본의 이동과 기술 및 경영 의사결정의 이전의 결합으로 볼 수 있다.

직접투자와 다른 형태의 해외투자 간의 경계가 불분명해지는 것은 다국적기업(자동차, 제약, 에너지 등)의 전략적 동맹관계가 발전하고 지사 간 네트워크 동맹(정보통신기술 분야)이 발전함에 따른 결과이다.

동맹 참여사 간의 협력은 보통 각 분야 시장에서 활동하는 대기업 간 경쟁을 유지하면서 합작회사를 설립하는 형태로 이루어진다.

구조조정을 통해 시가총액을 증액한 이후에 재판매할 목적으로 해외 기업을 매입하는 형식의 직접투자펀드가 점차 확대될 것이다. 특히 현재까지는 다른 형태의 자본투자를 선호하는 주권자금도 직접투자의 비중을 늘려갈 것이다.

경영의 진화

향후 20년간 다음과 같은 세 가지 이유로 경영 메커니즘이 변화할 것이다.

- 세계화의 영향으로 인한 다국적기업 경영 방법의 단계적 통합
- 경제의 분야별 구조 변화로 인한, 특히 첨단 분야에서 나타나는, 경영 의사결정의 역할 강화
- 기업의 사회적 책임 증가에 따른 변화

이와 같은 동향들로 인해 국가별 기업경영모델이 없어지지는 않을 것이다.

첫째, 각 나라 경제의 분야별 구조는 20년이 지난 후에도 제 각각일 것이다. 예를 들면 회사 간 경계가 무의미해진 상황에서, 특히 정보통신기술 분야의 다국적기업에서 두드러지는 수십, 수백여 참여사 간의 네트워크 동맹은 대부분의 국가에게는 여전히 생소한 개념일 것이다.

그러나 전반적으로 많은 분야에 걸쳐 경영 탄력성이 증가하고 기업의 수직적 구조가 수평적 구조로 변화할 것이다. 이로 인해 성공에 대한 전통적 개념이 변화할 것이다. 무엇보다 비즈니스에서 성공하기 위해서는 노하우(know-how)뿐만 아니라 노후(know-who), 즉 최근 각광받고 있는 아웃소싱 차원에서 해외 자원을 빨리 유치할 수 있는 능력이 필요할 것이다.

둘째, 톱매니지먼트의 국제화에도 불구하고 다국적기업은 모기업이 위치한 국가의 대표들이 장악할 것이다. 이는 경영의 전체적 특징에 사회문화적 특성이 부여된 경우이다. 그러나 어디서든 부가가치 창출의 국제적 네트워크 개념은 더욱 확산될 것으로 보인다. 독일, 중국 또는 브라질 자본의 통제에 따라 여러 방법으로 운영되는 것은 별개의 이야기이다.

셋째, 기업의 사회적 책임 실현은 유럽과 같은 최선진국에 국한되어 있다. 최선진국의 재계 및 정부가 2030년까지 최소 임금 및 근로환경 등의 사회적 표준을 국제적으로 규제화하려는 시도는 성공하기 어려울 것으로 보인다. 특히, 저개발국의 경우에는 여전히 사회적 덤핑을 통해 자국 경제의 경쟁력을 확보하고자 하며 이는 회사 경영의 또 다른 개념을 의미한다.

넷째, 2030년까지도 많은 국가의 경제가 세계화 과정에 있을 것이며 내수 시장에서 주로 활동하는 기업의 경우 국가적 경영특징을 그대로 유

지할 전망이다.

현재 계속되고 있는 경제의 금융화는 경영에 큰 영향을 미치는 요소가 될 것으로 보인다. 글로벌 위기는 금융 분야에 대한 사회의 부정적 인식을 심화시켰다. 그러나 전 세계 다양한 분야의 톱매니지먼트는 금융시장에서 자사의 유가증권 매력도를 향상시키는데 중점을 두고 있다. 특히 기업의 자금조달원이 금융 그룹의 자본, 은행 대출 및 국가 투자였던 국가의 기업들은 증권시장에 더욱 관심을 보일 것이다. 주식을 통한 자금조달 모델이 일반적인 곳에서는 이의 남용을 제한하기 위한 규제 및 통제가 강화될 전망이다.

금융시장의 발전

세계경제에서 금융 분야의 비중, 즉 발전 속도에 비해 금융거래량 및 금융 자산은 꾸준히 증가할 전망이다. 이로 인해 향후 세계경제는 현금 자산, 금융 상품 및 금융 기관의 과잉현상이 나타날 것으로 보인다.

2030년까지는 지속적으로 다음과 같은 동향이 나타날 전망이다.

- 국제금융시장이 국내시장에 비해 급격하게 성장
- 세계 GDP 성장률에 비해 외국투자(직접투자 및 포트폴리오 투자)가 더욱 활성화
- 금융자산 구조에서 상업은행의 비중 감소
- 기관 투자자(투자기금, 민간자본기금, 보험회사, 연금기금, 특별기금 등)의 비중 증가
- 글로벌 금융 자산에서 상업은행의 자산에 비해 중앙은행의 비중 감소
- 금융중개기관을 거치지 않는 금융거래의 비중 증가

2008년부터 2030년까지 세계 GDP 대비 은행 예치금은 100%에서 120~130%까지, 유가증권은 190%에서 410~480%까지, 글로벌 자산은 전체 290%에서 530~610%까지 증가할 전망이다. 이 기간 동안 GDP 대비 장내 파생상품의 비율은 95%에서 270~310%, 장외 파생상품은 900%에서 2,700~2,900%까지 증가할 것으로 보인다.

앵글로색슨 모델을 글로벌 금융의 기본적 플랫폼으로 하되 전 세계 인구의 다양한 그룹(민족별, 종교별, 성별 금융 및 녹색금융 등)의 관심을 끌

기 위한 금융상품(플랫폼의 부차적 요소)이 매우 다양화 될 전망이다.

수년간 이어져 왔던 무권화 추세가 계속될 전망이며 현금 비중이 감소하고 현금 기능을 해왔던 세계의 금보유량도 축소될 것으로 보인다.

원료 및 기타 자원에 대한 가격이 큰 변동폭을 보이며 가격의 상당 부분이 금융시장에서 형성될 것이다. 특히 실물 경제의 기본 요소가 가격에 미치는 영향력이 약화될 전망이다.

금융시장의 모든 부문(환율, 금리, 유가증권 가치 및 수익성, 금융 및 원자재 파생상품에 따른 기초자산가, 물가 및 기타 금융관련 변수)의 금융자산 가격과 재고자산 가격의 상관관계가 더욱 높아질 전망이다.

FDI 외 수단의 발전

거의 모든 FDI가 증권시장을 통해 이루어지게 되면 향후 다른 형태의 외국 투자 상품이 발전할 전망이다.

FDI의 거의 모든 거래가 증권시장으로 몰리고 있더라도 주식 및 국채 또는 기업 채권에 투자하는 포트폴리오 투자 상품의 거래는 계속 증가하고 있다(이때 지자체를 포함한 하위지역의 부채도 점차 국제화될 전망이다).

파생금융상품의 비중도 지속적으로 증가할 전망이나 이러한 파생상품의 확산이 무제한적으로 이루어지지는 않을 것이다. 자원, 즉 원료, 에너지, 토양, 수자원 및 공기, 휴양자원, 바이오매스, 정보에 대한 접근권한의 증권화(금융 자산화)로 파생상품 성장을 위한 충당금 확보가 가능할 것으로 보인다(이미 형성된 온실가스 배출 쿼터 시장을 예로 들 수 있다).

금융 시스템의 성숙도 제고

2030년에는 선진국 증권시장과 개도국 증권시장의 경계가 없어질 것으로 보인다. 유럽의 탈사회주의 체제전환 국가 및 아태 · 라틴아메리카 지역 개도국의 발전으로 현대적 개념의 선진 국가 및 지역의 금융시장이 45~50개까지 증가할 전망이다. 또한 7~10개의 신흥 개척 시장(아프리카와 아랍세계)이 형성되고 10~15개의 현대 개척 시장은 발전 단계에 진입할 것이다.

□ 글로벌 금융 시장에는 20~30여개의 대규모 1급 금융그룹(글로벌 금융중개기관 및 투자자)들의 과점 현상이 나타날 것으로 보인다.

국내 시장의 수가 증가하고, 이러한 금융 그룹들은 국내 시장을 장악할 것이다. 이러한 상황에서 100여개의 2급 금융그룹이 지역 클러스터의 금융시장에서 과점을 할 것으로 보인다.

거래소 및 장외시장, 결제 · 청산 · 예탁기관 및 증권관리회사(3~4개의 국제 네트워크)의 초국경적 합병은 글로벌 금융 인프라 분야의 과점을 형성할 것이다. 결과적으로 경제의 자금조달 모델(주식발행 및 지주회사 설립 등)의 융합과정이 지속될 전망이다.

4.2. 혁신

2030년까지 전 세계 대부분의 국가 및 지역에서 과학연구의 세계화 및 GDP의 기술집약도 증가세가 강화될 전망이다. 특히 모든 지역에서 연구범위가 확대가 일어날 것이다. 기술집약적 대규모 산업의 전략이 차별화되고 글로벌 혁신 시스템의 분야별 블록 형성이 가속화 될 것으로 보인다.

혁신개발 및 신기술 확산의 속도, 신산업분야 형성, 저기술 공업 및 서비스 분야의 현대화, 전통산업 기업의 신경제 구조로의 편입 등이 세계경제 발전과 직결될 것으로 보인다. 이러한 요구들은 경제성장률보다 더 빠르게 기술집약도를 제고하고 과학기술 분야의 고급인력 증가시키는 한편 과학연구개발(R&D)에 대한 투자를 확대하기 위한 기반을 조성하고 있다.

세계경제의 혁신발전을 가속화시키면서 선진국 및 개도국의 과학기술 프로그램에서 우선 순위를 결정하는 중요한 요소들은 대내외적인 국가 정책의 새로운 과제가 되었고 글로벌 도전에 대한 해답을 제공한다. 마찬가지로 혁신 분야에서 글로벌 경쟁이 심화되는 기술 집약적 분야의 선두 기업들의 전략에도 중요하게 되었다.

GDP의 기술집약도

기술집약도 제고를 위한 전략 즉, GDP나 각 기업의 생산 비용 대비 과학 및 혁신활동 확대를 위한 전략은 더 많은 국가, 더 많은 산업 분야와 기업으로 확산되고 있다. 연구개발(R&D) 분야는 획기적인 혁신을 위해 꼭 필요한 새로운 아이디어, 지식, 전문 기술 확보를 위한 기반이다.

□ **과학 · 기술발전 과정의 기본 요소이자 국가 혁신활동의 원동력이다. 과학 지식, 과학적 세계관의 축적 및 확산은 현대화와 혁신을 위해, 그리고 과학 및 교육에 대한 과거 투자효과의 제고를 위해 유리한 환경을 조성한다.**

선진국은 2.5~3%의 높은 기술집약도를 보이고 있는데 이를 위해 민간 기업은 전체 지출의 많은 비중을 투자하고 정부는 과학연구 분야를 안정적으로 지원하고 있다. 국가의 R&D 구조에서 민간 조달 자본의 비중이 클수록(50% 이상) 더욱 성숙하고 균형 잡힌 국가 혁신 시스템이 형성된다. 2030년까지 최선진국은 GDP의 기술집약도가 소폭 확대되거나 안정화될 가능성이 있다.

중국 및 인도의 R&D 투자 증가로 2030년 말에는 개도국과 선진국의 GDP 기술집약도가 비슷해질 전망이다. 현재의 투자 증가세가 유지된다면 GDP 기술집약도에 있어 중국과 인도가 러시아를 앞설 것으로 보인다.

현재 세계의 과학적 · 기술적 자원의 대부분이 OECD 국가, 중국, 러시아 및 인도에 집중되어 있다.

표 4.4. GDP대비 과학 분야 지출 비중 (%)

	미국	일본	EU	러시아	인도	중국	전 세계
2000	2.72	2.90	1.89	1.05	0.95	1.01	2.00
2010	2.85	3.41	1.69	1.07	1.00	1.50	1.95
2020	3.00	3.50	2.00	1.50	1.50	2.00	2.17
2030	3.10	3.50	2.10	1.90	2.00	2.30	2.32

□ **3대 과학기술센터(미국, EU, 일본)의 삼합구조는 중국, 인도를 비롯한 아시아 국가의 발전으로 더욱 확대될 전망이다.**

개도국 인재들의 과학적 잠재력이 빠르게 성장하면서 전 세계 과학자의 수가 증가하고 있다. 앞으로도 이러한 추세는 지속될 전망이며 과학 분야 인재의 상당수가 이러한 거대 개도국에 집중될 것으로 보인다.

2030년까지 전 세계 생산 분야의 기술집약도는 향상될 전망이며 제품 생산비용 대비 R&D 지출 비중 및 연구원 1인에 대한 투자 규모가 증가할 것으로 보인다. 기술집약도(매출 대비 R&D 투자 비중)가 가장 높게 나타나는 산업은 제약, 통신 설비 생산 및 서비스, 계측설비 생산 및 소프트웨어 개발 분야이다.

□ **2020년경에는 새로운 기술집약적 분야가 나타나고 2030년까지 이들의 경제적 입지가 강화될 전망이다.**

첨단기술을 이용한 대부분의 신산업분야에서 기업의 규모는 여전히 경쟁력의 주요인이 될 것이며 대기업만이 글로벌 기술 경쟁의 리더가 될 수 있다. 지속적으로 증가하고 있는 자본 확보율이 일정 수준에 이르렀을 때만이 기술집약적 분야의 대기업 생존율이 중요해진다.

자본 총액의 증가, 교역량 확대, 세계시장 선점 등은 당연히 기업의 우선 과제가 되고 있다. 세계 대부분의 대기업들이 90년대부터 꾸준히 인수합병 과정을 거쳐 온 것도 이와 같은 맥락이다. 특히 이러한 과정은 항공우주, 군용 전자기기 생산 등 기술집약적 분야에서 눈에 띄게 나타났다.

혁신활동이 매우 다양해지고 있는 상황에서 R&D의 주요 성과인 신지식 및 신기술의 창출 및 이용이 이러한 혁신과정의 주요 기반이 되고 있다. 혁신 과정에 대한 기초과학 연구의 기여도는 학술 분야 출판물이 등록된 특허에서 인용되는 빈도수를 통해 확인할 수 있다. 특히 기초연구 분야의 학자 및 기술자들은 특허의 공동출원자가 되고 있다.

특허의 성격은 과학기술 발전에 있어 상대적 경쟁 입지를 보여준다. 잘 알려진 바와 같이 전 세계의 개발자들이 여전히 미국 특허를 원하는 이유는 미국이 가장 크고 발전된 그리고 개방된 지적재산권 시장이기 때문이다.

미국 해외특허의 상당 부분이 유럽과 일본 전문가의 소유이다. 아시아 개발자의 비중은 지속적으로 증가하고 있으나 중국과 인도가 아닌 대만과 한국의 개발자가 중심이 되고 있다. 향후 중국과 인도의 연구 분야 잠재력이 발전하면 미국의 특허건수는 증가하겠지만 현재에는 뒤처져 있다는 사실이 아시아 대국들의 경쟁력에 장기적이고 부정적인 결과를 초래할 수 있는 요소가 될 수 있다.

기술적 우선 과제

기반이 되는 분야와 기술 그룹의 상호 연관성은 피라미드 형태로 나타낼 수 있다.

그림 4.4. 전망이 있는 기술 분야 및 기술 그룹

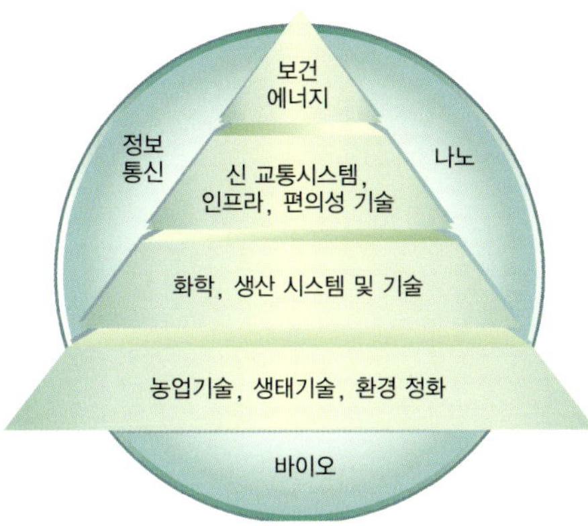

□ 선진국의 경우 보건 관련 기술이 가장 큰 의미를 갖는다.

현재 미국의 보건 분야 지출은 이미 GDP의 15%에 이르며 OECD 국가의 경우는 평균 10%에 달한다. 향후 20년 동안 미국과 OECD 국가의 보건 분야 지출은 각각 20%, 15%까지 증가할 전망이다. 지출 및 소비의 증가, 업무 강도 증가, 신지식의 개발은 신기술과 노하우가 필요한 보건 분야, 특히 제약 분야와 신약을 통한 치료법 개발 분야에 변화를 일으킬 것이다.

신약 개발에 이용되던 고전적 화학기술은 점차 바이오 기술에 자리를 내줄 것으로 예상된다. 한편, 가까운 미래에 바이오 기술의 일시적 위기가 발생할 수 있는데 이는 이 분야의 기술적 장벽이 기대치 보다 높게 나타날 수 있기 때문이다. 바이오 기술의 새로운 도약은 신기술을 기반으로 할 때 가능해질 것으로 보인다. 이러한 희망은 신 나노바이오기술 소재 및 프로세스(2010년대부터)에 달려있으며 이들은 이 분야의 효율성을 제고하고 치료 및 진단을 위한 새로운 방법을 개발하는데 기여할 것이다.

정보통신기술이 신기술 도입 및 보건 효율성 제고를 위해 주된 역할을 하게 될 것으로 보인다. 전자의료카드 개발, 의료기관 정보화 및 통합정보시스템 등록, 환자의 생체활동을 지속적으로 모니터링 하는 인공장기 등을 예로 들 수 있다.

□ 중기술 분야의 과학기술 확산은 향후 10년간의 중요한 동향이 될 것이다.

무엇보다 에너지 분야가 여기에 해당된다. 에너지 분야는 보건 분야와 함께 2010년대부터 2025년까지 기술 시스템의 중심이 될 것이다. 에너지 분야에서는 전력 및 열 생산을 위한 더욱 효율적이고 친환경적인 고전적 기술(탄화수소에너지, 원자력에너지)이 도입되고 대체에너지 및 에너지절약 기술이 발전할 것으로 보인다.

이 분야의 발전에 있어 소위 지능망이라는 기술이 큰 역할을 하게 될 전망이다. 지능망은 수요에 따라 에너지의 생산 및 소비를 최적화하고 에너지 서비스(안정된 공급, 전압과 전류 관리 등)의 질을 향상시키며 에너지 시스템을 통합하고 분산생산을 가능케 할 것이다. 지능망 도입은 2020년 초에 본격화 될 전망이다. 향후 10년간 낙후된 기술 기반이 철수되고 나면 지능망이 발전 단계로 진입할 것으로 보인다.

교통 분야의 기술집약도 눈에 띄게 발전하는 가운데 이 분야는 에너지 분야와 밀접하게 연관되어 발전할 것으로 보인다. 이러한 과정의 첫 성과는 하이브리드 자동차(2010년대 중반부터)와 전기 자동차(2010년대 말부터)의 도입, 에너지 유지 기술 및 신소재 기술 개발, 인프라 발전이 될 것이다. 이 밖에 2020년대에는 저가 수소자동차가 개발되어 순차적으로 도입될 전망이다.

열차 및 우주항공 시스템 분야의 신기술도 지속적으로 발전할 것으로 보인다. 그렇지만 아직까지는 이 분야의 혁신 기술이 발전할 가능성에 대한 의견이 분분하다.

화학, 신소재(바이오프로세싱, 나노바이오소재), 생산 시스템, 농업기술, 환경 정화 기술, 담수 개발 및 정수 등의 여러 분야에서도 이러한 기술적 변화가 나타날 전망이다. 또한 은행업무(뱅킹)와 여가, 생산 관리에서부터 가전 및 휴대기기에 이르기까지 특화된 정보통신기술의 비중이 현저하게 증가할 전망이다.

각 주제별(예를 들어 우리가 전망해 본 기술이나 주제) 우선 과제의 분배 및 과학적 과제 해결에 따른 기술 구조의 변화는 분명한 국가별 특성을 갖는다.

개도국은 선도적 입지 확보를 위해 글로벌 생산 사슬에서 구성요소를 공급하는 중기술, 고기술 생산 분야의 약진이 필요하다. 또한 개도국은 에너지(부분적 지능망, 신생성기술) 및 교통 분야의 획기적 변화를 기대하고 있으며 이러한 변화는 향후 국가경제의 성공적 발전을 위해 필수적이라고 할 수 있다.

그러나 개도국의 기술 도입은 그 깊이나 규모면에서 서방 국가들에게 뒤쳐질 수밖에 없다. 예를 들어, 개도국의 경우 더 효율적인 탄화수소 에너지 및 원자력 에너지 등을 위해 대체 에너지 기술을 도입할 가능성은 낮다.

개도국의 가장 중요한 성장 포인트은 기계제조 및 화학기술, 신소재 및 정보통신기술이 될 것이다. 2010년대 말에서 2020년대 초반까지 보건 및 환경기술(담수 생산 포함)이 비중 있는 역할을 하게 될 것으로 보인다. 선발 개도국의 경우 전략적 항공우주(인공위성 포함), 원자력, 국방 기술이 중점적으로 발전할 것으로 전망된다.

정보통신, 나노, 바이오 등 여러 기술 분야의 융합은 현재의 보편적 추세이며 이는 신기술 시스템 형성과 여러 분야의 현대화, 발전, 개발을 위한 필수 조건이 될 것이다.

■ 전반적으로 2010년대 후반부터 2020년대까지 세계경제에는 분야별 기술 혁명이 연쇄적으로 일어날 것이며 이러한 혁명은 강화되고 있는 세계경제 분야의 기술집약도가 누적되면서 나타날 것으로 보인다.

기술집약적 사업

다국적기업은 세계 혁신 과정의 리더로 남을 것이다. 다국적기업의 기술 전략은 지속적으로 변화할 것으로 보인다. 서구 다국적기업의 경우 이러한 변화는 균형 잡힌 국내외 전략 기반 수립과 수익성 높은 시장 확보 그리고 혁신발전 단계에서 집중적으로 나타난다. 개도국 다국적기업의 경우에는 R&D, 특허, 생산, 국내외 마케팅, 기술 이전 등 여러 분야에 걸쳐 모방 수준을 넘어서서 자체적인 혁신 사이클을 구축하게 될 것이다.

향후 20년은 기술집약적 기업에게 있어 변혁의 시기가 될 것이다. 서구 다국적기업의 주요 활동 동향은 해외에 생산 기지를 설립하고 아웃 소싱 및 글로벌 공급 사슬을 확대하는 등 기업의 국제화를 발전, 심화시키는 것이다.

이를 통해 무엇보다 첨단기술 및 중상급 기술 분야에서 개도국의 생산 잠재력이 발전하고 외주업자와 공급자 간 가격 경쟁에서 다국적기업이 우위를 차지하게 될 것이다. 다국적기업은 표준화된 중소기업 제품에 기반한 상품을 체계적으로 통합하는 역할을 하게 될 것이다. 또한 이들은 여전히 기술임대의 상당부분을 차지하게 될 것이다.

R&D를 비롯한 기업 혁신기능의 국제화

최근 20년간 해외 R&D 비율은 20%까지 증가하였으며 지사의 지출 증가율은 본사의 증가율보다 높게 나타났다.

향후 20년간 해외 R&D 비율은 나라별, 분야별로 30~60%, 또는 그 이상 증가할 전망이다. R&D 및 혁신기능에 대한 국내외 아웃소싱의 비중이 증가할 것이며 이러한 아웃 소싱의 비중은 이미 최근 10년간 본사의 R&D 비중에 비해 크게 증가하였다.

기업의 R&D 조직도 변화할 전망이다. 다국적기업의 일반적 국제 업무 외에도 연구 인력의 이동성 향상과 지리적으로 분산된 제품 · 기술 개발팀의 글로벌한 업무가 또 하나의 분명한 해법이 될 수 있다.

□ 2011년부터 2030년까지 세계화와 아시아 국가의 발전으로 서구 다국적 기업은 심각한 도전을 맞게 될 것이다.

이러한 도전들은 무엇보다 혁신분야의 국제화와 국내기반 유지, 그리고 기업 전략에 있어 개도국과 선진국 간의 역할 균형을 찾아내는 것이다.

그러나 문제는 다국적기업이 해결해야 할 과제들이 다각적이라는 것이다. 다국적기업은 상당수가 개도국 출신인 글로벌 인재풀과 개별 국가의 특징적인 기능에 더욱 관심을 가질 것이다. 이는 R&D를 비롯한 상품과 서비스의 디자인 인력에도 해당된다.

비교적 저렴한 개도국의 노동자원 및 지적자원이 그 역할을 해낼 것이다(반도체 산업 및 정보통신 분야에서 두각을 나타낼 것이다). 다국적기업은 개도국에서 지적 노동력의 가격을 낮추고자 이러한 요인을 더 적극적으로 이용할 것이다.

그러나 다국적기업은 국제화에 초점을 맞추면서 기반 국가 및 지역과의 긴밀한 관계도 유지해나갈 것이다. 이는 기반 국가 · 지역의 다양한 혁신적, 제도적 그리고 경쟁적 우위로 설명할 수 있는데 집약적 시장, 자국 기업을 지원하는 기반국가 정부와의 긴밀한 관계 등이 바로 그것이다. 여기서는 높은 임금에도 불구하고 전문적인 지적인력을 보유할 수 있다는 장점이 있다.

결론적으로 다국적기업에게 혁신활동 국제화를 위해 전략을 다각화하는 것은 특별한 의미가 있다. 다국적기업은 혁신활동의 세계화와 거의 모든 활동 지역에서 혁신 비용 절감을 위해 노력하되 기반 국가 · 지역에는 주요 권한을 위임하는 데 기능적 포커스를 맞출 것이다. 이러한 경우 인력의 이동과 국제업무를 비롯한 기타 여러 기능이 발전함으로써 시스템이 역동적으로 변화하게 될 것이다.

이러한 글로벌 경쟁의 발전에 대응하여 혁신 및 경쟁력 분야의 다른 전략도 수립되고 있다.

□ 서방 국가의 다국적기업은 상대적으로 수익성이 높은 시장 분야에 초점을 맞추고 개도국 기업과의 가격경쟁에 맞서는 것이 우선 과제가 될 것이다.

이와 관련하여 선진국의 다국적기업에서는 소비자의 일정 그룹이 요구하는 제품의 변용과 개별 서비스 및 상품 대신에 업무를 종합적으로 결정하는 기능이 큰 역할을 하고 있다. 동시에 다국적기업은 에너지, 보건, 보안 시스템, 편의 시스템 및 비즈니스 서비스 등 수익성이 높은 시장 분야로 특화 되어 가고 있다.

개도국 기업은 혁신적 기능 강화와 원천기술 개발을 위해 글로벌 전략을 수립할 것이다. 그러나 이러한 방법은 개도국 자체의 취약한 국가혁신시스템과 낮은 기업입지, 지적 재산 개발 및 소유권 보호를 위한 필수 기능의 부재 등과 같은 이유로 어려움에 직면할 것이다.

사실상 개도국의 모든 혁신기업은 휴대용 전자기기, 가전, 통신기기, 우주항공 시스템, 부분적 바이오 기술 및 제약 부분 등과 같은 전통적 제조 분야에서의 활동계획을 수립하고 있다.

선진국과의 혁신 격차를 극복한 한국의 일부 다국적기업(이러한 기업의 수는 향후 10년간 증가할 것이다)을 제외하고는 선진국 기업의 주요 경계 대상은 중국 기업이 될 것이다. 2020년까지는 중국 기업의 주요 전략이 기술 모방 및 임대(선진국 기업의 특허 및 라이선스 구매)가 될 것이다. 전 세계 과학산업국가에 해외 R&D 센터를 설립하고 벤처기업을 매입하는 방법은 서서히 발전할 것이다.

- **기업계의 새로운 리더가 급속히 발전하면서 아시아 개도국이 세계 첨단 기술 상품 생산에서 차지하는 비중은 현재의 25%에서 2030년 말까지 40%로 크게 증가할 전망이다.**

중국, 인도, 브라질, 그리고 기타 여러 국가를 포함한 개도국의 기업들은 향후 20년간 모방, 표준화된 구성요소를 기반으로 한 상품개발, 특허 및 라이선스 구매, 가격경쟁 등의 고전적인 발전 방법을 반복할 것이다.

2020년 중반까지 이러한 개도국 기업들은 독창적 혁신기술 개발, 해외 연구센터 설립(선진국 포함) 등의 혁신 정책을 더욱 적극적으로 마련할 것이다. 그러나 이러한 세계적 수준의 다국적 기업을 설립할 수 있는 개도국 클럽은 많지 않을 것으로 보인다.

제5장

주요 산업 부문 및 분야

□ 지난 10년간의 세계경제 구조 추세가 상당 부분 지속될 것이다.

세계경제에서 재화 생산의 감소로 2010년 67%에 달했던 서비스 분야의 비중이 지속적으로 증가해 2030년에는 72%까지 확대될 전망이다. 이와 함께 서비스 분야 및 재화 생산 분야의 성장률 격차는 감소할 것으로 보인다. 탈산업화가 이미 이루어진 일부 선진국의 경우 신기술에 기반을 둔 재산업화 과정이 시작될 전망이다. 통신 및 정보기술 분야의 비중이 증가하고 광산업 및 농업 비중은 감소할 것으로 보인다. 또한 전통적 제조업의 비중도 다소 감소할 것이다.

5.1. 서비스 부문

주요 동향

향후 20년간 서비스 산업은 확실한 발전 단계로 진입할 것이다. 현재 GDP의 35%를 차지하는 기술집약적 전문 금융거래서비스의 비중은 2030년 45~50%를 차지할 전망이다. 전통적 서비스를 비롯한 신종 서비스가 급속히 발전함에 따라 글로벌 서비스 시장에서 개도국이 차지하는 비중이 증가할 것으로 보인다.

산업화 이후의 발전 단계에 있는 국가의 경우 서비스 부문의 발전 수준, 규모, 구조와 품질은 경제 발전을 위한 주요 요소이다.

□ 최근을 돌이켜 보면 분야별 발전 요소(촉진제)가 약화된다는 전망은 근거가 없다.

향후 20년간 서비스 분야의 획기적인 기술변화가 지속될 것이다. 그 기반이 되는 것은 정보통신기술이다. 물질적 기반이 새로운 기술적 수준으로 격상되었고, 짧은 기간 동안 이동통신, 소프트웨어 개발, 시스템 통합, 컴퓨터 시스템 관리 및 관련 서비스 제공 등의 새로운 산업분야가 형성되고 그 규모가 매우 커졌기 때문이다.

특히 여러 서비스의 일부 특성이 변화하였다. 한 지역에 치중되어 있던 서비스가 지역으로부터 분리되었고 상품의 축적이 가능해졌으며 그 상품을 다른 매체에 저장하여 실시간으로 이동할 수 있게 되었다. 이 밖에도 대규모 형태의 서비스는 개인을 위한 서비스로 대체 또는 보완되었다.

교통에서부터 교역, 보건, 교육, 공연 및 영화에 이르기까지 사실 거의 모든 서비스 분야가 이러한 변화의 흐름 속에 있다. 인터넷의 등장으로 서비스 시장은 실물 경제 수준을 넘어섰으며 가상의 경제 공간을 통해 수많은 거래가 오가고, 엄청난 정보의 흐름이 순환하며 소셜네트워크도 확대되고 있다.

서비스 역할과 특성 변화의 매우 중요한 원인은 제도적 환경의 변화이다. 사유화 및 탈규제 프로그램은 경쟁력, 기업 마인드 및 혁신을 부추기면서 가격 인하로 인한 소비와 생산의 확대를 초래하였다.

세계화 또한 이러한 추세에 큰 기여를 하고 있다. 정보통신기술은 지역적으로 제한되었던 다양한 서비스를 가지고 시장에 진출한 다수의 신생 주체들을 위해 세계적 경제활동 공간을 열어주었다.

서비스 시장에 대한 집중적인 외국인 직접투자는 투자 대상국 서비스 부문의 급속한 확대와 선진국과 개도국 간의 발전격차를 감소에 기여한다.

이민 근로자 규모의 빠른 증가와 서비스 소비자의 해외 이주가 서비스 부문의 발전을 촉진한다.

발전을 촉진하는 기존의 그리고 새로운 촉진 기제의 상호작용으로 인해 세계의 서비스 분야는 급속히 발전하고 확산되었다. 국민의 삶의 질과 수준을 향상시키기 위한 장기적 촉진 기제는 그 힘을 잃지 않을 전망이다. 교육과 보건의 인도적 기능 및 투자 기능의 강화는 특히 향후 사회 분야 서비스의 발전을 요구하고 있다.

□ 서비스의 다양화 및 쇄신, 서비스의 품질 제고와 생산 효율성 향상에 있어 지식과 기술 발전의 역할은 여전히 중요한 의미를 갖는다.

2000~2010년까지 전 세계에서 출시된 정보통신기술 제품의 75%가 서비스 부분에 도입되었으며 앞으로도 이러한 흐름은 감소하지 않을 것으로 보인다. 정보 기반을 보유한 산업 분야는 차세대 기술로 전환할 것이며 생산 증대 및 품질 기준 강화, 소비자 효과 및 서비스 문화 향상에 더욱 초점을 맞출 것이다.

국가 운영, 보건 및 교육 등 많은 국가들이 이제 막 발전을 도모하는 분야에서 정보통신기술, 바이오기술을 비롯한 기타 기술을 위한 거대한 시장이 열리고 있다.

경제적 공간에서의 인터넷의 입지는 계속해서 강화될 것이며 특히 가상 공간에서의 거래에 대한 법적 제도적 기반 문제 해결, 행동규칙의 개발과 사용자들의 컴퓨터 능력 향상, 인터넷 망 보급 확대 및 사용자 권리 보호와 인터넷 남용 방지 등과 같은 문제가 해결된다면 더더욱 그러할 것이다.

□ 향후 10년간 서비스 분야의 경제적 발전 수준을 결정짓는데 혁신적 구성 요소의 역할은 점점 더 커질 것이다.

오랜 기간 동안 이 분야는 과학적 변화와 별개로 발전해왔으나 최근 10년간 상황은 크게 변화했다. 재화분야와 같이 서비스 분야에서도 과학적 연구 및 개발, 혁신, 기술 및 비즈니스 프로세스, 클라이언트 대응 방안

등 과학적 기반의 지속적 개선은 오늘날 비즈니스 경쟁력의 핵심 조건이 되었다.

서비스 부문의 과학적 기반의 발전 전망은 매우 밝다. R&D의 내부적 기반과 혁신 발전은 외부의 자원 유입으로 보완될 것이다. 기술자원 및 재화를 공급하는 기업은 거대 시장 및 잠재적 시장을 감안해서 서비스 분야의 요구에 더욱 초점을 맞추고 있다.

국가의 사회적 기능 강화는 과거와 같이 사회, 인문, 생활과학 및 환경 분야의 프로그램 및 사업에 우선적으로 투자를 함으로써 가능할 것이다. 특히 이러한 투자는 보건 분야에 집중될 전망이다.

□ 향후 서비스 분야 발전에 대한 세계화의 영향이 커질 전망이다.

서비스 분야가 해외 시장에 진출함으로써 2010년까지 서비스가 세계 총 수출량에서 차지하는 비중이 증가하였다. 이러한 추세는 앞으로도 계속될 것으로 보인다.

개도국의 서비스 분야는 인구학적 변화, 즉 고령화로 인해 새로운 자극을 받게 될 것이다. 따라서 사회적 서비스의 다양화에 대한 요구 특히, 보건 서비스 및 사회적 지원, 여가 서비스에 대한 요구는 증가할 것으로 보인다.

이러한 서비스 분야가 성숙 단계로 접어들고 경쟁이 심화되고 기존 산업 분야를 비롯한 새로운 분야에서의 판매 문제가 두드러지면서 서비스 부문의 성장세가 약화될 것이다. 그러나 사실상 이런 법칙은 현대 사회에서는 전혀 보편적인 것일 수 없다.

현대화의 결과 낙후된 분야는 제2의 도약을 하게 된다. 소매업을 예로 들 수 있다. 신기술 및 획기적인 구조-조직적 개혁이 이 분야를 변화시켰다. 성장률뿐만 아니라 효율성과 서비스의 질이 향상되었다.

새로운 주체들이 글로벌 시장으로 끊임없이 진출하고 특히 개도국의 서비스 공급자들이 확산되면서 선진국의 상황은 어려워지고 있다. 게다가 많은 분야의 생산이 지역 내에 기반을 두고 있고 상대적으로 강한 독점 추세로 인하여 비교적 높았던 기업 안정성도 약화될 전망이다.

□ 중기적으로 볼 때 서비스, 특히 사회적 서비스 분야의 발전에 있어 현재의 국가 금융 시스템 상태는 심각한 걸림돌이 될 수 있다.

이러한 금융 시스템의 영향력은 각 국가가 기업에 대한 조세 부담을 줄이면서도 국가 경쟁력 제고를 위한 다른 지원책을 제공함으로써 가중된 사회적 의무와 경제 성장 사이의 균형점을 얼마나 잘 찾느냐에 달려있다. 이러한 문제는 국가 운영 및 기업 운영 메커니즘이 다양한 형태로 발전하면서 해결될 수 있을 것으로 보인다.

□ 서비스 부문은 고속으로 성장할 것이며 세계경제 발전에 큰 기여를 할 것으로 보인다.

향후 20년간 서비스 부문이 눈에 띄게 발전할 것은 확실하다. 일본, 독일, 남유럽 국가들은 양적, 구조적, 품질적 측면에서 미국, 영국, 프랑스와 같은 기존의 리더 국가들을 추격할 것으로 보인다. 동유럽과 중유럽 국가의 현대화 프로그램은 탈공업화에 집중되어 있다.

개도국의 서비스 생산이 급격하게 발전할 것이며 이는 이 분야 발전이 이제 막 시작된 데다 많은 국가가 리더 국가의 구조적 모델을 따르는 것과 관련이 있다. 중국의 경우 특히 농업 분야의 서비스 개발계획이 실현중이며, 인도는 기술집약적 서비스 분야를 글로벌 시장에 확산시키는데 중점을 두고 있다.

향후 10년간 선진국에서는 GDP 증가율과 서비스 부문의 제품 증가율이 유사해 질 것으로 예상된다. 경제 구조에서 2차, 3차 부문의 입지가 더욱 안정화되면서 이 부문들의 발전 기간이 변경될 가능성도 있다. 2030년 말까지 선진국에서는 서비스 부문이 GDP에서 차지하는 비중이 안정화되고 고용의 80% 이상을 차지하게 될 것이다.

경제성장세가 둔화되면서 생산의 질적, 구조적 요소와 투자효율성 및 소비자로서의 국민, 기업, 사회의 만족도 향상에 주목하고 있다.

선도 국가 서비스 부문의 이러한 새로운 동향은 향후 확산될 것이며 노동생산성 및 생산 요소의 생산성 제고와 경제 효율성 향상을 위한 이들의 역할 증가가 가속화될 것이다.

□ 제조업 분야의 생산성 지표에 따라 뒤처져 있던 전통적 서비스 부분이 성장하게 될 것이다.

서비스 부문의 생산성 향상은 선진국의 노동력 부족과 경쟁 압박 심화의 영향으로 노동 · 자원절약 기술 및 조직 · 구조적 솔루션의 이용을 촉진하고 임금을 상승시킬 것이다.

동시에 서비스의 개인화, 생산자와 소비자가 직접적으로 소통하는 분야 및 거래의 확산, 서비스 품질에 대한 요구 수준 상승은 서비스 부문의 경제성 상승을 억제하는 요소가 될 것이다.

□ 서비스 분야의 노동생산성 향상은 재화 생산 분야와는 다르게 고용의 감소를 초래하지는 않을 것이다.

향후 높은 노동집약도와 같은 서비스 분야의 기본적 특성은 유지될 것이며, 노동력은 여전히 기초 생산자원으로 남을 것이다. 선진국의 경우 노동시장에 갓 진출한 신입 근로자와 재화 분야에서 일자리를 잃은 근로자들이 서비스 분야에서 일자리를 찾을 수 있을 것이다.

생산성 향상의 가속화는 서비스 분야가 발전단계로 접어든 것을 의미한다. 향후 생산 요소의 생산성 증가는 여전히 생산이 집중적으로 발전하는데 큰 역할을 하게 될 것이다. 총 생산성은 노동, 자본과 같은 전통적 자원의 효율적 이용뿐만 아니라 기술 혁신과 비물질적 요소, 즉 품질, 조직 · 구성 및 운영 요소 등의 효율적 이용에 따라 증가할 것이다.

□ 2030년까지 서비스 분야의 구조적 발전을 위해 지난 20년간 형성된 기본 방향이 그대로 유지될 것이 분명하다.

가장 중요한 세계경제적 움직임은 거대 개도국 국가의 경제적 도약 및 이들 국가의 전통적 서비스 및 새로운 종류의 서비스 발전으로 인해 글로벌 시장에서의 서비스의 입지 재분배가 이루어지는 것이다.

그림 5.1. GDP에서 서비스 부문이 차지하는 비중 (%)

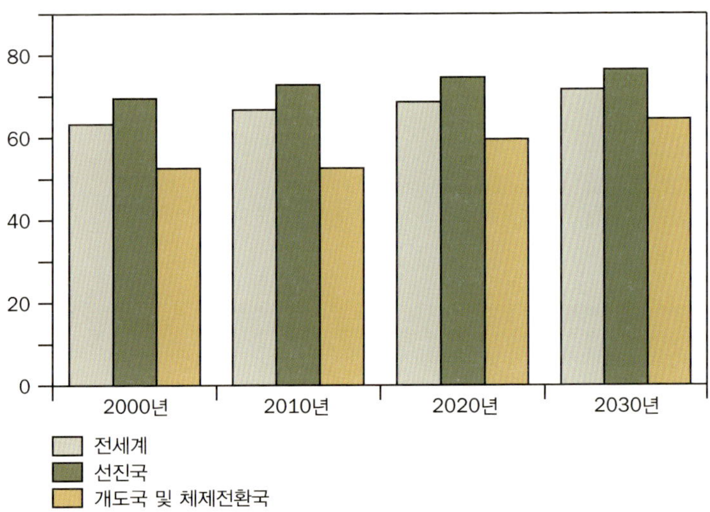

개도국과 체제전환국이 세계경제에 성공적으로 통합되려면 모든 서비스 분야가 사실상 양적 · 질적, 기술적 측면에서 선진국이 제시하는 기준에 부합해야 한다.

이러한 과정은 심각한 자원 부족을 비롯한 여러 한계점들을 가지고 있으나 선진 경제국의 풍부한 경험과 다양한 경제 부문과의 상호작용 및 상호보완, 국가 전체 경제 발전 및 개혁 가속화로 인한 긍정적 효과를 기대해 볼 수도 있다. 향후 개도국과 체제전환국이 세계 서비스 생산량에서 차지하는 비중은 크게 증가할 가능성이 있다.

선진국이 서비스의 다양성, 기술 수준, 품질 부분에 있어 개도국보다 앞선다 할지라도 양 국가 그룹 간의 격차가 줄어드는 것은 막을 수 없는 현상이다. 개도국의 성공적인 교육 분야 발전과 인재들의 전문성 함양, 그리고 세계에 축적된 과학적 지식, 기술 및 생산 경험을 최대한으로 이용하려는 개도국의 노력을 감안했을 때 이러한 격차는 줄어들 수밖에 없다.

그림 5.2. 전 세계의 비재화 생산에서 국가별 그룹이 차지하는 비중 (%)

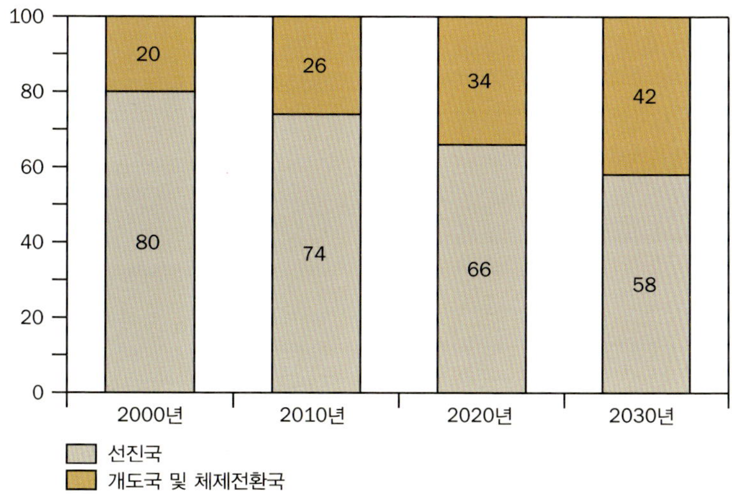

지적 서비스

이 부문의 분야별 구조는 서비스 부문의 인적 자본의 역할 확대와 같은 탈공업화 발전의 주요 방향에 따라 점진적으로 발전할 것이다.

향후 선진국에서 선도적 입지를 차지하는 분야는 현재와 같이 두 개의 산업 분야 그룹이 될 것이다. 한 그룹은 과학지식과 혁신의 축적 및 확산을 중재할 것이며 다른 한 그룹은 인적 잠재력을 개발할 것이다. 생산과정 및 경제적 여건이 어려워질수록 기업들은 기획, 물류, 투자, 신기술 개발, 효율성 제고, 경제법 및 인수합병에 관한 컨설팅 등의 다양한 문제 해결을 위한 전문가 서비스에 더 의지하게 된다.

여전히 금융 전문가를 비롯한 정보통신기술, 마케팅, 광고, 노사관계 분야의 전문가에 대한 수요는 높을 것으로 보인다. 기술집약적 전문 서비스, 비즈니스 및 금융 서비스, 보건, 교육, 문화 및 여가활동 등의 사회문화 서비스가 선진국 경제에서 차지하는 비중은 GDP의 35%에 달하며 2030년 말까지 45~50%까지 증가할 것으로 보인다. 반면 무역, 교통 및 기타 일부 서비스의 구조적 입지에 큰 변화는 없을 것으로 예상된다.

정보통신기술

정보통신 분야의 발전은 여전히 많은 국가의 정보사회 건설 계획의 기반이 될 것이며 기업의 여러 주요 과제 해결을 위한 우선적 방안이 될 것이다.

특히 정보통신 서비스 분야에서 전자동화를 위한 신기술이 대대적으로 개발될 것이며 이러한 기술 개발로 사회, 생산, 문화 부분에 이르기까지 전 세계 인구가 익숙해진 생활에 큰 변화가 일어날 것이다. 정보통신 분야의 주요 발전 방향은 현재 운영되고 있는 복잡한 시스템 및 솔루션을 지속적으로 개선하고 설비와 서비스를 통합, 보편화하는 것이다. 시간, 장소, 형식(음성, 데이터, 비디오)에 상관없이 접근할 수 있는 서비스가 크게 확산될 것이다.

□ 2010년대 말 정보통신기술이 급발전 단계로 접어들 것으로 전망된다.

이때 NBIC, 즉, 나노(Nano), 바이오(Bio), 정보공학(Information Tech), 인지과학(Cognitive science)을 바탕으로 발전한 융합체는 혁신 발전의 강력한 기폭제가 될 것이다.

정보통신 서비스의 기술적 우선 과제는 인터넷 광역망(이동식 및 스테이션) 개발, 4세대 통신, 4G(WiMax, LTE) 표준 개발, 디지털 텔레비전 인프라(이동식 및 스테이션) 개발이다.

가장 전통적 기반 시설인 통신 분야가 대대적으로 개선될 것이다. 특히 차세대(NGN) 개념인 유무선 기술의 완전한 융합과 QPS(Quadro Play Service, 정보, 오락, 통신, 모니터링, 운영 등) 제공은 인터넷 광역망과 함께 언제 어디서든 통신이 가능한 보편적 개인 통신 수단이 되고 있다.

OECD 통신 당국이 추진하는 혁신 정책의 주요 방향은 차세대(NGN)

설비에 맞는 메인 초고속 망 인프라와 세부 망을 건설하는 것이다. 그들의 과제는 점점 증가하고 있는 트래픽량의 생성을 보장하는 한편, 수비자이 취향에 맞는 더욱 다양한 콘텐츠를 개발하고 이를 목적에 맞게(문에서 문까지) 전송하는 것이다.

5.2. 공업

분야

공업 분야에서 예상되는 구조적 변화의 핵심은 최신식의 새로운 기술집약적, 창의적 분야의 생성 및 발전과 침체되고 있는 생산 분야의 교체가 될 것이다.

산업 구조에서 특히 기계 생산 분야의 비중이 증가할 것으로 전망된다. 2030년에는 기계 생산이 전체 제조업 생산의 절반 이상을 차지할 것이며 기계 생산 분야에서 부품을 포함한 전자 기기 제품의 비중이 증가할 것이다. 자동차 산업에서는 친환경 연료 및 하이브리드 기술이 집중적으로 이용되고 2030년까지 생산된 자동차의 1/4은 대체연료 및 하이브리드 엔진을 이용할 것으로 예상된다. 기계 제조업의 전체 비중에는 큰 변화가 없을 것으로 보인다.

선진국의 기계제조업은 자동화, 변형기술의 확산, 소기업의 역할 확대, 생산기기의 생산성과 효율성 증대, 고용 감소와 제품의 자본 집약도 감소와 같은 동향을 보이며 발달할 것이다.

재화생산 분야에 있어서는 화학공업, 특히 광물질비료 생산의 비중이 증가할 것으로 보인다.

철강 산업은 전반적으로 이전 수십 년간 형성된 기술기반이 여전히 큰 비중을 차지할 것으로 보인다.

금속 생산 분야에서는 기존의 금속 생산 과정(제선-제강-압연)이 50% 이상을 차지할 것이며 2030년까지 전 세계의 철강 생산이 꾸준히 증가할 것으로 예상된다. 동시에 전기 제강법을 이용하는 기업은 철광석 파편과 같은 대체원료를 이용한 정밀 기술을 발전시킬 것이다.

특히 연속식 주조 · 압연과 같은 연속식 제조공정이 여전히 가장 큰 비중을 차지할 것으로 보인다.

신종 건설자재 생산을 위한 압연 코팅과 같이 마감 및 강도개선을 위한 4차, 5차 공정이 발달할 것이다. 자원절약 및 리사이클링 공정의 비중도 크게 증가할 전망이다. 축적된 광재 가공을 비롯하여 2차 금속가공이 급속도록 발전할 것으로 보인다. 이러한 2차 원료의 가공은 전체 비중의 70~80%까지 증가할 전망이다(현재 약 40%).

비금속 가공의 경우, 대량 생산되는 알루미늄, 구리, 아연, 납, 주석, 니켈의 생산이 눈에 띄게 증가하면서 기술집약적 혁신 분야 발전에 큰 기여를 하고 있는 티타늄, 지르코늄, 마그네슘, 니오븀, 바나듐, 우라늄 등의 소재를 기본으로 한 특수 합금이 빠르게 발전할 것이다.

장기 사용 제품부터 원자력 기기, 광전자, 생체용 임플란트까지 사실상 거의 모든 분야에 이용될 수 있는 건설용, 기능성 신소재 생산은 금속가공기술과 결합되어 빠르게 발전할 것이다. 진공, 레이저, 전기열, 고주파 공정과 그 융합과정 등의 기술 발전으로 고도로 전문화된 고가 제품의 생산이 증가할 것이다.

기존에 종이에 인쇄되던 신문이 인터넷과 정보검색시스템의 전자신문 형태로 발간되면서 종이에 대한 수요가 크게 줄어들고 전 세계의 제지 펄프 공업의 생산 구조에도 큰 변화가 일어날 것으로 예상된다.

이러한 변화로 목재가공 기업은 세계 시장의 다른 분야(박스, 포장재, 위생지, 건설용 판지)로 생산구조를 바꾸어야 할 것이며 이미 입지를 확보한 제지 및 판지(인쇄지를 포함하여) 시장을 유지하기 위한 경쟁도 심화될 것으로 보인다.

세계 바이오연료 시장의 의미는 더 커질 것이며 시장 구조에서 목재 및 다른 목재 바이오매스가 중요한 역할을 하게 될 것이다. 녹색 건설, 목재 원료 및 목재 가공품 이용 분야의 다양화, 목재 바이오매스 이용 확대 차원에서 더 나은 소비 특성과 환경적 특성을 보이는 목재 및 종이 제품을 위한 새로운 틈새시장이 형성될 것이다.

경공업 분야의 발전은 둔화될 것으로 보인다. 몇몇 선진국에서는 섬유, 재봉, 재화 공업의 생산이 줄어들 전망이다. 이러한 분야는 개도국으로 넘어갈 것이며 전 세계 경공업 제품 생산에 있어 개도국이 차지하는 비중은 더 증가할 것으로 예상된다.

□ 글로벌화가 공업 발전의 주요 요인이 될 것이다.

공업 분야의 일자리(특히 노동집약적 분야의)가 선진국에서 개도국으로 옮겨가는 현상은 향후 15~20년간 계속될 것으로 보인다,

낮은 생산 비용은 공업 분야의 경쟁우위 확보를 위한 더 중요한 요소가 될 것이다. 노동집약적 공업 분야의 경우 개도국이 압도적인 경쟁우위를 갖게 될 것이다. 개도국의 제품 생산량이 증가할 것이다. 정보의 디지털화와 새로운 전달 매체로 인해 개도국 시장에 일정 자격을 갖춘 인력이 증가하고 이런 인력들은 새로운 제품 개발 및 기획 분야에서 더 높은 부가가치의 제품을 생산하고 있다.

반면 생산 능력의 변화라는 것이 무조건적이지는 않다. 낮은 생산 비용을 이점으로 갖는 나라는 한 분야에서는 매력적일 수 있지만, 다른 분야에서는 그렇지 않을 수도 있다. 예를 들어 생산량이 많고 수송비용이 적게 드는, 특히 소규모 생활용품이나 기기와 같이 소비자가 상품가격에 매우 민감한 노동집약적 부문에서 개도국은 우위를 차지할 것이다. 그러나 생산량이 많지 않고 생산의 자본집약도와 수송비용이 높은 분야의 경우 생산 시설은 언제나 그렇듯 최종 소비 시장과 가까운 곳에 형성된다.

정밀 기계, 의료기기 및 항공기 제조와 같은 어려운 분야는 선진국에 우선적으로 남게 될 것이다.

일반 동향

공업 분야 기업의 투자전략을 결정하는 주요 요소는 지적 재산권이다. 기업의 경쟁우위가 지적 소유권과 관련 있다면 지적 재산의 불법 도용 리스크가 상대적으로 큰 개도국으로 공장을 이전하는 것은 매우 위험한 선

택이 된다.

이때의 위험 수위는 제품의 수명 주기와 지적 재산권에 달려 있다. 제품의 수명 주기가 긴 곳에서는 지적 소유권 위반 행위가 발전의 저해요소가 되는 것은 확실하다.

생산 비용 및 공정의 효율성 그리고 국내 소비 시장 진출이 최적화 될수록 생산 기업은 이러한 생산 공정의 사슬을 끊어 여러 생산 기반으로 나누려고 노력하게 되며 이 중 몇몇은 자국 시장과 얽히고 다른 몇몇은 집중화되고 나머지 일부는 앞의 두 그룹과 공생하는 관계가 될 것이다.

신제품 개발 및 진출을 위한 기업 구조가 세계화될 것이며 이는 지구상 어느 곳에서든 통신기술의 이용이 가능하기 때문이다. 한편, 많은 기업들이 상품의 생산과정에 있어 소비자와 공급자간의 더욱 긴밀한 협력관계를 원하고 있다. 특히, 이는 지역 소비자와 기업의 연구기관 간의 긴밀한 협력을 의미한다.

속도, 개인화, 효율성 이 세 가지가 더욱 중요한 생산 요건이 될수록 인력들의 일정한 자격요건에 대한 요구사항은 높아진다. 그렇기 때문에 많은 공업 기업들은 인력의 재교육 및 능력 함양을 위한 투자를 크게 늘리고자 한다.

한편 기업의 IT 투자의 방향이 크게 변화할 것으로 예상된다. 이전에는 주요 투자 대상이 금융 관리, 기술 공정, 일반 IT 인프라였다면, 향후 15~20년간 소비자에 대한 서비스와 생산 관리, 지식 관리가 그 대상이 될 것이다.

선진국에서는 제조업 분야의 새로운 인력 확보가 중요한 문제가 될 것이며 이는 제조업 부문이 더 이상 유망 분야가 아니고 젊은 인력들이 용접공으로 일하기보다는 컴퓨터 앞에 앉아 일하기를 선호하기 때문이다.

현대의 글로벌 시장에서 주요 경쟁우위가 되는 것은 브랜드 가치이다. 브랜드는 품질과 이미지의 수준을 보여주는 지표가 되고 있다. 개도국에서는 오리지널 브랜드의 생산자, 고유의 오리지널 브랜드를 달고 상품을 개발 생산하는 기업들이 등장하고 있는 추세이다.

이러한 과정에서 일부 기업은 부가가치 사슬에 따라 유기적으로 상위가 되고, 다른 일부는 원조 장비 생산자가 되고자 노력해 온 회사를 브랜드와 함께 매입해서, 이러한 방식으로 현재 보유하고 있는 기업 사원에 기획에 대한 서구의 경험을 추가로 확보하게 되는 것이다.

상품 시장의 발전 동향

예상되는 새로운 동향을 다음과 같이 구분할 수 있다.

- 시장은 신기술과 인력 교육을 대가로 천연자원에 대한 자신의 권리를 주장하는 새로운 경제 주체의 등장으로 더욱 세계화 되고 있다.
- 분야별 연관기업 간의 통합제품과 같이 기술집약적 제품과 고기술 서비스가 확대될수록 시장은 더욱 복잡해질 것이다.
- 선진국은 환경적 요구를 고려한 새로운 국제 표준에 따라 첨단기술 제품 생산에 주력할 것이며 이러한 제품의 생산은 새로운 산업 분야의 거인(중국, 인도, 브라질)과 세계 대국들이 감당하기에는 어려운 분야이다.
- 이중용도 기술 이용과 군사적 혁신 잠재력, 민간 경제의 과학기술 잠재력의 통합으로 세계 시장의 군수 제품과 민간제품 간의 경계가 점차적으로 사라질 것으로 예상된다.
- 스핀오프(Spin-off) 시스템(군사용 기술을 민간 경제 부문으로 이전)은 실질적으로 스핀온(Spin-on) 시스템(민간 부문의 신제품을 군사 분야에 이전)으로 더욱 공고히 자리 잡게 될 것이다. 이로 인해 이중 혁신(군사용 목적으로 개발되는 기술을 개발 단계에서 민간 적용 방안을 구상)의 이용이 확대될 것이다.
- 상품의 구성이 다양해지고 출고 제품의 현대화 및 개선 작업이 집중적으로 이루어지며 상품 시장의 지식집약도가 높아지는 혁신이 이루어질 것이다.

글로벌 경쟁과 효율성

신제품의 기획에서부터 재활용에 이르기까지 수명주기의 모든 단계에서의 정보, 통신, 우주, 바이오, 나노 기술의 이용에 있어 세계 경쟁이 심화될 것이다. 경쟁에서 전통 시장에서의 신제품의 공급 기간과 신시장 형성을 위한 완전히 새로운 상품의 공급이 더 큰 역할을 하게 될 것으로 보인다.

인력 비용은, 특히 고급 인력의 경우 느리게 그러나 분명히 증가할 것이다. 이와 관련하여 시장 소비자의 요구사항 중 하나는 생산 비용을 감소하고 상품의 경쟁력을 높이기 위해 제품의 에너지 집약도와 원자재 집약도를 낮추는 것이 될 것이다.

글로벌 경쟁이 고조되는 상황에서 효율성 및 노동생산성 제고에 있어 자원이 확보된 국가와 공업기업은 발전 전략에 관한 문제에 봉착한다. 전 세계적으로 경제활동의 구조 개혁이 일어나고 있으며 특히 이러한 현상은 에너지 및 원자재 자원분야에서 확연히 드러난다.

에너지 및 원자재 · 원료 자원, 기본 금속(철, 구리)에 대한 수요의 증가는 이제는 최선진국에서 보다 중선진국(특히 아시아 국가)과 개도국에서 나타나고 있다.

시장 규제와 신기술의 등장이라는 상황의 변화로 새로운 산업구조가 형성되고 있다. 급부상하고 있는 생산 사슬 분야의 경우 예를 들어 광물 원료(석유를 포함하여) 채굴과 같은 분야에서 확실한 경쟁우위가 되고 있는 것은 규모이다. 철광석의 채굴 및 가공 분야에서 3대 기업이 전체 글로벌 시장의 70%를 좌우하고 있다. 이와 비슷한 상황은 석탄 채굴 분야에서도 확인할 수 있으며 특히 이 분야에서는 기업 간 합병이 활발하게 일어나고 있다.

생산 사슬의 중간 단계에서는 규모가 그다지 큰 경쟁우위로 작용하지 않는다. 한편 공업 분야 부가가치 생산 사슬의 다양한 단계에서 활동하는 틈새 기업이 혁신적 신기술 개발에 더욱 매진하고 있다.

글로벌 발전 동향과 관련된 새로운 도전에 대한 대처 능력이 공업 기업들에게 더욱 중요하게 여겨지고 있다. 무엇보다 이러한 능력은 영업실적과 관련 있다. 생산 사슬에서 상위에 있는 공업 기업은 자본 집약적 사업의 수익성을 확보하기 위해 생산비용을 줄이고자 노력한다.

부가가치 생산 사슬의 중간 단계에 있는 기업(철강 기업, 제지 및 종이제품 생산 기업)의 경우 운영비용이 중요한 요소가 되고 있다. 이러한 기업들은 현대 기술의 이용에 있어 우위를 확보하고 새롭게 시장에 진입하는 기업들과 경쟁하는 것에 적지 않은 부담을 가지고 있다. 시장의 중하위 입지의 기업은 생산력 최적화를 위한 정책을 적극적으로 추진하고 있다.

□ 가격 부담과 생산비용이 비교적 낮은 시장과의 경쟁은 선진국의 공업 기업에 있어 발전을 위한 주요 위협요인이 되고 있다.

많은 산업 분야가 효율성의 한계에 직면했고 기업 합병의 기회가 줄어들고 있기 때문에 선진국 기업의 운영 효율성이 저하되더라도 요소의 영향력은 향후 15~20년간 여전히 더욱 커질 것으로 보인다.

개도국의 경제 성장으로 글로벌 시장에서는 새로운 소비자가 증가할 것이며 향후 10년간 이들의 1인당 소득이 기존 소비자의 수준에 가까워질수록 이러한 현상은 더 두드러질 것으로 보인다.

신소비자의 구매력은 선진국 소비자에 비해 낮겠지만 그들은 세계 유명 산업 브랜드에 대한 새로운 소비를 생성하게 될 것이다.

많은 분야에서 이러한 현상이 일어나면 프리미엄 등급과 엘리트 등급의 상품이 중간 수준의 상품을 몰아내는 양극화된 시장이 출현하게 될 것이다. 소비자의 요구가 다양해지고 그 수준이 높아지면서 기업의 상품과 서비스는 더욱 개인화되고 가격 경쟁보다는 품질 경쟁이 심화될 것으로 보인다.

경쟁 심화와 네트워크 기술의 발전 및 글로벌 아웃소싱은 기업의 전문화를 촉진하고 있다. 각 기업들은 상품의 판매 또는 생산과 같이 한 분야에만 주력하게 될 것이다. 기업 간, 기업 내 협력 효율성의 의미가 더욱 부각되면서 공급자와 파트너들의 네트워크는 더욱 복잡해질 것이다.

□ 협력의 확대는 15~20년 후 기업의 강점이 될 것이다.

이는 공급자와 판매자, 판매자와 구매자 간의 협력 및 기업 내 협력, 기업과 파트너 간 협력을 말하는 것으로 경쟁우위를 확보하는 데 매우 중요한 원동력이 될 것이다.

운영의 질이라는 요소는 시장에서의 기업의 성공을 위한 다른 요소에 비해 의미가 크다. 20세기 경영이 경제발전에 기여한 바는 제조업 분야 근로자의 노동생산성 보다 50배 가량 증진시켰다는 것이다. 21세기 경영의 과제는 지식 근로자의 노동생산성을 그만큼 증진시키는 데 있다. 이는 경쟁력 확보와 경제 발전을 결정짓는 중요한 요소가 될 것이다.

□ 투자의 중점 요소가 경영·행정상의 효율성 제고에서 지식 경영으로 옮겨가고 있다.

5.3. 에너지

전반적 동향

4.3~4.4%대의 세계경제 성장, 다소 느린 1차 에너지 가격 상승률, 활발한 글로벌 기술 이전, 획기적이지는 않더라도 적극적인 정부의 온실가스(이산화탄소) 감축 정책 등으로 세계 에너지 분야는 확실히 발전할 것으로 예상된다.

전 세계의 1차 에너지 소비는 2030년 170~180억 TOE까지 증가할 것으로 전망된다. 1차 에너지에 대한 수요의 약 4/5는 탄화수소 에너지가 충족시킬 것으로 보인다. 전력 및 연료에너지에 대한 수요가 전체 에너지 수요 증가분의 절반 이상이 될 것이다. 특히 전력 에너지 수요는 2030년까지 35~40테라와트(TW)까지 증가할 것이며 이를 충족시키기 위해서는 생산 시설을 두 배 가량 늘릴 필요가 있다.

□ 2030년까지는 1차 에너지원이 에너지 수요 증가분을 충분히 충족시킬 것으로 보인다.

현재 석탄의 확인 매장량은 현재의 소비 수준을 120년간 유지할 수 있고 비전통 석탄까지 감안하면 200년 이상 가능하다. 전통 석유의 확인 매장량은 전 세계 소비를 40년간 충족시킬 수 있다. 모든 종류의 비전통 석유 매장량은 최저 2조 300억 배럴에서 최대 3억 7,500억 배럴로 추정된다. 채굴기술이 아직 발전 단계인 셰일원유를 제외하고라도 매장량은

6,900억~1조 3,000억 배럴에 이른다. 비전통 석유는 확인 매장량을 최소 50% 증가시킨다. 전통 천연가스의 확인매장량은 180조㎥로 이는 현재 소비량 기준 60년간 사용할 수 있는 양이다. 전통 가스의 가채매장량은 400조㎥ 이상이다. 석탄층 메탄가스를 비롯하여 셰일 가스와 같이 갇혀있는 가스 등의 비전통 가스를 포함하면 가채매장량은 800조㎥에 이른다.

정책 결정에 있어 이산화탄소를 비롯한 기타 온실가스의 배출량을 제한하면 세계 에너지 분야의 각 단계별 탈탄소화 시나리오가 실현될 수 있을 것이다. 또한 천연가스 이용이 증가하고 대체에너지원이 개발되면 탈탄소화는 실현 가능할 것으로 보인다. 구체적인 탈탄소화 정책은 경제적 요소뿐만 아니라 정치적 요소에 의해 결정될 것이다. 국제에너지기구(IEA)의 탈탄소화 시나리오에는 2030년 1차 에너지의 소비량이 우리가 전망한 것보다 20% 적은 144억 TOE를 기록할 것으로 예상하고 있다.

2030년까지 에너지자원에 대한 글로벌 수요는 개도국에 집중될 것이며 주 에너지 소비원은 중국이 될 것이다. 2020년 중국이 전 세계 석탄 소비량의 반 이상을 소비하고 수소에너지 소비량의 22%, 석유의 15%를 소비하게 될 것이다.

석탄

향후 20년 동안 석탄 소비는 급속도로 증가할 것이며 이로 인해 전 세계의 1차 에너지 소비량에서 석탄이 차지하는 비중은 27%에서 29~30%까지 증가할 전망이다.

신기술이 발전하면서 현재 석탄 에너지 분야의 발전을 저해하는 다음의 문제가 해결될 것으로 보인다.

- 화력발전소의 효율성 제고
- 석탄 연소 과정에서 발생하는 이산화탄소 배출량 감소 방안 개발

2030년 석탄 수요는 33억 TOE에서 44~56억 TOE까지 증가할 전망이다. 특히 대부분의 수요증가는 개도국에서 일어날 것으로 보인다. 선

진국의 석탄 소비는 줄어들고 있으며 탈탄소화를 위한 시나리오에는 석탄 소비량이 현재 수준의 20%까지 감소할 것으로 전망하고 있다. 석탄을 다른 에너지원으로 대체하기 위한 정책에 따라 세계 에너지 밸런스에서 석탄이 차지하는 비중은 25%까지 낮아질 것으로 보인다.

석유

석유는 석탄 다음으로 주요 에너지원으로서의 입지를 유지할 것으로 보인다. 2030년까지 석유 소비량은 일일 8,500만 배럴에서 1억 1,000만 배럴로 증가할 전망이다.

유가 상승과 탈탄소화 국가정책의 본격화로 세계의 석유 소비량은 일일 1억 배럴을 넘지 않을 것이다.

한편 석유 소비량의 증가는 현재의 OECD 비회원국에서 나타날 것으로 보인다. 최선진국의 경우 2007년 일일 석유소비량이 4,900만 배럴로 최고소비량을 기록하였고 향후 그 수준까지 증가할 가능성은 있으나 이를 상회하지는 않을 것으로 예상된다.

개도국의 빠른 자동화로 인해 교통 분야가 석유 소비 증가분의 95%를 차지할 것으로 보인다. 2030년 전 세계의 경차 수는 두 배 증가하여 20억대에 달할 전망이다. 전기 자동차 생산에 대한 기대치가 높아지고 있음에도 불구하고 생산된 자동차의 대부분이 내연기관 차량이 될 것이다. 2030년 EU와 미국의 전기자동차의 수는 전체 차량의 4~5%를 넘지 않을 것으로 보인다.

전통 가솔린과 바이오연료를 동시에 사용하는 하이브리드 자동차의 이용이 점차 증가할 것이다. 개도국을 포함하여 많은 국가가 가솔린과 디젤 대신 바이오연료와 전통적 엔진연료의 혼합연료를 사용하게 될 것이다.

석유 및 바이오기술 분야의 대기업들은 다량의 담수나 고가의 농작물을 이용하지 않는 3세대 바이오연료 확보에 박차를 가해왔다. 온실가스에 대한 규제가 강화되면 에너지 기업은 서둘러 바이오연료 사업에 착수할 것이며 이로 인해 전통석유에 대한 수요 증가는 둔화될 것으로 보인다.

천연가스

- 21세기는 천연가스 시대라 할 수 있다. 그러나 향후 20년 동안 천연가스는 석탄과 석유 다음의 세 번째 주요 에너지원으로 남아있게 될 것이다. 2030년 전체 에너지 소비에서 가스가 차지하는 비중은 20~23%를 넘지 않을 것으로 전망된다.

여타 에너지와 달리 가스의 소비량은 예측하기가 쉽지 않다. 2030년까지 유가가 지속적으로 인상될 경우 천연가스의 가격도 높아질 것이며 그렇게 되면 비교적 저가인 석탄이 전력 및 열에너지 생산에 더 많이 이용될 것이다.

현재 유럽 국가는 대기 중 이산화탄소 배출에 대해 어떠한 형식으로든 비용을 부담하고 있다. 미국을 비롯한 다른 대규모 가스 소비 국가들이 이러한 비용을 함께 부담하게 되면 에너지 소비 구조에서 가스가 석유 다음으로 두 번째 입지를 차지할 수도 있을 것이다. 그러나 이러한 상황에서도 가스 소비량의 폭발적인 증가는 일어나지 않을 것으로 예상된다. 석탄 소비의 비중이 줄어든다면 이는 신재생에너지원 개발의 결과일 것이다.

2030년 가스 소비량은 1.4~1.6배 증가한 4.7~4.8조㎥를 기록할 전망이다. 개도국의 수요 증가로 선진국이 전 세계 천연가스 소비량에서 차지하는 비중은 44~47%까지 낮아질 것으로 보인다.

원자력에너지

1차 에너지 생산구조에서 원자력에너지의 비중은 6%이다.

2008년 원자력 발전에 의한 전력 생산은 전체의 14% 정도였다. 그러나 낙후된 발전소의 가동이 중단되면 원자력 에너지의 총 생산력은 135기가와트(GW)에서 113~116기가와트까지 감소할 전망이다. 유럽과 미국의 경우 정책에 의해 원자력 에너지 분야의 발전이 가속화될 수도 있지만 후쿠시마 원전사고의 여파로 인해 그 가능성은 적어 보인다.

아시아의 원자력 에너지 분야는 활발하게 발전하고 있다. 2010년 초반

전 세계에 신설 중이던 56개의 원자로 중 35개가 아시아에 위치하고 있으며 이 중 중국에 21기, 한국 6기, 인도에 5기가 세워지고 있으나 이는 변동될 가능성이 있다. 한편 세계 에너지 소비구조에서 원자력 에너지가 차지하는 비중은 2% 수준에 머무를 것으로 예상된다.

재생에너지

높은 유가와 가스가격, 환경법 강화, 일부 국가의 에너지 안보 구상으로 인해 신재생에너지의 이용이 증가할 것으로 전망된다.

특히 환경법 현대화와 조세 및 투자 지원책을 통해 에너지의 탈탄소화가 이루어지고 있는 유럽 선진국의 경우 이러한 전망은 틀리지 않을 것이다. 이런 상황에서 유가 및 가스가격이 높아질수록 환경 문제와는 별개로 비전통적 에너지원 발전을 위한 경제적 전제조건이 강화될 것이다.

선진국의 경우 풍력 및 태양에너지 개발이 가속화될 전망이나 개도국의 경우 비교적 저렴한 풍력에너지를 제외하고는 신재생에너지의 이용이 활성화되지 않을 것으로 보인다. 사실상 개도국에서는 환경문제보다 급속한 경제 성장과 국민의 삶의 질 향상에 초점을 맞춘 정책이 이루어지고 있다.

5.4. 농업

2010년까지 식량 생산은 인구 증가세에 비해 빠르게 증가해왔으며 이는 기계화, 육종학 발전, 기술 수준 향상 및 바이오기술 발전 등과 함께 더디게나마 기초식품의 가격을 낮추어 왔다.

한편 2007~2008년 식량위기로 인해 식품 가격에 큰 변화가 있었다. 2008년 식품 가격이 2000년 대비 평균 2배가량 인상되면서 최근 30년간 가장 높게 나타났으며 애그플레이션이라는 신조어도 생겨났다. 그러나 세계경제위기 직전의 식량 가격의 상승은 수요가 공급을 초과하고 투자대상이 금융자본에서 상품으로 옮겨가면서 일어난 것으로 판단된다.

아직 세계 시장에서 식량부족을 언급하기는 이르다. 오히려 1960

~2008년 농산물 생산 및 세계무역량은 연평균 각각 0.8%, 2.3% 증가하였으나 최근 10년간 성장률은 각각 1.4%, 2.8%를 기록하였다

앞으로도 농산품 생산 및 전 세계무역량의 증가세는 각각 1.3~1.5%, 2.4~2.8% 수준으로 높게 나타날 것으로 예상된다. 이러한 성장률은 WTO 도하개발의제의 최종적 합의에 따라 크게 달라질 것이다.

2030년까지 실제 식량 수요의 증가세는 인구 증가세를 넘어설 것으로 보인다. 이는 개도국의 공업화 및 도시화와 밀접한 관련이 있으며 특히 개도국의 국민 소득이 증가함에 따라 고가의 육류 및 유제품에 대한 소비 역시 증가할 것이다.

한편 식단에도 큰 변화가 일어날 것으로 예상된다. 수수, 기장, 옥수수와 같은 곡물은 밀과 쌀로 대체되고 사료, 채소 및 과일 등이 큰 비중을 차지하게 될 것으로 보인다. 평균 식단의 에너지 함량은 예상대로 3천 칼로리에 근접할 것으로 전망된다. 그러나 소득 분배의 격차로 인해 소비 수준은 제각각 증가할 것이다.

이미 지구상의 모든 농지가 개발되고 있기 때문에 향후 10년간 농산물의 증가는 수확률의 향상에 달려 있다. 특히 기술은 농업 생산성 증가의 주요 요소가 되고 있다. 2030년까지 연평균 수확량의 증가율은 최소 2%로 1960~2008년 연평균 수준에 이를 것으로 전망된다.

현대 과학을 통해 농업 분야의 경제적 잠재력이 크게 향상되고 있다. 이는 무엇보다 미국, 캐나다, 호주, 브라질, 아르헨티나 등에서 폭넓게 이용되고 있는 바이오 기술 및 유전공학의 성과라고 말할 수 있다. 유전자변형 콩, 옥수수, 목화, 유채꽃의 파종 면적이 1억 3천만 헥타르(ha)에 이르며 이러한 기술 덕분에 농작물의 수확률 증대, 비료 및 살충제 비용 감소, 에너지 절약 및 환경 파괴 감소가 가능해지고 있다.

바이오기술이 발전함에 따라 농업의 자원 기반이 바뀌고 빈곤 국가의 식량 확보가 가능해 질 전망이다. 어류, 새우 및 해조류 양식업과 꿀 채집 및 수분(受粉)을 위한 양봉업이 더욱 확산될 전망이다.

□ 향후 20년간 식량 잠재력에 의해 세계 식량 생산 · 분배 · 이용 시스템이 더욱 빠르게 형성될 것이다.

국가 간, 국가 그룹 간 식품의 이동이 확대될 것이다. 미국이 세계 총 식품 수출량의 10.5%를 차지하며 여전히 최대 수출국으로 남아있고 유럽 27개 국가의 수출 비중은 9.5%로 2위를 차지한다(EU 국가 간 수출 제외). 그러나 전 세계 식품 거래에서 이들의 비중은 브라질, 중국, 인도네시아, 말레이시아, 인도, 아르헨티나, 러시아와 같은 신농경국의 발전에 의해 점차 줄어들고 있다. 2020년 상기 언급한 신농경 국가가 세계 농산품 수출량에서 차지하는 비중이 25%를 넘어설 것으로 전망된다. 특히 브라질과 러시아의 농산물 생산은 매우 빠르게 증가할 것으로 보인다. 브라질과 러시아는 현재 농업 생산 및 식량 산업에 있어 매우 큰 잠재력을 지닌 나라이다.

□ 미국은 세계 농산품 교역에서 여전히 선도적 위치에 있을 것이다.

개도국 중 상당수는 비료 및 종자, 전문 인력의 부족으로 인해 농산품의 질이나 생산성 면에서 경제 선진국에 비해 여전히 뒤쳐져 있을 것으로 보인다.

동남아시아와 사하라 이남 아프리카의 식량 생산은 현재 정체되어 있으며 2030년까지 이들 국가는 전 세계 식량 시스템 상 가장 약체국으로 남아있을 것이다.

■ 신기술 및 교통을 기반으로 하여 세계 식량 시스템이 발전 · 개선되면 생산이 안정적으로 확대되고 인구 증가율이 감소하면서 전 세계의 수요 · 공급 균형 유지를 위한 탄력적인 자원 이용이 가능해질 것이다. 개도국의 식량 부족은 다른 개도국과의 교역 또는 선진국으로부터의 수입 및 식량 원조를 통해 해결할 수 있을 것이다.

제6장

전략조정 방향

상품과 서비스 시장의 세계화, 금융 시장 및 해외직접투자의 급격한 성장, 혁신과정의 가속화는 1990년부터 2000년대 초까지 세계경제 발전의 핵심적 요소로 작용하였다. 이러한 추세는 앞으로도 지속될 것이다. 그러나 세계화라는 새로운 현실이 반영된 효율적인 국제적 규제 기구가 부재한 결과 불균형이 누적되었고 이는 세계경제위기를 초래하였다. 따라서 세계경제의 균형을 보장하고 지속가능한 성장을 견인하기 위해 새로운 규제 방안들이 제시되어야 한다.

6.1. 국제무역

국제무역체제는 다층적 차원에서 합의된 세계무역 규제의 원칙이자 규칙, 기준이며 2차 대전 직후 성립되기 시작했다. 국제체제 성립 과정이 촉진된 이유는 전 지구적 경제의 세계화가 가속화 돼기 시작하면서 다국적 기업에 의해 생산 과정의 국제적 분화가 확산되었기 때문이다.

2008~2009년의 위기는 WTO 다자무역협상 도하개발의제(DDA)가 타결될 것이란 긍정적 전망을 사라지게 하였다. 그러나 강조해야 할 점은 이번 도하개발의제가 시간이 오래 걸린다고 해서 세계무역 자유화가 실패한다고 말할 수는 없다는 점이다. 지난 우루과이 라운드 회담의 참가자들

은 첨예한 이견을 해소하느라 무려 8년이라는 긴 시간을 소비했다.

우루과이 라운드의 경험은 농업 분야에서의 교역과 같이 정치 쟁점화 되고 있는 분야에서도 세계무역 주체들이 충분히 합의를 이룰 수 있음을 시사하고 있다.

국제무역체제는 60년 이상 존재해 왔으며, 무역 흐름 규제를 위한 다자적 차원의 규율 확립을 위한 버팀목이 되어 왔다. 국가가 위기를 맞아 경제적 민족주의가 대세적일 때에도 WTO 회원국들은 WTO 의무 사항들을 준수하였던 것이다.

WTO의 행적을 살펴보면, 국제사회가 무역 관련 모든 문제를 논의하기 위해서는 편리한 상설 회담의 공간이 필요하다는 사실을 알 수 있다.

2008~2009년 위기의 여파로 발생한 보호주의의 범람은 곧 극복될 것이다. 그리고 세계경제는 무역체제를 포함한 세계경제의 통합성을 유지해 나갈 것이다. 위기의 결과 나타난 무역 원조, 자유화 추진 및 보호주의 반대가 세계경제 발전의 주요 현안이 되었다.

무역이 발전되어야 한다는 기대로 인해 많은 국가들은 무역 협상을 지속해야 한다는 쪽으로 기울어졌다. 결국 모든 국가들은 양보를 감수할 것으로 보인다. 개도국은 수입 관세를 낮추는 데에 동의해야 할 것이며, 미국, 일본, EU는 농업 분야에 대한 국가 지원을 줄이고 개도국으로부터 제조업 제품 수입을 위해 자국 시장을 개방해야 할 것이다.

전망 기간 동안 WTO는 금번 다자무역회담 라운드를 마무리 할 것이며, 국제무역 레짐 자유화 및 국가 무역 정책 표준의 통일 규제, 무역 파트너 차별과 경제적 공격 수단 이용을 배제하는 개방 국제무역체제 건설 노선을 유지해 나갈 것이다.

세계화의 새로운 국면에서, 생산 기지의 국제적 이전과 세계경제 규제의 장벽 고수라는 모순점으로부터 국가들은 해결책을 찾기 위해 더욱 노력하게 될 것이다. 국가 통제하에 있던 일부 기능이 초국가 기구(글로벌 기구 포함)로 이전될 것이다. WTO 체제하에서 무역정책을 감시하고 분석하려는 경향이 강화될 것이며, WTO 체제하에서 여러 결론 및 권고를 바탕으로 무역 시스템이 보완될 것이다.

□ 국제무역자유화 추세가 지속되지 않거나 잠시 중단될 가능성도 배제하지 않는다.

도하개발의제 협상이 부진했던 여러 이유 중 하나로 두 사조의 충돌을 들 수 있다. 글로벌 차원의 무역 자유화와 양자 간 무역 특혜를 제공하는 지역무역협정 체결 경향이 동시에 나타났던 것이다.

일견, 지역 협정은 국제무역 장벽을 낮춘다. 그러나 동시에 모든 세계 무역에 비차별적 대우를 지향한다는 WTO의 근본 원칙을 저해하기도 한다. 이 같은 모순점은 계속 나타날 것이며, 어쩌면 더 두드러지게 나타날 수도 있다. 그렇다고 그 모순점이 갖는 의미를 과장해서는 안 된다.

지역무역협정 체결의 현 모델은 자유무역협정(FTA)이 주를 이루고 있으며, 보호주의 요새가 아닌, 실제로는 '자유무역레짐의 섬' 창설의 의미를 내포한다. 이처럼 지역 협정은 지역 협정 당사국들에게 아직 국제적으로 도입되지 못한(WTO 차원에서) 자유무역의 이익을 지역적 차원에서 누리게 해 준다.

WTO 내에서 선진국과 개도국 간의 대립이 격화되고 있으며, 이는 도하개발의제 회담들이 결렬되는 주요 원인이 되었다. 거대 개도국들의 경제 성장이 가속화되고, 자국의 이익과 자국이 누릴 수 있는 기회가 늘어나고 있음을 인식하게 되면서, 서구 국가들이 WTO체제하에서 자국의 이익 고수를 위해 사용했던 관행들은 더 이상 소용이 없게 되었다. 향후 세계 시장에서 개도국의 입지는 더욱 확고해질 것이며, 개도국들은 국제무역회담에서 더욱 강력하게 자국의 이익을 수호하게 될 것이다.

도하개발의제 마무리 단계에서 현재 논의되는 모든 문제에 대해 상호 용인할 수 있는 해결책을 찾지 못 한다면, WTO는 GATT의 관행에 따라, 배 밖에서 표류 중인 문제를 기설정의제(Built-in Agenda)로 포함시킬 수밖에 없을 것이다. 이 같은 관행은 특히 반덤핑, 상계조치 및 지역무역협정 문제에서 자주 발생한다.

이 밖에도 회담에서 관세 문제는 계속 뒷전으로 밀려나고 있으며, 비관세문제가 전면으로 나오고 있다. 이로 인해 국가 대내경제정책에 해당되는 정부규제방안의 이용 규제 규칙은 협상 안건으로 등장할 것이다.

WTO 산하 여러 기구 내에서 현재 진행 중인 연구 방향이 새로운 회담 주제가 될 가능성이 높다. 그 주제로는 무역과 환경, 무역과 경쟁정책, 무역과 투자 등 무역과 타 분야 간의 중첩되는 문제, 그리고 정부 구매의 투명성 및 전자상거래가 있다.

현재 도하개발의제 차원에서 향후 체결될 WTO 협정의 사전적 로드맵에 관한 논의가 이루어지고 있으며, 만약 이 논의에 대해 최종 합의가 타결된다면, 개별 국가의 국내 시장은 더 많이 개방될 것이며, 시장 내에서의 경쟁 조건은 보다 공정해질 것이다. 도하개발의제에서 체결될 수 있는 협정은 향후 10~15년 동안 국제무역 규제에 있어 정부들을 위한 게임의 법칙(rules of the game)을 정하게 될 것이다.

■ 비록 WTO에 첨예한 문제들이 상존해 있을 지라도, 개방된 국제무역레짐을 형성하고 국제무역체제를 안정되게 유지하기 위해선 WTO 이외의 다른 대안은 없다.

6.2. 세계금융

소유권 구조, 경제 재정 모델, 금융 복합성, 재정조달의 도구적 구조, 저축률, 저축과 투자, 조세부담률, 민관 금융 간, 경제 성장의 국내외 재원 간의 상호관계 규제 문제 및 거시건전성 규제 문제(모니터링, 금융체제의 시스템 위험도 평가 및 규제)가 세계금융의 중심을 이루게 될 것이다.

국가 규제기관의 관심의 초점은 지속가능한 경제 성장을 촉진하고, 주기적으로 나타나는 변동성을 완화시키는 금융 시스템 개발에 맞추어져 있다. 금융위기로 인해 발생한 금융 업무에 대한 억압적 조세체제는 유동성 및 장기금융 국내시장을 타깃으로 하는 조세환급체제로 점차 바뀌게 될 것이다.

2008~2009년 위기 때 금융체제의 국가 통제주의는 향후 10년 동안 국

가의 금융자산으로부터의 출구전략, 향후 2020년까지는 규제완화, 자유주의, 금융자산에 대한 국가 개입의 축소로 대체될 것이다. 금융당국이 출구전략을 시행함에 따라 국내통화, 인플레이션, 환율, 이자율, 국가재정 건전성 등 기존의 안정성 관련 국정과제가 해결되어 나갈 것이다.

또한 국제금융통제는 전 세계적, 지역적(특히 유럽과 아태지역) 차원으로 확산되어 나갈 것이다. 국제금융통제 과정의 주요 요소는 시장의 단일화, 모니터링 그리고 시스템위험도 규제다.

초국가적 통제의 필요성은 앞으로 금융 시장에서 새로운 주체들의 입지가 강해지면서 더욱 커질 것이다. 주요 금융 기구 100개 리스트는 개도국 국민들을 통해서 크게 갱신될 것이다.

□ 개별 국가 차원에서 이루어지던 금융 통제가 앞으로는 점점 국제(지역) 차원에서 이루어질 것이다.

금융 서비스의 의미와 역할은 빠르게 성장할 것이다. 금융 서비스가 세계 GDP에서 차지하는 비율은 2010년 6~7%에서 2030년 8~9%로 증가할 것이다. 이에 따라 국제금융에서 시장은 더욱 단일화 될 것이다. (법률의 규제, 거시적 미시적 수준의 국제 표준, 모범경영의 일반화, 정보 교환에 관한 규제, 통합 시장에서의 단일 여권 프로그램, 글로벌 무역체제 및 사회기반 제도에서의 단일 규칙, 정보 공개에 관한 규제 형식, 확대된 규모의 국제 통계 등)

글로벌 금융에서 모니터링과 시스템위험도에 대한 경보 메커니즘의 발전을 기대해 볼 수 있다. 개별 국가의 금융 건전성에 대해서 관심을 갖는 동시에, 세계금융구도, 세계금융구도의 붕괴, 위험집중도, 주기(cycle)의 각 단계에서의 상태, 실물 경제발전에서 세계금융구도 역할의 왜곡에 대한 분석이 핵심 사항이 될 것이다.

국제금융에서 변동을 '길들이기' 하려는 글로벌 · 지역 양적 제한 시스템(통화 · 이자 · 재정정책, 인플레이션, 국채, 자기자본비율, 레버리지 등의 변수 범위를 설정한 다자적 통화타깃지대)이 형성될 것이다.

파생상품에 제한을 가하고, 변동 범위를 좁히고, 금(금융 자산으로서의 금)과 기타 핵심 종류의 자원의 가격에 타깃팅을 하는 시도가 있을 수도 있다.

반면, 위기 기간 동안 등장한 파격적 금융 체제 개발 제한안(국제금융 업무에 특별 세 부과, 국제 신용평가사 활동 통제 안까지 제안됨)은 현실화 될 가능성이 없다. 위의 제안은 경제활동의 니즈(needs)를 위한 자본 이동의 효과적 메커니즘 개발에 있어 시장대리인의 이해관계에도, 경제 수요의 이해관계에도 부합하지 않는다.

□ 국제금융기구의 수가 늘어날 것이며, 계속해서 국제금융기구의 지역화가 나타날 것이다. 더불어 지역 다자주의 금융 제도의 역할이 커질 것이다.

다각적인 금융 구도 형성, 글로벌 금융의 구조화로 인해 금융서비스 규제 분야에서 IMF, 세계은행, 국제결제은행(BIS), OECD의 역할이 상대적으로 감소했다. 금융 및 통화 안정을 담보하는 새로운 다자 기구가 형성될 것으로 보인다. 이러한 다자 기구에는 세계 주요 화폐 발행국인 미국, EU, 영국, 일본 및 중국(위안화가 변동환률제로 바뀐 이후)의 참여가 있을 것이다.

세계 거대 지역에는 다자안정기금, 보험메커니즘 그리고 금융발전기구가 새로 생기거나 이미 존재하고 있을 경우, 확산될 것이다.

이해관계에 따른 국가들 간의 새로운 모임이 형성될 것으로 전망되는데, 예를 들면 다자적 신용평가기관, 국제 외환보유국(초대강국들)기구, 글로벌 시장에서 조작 및 체제적 위험을 야기하는 공격성 투기 방지를 위한 정부 간 기구(G7의 결정에 따라 자금세탁 및 금융 테러 퇴치를 위해 창설된 FATF에서 힌트를 얻음).

■ 전망 기간에 지속가능한 경제 성장과 경제 개발의 균형을 보장하기 위한 경제 금융구조 및 금융발전을 조정하는, 20세기보다 복잡다단한 거버넌스로의 이행이 일어날 것이다.

6.3. 환경

개발의 생태화

전망 기간 동안 경제, 정치, 사회, 국제관계 등 전 분야에 걸친 세계 개발의 생태화가 일어날 것이다. 세계무역 분야에서는 환경 보호주의가 힘을 얻게 될 것이다.

□ **환경요소는 세계 개발에 있어 더욱 강력한 원동력이 될 것이다.**

환경요소의 강조점은 지난 10년 동안의 경제활동 제한 및 친환경 시설 설치로부터 녹색 개발 이라는 새로운 모델의 장려, 환경혁신, 행동 및 소비의 새로운 관념 도입으로 옮겨갈 것이다.

환경 친화적 개념과 환경장애 감소 방안 모색, 자연자원 절약 및 자원에너지 효율성 증대를 위한 노력, 환경을 고려한 개별 생산 작업 경쟁력 강화, 녹색일자리 창출은 전체 전망 기간 동안 사회경제 발전의 주요 사안 중 하나가 될 것이다.

환경 의제의 최우선 과제 중 하나는 사람들의 행동 패턴을 바꾸는 것이다. 특히나 경제개발이 현안인 국가들에게 있어 위의 과제는 더욱 중요하다.

□ **환경 정책을 성공적으로 수행할 경우, 자연보호 뿐 아니라 인간 건강증진 및 경제개발, 추가적인 녹색 일자리 창출에도 도움이 될 것이다.**

합리적인 환경 정책은 반드시 많은 비용을 필요로 하는 것은 아니며, 장기적으로는 경쟁우위의 원천이 될 수 있다. 각국 정부는 산업 발전의 모티브를 제공하고 소비자 선택의 폭을 다양화할 뿐 아니라, 미래의 새로운 환경 문제 발생 가능성에 대해 경고를 해야 한다.

환경 요소는 세계무역, 해외직접투자, 개도국 지원뿐 아니라 온실가스 배출쿼터 거래 및 환경 서비스 제공을 포함한 새로운 시장 창출과 같은 글로벌 프로세스에 있어 특히 의미가 크다.

환경 요소의 역할은 선진국 및 빠른 경제성장을 구가하는 일련의 국가들에게 특히나 중요하다. 빈곤 개도국들에게 있어 환경 요소의 역할은 상대적으로 훨씬 미미한데, 빈곤국에게는 자연보호 보다는 경제 발전이 큰 우선 순위를 지니며, 따라서 기술개발이 환경에 주는 부담이 커진다.

□ 생산 및 소비에 있어 환경 변수가 갖는 의미는 증가할 것이다.

2030년까지 자사 개발 전략에서 환경 요소를 중시하게 될 산업 기업의 비율은 늘어날 것이다. 이러한 현상은 국가가 환경혁신적, 환경효율적 기술을 광범위하게 이용한다는 정책을 구상할 뿐 아니라 경제적 고려, 국가의 녹색 이미지 강화, 환경친화적 제품 생산 증대, 저준위 폐기물로의 전환을 통해 자국 경쟁력을 제고하려는 의도에서 기인한다.

환경서비스 및 환경친화상품의 생산 분야는 크게 확대될 것이다. 환경관리시스템(EMS), 국제표준기구(ISO)의 환경 기준에 부합하는 인증서와 제품에 에코마크를 사용하는 기업의 비율이 늘어날 것이다.

□ 전망 기간은 환경 분야의 기술 혁신의 시기라고 표현될 수 있을 것이다.

환경 분야의 기술혁신은 오염 수준을 낮추거나 자연 자원을 보다 효율적으로 이용하게 함으로써 환경에 주는 부담을 낮추는 데에 기여할 것이다. 무엇보다 그러한 기술혁신으로는 하이브리드 자동차, 태양전지, 풍력에너지 이용과 같은 신기술이 있다. 환경혁신을 위한 기술 선정 시, 환경에 주는 부담을 줄이기 위한 기술 공정의 변화 방식을 채택하는 기업의 수가 늘어날 것이다.

□ 전망 기간 동안 세계화 과정의 특징 중 하나는 환경 보호주의 발전이 될 것이다.

국제무역 규제 문제와 제품 생산의 환경 기준 준수를 연계하려는 시도는 WTO 도하개발의제 때에도 있었으며, 이는 선진국과 환경 비정부기구(NGO) 연합 간, 개도국과 다국적기업 연합 간의 첨예한 대립 문제가 되었다.

현재 선진국과 NGO 연합은 무역에 환경 기준을 확실히 도입하는 데에 찬성하는 반면, 개도국과 다국적기업 연합은 환경과 무역 규제 문제를 분리해야 한다고 주장한다.

향후 기업의 사회적 책임(CSR) 독트린을 고수하는 주요 다국적기업들 역시 환경 연합에 동참할 것이라 기대해도 좋다. 그렇게 될 경우, 선진국은 환경에 안전치 못한 기술을 이용하여 생산된 제품에 대해 무역 장벽을 높일 수 있을 것이다. 개발 단계에는 무역 규제의 새로운 시스템이 자리하고 있으며, 본 시스템은 2030년 전에는 실행될 환경 지향적인 우선 과제를 기반으로 한다.

□ 일련의 정황을 고려해 보았을 때, 무엇보다도 수자원 이용에 있어 전 세계 환경 위험도가 커질 수 있다.

수자원 관련 환경 위험도가 심각해졌다는 사실은 개별 지역 물 부족 현상과 농업, 산업으로 인한 수자원 오염으로 가시화 될 것이다. 사람들이 적정 수질의 식수를 마실 수 있는지 여부가 수자원 관련 문제 중 가장 심각한 문제로 대두될 것이다. 물 사용량이 현재와 같은 추세로 간다면 2030년에는 수자원 부족 상황이 악화될 수 있으며, 세계 인구의 절반 정도는(2005년에는 44%) 심각한 물 부족을 겪는 지역에, 3분의 2 이상은 수도와 하수 처리 시설이 없는 곳에 살게 될 것이다. 개도국의 발병 이유 중 80%가 필요한 양의 물을 제대로 공급받지 못 한 것에 기인한다.

수자원 문제와 마찬가지로 도시의 대기 상태 역시 부정적이다. 미래 생물의 다양성 상실이 심각한 문제 중 하나이다. 그 예로 생태계의 파편화, 동식물군의 멸종, 열대삼림 면적의 감소가 나타나고 있다.

전망 기간 동안 국제사회는 이 문제에 대해 면밀히 살펴보아야 하고 국제 차원에서나 개별 국가 차원에서 시급히 조치를 취해야 한다. 경제, 과학기술 분야의 방안 및 제도 정책을 실행하고 환경 교육을 마련함으로써 수많은 심각한 환경 문제가 크게 해결될 수 있을 것이다. 2030년이 되면 일련의 관련 방안을 실행에 옮기는 비용이 전 세계 GDP의 1%를 약간 상회할 것이다.

기후변화

□ 인간의 경제 활동이 환경에 미치는 여러 부정적 영향 중, 중기적 전망으로 보았을 때 가장 큰 문제는 기후변화가 될 것이다.

기후변화 요인들은 자연 환경, 삶의 여건, 인간 건강에 큰 영향을 미치며, 농업, 임업, 에너지, 교통, 건설, 수자원 이용 등과 같은 경제의 중요 분야 활동 효율성에도 영향을 미친다.

세계 기후 보존을 위한 개별 국가들의 조치, 국가들의 국제, 국내 기후 정책, 관련 제도 구축은 다음의 두 가지 주요 방향으로 발전해 나갈 것으로 전망된다.

- 온실가스 배출 감소
- 현재 발생하는 기후변화와 그에 따른 결과에 적응

현재 작동하는 국제레짐, 바로 유엔기후변화협약(UNFCCC)과 교토의정서는 2008~2012년 사이 선진국 온실가스의 배출 감축(1990년 대비 5% 정도)을 목표로 하지만, 이는 전 세계 온실가스 배출 감축을 위한 시발점에 불과하다. 위의 국제레짐에는 세계 온실가스의 40%를 배출하는 미국, 중국, 인도가 참여하지 않고 있으며, 교토의정서도 비준하지 않았다. 세 국가 참여하지 않는다면 세계 기후 보존을 위해 국제적으로 어떤 조치를 취한다 해도 효과를 기대할 수 없을 것이다.

□ 향후 개도국의 온실가스 배출량은 선진국 보다 더 빠른 속도로 증가할 것이다.

온실가스 배출량에서 중국은 현재 미국을 앞질렀다. 향후 양국 간의 격차는 더욱 벌어질 것이며, 중국의 온실가스 배출량은 2015년에는 미국보다 35%, 2030년에는 65% 더 많을 것이다.

교토의정서의 효력이 끝난 후 이를 대체할 미래의 국제 협약 창설을 위한 협상은 아직까지 긍정적인 결실을 맺지 못했다. 코펜하겐 기후변화 회의(2009년 12월)에서 심각한 문제가 대두되고 참가국들 간의 마찰이 나타났다. 새로운 국제레짐 창설을 위한 회담의 지속과 성공적 마무리가 특히 중요한 이유는, 대기 중 온실가스 집중도를 안정적으로 유지하기 위해서는 온실가스 배출 감소를 위한 모든 국가들의 공동 노력 없이는 불가능하기 때문이다.

기후 보존을 위한 개별국의 방안

미래 전망적 관점에서 보았을 때, 세계 기후 보존은 국가 차원에서도 최우선 정책 과제이다. 특히나 온실가스 배출 감소 방안은 일련의 선진국에게는 현안이 되고 있다. 선진국들은 주로 에너지효율 제고, 재생에너지 사용 확대, 환경 친화적 교통 개발에 초점을 맞추고 있다.

하이브리드 자동차 교통, 태양전지, 풍력에너지 사용 및 에너지 절약, 재생에너지, 바이오연료, 원자력에너지 개발, 녹색 경제, 국민들의 소비구조 및 고정관념의 변화와 같이 기술혁신을 통한 저탄소 경제로의 전환을 계획 중이다. 이 모든 요소들이 종합적으로 유해 물질 배출 감소 및 환경에 주는 부담의 전반적 감소로 이어져야 할 것이다.

환경혁신, 저탄소, 자원 효율적 녹색경제를 기반으로 자연보호와 경제개발을 밀접하게 연계시키는 작업은 세계 기후 통제의 주요 우선 과제 중 하나가 될 것이다.

이처럼 EU는 세계 기후 보존 문제 해결에 있어 세계에서 지도적 역할을 하려고 한다. EU는 2020년까지 온실가스 배출량을 감소하겠다는 야심찬 국가 목표를 설정해 놓았다. EU 모든 회원국들은 20×20×20이라는 계획을 수립하였는데, 이 계획은 이산화탄소 배출량을 20% 감소, 에너지효율 20% 향상, 재생에너지 비중의 20% 증가라는 내용을 골자로 하고 있다.

위의 계획을 실행하기 위해서 입법, 금융 메커니즘뿐 아니라 배출량 감소를 위한 총체적인 기술 솔루션이 담겨있는 방안의 기본 틀을 개발하였다. 기후변화 및 에너지 부문에 대한 유럽의 일괄 정책들이 채택되었는데 다음의 내용을 담고 있다.

- 청정 자동차 교통 개발 및 구형 자동차들의 교체를 통한 자동차 교통으로 인한 배출량 감축
- 연료 소비로 인한 배출량 감축
- 이산화탄소 방출 포집을 통한 발전소 설치 및 포집된 이산화탄소 저장을 위한 지하 저장탱크 설치
- 온실가스 배출량 거래 방안
- 환경 청정 제품 판매의 촉진

기후 정책과 에너지 정책 간의 상호 연계성은 미국에서 두드러지게 나타난다. 미국에는 기후 보존, 에너지효율 제고, 재생가능 에너지, 바이오연료, 원자력 에너지 개발과 관련된 일괄 정책이 마련되었다. 미국은 에너지 분야에 있어 질적인 기술 개혁의 기로에 서 있다. 미국은 2025년경에는 소비 에너지 중 재생에너지가 차지하는 비중을 25%까지, 2030년경에는 에너지효율을 50% 증가시킬 예정이다.

향후 10년 동안 청정에너지 연구 개발과 국내의 모든 경제를 청정에너지로 전환하는 데 드는 비용은 약 1,500억 달러가 소요될 것이다. 그럼에도 불구하고 미국은 미래의 온실가스 배출 감축 의무에 대해 지금까지도 불확실한 입장을 취하고 있다.

이에 중국은 녹색 GDP 기준을 개발하고 있으며, 이 기준에 따르면 중국은 환경 우선 과제를 위해 연간 GDP 성장률의 1.5~2% 감소를 희생할 준비가 되어 있다.

기후변화와의 전쟁이라는 과제와 더불어 전망의 관점에서 또 다른 현안으로는 사회와 경제가 기후변화 및 그에 따른 긍정적 혹은 부정적 결과에 적응해야 한다는 과제가 있다. 그러나 위의 과제와 관련된 장기적 기후 정

책과 해당 국제, 국내 제도는 아직까지는 완전히 마련되지 않았다.

복잡다단하고도 적응하기 어려운 미래의 메커니즘을 실현하기 위해서는 반드시 관련 개별 국가 정책, 특별 기준, 규칙, 인센티브, 위험도 인하, 메커니즘 적응에 필요한 구체적 비용 산정을 전 지구적으로 규제해야 한다.

EU회원국들은 이 분야에서 선두를 달리고 있으며, 현재 EU는 기후변화에 적응하기 위한 장기적 차원의 제도적·기술적 베이스 창설 작업을 이미 본격적으로 시작하였다. 전반적으로 선진국의 기후변화 적응 대책은 주로 심각한 기상조건 관련 위험을 줄이는 데에 초점이 맞추어져 있다. OECD 회원국에서는 이 밖의 추가적 적응 대책을 세우기 위해, 기후변화의 정도에 따라 적게는 150억, 많게는 1,500억 달러의 비용이 소요될 수 있다.

개도국에서는 전망 기간 동안 기후변화 적응 방안을 경제 개발 정책으로 통합하는 작업이 시작될 것이다. 경제 개발 정책에는 경제의 다변화, 보건 시스템 완비, 재해위험 관리, 빈곤층의 사회복지 개선 등이 포함되어 있다.

다수 국가들이 주요 환경 문제 해결을 위한 국제 프로젝트에 참여하고 국제 환경보호 협약의 당사자이지만, 효율적인 국제 환경 보호 체제는 아직 부재하며 그러한 체제를 완비하기 위한 과정은 지나칠 정도로 더디게 진행되고 있다.

■ 글로벌 환경보호 협력과 국제레짐이 발전하고 있지만, 2030년이 되어도 세계 관리 시스템은 환경 문제를 해결하기에는 아직 역부족일 것이다. 환경 문제 해결을 위한 진정한 돌파구는 전망 기간 이후에나 찾을 수 있을 것이다. 지구에 있는 인구의 절대다수가 중산층이 될 때, 많은 세계인들이 겪고 있는 사회적 낙후성, 가난과 빈곤의 대물림이 끊어질 것이다.

제3부

글로벌 사회문제

제7장

전반적 사회발전 동향

7.1. 정치 시스템 및 권력기관, 시민사회

향후 20년간 전 세계가 어느 정도 긍정적인 발전 양상을 보인다면, 21세기 인류가 직면하고 있는 일련의 복잡한 사회문제를 해결할 수 있을 것이다. 설령 문제를 해결하지 못한다고 해도, 최소한 현재의 문제가 첨예화되는 것을 막을 수 있을 것이다. 오늘날 사회, 정치 부문과 여타 부문에서 일련의 문제가 발생하고 있으며, 각 국가의 정부와 국제조직 및 국제사회가 이에 대해 중점을 두고 있다. 특히 정치 시스템 및 권력기관, 시민사회의 발전 동향과 사회 협력관계 발전, 노동시장 및 근로관계 동향, 교육과 보건시스템, 인구발전 및 빈곤문제에 초미의 관심을 기울이고 있다.

20세기 말 인류는 새 천년을 맞이하며 21세기에는 민주주의가 발전, 확대될 것이라고 기대하였다.

그러나 21세기의 문턱을 넘어 불과 10년 밖에 지나지 않은 지금, 이미 전 세계적으로 정치발전 방향이 달라지기 시작했다. 20세기 말까지만 해도 빠른 속도로 확산되던 민주화 열풍이 이젠 거의 멈춰버렸다. 오히려 민주주의의 퇴보양상을 보이는 국가도 적지 않다. 이러한 추세는 향후 몇 십년간 지속될 것이다.

유럽의 전통적 자유민주주의에 따라 전 세계정치제도가 획일화되면서 권위주의체제가 붕괴되었다. 그 결과 외형과 절차만 따지는 형식적인 민주주의를 추구하는 사회조직들이 우후죽순 등장하게 되었다.

가장 최근의 민주화(제3의 물결) 과정에서 표준화된 민주주의를 모방한 성숙하지 못한 정치제도가 수없이 생겨났다. 이렇게 발생된 불완전한 정치제도는 앞으로 20여년에 걸쳐 자신만의 논리에 따라 각자 진화할 것으로 예상된다.

정치제도가 험준하고 굽은 길을 따라 발전하게 된 배경에는 사회발전의 근본적 요소들을 비롯한 여러 가지 이유가 있다. 이러한 요인들은 2030년까지 영향을 미치게 될 것이다.

□ **제3의 민주화 물결을 맞았던 나라들이 겪고 있는 여러 문제들은 미성숙한 시민사회제도에서 비롯된 것이며, 시민사회가 사회발전의 촉진제로서 역할을 하지 못했기 때문이다.**

하지만 국민들이 적극적으로 정치에 참여한다고 해서 반드시 민주주의가 저절로 공고해지는 것은 아니다. 일부 국가에 현존하거나 혹은 형성되고 있는 사회정치체제는 민주주의의 가치를 인정하지 않고 있다. 일부 국가의 경우에는(특히 이슬람 국가) 대다수 국민이 전통적 가치를 더욱 신봉하기 때문이며, 또 다른 국가들의 경우에는 국민 대부분이 최근 수십 년간 민주주의와 시장개혁을 표방하며 실시한 변혁의 과정과 결과에 실망하였기 때문이다.

그렇기 때문에 과거 권위주의체제였던 국가에서는 대중들이 먼저 민주주의로의 변혁을 서서히 주도해야 한다. 하지만 실제로는 권력기관과 지도자들이 앞장서 민주주의를 주창하고 있기 때문에 사회 · 정치변혁과정이 한 개인의 특성에 따라 좌우되는 것이다. 이 경우 권력기관은 개혁의 주도자라는 명목하에 자신에게 이득이 되는 방향으로 사회 · 정치변혁을 이끌고, 미봉책만 쓰게 된다.

과거 사회주의였던 국가들 중 일부에서는 민주주의체제로의 전환 과정에서 일시적인 어려움을 겪게 될 것이다. 이후 발전 과정에 EU이 상당부분 영향을 미칠 것이다. 거대한 유럽의 권력기관은 반민주주의 움직임이 일어나는 것을 제한하고, 견제할 수 있는 능력이 있기 때문이다.

또 다른 국가들의 경우, 권위주의체제가 더 심화될 수도 있다. 머지않아 권위주의 포퓰리즘(populism)과 같은 특이한 현상이 확산될 것으로 보인다. 다시 말해, 폭넓은 사회적 지지, 특히 반민주주의 성향을 갖는 이들로부터 지지를 받는 지도자가 비교적 오랫동안 권력을 갖게 될 것이다.

□ 2030년경 전 세계는 민주주의의 새로운 물결을 맞게 될 것이다. 그 결과 탈사회주의 국가들의 발전방향이 바뀌고, 민주주의가 확산될 것으로 예상된다.

하지만 현재의 권위주의체제의 타성적 특성은 향후에도 크게 작용할 것이며, 글로벌 금융경제위기로 인하여 오히려 심화될 것이다.

경제위기와 금융기업 엘리트들의 이기적인 행동으로 인하여 대중들은 경쟁적 시장경제에 실망하고, 유럽의 자유민주주의 사회구축 모델도 더 이상 선호하지 않는다. 따라서 복지사회 구현의 가장 효율적인 방안으로서 유럽의 경험을 본받으려던 의지가 약해지고 있다. 한편 권위주의체제 지지자들은 전 세계적으로 국가의 경제개입이 확산되는 점을 지적하며, 자신들의 사회발전 모델이 더 우월하다고 주장한다.

민주주의가 성숙하지 못한 국가에서는 집권당의 영향력을 행정적 수단으로 이용할 수 있다. 이 경우, 권력과 조직이 약한 야당이 집권당에 반대하는 것은 당연한 일이나, 이로 인하여 혼란과 무정부주의가 심화되고, 종국에는 정치 시스템뿐만 아니라 국가 전체가 와해될 수도 있다. 그 결과 2030년경 실패국가(failed state)가 크게 늘어날 가능성이 있다. 기존의 민주주의 국가들도 어려움에 봉착할 것으로 예상된다.

□ 오늘날 전 세계적으로 일어나는 사회, 경제, 정치, 문화적 변혁으로 인하여 민주주의 정착이 더욱 어려워지고 있다.

글로벌 변혁 중 가장 눈에 띄는 추세는 다음과 같다.

- 운영계층의 다양화 및 국가이익을 침해하는 초국가적, 지역, 지방계층의 영향력 증대
- 경제이익과 사회이익의 지속적인 불균형
- 국가의 난일민족성과 사회 안정성을 위협하는 타문화 및 타종교 민족의 이주
- 대체전략의 범위축소, 주요정치세력들의 이데올로기 획일화
- 민족주의와 극우파 세력의 영향력 증대 및 소수집단의 체계적인 정치세력화
- 민주주의단체 활동의 형식화, 지지도 하락, 자유민주주의 기본원칙에만 입각한 정치적 해이
- 시민사회단체의 형태변화 – 각 사회계층의 이익을 대변하는 단체로서의 역할 축소, 다양한 이익집단 및 정부와의 협력확대(새로운 사회적 파트너십(New social partnership), 시민기업정신(Corporate citizenship))
- 시민사회와 정부의 교류 및 소통에 있어서 전자통신수단의 역할 증대
- 다양한 사회집단, 이익집단들의 국경을 초월한 국제적 교류 확산(글로벌 시민사회)

2030년경 사회정치대립과 국내 정치적 긴장은 주로 다음과 같은 구도에 따라 발생할 것이다(그림 7.1).

그림 7.1. 민주주의 국가의 영향력 구도

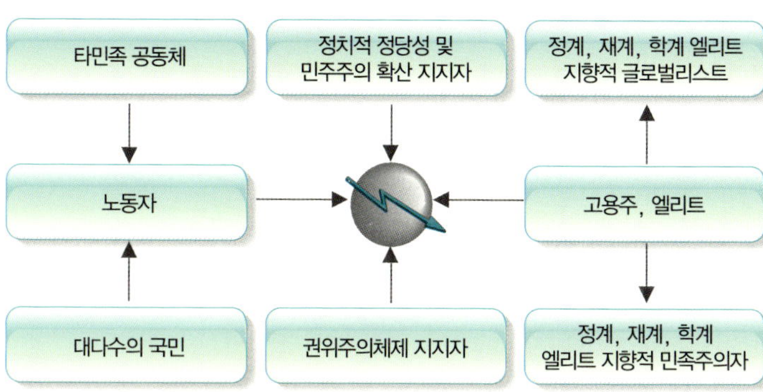

향후에도 시민사회에 새로운 단체들이 넘쳐날 것이며, 정당들은 NGO와 인터넷 단체들에 영향을 미칠 것이다. 정당들은 이 과정에서 비정당 단체는 물론 여타 사회단체 중 자신의 이익에 부합하는 실용적인 파트너를 골라 사회변화에 노련하게 대처해 나갈 것으로 추측된다.

□ 정치적 위기가 고조되면 여당의 지지층은 확연히 줄어들고, 소위 제2당의 지지자는 급격히 늘어나게 된다. 그럼에도 불구하고, 향후 선진국의 정당체제는 양당제(혹은 두 개의 연합체제)를 고수할 것이다.

이 경우, 여당은 특정 이데올로기 지향적 특성을 상실하고, 정권 장악과 유지의 도구로 전락하게 될 것이다.

이와 더불어, 적극적인 사회운동가들의 역할이 줄어들고, 관료주의자와 전략가들의 영향력이 증대될 것이며, 쇼맨십이 좋은 지도자들이 필두에 나설 것이다. 물론 사회운동이 확산되면서 새로운 정당이 등장하여 일부 중요한 역할을 할 가능성도 배제할 수 없다. 하지만 정당체제의 전반적인 진화방향을 바꾸지는 못할 것으로 보인다.

□ 사회갈등이 고조되면 정당들이 질적으로 쇄신하겠지만, 정당체제를 개혁하진 않을 것이다. 만일 인터넷을 통해 새로운 움직임이 확산된다면 정당체제를 개혁할 수 있을지도 모른다.

인터넷 단체들은 온라인에서만 집중적으로 활동하는 특징이 있다. 이들은 인터넷을 활용하여 지지자들을 동원한다(플래시 몹(flash mob) 등).

중립적인 사상을 갖거나 혹은 다원론을 주장하는 단체들(현대의 반전단체 또는 반세계화 단체들)과 더불어 특정 이데올로기, 주로 과거의 이데올로기(사회주의 등)를 새롭게 바꾸거나 또는 여러 이데올로기를 토대로 형성된 단체들도 활동하게 될 것이다. 이러한 단체들의 활동에 힘입어 사회적 목표가 일부 수정될 수도 있다(과소비 제한, 자유방임주의 비판, 전통적 윤리 · 도덕가치 회복 등).

국내정세전망

향후 20년 후 주로 선진국에서 적극적인 양상을 보일 사회세력의 특성과 미래의 정치적 우선 과제를 고려해보면, 국내정세를 보다 확실하게 전망할 수 있다.

주요 선진국들의 경우, 전통적인 자유민주주의체제가 유지되고, 시민사회는 인터넷 단체를 형성하여 지금과 같은 영향력을 행사할 것이다.

전 세계적으로 민주주의 발전 모델(의회주의와 자유, 법치국가, 인권존중을 주창하는 총선거 제도)과 권위주의 발전 모델이 끊임없이 경쟁하고 있지만, 이것은 선진국에 크게 영향을 미치지 않으리라 예상된다.

이러한 경쟁 속에서 일부 권위주의체제 도입 및 실행 단계에서 자유민주주의를 표방하는 경우가 있을 것이며, 지금보다 더욱 극심해질 가능성도 있다. 예를 들자면, 안보기관이 안전보장을 빌미로 전자수단을 이용하여 시민들의 활동을 감시하는 경우이다.

민주주의원칙을 수호하는 과제는 분명 시민사회단체의 몫이 될 것이다. 시민사회단체들은 이익과 목표에 있어서 더욱 다양하고 복잡한 형태를 갖게 될 것이다. 이와 더불어, 국가와 사회 간의 새로운 커뮤니케이션 수단(전자정부와 같은 쌍방향 커뮤니케이션 수단)이 많아지고, 민관협력의 종류와 시행방법이 다양해짐에 따라 정치 시스템도 복잡해질 전망이다.

국가 시스템의 일환으로, 각 지역을 대표하는 단체들 간의 협력도 증대될 것이다.

오늘날 전 세계는 자국의 문화와 종교의 독창성을 보존함과 동시에 다른 이주민족들을 통합해 나가는 방안을 적극적으로 모색하고 있다.

향후 사회 · 정치부문의 협력과 문제해결은 점차 한 국가의 문제가 아닌 국제적인 과제가 될 것으로 예상된다.

앞으로 수십 년간 전 세계는 공동의 정치적 문제를 해결하기 위하여 노력해야 할 것이다. 그중 당면과제는 제품, 자본, 노동력의 국제적 흐름을 컨트롤하는 시스템을 구축하는 것이다. 이러한 시스템을 구축하지 못한다면 앞으로 글로벌 위기가 수차례 반복될 것이다. 오늘날 점차 기능이 확대되고 있는 WTO, IMF, UN과 EU 등은 내부에서 관료주의가 만연하지 않도록 감독해야 한다.

국제정치에 있어서 주요 세력들의 입장을 감안한 조화로운 정책을 펼치기 위해서는 정보의 투명성을 보장해야 하며, 선진화된 정치규범을 준수해야 한다. 그래야만 국가권력기관의 부정부패와 국제적 의무 불이행 또는 이행지연을 막을 수 있다. 더불어 국가권력기관이 국내문제를 공공연하게 반인도적, 비민주적 방법으로 해결하지 못하도록 할 수 있다.

정보기술과 정치적 진화

향후 몇 십년간 정보기술의 발전은 정치기관의 기능적 특성과 정치적 진화, 시민사회의 구조에 영향을 미치고, 민주화를 촉진시킬 전망이다.

2030년경에는 전 세계 인류의 대부분이 인터넷을 사용할 수 있게 된다. 지금보다 인터넷이 더욱 폭넓게 보급되면 권력이 정치수단으로써 정보를 독점하는 것을 제한하고, 사회조직의 수직적 계층구조를 약화시키며, 정치활동과 대중의 거리를 좁힐 수 있게 된다. 또한 수평적 사회관계를 확대, 강화할 수 있으며, 국민의 정치적, 사회적 자기조직화(self organization)를 도모할 수 있다.

물론 이러한 과정에 있어서 사회가 위험을 감수해야 하는 경우도 있다. 정보기술의 발전에 따라 극단주의자들과 반민주주의 세력이 민족적, 종교적, 사회적 반목을 일으키기 위해 기술을 악용할 위험성이 커지기 때문이다. 이미 범죄조직이나 테러집단이 정보기술을 악용하는 실질적인 위협이 도사리고 있다.

그림 7.2. 글로벌 인터넷 사회

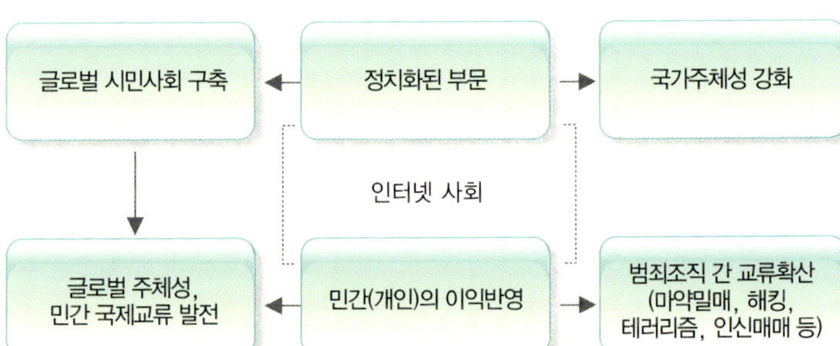

안타깝게도 최적의 기술을 이용하여 인터넷 전체를 통제할 수 있는 국가는 극히 드물다(특정 종교 또는 민족주의가 지배적인 국가에서만 가능하다).

그러나 반인도적, 인종주의적, 극단주의적 성격을 공공연하게 드러내는 사이트를 폐쇄하도록 규정하는 국제규범이 수립될 가능성도 있다. 정보법과 같은 국제법이 제정될 것이며, 관련재판을 담당하는 법원이 설립될 것으로 예상된다.

국가마다 상황이 다르므로, 시민사회의 발전수준도 동일하지 않다. 따라서 공통의 또는 유사한 목적과 이상을 추구하는 적극적인 인터넷 유저들을 통해 글로벌 시민사회를 구축해 나갈 것이다.

인터넷으로 결속된 이들은 캠페인을 통해 수천만 명에 이르는 소극적 인터넷유저들을 참여시키거나, 수십 개 국가에서 단체행동을 하도록 하거나, 엄청난 자금을 동원하거나, 선거유세에 영향을 미칠 수도 있다.

현재의 대중 이데올로기와 세계화 반대론자, 환경보호론자, 인권옹호주창자, 성적소수자 단체 등을 기반으로 강력한 글로벌 시민사회 조직이 형성될 가능성이 크다. 그리고 전 세계 대부분의 국가정치에 중요한 영향력을 행사하는 국제적 인터넷 대중매체가 등장할 수도 있다.

정치의 국제화는 각 국가발전에 막대한 영향을 끼치게 된다. 인권침해에 반대하고 정치적, 윤리적 또는 종교적 박해의 희생자들을 보호하려는 사람들이 전 세계적으로 확산될 것이다. 바로 이것이 민주주의체제를 붕괴시키려는 움직임을 막아줄 것으로 예상된다.

7.2. 기업의 사회적 책임: 자선사업에서 기업시민으로

최근의 경제위기는 사회와 재계의 관계에 있어서 대기업들이 자신을 위해 정해둔 게임의 법칙이 불완전하다는 것을 여실히 보여주었다.

소위 게임의 법칙을 근본적으로 개선해야 할 필요성이 대두된 것이다. 그 결과에 따라서 2030년경 재계와 국가 및 사회 간의 관계 발전 양상이 좌우된다. 재계, 국가, 사회 간의 관계는 여러모로 위기 이전과 같은 추세로 발전하게 될 전망이다.

특히 재계의 사회적 책임 및 기업시민의 구상과 실현, 민관협력 발전 과정, 사회 · 경제부문의 정경유착, 신 삼자주의(new tripartism) 및 신 경제민주주의의 발전 조짐과 관련하여 이러한 추세가 극명하게 나타났다. 향후 20년 동안은 이러한 추세가 확산될 전망이다.

표 7.1. 재계의 주요 사회활동

형태	주체	실행방법
사회공헌 활동	개인 및 기업 재단 기업인 시민	자선사업 개인의 자선활동
사회적 책임	대기업, 중소기업	인적자본 및 명예자산 (reputation capital) 증가
기업시민	대기업	시민사회 및 국가와의 파트너관계 수립
사회적 기업가정신 (social entrepreneurship)	중소기업 사회 비정부단체(NGO)	지역사회의 사회문제 해결
자원봉사 (volunteering)	회사에 고용된 근로자	지역의 사회적 인프라 및 서비스 현대화 지원

□ 향후 민관협력 발전 과정에서 기업과 국가 간의 더욱 건설적인 관계를 수립해 나가는 추세가 나타날 것이다.

기존에 국가가 경제에 참여하던 형태(국영기업 운영, 정부규제)와는 달리, 기업과 국가 간 협력은 계약관계, 동반자 관계를 토대로 발전해 나갈 것이다. 앞으로 사회 서비스 제공, 사회 인프라 개발 등 당면 과제의 해결에 있어서 국가와 기업 간 협력이 증대될 것이다. 이 과정에 시민사회와 지역사회 단체들의 참여도 늘어날 것이다. 다시 말해, 향후에는 진정한 민관협력이 이루어질 전망이다.

여러 나라의 민관협력 경험에 비추어보면, 사회 · 경제문제를 담당하는 기관들이 민관협력을 가속 발전시켜 나갈 것으로 예상된다. 특히 2008~2009년 발발한 경제위기와 소위 탈산업화로 인해 어려움에 봉착한 도시와 지방을 복구, 현대화하여 혁신 지향적인 새로운 산업화를 시작해야 할 필요성이 대두되었다. 바로 이 문제를 해결하기 위해서도 민관협력이

필요하다. 민관협력을 활성화하면 기존의 여러 지역 및 도시의 상황을 눈에 띄게 개선할 수 있다

□ 향후 신 삼자주의(new tripartism)라고 할 수 있는 새로운 사회동반자관계가 폭넓게 발전할 전망이다.

신 삼자주의는 기존에 국가와 기업, 노동조합이 벌이던 협상처럼 과도하게 중앙집중화된 성격이 아니다. 근로자들의 이익만을 대변하던 노동조합 대신에 여러 시민사회단체들이 참여자로 나설 것이기 때문이다.

따라서 기존과 달리 근로관계뿐만 아니라 탈산업화 시대, 정보사회에서 가장 중요한 공동의 문제들을 논의하게 될 것이다. 예를 들어, 다각적인 측면의 삶의 질, 각 사회계층의 사회참여도 혹은 소외도, 주거환경 등과 같은 문제가 중점적으로 다루어질 것이다. 신 삼자주의에서는 대기업과 중소기업을 모두 포함한 재계의 국내뿐만 아니라 국제적 역할이 중요시된다.

오늘날 신 삼자주의가 가장 발전한 지역은 북유럽 국가들이다. 향후에는 다른 국가들에서도 신 삼자주의가 널리 확산될 것이다. 신 삼자주의를 받아들인 국가들이 경제 · 사회 현대화를 활성화하면, 신 삼자주의를 사회관계의 중요 요소로 받아들이는 국가가 더 많아질 것이다.

표 7.2. 재계와 사회의 협력형태

형태	주체	실행방법
기존 3자주의	새로운 사회동반자관계	사회 지향적 민관협력
정부, 재계단체, 노동조합	정부기관, 시민사회단체, 노동조합, 재계단체	지역정부, 재계, 지역사회, 지역단체
핵심적인 사회 · 경제문제 해결에 대한 합의	양자 및 삼자협의	역내 사회 · 경제 발전 프로젝트 개발 및 시행에 참여, 프로젝트 전문가 평가

□ 2030년까지 혁신적인 메커니즘과 수단을 토대로 한 사회 지향적 기업활동, 즉 사회적 기업가정신이 발휘되는 사례가 늘어날 것으로 예상된다.

대기업의 특징인 기업시민의 체계적인 사회적 책임과 달리, 사회적 기업가정신은 중소기업들의 적극적으로 활동을 위한 기반이 된다.

소액대출 프로그램과 같은 소규모 프로젝트를 활용하여 사회환경을 개선하자는 제안들이 개발도상국뿐만 아니라 선진국에서도 제시되고 있다. 앞으로 지역사회, 기업, 정부, NGO의 협력에 있어서 소규모 프로젝트가 널리 활용될 것으로 예상된다.

향후 자선단체, 개인, 대기업 및 중소기업들이 사회공헌 활동을 통해 사회적 책임을 이행하는 경우가 더욱 늘어날 것이다. 또한 각 기업들의 개별적인 사회공헌 활동 외에도 지방, 지역, 국가 차원에서 단체로 실시하는 사회공헌 활동도 확대될 것이다.

지금까지 국가와 종교단체, NGO에서 자원봉사자들을 활용하였던 것처럼(평화봉사단, 종교단체 선교사들, 사회단체 자원봉사자들 등) 향후 대기업들도 국제무대에서 자원봉사자들을 활용할 전망이다.

기업은 사회의 요청에 따라 해당 메커니즘을 구축하고, 사회적 책임 이행을 활성화시켜 나갈 것이다. 과거에는 기업의 사회적 책임 이행이 일방적으로 이루어졌던 반면, 15~20년 사이 기업의 경제, 사회, 정치활동에 각각 영향을 미치는 대상들과 다각적으로 협력하여 책임을 이행하는 추세로 바뀌었다.

그림 7.3. 글로벌 인터넷 사회

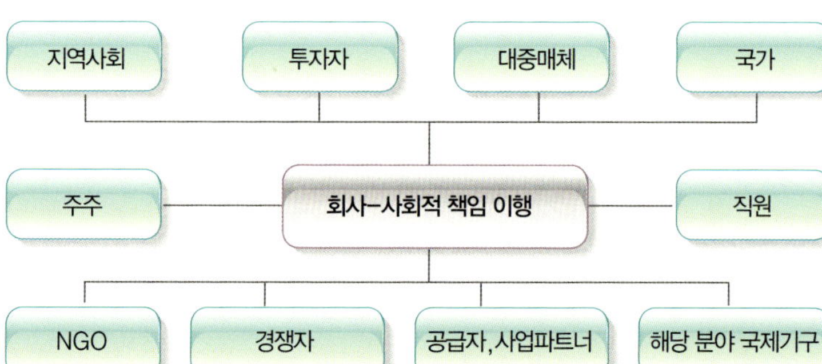

국가는 사회적 긴장 완화, 사회관계 구성원 간의 책임 재분배에 지대한

관심을 쏟고 있다. 따라서 향후 기업의 사회적 책임은 국가뿐만 아니라 국제적인 차원에서 이행될 것이다.

더불어 소비자단체, 환경단체, 권리옹호단체 및 여타 사회이익을 보호하는 시민사회단체들이 지역 및 국가 차원에서 맡는 역할이 현저히 증대될 것이다. 특히 지방정부와 지역사회가 필요한 잠재력을 갖추지 못한 국가의 경우, 시민사회단체들의 역할이 더욱 중요하다.

기업의 사회적 책임은 정치적인 성격을 갖기도 한다. 따라서 향후 기업과 여타 사회주체들 간의 관계에 있어서의 기업시민 모델이 확립될 것으로 예상된다.

전반적으로 기업의 시민활동은 위기를 극복한 직후부터 장기간 눈에 띄게 발전할 것이다. 2030년경 기업시민과 사회적 기업가정신의 구상과 실현은 기업의 가장 기본적이자 핵심적인 요소가 될 전망이다.

이에 있어서 기업의 사회활동과 시민활동은 무형적 이익뿐만 아니라, 유형적 이익도 가져다 줄 것이다. 예를 들어 기업의 명예자산과 인적자본은 물론 사회적 자본이 증대되고, 사회적 리스크는 축소될 것이다. 혁신지향적으로 발전하는 사회에서 이것은 기업의 경쟁력을 전략적으로 높이고, 기존에 기업이 사회적 책임 이행에 대해 갖고 있던 부정적 시각을 중립적이거나 매우 긍정적인 시각으로 바꿀 수 있는 방법이 될 것이다.

물론 이러한 활동에 있어서, 일련의 문제에 봉착할 수도 있다. 예를 들어, 자신이 가진 것을 유지하고 강화하려고 애쓰는 막강한 사회적, 정치적 세력의 반대에 직면할 수 있다. 특히 현대화 과정에 있거나 또는 아직 현대화를 시작조차 하지 않은 국가의 경우, 대기업의 소유주나 대표자, 투기적인 금융조직, 부패한 정부 관리들의 반대에 부딪힐 것이다.

국가가 기업의 사회적 책임에 대하여 혹은 기업에 관한 법률시행에 있어서 일관적이지 않은 태도를 보이거나, 사회적 이익이 구조화되지 않은 경우, 기업의 부정부패와 무책임한 행동이 만연할 수밖에 없다.

대기업과 시민사회단체 간의 관계발전, 민관협력의 도입, 신 삼자주의 발전은 기존과 전혀 다른 새로운 형태의 경제민주주의를 구상하고 실현시키는 밑거름이 될 것이다.

탈산업화 시대에서는 경제권력 탈중심화를 이끄는 원동력이자 로비스트로서 노동조합과 사회민주주의정당뿐만 아니라 중도파, 중도우파, 시민사회단체, 더 나아가 국가 전체가 함께 동참할 것으로 예상된다.

경제민주주의의 범위도 달라질 것이다. 향후에는 근로관계와 더불어 경제부문의 시민관계, 새로운 사회동반자관계, 민관협력관계, 사회평등원칙 실현, 각 개인과 다양한 사회단체들의 권리 및 자유 보장 등을 아우를 것이다. 그리고 경제민주주의는 거대한 지역사회(EU), 더 나아가 전 세계적으로 확산될 것으로 보인다.

표 7.3. 산업화 시대와 탈산업화 시대의 경제민주주의

형태	주체	실행방법
산업민주주의	기업인 노동조합 사회민주주의정당	근로기준법 집단계약관계 기업운영에 직원 참여
신 경제민주주의	노동조합 등 시민사회 조직, 단체 기업, 회사 및 여타 사업조직 대중매체	민주주의와 인권보호 원칙에 입각한 사회와 경제주체 간의 협력규칙

□ 이해관계 조율제도의 수립 및 발전을 토대로 주요 경제주체 간의 협력을 국제적으로 조율할 것으로 예상된다.

특히 글로벌 기업의 사회적 책임을 조율하게 될 것이다. 각 국가 외에도 국제단체, 글로벌 비즈니스 주체, 비영리단체 등 글로벌 시민사회단체들이 이러한 협력관계를 조율하는 주체가 될 것이다. 이들의 우선 과제와 기업의 활동은 직접적으로 연계될 것이다.

기업의 사회적 책임 제도를 구축하는 과정에서 각 지역들(거시지역단체, 각 국가 내 지역들)의 역할이 증대될 전망이다. 그리고 기업이 활동하는 해당 국가들과 역동적으로 발전하는 신흥개발도상국들이 협력에 참여하게 될 것이다. 신흥개발도상국들은 국제협력관계에 동참함으로써 자국 기업들의 경쟁력을 한 단계 더 제고할 것으로 기대된다.

현재 국제무대에서 점차 자리를 잡아가는 기업의 사회적 책임제도는 향후

부드러운 조율(soft regulation)을 지향하게 될 것이며, 기업이 먼저 사회적 책임에 대한 다양한 제안을 하고, 실천하는 자발적인 원칙이 적용될 것이다. 특히 현재의 사회활동에 대한 보고절차가 확실히 정리될 것이다.

조율제도는 국제기구가 채택한 문서들(UN의 글로벌 콤팩트, OECD의 다국적기업 가이드라인, 국제노동기구(ILO) 협약), 윤리규범, 기업의 책임감 있는 행동, 국제표준 시스템, 증명서 발급제도, 감사제도 등을 기반으로 할 것이다.

이와 더불어 기업이 사회적 책임을 이행할 수 있는 경제적 수단이 적용될 것이다. 예를 들어, 주가지수, 소셜(환경) 라벨링, 사회책임등급 등의 제도가 적용될 것이다. 더불어 기업의 사회적 책임과 기업시민 활동에 있어서 선례를 널리 홍보하는 인터넷 매체도 늘어날 것이며, 기업의 사회적 책임이행의 경제적 효율성을 평가하는 수단도 널리 도입될 것으로 예상된다.

그림 7.4. 기업의 사회적 책임에 대한 국제제도 수립: 수단과 목표

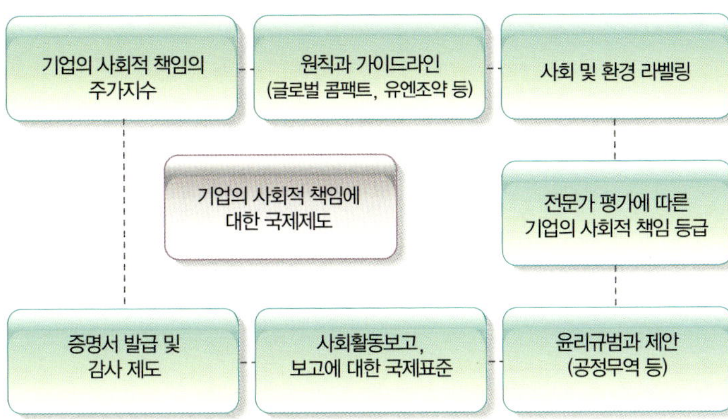

2030년에 이르기까지 지금의 재정적, 경제적 무한자유와 생산 우선 과제 결정권, 이익분배 결정권을 고수하려는 엘리트층의 반발이 이어질 것이 분명하다.

기업과 시민사회의 경제적, 정치적 영향력의 불균형은 심각한 갈등요인 중의 하나이다. 이미 학계, 정계, 시민단체에서 이에 대한 우려의 목소리

가 커지고 있다. 이러한 갈등에 있어서 전반적인 사회이익을 대변하는 주체로서 국가가 중재자역할을 할 수 있을 것이다.

그러나 국가기관이 기업경영과 유착되고, 기업의 로비에 힘없이 무너지며, 기업이 자체적으로 실시한 전문가 평가를 신뢰하는 경우가 비일비재하다. 특히 대기업들이 국가운영에 적극적으로 참여하는 EU에서 두드러지는 현상이다. 그러나 향후에는 다른 선진국들에서도 이러한 추세가 나타날 것으로 예상된다.

2010년대 후반쯤 기업의 사회화 수준이 높아질 것으로 예상되긴 하지만, 강력한 반대세력이 있다는 점을 감안해 보면, 진정한 시장사회모델을 구현하긴 어려울 것이다.

2030년까지 기업의 사회화 수준과 역동성은 경제적 요인뿐만 아니라 사회 · 정치적 요인에 따라 좌우될 것이다.

7.3. 근로관계 및 조율 시스템

근로관계와 이를 조율하는 시스템은 매우 다양하며, 각 국가별 다양한 경제발전 양상과 수준의 편차를 명확하게 보여준다.

그림 7.5. 근로관계 조율 시스템

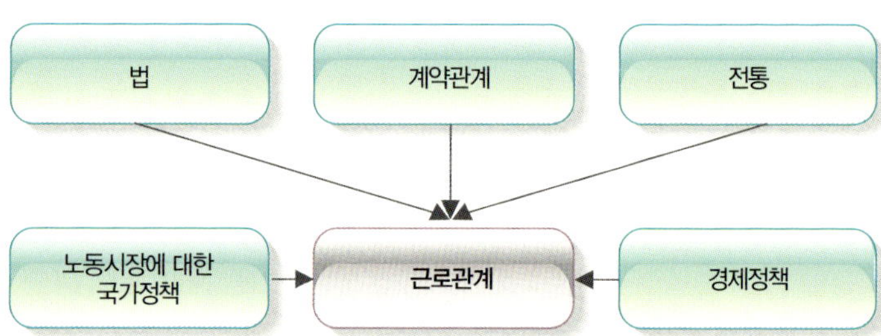

근로관계와 조율 시스템(법률, 법 적용 판례, 단체계약, 국가정책 및 문화적, 역사적 전통)은 글로벌 경쟁이라는 도전에 대응하기 위하여 향후 수

십 년에 걸쳐 더욱 유연해질 전망이다.

□ 향후 20년 동안 가장 두드러지는 추세로서 근로관계의 유연성과 불안정성이 증대될 것이다.

선진국의 경우, 주로 근로관계의 안정성은 조율 메커니즘의 계약적 특성에 따라 좌우된다. 대부분의 선진국에서 근로관계는 산업부문별로 조율된다. 따라서 상당히 수준 높은 고용기준이 수립될 수 있으며, 대부분의 근로자에게 이러한 기준을 적용할 수 있다.

그림 7.6. 근로관계 구축 및 조율단계

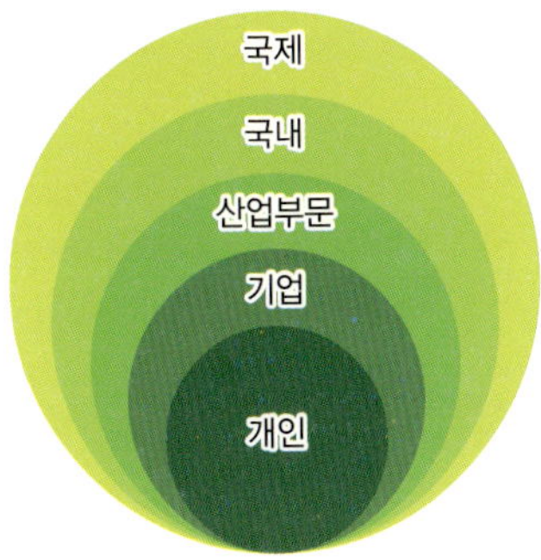

그러나 다국적 생산을 넘어 생산 국제화가 가속화되는 시대에 선진국 정부는 사회지원비용을 줄여 자국경제의 경쟁력을 높일 수밖에 없다. 따라서 주요 사회경제정책에 대하여 노동조합, 고용주연합(및 여타 사회단체) 그리고 정부 간의 대화가 더욱 활성화될 것이다.

□ 분배자(근로관계 당사자들의 이익을 불균형적으로 침해하지 않는 자)로서의 국가 역할이 증대될 것이다.

이러한 점을 고려했을 때, 향후 경제발전 활성화와 신 경제구축을 지향하는 새로운 계약 형태가 등장할 수도 있다.

경제기술요소의 영향으로 노동의 특성이 근본적으로 바뀌게 되면, 근로관계의 특성도 바뀌게 된다.

예를 들어, 새로운 기술집약적 분야나 경제부문이 등장하거나, 생산에 있어서 창조성이 부각되거나, GDP에 막대한 기여를 하는 교육, 보건, 문화의 질적으로 새로운 장이 하나의 부문으로 형성될 수 있다.

위와 같은 요소들의 영향으로, 고용조건과 마찬가지로 노동 프로세스도 각 개인에 따라 달라질 것이다. 그리고 새로운 노동 조직기술과 근로관계 조율 형태가 발전하리라 기대된다.

이 밖에도 고용조건 협의과정이 탈중심화되고, 협의 시 각 기업 또는 개인이 중심이 되어 조건을 정하게 될 것이다.

이 경우, 선진국 근로자들은 사회보장이 약해지는 불이익을 겪게 될 것이다. 하지만 단체협상의 탈중심화와 근로관계 조율의 개별화가 근로자 전체의 권리를 축소하거나, 고용주와 근로자 간의 힘의 균형을 뒤집지는 않을 것이다.

근로관계 조율 형태가 달라진다는 것은 노동부문 자체가 달라진다는 것을 의미한다. 기존의 산업화 시대와 비교하여, 생산전문 근로자들의 비중은 줄어들고, 창조적인 업무를 담당하는 근로자의 역할이 증대될 전망이다.

그 결과 생산관리에 있어서 근로자의 역할이 달라지고, 새로운 동기부여 시스템이 등장할 것이며, 기존의 사회에서 발생하던 근로자와 고용주의 간의 대립구도도 달라질 것이다.

근로관계 조율이 개별화될수록 집단제도나 단체협상의 역할이 줄어들게 된다. 오히려 근로자에게는 개별적인 협상을 통해 얻어내는 고용조건이 단체협상에서 얻는 조건보다 유리할 수 있다.

고용의 불안정성 또한 각각의 근로자의 선택에 따라 상당부분 좌우될 것이다. 왜냐하면 근로자는 예전과는 전혀 다른 업무동기, 업무의 특성, 내용을 가장 우선시할 것이기 때문이다(가장 기본적인 임금조건이 충족되었을 경우).

기존의 업무조직 방식을 따르는 기업에서는 대부분의 근로관계도 정해진 제도와 단체계약을 통해 조율될 것이다.

선진국의 경우, 근로관계 시스템의 유연성이 증대될수록 노동조합의 대립적 성격도 강해질 것이다. 노동조합이 지나치게 강할 경우, 시장상황이 어려워지고, 결국 경제위기를 초래할 수도 있다.

일부 국가의 정부와 고용주들은 기존의 제도와 근로관계 조율체제를 유지하길 바랄 것이다. 왜냐하면 정부로서는 대대적인 개혁을 실시해야하기 때문이다. 그리고 고용주의 입장에서 보면, 기존의 노동조합이 협상에서 자신의 이익을 고수하긴 하지만, 그래도 합의된 사항을 충실히 이행해 왔기 때문이다.

■ **전반적으로 평가해볼 때, 향후 20년 내에 선진국들이 경제개발 가속화라는 단 하나의 목적을 위해 사회 안정화에 발 벗고 나서진 않을 것이다. 하지만 근로관계는 어느 정도 유연해질 것이라고 예상된다.**

장기적인 관점에서 단체계약을 통한 근로관계는 다음과 같이 활용될 것이다.

- 제도적 · 법적으로 이미 구축된 시스템으로 활용할 경우
- 사회 전체의 시각에서 보았을 때, 단체계약을 통해 다양한 이해관계를 조율하는 것이 가장 합당하다고 판단될 경우

□ **향후에도 사회노동 부문에 있어서 계약법칙은 협의를 이끌어내는 효율적인 메커니즘으로 유지될 것이다.**

그림 7.7. 선진국 내 단체계약을 통한 근로관계 조율 메커니즘 변화추세

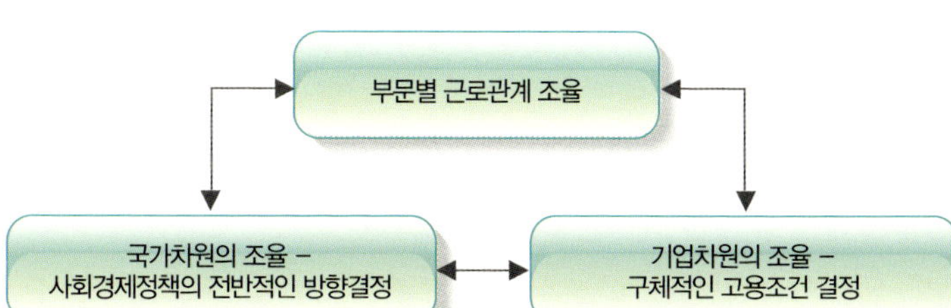

이 모델의 경우, 엄격하게 지켜야 하는 틀이 없기 때문에 다양한 국가에서 자국의 문화적, 역사적 특성을 고려하여 적용할 수 있다.

따라서 국가가 이 모델을 적용하고자 한다면, 현대화 과정에서 경제발전이 사회에 미치는 부작용을 일부 완화하고, 사회 안정성과 단일성을 더욱 공고히 할 수 있으며, 급진적인 정치적, 제도적 변혁을 감수하지 않아도 된다.

그림 7.8. 사회적 근로관계 특성을 변화시키는 요소들

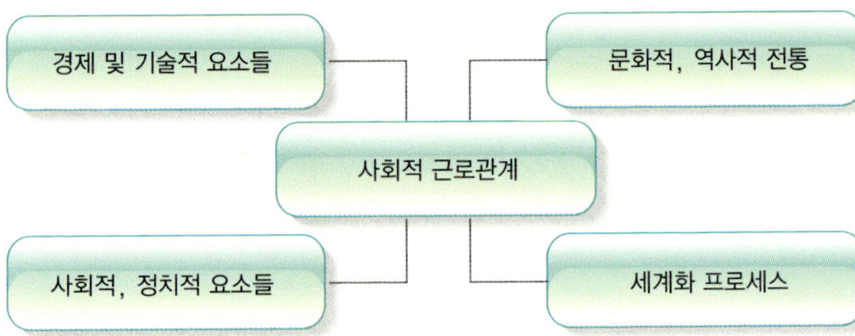

사회적 합의제도는 자유롭게 선택한 건설적인 일자리, 근로기준, 사회보장과 더불어 국제노동기구(ILO)가 주장한 좋은 일자리(Decent work)를 구성하는 핵심 요소이다.

국제노동기구는 법규에 따라 노동시장을 조율하도록 정하고 있다. 이러한 국제노동기구의 역할은 향후 수십 년간 지속될 것이며, 오히려 지금보다 더 강화될 전망이다.

국제적으로 사회적 합의제도가 구축되고, 효율적 수단으로서 빠르게 발전할 경우, 국제노동기구의 역할이 더욱 강화될 것이다.

국제노동기구의 주도 하에 국제고용기준이 명시된 일련의 국제기본협약이 체결될 것이다. 이러한 협약에 명시될 조건을 널리 적용하기 위한 메커니즘이 수립된다면 보다 폭넓은 부문의 많은 기업들이 고용조건을 법적으로 조율하고, 평등하게 적용할 수 있으리라 기대된다.

지금과 마찬가지로 향후에도 근로관계 수립 및 조율에 있어서 다국적기업들이 가장 핵심적인 역할을 할 것이다.

다국적기업은 글로벌 고용주로서 사회적 합의제도의 새로운 조직적 기틀을 마련하고, 점차 치열해지는 경쟁 속에서 기업 활동을 하는 다른 고용주들에게 행동 방향을 제시해 줄 수 있을 것이다.

치열한 경쟁은 직원과의 업무를 조직하기 위한 신기술 도입, 원격근무, 전자매체를 이용하는 재택근무자 등과 같은 새로운 고용형태 증가, 근로관계의 새로운 조율방법(계약근로제 등)을 개발하도록 촉진제 역할을 하기도 한다.

또 다른 측면에서 보면, 개발도상국의 근로관계가 사회화되는 과정에서 다국적기업은 선진국의 근로관계 기준을 개도국에 전수하는 수출업자와 같은 중요한 역할을 할 것으로 예상된다.

다국적기업들은 판매시장을 확대하기 위하여 자신이 활동하는 국가 내에서 확실한 소비자들을 확보해야 한다. 그러기 위해서는 근로자들의 임금수준을 높여서 수요 증대를 촉진해야 할 것이다. 이 과정에서 선진국과 개발도상국의 근로기준이 근접해질 것이다.

□ 현대기술은 근로의 특성을 변화시키고 있으며, 현대경제의 경쟁력 제고에 있어서 중요한 요소인 근로자에 대한 새로운 질적 요건을 제시하고 있다.

근로의 특성이 바뀜에 따라, 향후 수십 년 이내에 근로관계 조율 시스템의 핵심요소도 근본적으로 변할 것이다. 인력개발, 특히 전문가교육시스템을 위한 투자가 증가하리라 기대된다.

향후 근로 부문의 인간적 가치향상(humanization), 새로운 사회적 합의제도 확산에 있어서 다양한 비정부기구, 재단, 형식적이지 않은 제안들이 더욱 중요한 역할을 할 것이다.

하지만 통제가 불가능한 구시대적 근로관계가 주를 이루고, 국민의 상당수(여성과 젊은이)가 근로에 있어서 차별대우를 당하는 극빈국의 농업 및 서비스 부문에 있어서는 2030년까지도 크게 개선되는 점은 없을 것이다.

선진국의 경험에 따라 근로관계 개혁을 실시한 라틴아메리카와 북아프리카의 개발도상국들의 경우, 향후에도 국내 노동시장의 세분화가 지속될 것이다. 고용자 비중이 훨씬 높은 국가 부문의 경우, 향후에도 비교적 높은 임금수준과 엄격한 근로기준법 적용, 안정적인 근로관계 등의 특징이 두드러질 것이다. 하지만 민간 부문의 기업들 대부분의 경우, 근로관계가 불투명하게, 상당 부분 불법적으로 이루어지고, 비공식 부문(informal sector)의 고용비중이 높아질 것이다.

생산효율성을 높이기 위해서 각국 정부는 근로관계 조율 시스템 개혁 등을 통해 자국 경제의 투자매력도를 제고하려고 노력할 것이다. 그 결과 비공식부문의 비중이 더욱 높아지고, 국가부문의 고용기준이 퇴보하게 될 것으로 추측된다.

□ **노동시장이 세계화됨에 따라 다음과 같은 두 가지 현상이 나타나면서 향후 20년 내에 선진국과 개발도상국의 고용기준이 비슷해질 것이다.**

첫 번째, 경제발전은 선진국에 있어서 근로관계를 불안정하게 만드는 주된 요인이 될 것이다. 자국 경제의 경쟁력을 높이기 위하여 정부는 근로관계의 유연성을 제고할 것이고, 이로 인하여 고용기준은 더 악화되기 때문이다. 특히 중소기업 근로자, 임시근로자, 한 시즌에만 근무하는 계절노동자, 이주노동자 등이 늘어날 것이다.

두 번째, 개발도상국은 경제발전과 생산기술발전에 따라 노동력의 수준을 향상시킬 것이고, 그 결과 노동임금이 높아질 것이다. 이와 더불어, 개발도상국들은 경제발전에 발맞추어 근로기준법과 사회, 의료, 연금보험 제도를 개선해 나갈 것으로 기대된다.

시기적으로 보면, 첫 번째 언급한 선진국의 추세가 가장 먼저 나타날 것이고, 두 번째로 언급한 개발도상국의 추세는 2030년경 혹은 그 이후에 시작될 것이다.

그러나 전 세계적으로 대립적인 양상이 보일 것이다. 즉 세계화 시대에 발맞추어 자신의 입지를 굳히는 나라들과 시대의 흐름에 동떨어진 나라들 간의 격차가 더욱 심화될 것이다.

전 세계적인 발전에 동참하지 못하는 국가 혹은 경제 부문은 구시대적이고, 세분화된 근로관계를 유지하게 될 것이며, 대부분의 근로자들이 노동시장에서 동떨어진 분야에 종사하고, 고용을 보장받을 수 없으며, 비효율적인 근로관계 조율 시스템이 적용될 것이다. 심지어 일부 계층은 사회활동에서 완전히 배제될 것으로 추측된다.

그림 7.9. 향후 사회적 근로관계 발전추세

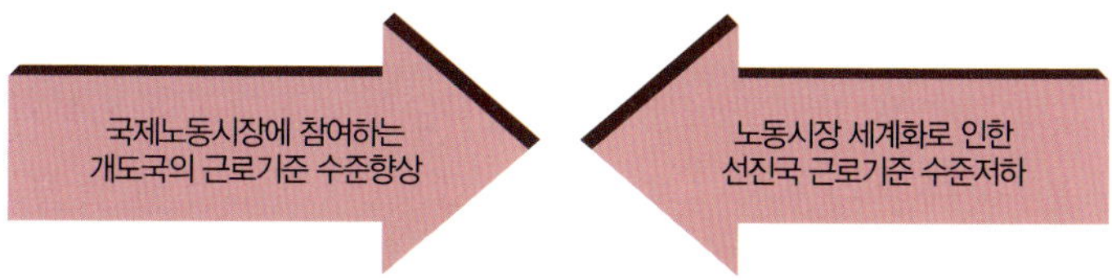

새로운 근로관계의 경계선과 국가의 경계선이 항상 일치하는 것은 아니다. 이로 인하여 개발도상국의 노동시장이 더욱 세분화될 가능성도 있다. 국제노동시장의 새로운 근로관계가 이미 수립되고 나면(2030년경 혹은 그 이후가 될 전망), 국제노동시장의 근로관계는 이미 정착되어, 더 이상 변화가 일어나지 않을 것이다. 따라서 세계화의 이득을 얻는 사람들과 세계화시대에 패배한 사람들 간의 격차가 더욱 심화되고, 근로부문의 갈등이 고조될 수도 있다.

- 국제사회가 직면하게 될 도전: 낙후된 국가들에서 지속되는 실업문제 및 대다수 국민의 빈곤문제를 해결할 수 있는 방안 등 효율적인 발전프로그램을 제시해야 한다.

제8장

세계 인구동향

8.1. 전체인구동향

현대사회의 인구는 역동적으로 증가하여 2030년경에는 약 80억 명에 달할 전망이다. 하지만 인구증가의 정점은 이미 지났다.

인구증가가 점차 둔화되는 추세가 지속되었다. 개발도상국에서는 아직도 인구폭발 현상이 지속되고 있지만, 최고점을 지나 둔화되기 시작했다.

그림 8.1. 연 평균 인구증가율 (%)

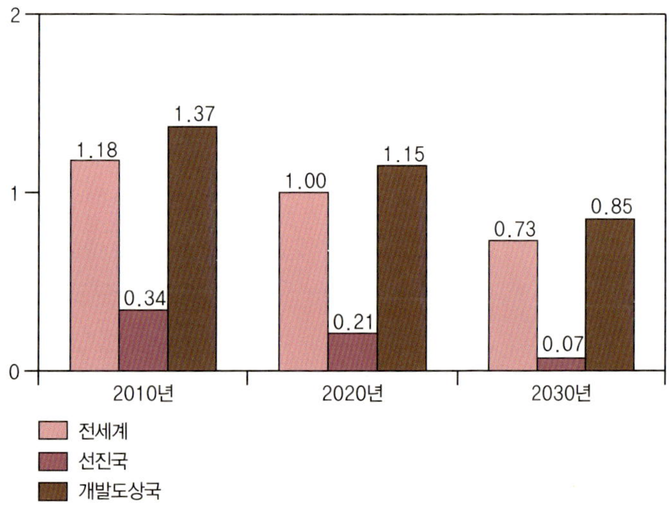

한편 선진국들은 인구위기를 겪고 있다. 이와 같이 세계인구증가율은 점차 낮아져서 2020년대 중반에는 연긴 1%미만에 그칠 전망이다.

인구증가 둔화의 주된 원인은 선진국뿐만 아니라 개발도상국에서도 나타나는 출산율 감소이다. 그래도 개발도상국에서는 여전히 다산의 전통에 따라 출산율이 높은 편이다. 반면 선진국의 경우, 인구 재생산을 통한 인구 유지도 불가능할 만큼 출산율이 낮아져서 전체 인구가 감소 추세에 있으며, 부분적으로 이주자들이 인구수를 채우고 있다.

그림 8.2. 출산율 및 사망률 전망 (인구 1,000명당 출생 및 사망자 수)

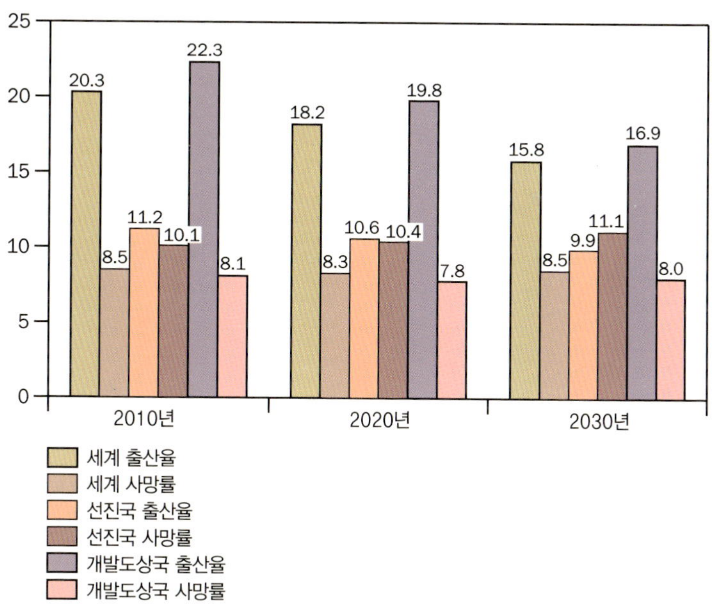

오늘날 경제발전과 더불어 삶의 질 향상으로 평균수명이 증가하였다. 특히 개발도상국들의 경우, 과거에 비해 사망률이 현저히 낮아졌다. 선진국에서는 평균수명 증가와 더불어 80세 이상의 노인비중이 크게 늘어나 인구고령화 사회가 되었다. 이로 인하여 향후 사망률이 높아질 것으로 예상된다.

지난 수십 년간 노동가능 인구(15~64세)의 비중이 전 세계적으로 증가했던 반면, 2010~2020년 개발도상국에서는 노동가능 인구의 비중이 안정화 단계에 접어들고, 선진국에서는 인구 고령화로 인하여 노동가능 인구의 비중이 줄어들게 될 것이다.

그림 8.3. 예상 평균수명 (세)

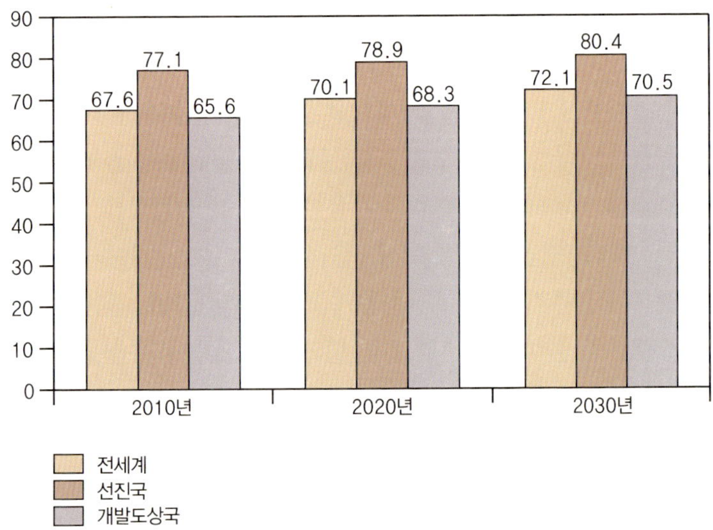

2030년까지 도시집중화 현상이 심각하게 지속될 전망이다. 특히 개발도상국에서 더욱 심화될 것이다. 2030년경 전 세계적으로 도시인구는 전체인구의 60%에 달할 것이다(2010년 기준 50.6%). 2007년 기준 인구 5백만~1천만 명인 대도시의 수는 30개 였으나, 2030년경에는 50개 이상으로 증가할 것이며, 2007년 기준 인구 1천만 명인 메가폴리스의 수는 19개였으나, 2030년경에는 30개로 증가할 것이다. 인구가 도시에 과도하게 집중된 지역에서는 환경오염, 교통대란, 높은 범죄율 등과 같은 문제가 심각해질 것으로 추측된다.

□ 개발도상국을 비롯하여 세계 대부분의 나라들이 인구변화 제2단계에 접어들었다.

인구변화 제2단계에서는 사회경제 발전과 도시집중화, 교육 및 문화수준 향상, 여성의 사회적 지위 및 가치 변화, 가족의 기능 변화, 가족형태의 변화 등으로 인하여 사망률과 출산율이 동시에 감소하게 된다.

그림 8.4. 노동가능 인구 비중 (%)

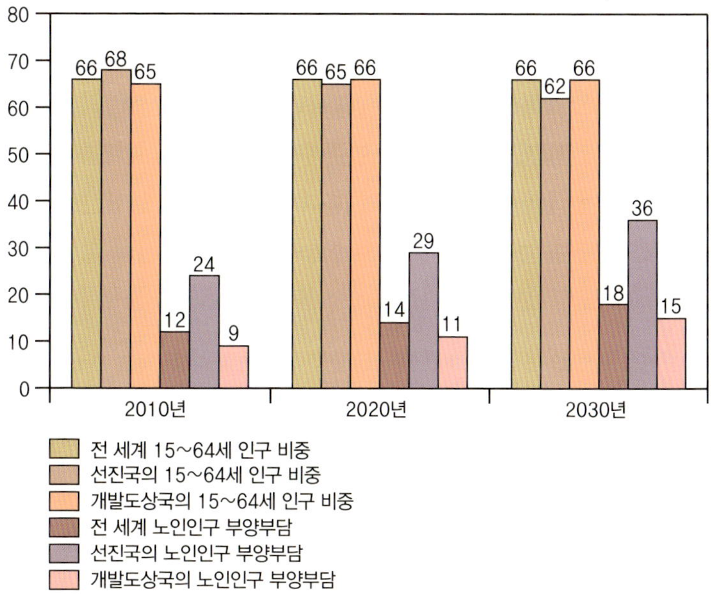

□ 선진국들은 인구변화 제2단계에서 점차 제3단계로 접어들고 있다.

인구변화 제3단계에서는 인구고령화로 인하여 사망률이 증가하고, 출산율은 여전히 감소한다.

물론 개발도상국의 인구변화추세가 선진국을 한 발 늦게 쫓아오고 있어서 아직까지는 전 세계 인구변화추세가 균형을 이루고 있지만, 지역별로 살펴보면 인구편차가 극심하게 드러난다. 인구증가는 주로 개발도상국을 중심으로 일어나기 때문에, 전 세계 인구의 비대칭적 분포구조가 심화된다. 2010년 기준 개발도상국의 노동가능 인구를 포함한 전체인구는 세계인구의 82%을 차지하고 있으며, 2030년경에는 85%까지 증가할 전망이다.

인종 문화적(ethnocultural) 측면에서 볼 때, 이러한 현상은 전 세계가 아프리카화, 아시아화될 것을 암시한다. 또한 개발도상국 문화의 영향력이 전 세계적으로 증대되어, 아프리카와 아시아의 문화가 지배적인 시대가 도래할 것임을 의미한다.

8.2. 선진국 인구전망

선진국들의 경우, 급격한 인구증가는 기대하기 어려우며, 향후 인구동향은 이주자들의 수에 따라 좌우될 것이다. 이러한 선진국들의 인구전망은 3가지 형태로 나누어볼 수 있다.

적정 속도의 인구증가: 주로 이주자들이 많은 국가(미국, 캐나다, 호주, 뉴질랜드)의 경우, 라틴아메리카, 동아시아 및 동남아시아와 비슷한 속도로 인구가 증가할 것이다. 향후 이러한 국가의 인구증가의 절반은 이주자들이 차지할 것이며, 적극적인 이주에 힘입어 국민연령층이 젊어지고, 출산율도 높아질 것이다.

인구 안정화: 출산율과 사망률이 거의 동일한 수준이며, 보통 이주자들이 많이 유입된다. 현재 대부분의 서유럽 국가들에서 나타나는 추세이다.

인구감소: 출산율에 비해 사망률이 훨씬 높으며, 이주자 유입으로도 자연적 인구감소 수가 채워지지 않는다. 향후 러시아를 포함한 동유럽 국가의 대부분에서 나타날 전망이며, 이 지역 전체 인구수가 현재보다 약 2천만 명 감소할 것으로 예상된다. 이런 조짐은 일본에서도 나타날 것이다. 더불어 독일, 이탈리아, 포르투갈과 같은 서유럽 국가들에서도 이런 추세가 시작될 것으로 예상된다.

인적자원이 경제성장 및 사회발전에 가장 중요한 자본이 되는 시대에 이러한 그룹에 속하는 국가들의 사회발전 전망과 미래 국제경제 및 정치에 있어서의 입지는 여러모로 인구동향에 따라 좌우될 것이다.

■ 각 지역별로 인구동향이 차이를 보이기는 하나, 모든 선진국이 인구고령화, 노동가능 인구 감소, 노인부양부담율 증가로 야기되는 사회문제에

봉착하게 될 전망이다.

공급되는 노동력과 고용자 수가 감소하게 되면 경제성장을 제한할 수 있다. 고령자들로 인해 전체 비활동 경제 인구가 증가하게 되면, 십중팔구 저축수준도 낮아질 수밖에 없으며, 이에 따라 국내투자를 위한 재원이 감소하고, 국가재정이 위축된다.

인구고령화는 한편으로는 사회서비스, 특히 독거노인들을 위한 복지서비스 증대, 의료 및 연금보험에 따른 비용증가를 야기한다.

또 다른 한편으로는 고령화로 인해 노동불가능인구뿐만 아니라, 사회를 유지해 나가는 근로자의 수가 줄어들고, 각 세대들 간의 자금이동위축은 물론, 국가의 세금수입도 줄어든다.

노인혁명(Silver revolution), 즉 고령화 사회에서는 정치 부문에 있어서 노인들의 역할이 확대되고, 노인들의 정치적 이해관계도 증가한다. 따라서 세대 간 · 세대 내 갈등이 고조되고, 사회의 단결력이 약해질 위험이 있다.

인구변화로 인한 문제들(연금수혜자 증가, 연금보험료 인상, 연금저축 및 수혜구조 변동 등)로 연금보험 개혁의 필요성이 대두된다.

노동생산성 증대 가속화기술, 무인생산(로봇장비 등)을 통한 노동절약 기술을 개발하고 폭넓게 도입해야만 한다. 더불어 인적잠재력을 종합적으로 개발해야 한다. 정보기반경제에 필요한 능력을 교육(지속적 교육)시킬 뿐만 아니라, 현재보다 더 장기간 근로할 수 있는 능력을 키워야 한다. 이와 함께 인구의 경제활동 수준 증대, 전문가들의 분야별 · 지역별 이동성 확대는 물론, 전반적으로 노동시장의 효율적인 기능 및 노동자원 활용을 도모해야만 한다.

인구가 빠르게 증가한다면 전 세계적으로 경제활동인구가 증대될 것이다. 현재 30억 명 정도인 경제활동인구가 2030년경에는 40억 명 이상까지 증가할 것이다. 더불어 노동력분배에 있어서 글로벌 불균형이 초래될 수도 있다. 2030년에는 세계인구의 40%가 인도와 중국에 집중될 전망이다.

8.3. 이주문제

□ 장기적인 측면에서 노동력 부족으로 야기되는 일련의 문제를 과학기술 발전 가속화로 해결하기 위해서는 우선 이주의 증가가 필요하다.

이주자 유입은 선진국의 경제에 필요한 노동력을 보장해주지만, 단기적인 측면에서 노동보수조건과 지역근로자고용을 악화시키고, 1인당 GDP, 1인당 소비, 노동생산성, 저축률에 부정적인 영향을 미친다. 새로운 이주자들이 집중된 지역에서는 사회보장으로 따른 부담이 가중되고, 더 많은 국가예산이 필요하다.

그럼에도 불구하고 장기적인 측면에서 이주자 유입은 긍정적이다. 특히 EU의 경우, 이주 활성화는 노동시장의 구조적 불균형을 해소하고, 경제의 혁신부문을 강화해 나갈 수 있는 중요한 해결방법이다.

합법적으로 선진국에 이주하는 교육수준이 높고, 적응력이 뛰어난 이주자들은 빈곤악화나 사회 불균형과 같은 심각한 리스크를 초래하지 않으며, 해당 국가의 사회 동원력을 촉진시켜준다. 하지만 과거 이주해 온 사람들이 사회적으로 소외당하는 문제가 상존한다.

차별의 조치들은 다른 국가로부터 이주해오는 노동자원의 효율적인 활용을 방해한다. 불법이주자 유입은 노동시장의 세분화와 불법고용 증대, 낮은 수준의 고용기준 적용 등과 같은 문제를 야기한다.

인구증가율이 높은 개발도상국 국민들이 선진국으로 대거 이주하게 되면 해당 국가내 타민족, 타문화, 타종교 그룹이 증가하게 된다. 서유럽의 경우(특히 프랑스, 독일, 네덜란드, 오스트리아), 이슬람 국가의 이주자 수가 3천만 명 이상이며, 유럽인이 아닌 소수인종의 수가 국민의 15%이상을 차지한다.

이주자들과 소수민족의 증가는 심각한 범죄증가의 원인이 될 수 있다. 현재 유럽의 경우, 극단주의 성향을 갖는 타인종, 타종교 그룹의 불법이주로 테러리즘의 위협이 심각해지고 있다.

타문화 이주자들이 대거 유입되면, 사회통합이 어려워지고, 문화적 단절이 심각해 질뿐만 아니라 외국인혐오주의와 인종주의가 극심해진다. 우리 민족과 다른 민족, 특히 타민족으로 선을 그어 나누게 되면, 사회발전의 토대가 되는 신뢰가 무너져버린다.

인종갈등은 이주자 수용국가내에서 심각한 사회분쟁 요인이 된다. 원주민들과 이주자들 간에 긴장이 고조될 뿐만 아니라, 과거 이주해 온 타민족과 최근 이주한 타민족 간에도 갈등이 심화된다. 그리고 해당 국가의 사회에 동화된 이주자들과 자국의 가치와 문화를 신봉하는 이주자들 간에도 갈등이 초래된다. 해당 국가의 원주민들도 이주반대자와 자유주의자로 나뉘게 되며, 이주반대자들의 목소리가 커지면 커질수록 급진우파의 정치적 영향력이 커진다.

사회적 불만이 걷잡을 수 없게 커지면, 이주자들의 정치적 행동도 통제 불가능해진다. 이주자들을 수용한 국가의 정치성향이 외부영향에 따라 좌우되고, 이주자들의 조국에서 일어나는 문제와 갈등이 이주국가에서도 발생된다. 특히 이슬람 국가의 문제가 유럽국가 내에서 갈등을 초래하는 것과 같은 현상이 일어난다.

정치제도에 소극적으로 참여하는 이주자나 소수인종들 많은 선거구, 특히 지방의 경우, 안 그래도 저조한 선거율이 더 낮아진다. 외국인들이 조직하는 사회단체, 특히 유럽 수준의 초국가적인 사회단체들이 이주자 수용국가의 공식적인 정치에 반대세력으로 나서면서, 해당 국가의 대외관계에 영향을 미치고, 국익에 반하는 조치를 주장할 가능성이 있다.

□ 이주 및 이주자통합 문제는 정치 분야의 핵심 문제로 대두되고 있다.

이주자들은 보다 효율적인 이주정책을 마련하고 시행할 것을 요구한다. 하지만 유럽 국가들은 노동력이 부족하기 때문에, 막대한 사회 · 문화적, 인종정치적 희생을 감수하고라도 해외인력을 유치할 수밖에 없는 실정이다.

따라서 이주자의 수와 구조를 최적화하기 위해서 선별적인 이주정책을 펼치는 추세이다. 해외 전문가, 기업인, 투자자, 학생의 유입을 촉진하고, 노동시장의 수요를 고려하여 반드시 필요한 만큼만 비전문 인력을 임시로 유치하는 것이다.

이와 더불어, 이산가족과 난민을 선별적, 제한적으로 수용하며, 불법이주를 차단하는 것이다. 다시 말해, 교육수준이 낮고, 문화적으로 융화되기 어려운 타민족의 이주를 제한하는 것이다.

향후에도 이주자들의 문화적 통합과 사회융화를 원칙으로 새로운 통합정책을 모색할 것이다. 불가피한 이주와 불법이주를 막기 위해, 현재의 이주자 수용국들은 이주자 유출 국가에 대한 해외원조를 확대해 나가고, 이주자관리를 위한 협력을 발전시켜 나갈 것이다.

이주자 수용국은 이주문제를 해결하기 위하여 이주정책의 합의, 통합, 변화 및 단일한 이주제도 구축을 강화해 나갈 것이다. 그 일례로써, 현재 EU가 수립 중인 이주제도를 꼽을 수 있다.

이와 더불어, 소득수준이 낮은 국가가 발전하는 과정에서 수많은 이주노동자들이 발생할 것이다. 물론 개발도상국의 삶의 질이 높아질 전망이긴 하나, 선진국과 개발도상국의 발전수준이 크게 편차를 보이기 때문에, 향후 수십 년 동안 선진국으로의 대거 이주가 계속될 것이다.

그 밖에도 개발도상국의 급격한 인구증가와 사회복지에 대한 요구 증대로 천연자원 및 환경, 생산 및 사회 인프라에 대한 국민재정부담이 증가할 것으로 예상된다.

경제가 발전하면 소득이 증대되고 식량소비가 증가하지만, 농업종사자의 수는 줄어든다. 이와 더불어 기후변화가 지속된다면, 식량안보 문제가 첨예화될 가능성이 있다. 식량뿐만 아니라, 식수를 포함한 수자원과 에너지자원 부족 문제도 심화될 것이다.

또한 선진국에 비해 발전수준이 낮은 국가에서는 위생개선, 보건시스템 발전, 가족계획을 포함한 1차 보건체계 개선이 당면 과제가 되리라 예상된다.

개발도상국도 인구가 점진적으로 고령화되는 추세이지만, 여전히 아동과 젊은이들의 수가 증가하고 있기 때문에 교육제도발전, 특히 발전수준이 낮은 편에 속하는 국가의 기본교육제도를 발전시켜야 한다.

사회경제 발전 전략이 노동자원 수준향상에 근간을 두고 있는 개발도상국의 경우, 청소년의 높은 비중은 경제활동 인구의 부담이 증가 하는 것을 의미한다.

개발도상국에서 노동력 공급이 증가하면, 젊은 근로자들의 고용보장 문제가 대두된다. 경제발전이 미약할 경우, 고용보장이 제한적이기 때문에 실업률이 급증하고, 빈곤과 사회 불균형이 심화된다. 도시집중화 속도가 빨라지면 노동시장 불균형뿐만 아니라 주거시설 부족난이 심각해진다.

인구의 평균연령대가 젊고, 경제발전수준이 낮은 국가에서는 민주주의 뿌리가 흔들리고, 정치적 불안정과 사회문제 첨예화가 야기된다. 이로 인해 정치적 갈등과 극단주의가 심화된다.

이러한 지역들의 사회적, 정치적 불안정은 불가피한 이주를 초래하고, 젊은 열성자(passionary)들이 국제테러조직에 합류하게 될 가능성이 높아지며, 결국 이 지역들의 문제가 다른 지역으로 번지게 된다.

선진국과 개발도상국 모두 비전문 인력보다 전문 인력의 수가 더 빠르게 증가하고 있다. 그 결과 국제노동시장에 필요한 전문가와 높은 수준의 인력들의 비중이 증가한다. 이러한 인력들은 잠재적으로 이주가능성이 매우 높다.

■ 경제위기 이전 수준으로 대외무역과 해외투자가 활성화되면 통합을 지향하는 새로운 단체가 구성되거나 기존의 조직들이 확대된다. 따라서 각 국가의 노동시장이 세계경제로 통합되며, 각 지역의 근로기준이 세계근로기준의 영향을 받고, 전반적으로 국제노동시장의 세계화 추세가 두드러진다. 또한 국제노동시장의 제도적 기반과 운영 메커니즘이 강화된다.

이러한 과정에서 해외노동력의 이용범위가 확대되고, 국가간 노동력과 일자리 이동이 많아진다. 그 결과 전 세계적으로 생산요소를 보다 합리적으로 활용하여, 궁극적으로 세계경제의 효율성이 제고될 것이다.

제9장

교육 및 보건, 빈곤문제

9.1. 세계 교육제도

전체동향

2030년경에도 다양한 국가별 사회 · 경제 발전 수준과 질적, 구조적 특성은 지금처럼 큰 차이를 보일 것이다.

전통사회에서는 지금과 마찬가지로 원시적인 형태의 농업을 주로 하고, 산업시대의 상징물인 컨베이어 벨트가 돌아갈 것이며, 글로벌 정보사회의 대열에 합류하기 위해 노력할 것이다. 다양한 나라와 지역, 경제부문에서 사람들은 각자 맡은 역할을 수행할 것이다. 다시 말해, 경제활동인구의 숙련된 기술과 교육은 앞으로도 필요하며, 다양한 요구에 부응해야 한다는 의미이다.

산업화 단계가 끝나지 않은 개발도상국들 중 그나마 상황이 좋은 경우, 특정지역에서만 정보기술을 활용하고 있다. 이러한 개발도상국에게 있어서 공통기초교육을 보장하는 것은 2030년까지도 중요한 과제로 남아있을 것이다. 원격교육과 같은 정보통신기술이 교육에 일부 적용된다고 하더라도, 여전히 전통적인 교육방법이 주로 사용될 것이다. 따라서 현재의 교육제도가 개발도상국 국민의 빠른 성장을 도모하는 가장 중요한 수단이 될 전망이다.

전 세계가 공통기초교육을 실시하는 추세이지만, 향후 20년 이내에 모든 개발도상국에서 공통기초교육이 시행되기는 힘들 것이다. 물론 새로운 에너지자원이 개발된다거나, 일부 국가에서 급속한 경제성장을 이룬다면 상황이 급변할 수도 있다.

소위 골든 빌리언(golden billion)이라 일컫는 선진국의 경우, 개도국과는 전혀 다른 과제를 안고 있다. 선진국의 인구는 점차 감소하여, 향후 전 세계 인구에서 차지하는 비중이 현저히 줄어들 것이다. 이 점을 감안하여, 선진국은 글로벌 정보사회의 요구에 부응하도록 현재의 교육제도를 개선해 나갈 것이다.

□ 선진국들의 새천년 우선 과제는 인적자본구축이 될 것이다.

보건과 삶의 질 개선과 더불어 교육은 인적자본을 구축하고, 국민의 지식 및 기술습득을 보장하는 중요한 요소이다. 각 나라별 재정상태, 교육제도의 특성, 인구동향이 다르지만, 대부분의 선진국에 있어서 인력개발은 국가의 경제발전을 보장하고, 국제적 경쟁력을 좌우하는 전략적인 과제이다.

교육의 사회적 기능은 현재와 마찬가지로 향후에도 매우 중요할 것이다. 국가의 지원 없이도 국민들이 자주적 활동을 하고, 자신의 삶을 영위하며, 국가발전에 참여하도록 하기 위해서는 반드시 교육이 필요하다. 특히 급변하는 시대에 적응력을 향상시킬 수 있는 기본의무교육은 국민들이 사회활동에 참여하도록 촉진시켜준다.

그림 9.1. 교육과 현대화

향후 20년간 교육부문에서 다음과 같은 추세가 눈에 띌 전망이다.

- 교육 과목 및 방법론 변화
- 평생교육 실시
- 다양한 국가의 교육제도 간의 차이점 완화
- 국제 단일교육제도 구축
- 노동력의 이동성 증대
- 교육 참여자 증가
- 2030년대 세대교육에 있어서 고등학문의 중요성 증대

교육 내용 및 방법론 개선

표 9.1. 교육의 내용변화

목표	목표달성 방법
정보의 접근성 보장	전자도서관, 백과사전, 개발프로그램
지적활동 활성화	색상, 그래프, 오디오, 비디오 활용
정보습득 효율성 제고	실제상황 재현

현대사회의 교육이란 어떤 사실만을 알려주는 것이 아니라, 스스로에게 필요한 지식을 획득하는 방법을 알려주는 것이다. 따라서 향후 교육의 방법과 내용이 개선될 것으로 기대된다.

각 과목별 할당되는 시간이 조정되고, 학교 프로그램 습득능력을 평가하는 질문과 과제, 요건이 달라질 것이다.

정보사회에서 전문가들이 성공적으로 활동하기 위해서는 반드시 교육이 필요하다. 이와 더불어 현대정보사회에 통합될 수 있는 개인의 능력도 매우 중요하다.

전통적 교육과 컴퓨터교육의 수단과 방법을 통합함으로써 교사라는 직업의 특성도 달라질 것이다. 향후 교사들은 주로 컨설턴트, 지도자, 매개체로서의 역할을 할 것이다. 또한 학생들의 활동을 질적으로 컨트롤하고, 교육과정을 유연하게 관리할 수 있을 것이다.

교육방법론은 개인별 동기부여, 비판적 사고, 주도적 학습능력 향상을 위해 변화될 것이다. 학생들은 스스로 정보를 얻게 되고, 교사들은 더욱

활발하게 새로운 교육기술을 개발할 것이다. 이를 위해서는 교사들이 높은 수준의 기술과 방법론을 터득해야 하며, 업무에 있어서 자신의 창조력을 양상해야 한다.

향후 원격교육기술을 이용한 홈 스쿨링이 가능해질 것이며, 특히 여성, 장애인, 노인들도 교육에 적극적으로 참여할 수 있도록 유연하고, 친화적인 교육환경을 제공하게 될 전망이다.

평생교육 확대

혁신발전 지향적 교육제도는 지속적으로 바뀌는 근로자 요건을 고려하여, 근로자가 추가적인 교육을 받고, 자신의 지식영역을 확장하며, 재교육을 받을 수 있도록 보장해 주리라 기대된다.

평생교육이란 비형식적인 교육을 비롯하여, 추가교육, 정기적인 재교육을 아우르는 개념이다. 평생교육은 향후 더욱 중요한 의미를 갖게 될 전망이다. 그리고 형식을 갖춘 교육기관과 비형식적인 교육기관 간 협력도 증대될 것이다. 따라서 비형식적 교육, 개인경험을 통해 얻은 지식을 인정해 주고, 형식화할 수 있는 기회도 생길 것이다. 이는 컴퓨터를 이용한 독학의 비중이 늘어남에 따라 반드시 필요한 부분이다.

글로벌 교육 공간의 형성 및 국가간 교육제도의 표준화

노동시장이 세계화되고, 전 세계적으로 교육 시장이 확장됨에 따라, 각 나라의 근로자들에게 요구되는 조건도 점차 동일화되고 있다.

국제노동시장에 진출하는 개발도상국들은 주로 선진국의 교육기준을 도입할 것이다.

향후에는 혁신을 도모할 수 있는 인적자원의 필요성이 더욱 증대될 것이다. 산업관련 직업들은 주로 경제발전이 활발하게 일어나는 지역에 필요할 것이며, 산업화의 상징인 컨베이어 생산 시스템은 점차 개발도상국으로 이동하게 될 것이다. 하지만 개발도상국의 엘리트들이 유럽국가의 고등교육기관에서 수학하는 추세는 향후에도 달라지지 않을 것으로 예상된다.

노동력 이동성 증대

세계화 흐름에 따라, 근로자들과 학생, 교사들이 전 세계적으로 이동하는 추세가 강해질 것이다.

이와 더불어, 교육의 형식화, 최대한의 간소화, 단일한 교육기준 수립, 단일한 교육제도 수립을 위한 학위 인정절차 등으로 노동력, 학생, 교사의 이동성이 더욱 증대될 것이다.

노동력 이동성 증대는 경제선진국과 경제후진국에 각기 다른 결과를 초래할 것이다.

그림 9.2. 노동력 이동성 증대의 결과

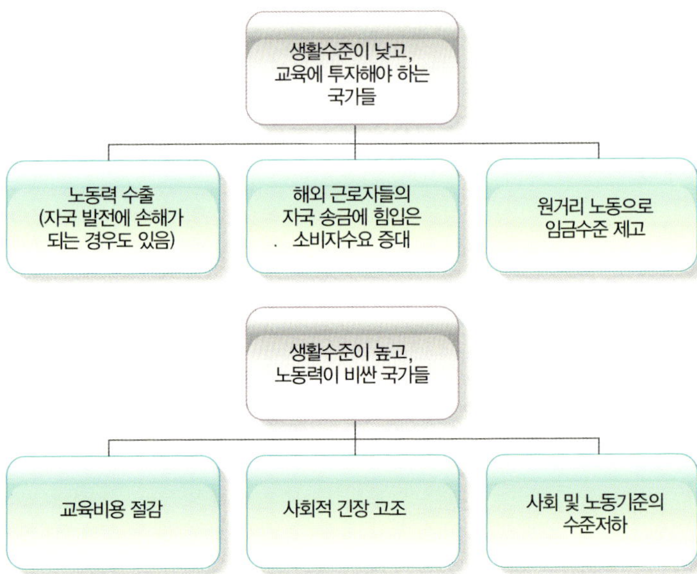

고등교육기관의 학술활동은 혁신적인 생산모델 구축에서 중요한 역할을 할 것이며, 학술활동에 필요한 물질적 기반을 강화시켜 줄 것이다. 유럽 내 고등교육기관의 경우, 교사들이 연구와 교육활동을 병행한다. 이러한 방법은 정보기술이용에 있어서 리더십을 발휘할 수 있도록 해 준다. 이와 더불어 다음과 같은 점을 보장해준다.

- 폭넓은 공개경쟁 가능
- 학술논문 전문가 심사 개선 및 지적재산권 보호 강화
- 연구결과 정리
- 대학생, 대학원생, 새로운 학자들의 학술활동분야 발전

■ 교육기관운영에 있어서 온정주의를 따르는 국가에서나, 자유주의를 따르는 국가에서나 모두 향후 2030년에 이르기까지 교육기관의 재정적, 행정적 독립성이 확대될 것이다. 또한 인사 · 재정 및 행정정책, 교육과정의 내용, 학술활동의 방향수립에 있어서 국가로부터 독립적인 결정을 하게 될 것이다.

9.2. 세계 보건제도

소득증가, 인구증대, 기후변화, 식량안보 및 사회긴장 문제 등 국가보건제도 발전에 영향을 미치는 요소들은 전 세계적으로 복잡하게 얽혀 있다.

각 요소가 어떤 결과를 초래하는지 어느 정도 예상은 가능하나, 장기적인 측면에서 어떤 결과를 낳을지는 예상하기 어렵다.

향후 전 유럽국가에서 인구고령화가 지속될 것이다. 이는 국가의 보건비용을 증대시키는 주된 요인 중 하나이다. 이와 더불어 의료기술이 점차 발전함에 따라 보건지출비용이 증대되고 있다.

인구고령화에 따른 추가적인 지출을 막기 위해서는 보다 세밀한 보건 및 사회보장 전략을 펼쳐야 한다. 적합한 대책을 보장하기 위해서는 고용과 퇴직에 대한 새로운 전략을 개발 및 도입해야 하며, 사회보장과 보건을 담당하는 국가기관 간의 협업을 강화해야 한다.

국제사회 대부분의 국가들은 의료서비스 제공비용을 관리하기 위하여, 2030년에 이르기까지 국가보건제도를 개혁해야 한다. 선진국들은 이를 해결하기 위한 다양한 방안을 제시할 것이다(그림 9.3).

그림 9.3. 국가보건제도 개혁의 주요방향

1. 경제발전둔화 – 개발도상국내 인도주의적 활동확대를 위한 자금부족/개발도상국 보건에 대한 국가지원금 및 해당 국제기구의 지원금 증가
2. 의료진과 환자, 의료서비스 제공자와 수요자 간의 법적관계 및 지위 변화
3. 각기 다양한 의료서비스를 생산 및 제공하는 주체들 간의 신 경쟁구조 형성
4. 국가예산감소시 의료서비스에 대한 재정지원을 보장하는 멀티채널시스템 구축
5. 의료서비스 제공자와 수요자 간의 관계자유화를 고려한 효율적인 환자권리보호 방안 마련
6. 의료서비스 품질 표준화, 라이센싱, 전문가평가 제도의 역할 강화

향후 다음 요인들로 인하여 보건부문의 불확실성이 고조될 수 있다.

- 선진국으로의 노동이주로 인한 국내 전문적 의료인력 유출
- 탈중앙화, 사유화 등과 같은 국가개혁이 보건 부문에 미치는 부정적 영향
- 국가와 민간 부문의 경계가 사라짐으로써 국립의료기관 근로자들에 대해 비공식적으로 돈을 지급하거나, 국립의료기관의 약품이 민간시장에 유통되는 사례 발생
- 각 국가 및 세계 전반적으로 의료서비스 접근성의 불균형 초래
- 무질서한 도시집중화 및 세계화로 인한 전염병 확산 가속화, 만성질환 및 비전염성 질환 치료에 따른 부담증가

모든 국제기구들의 업무를 조화롭게 조율할 수 있는 메커니즘을 구축하면, 전염병 확산, 기근 및 여타 비상상황으로 인한 심각한 피해를 보다 효율적으로 극복할 수 있으리라 기대된다.

퇴직 후 연금수혜자가 되는 연령도 현재보다 훨씬 높아질 것이다. 따라서 노인학(gerontology)과 여타 학문의 발전이 더욱 활성화될 것이다. 인간의 건강, 평균수명, 삶의 질은 향후 과학과 기술 발전의 중요한 주제

가 될 것이다.

그림 9.4. 불확실성을 야기하는 요인들

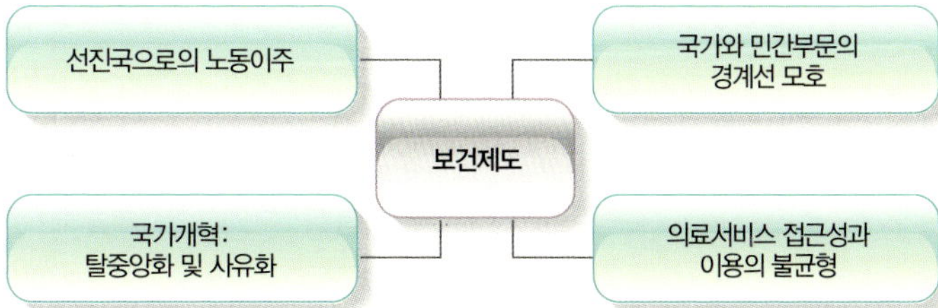

이 밖에도 개인들을 위한 조언, 운동장려, 건강한 식습관 등 건강관리 프로그램들이 개선되고, 대학, 병원, 정보기술 공급자들도 국민건강개선에 동참할 전망이다.

그림 9.5. 과학과 기술의 발전전망

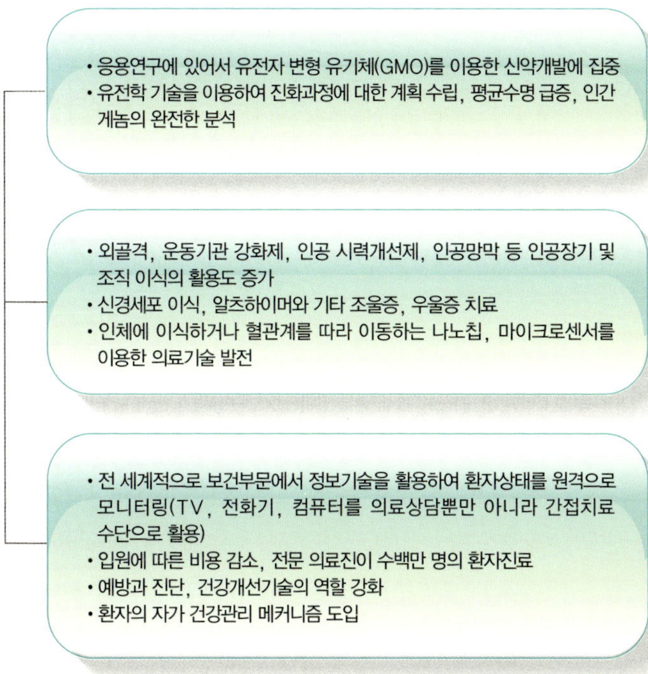

□ 2030년까지 연구 및 개발되는 기술의 상용화에 10년 이상이 소요된다.

생활수준 향상, 국가의 보건지원비용 증가, 환자의 유료서비스 이용능력 향상에 따라 새로운 시장들이 등장하고 세계화될 전망이다. 의료 신기술과 약품의 국제시장은 지금과 마찬가지로 대규모 다국적기업들로 구성될 것이다. 연구사업과 생산, 새로운 시장에 제품 출시 등에 막대한 자금이 필요하기 때문이다.

오늘날 유전공학, 줄기세포, 복제기술의 법적, 윤리적, 도덕적 측면이 논쟁거리가 되고 있다. 하지만 향후에는 이러한 기술의 개발과 적용에 대해 대부분의 국가가 자율적으로 결정하게 될 것이며, 사회는 의료신기술에 익숙해질 것이다. 그러나 향후 20년 이내에 이 문제에 대해 모든 국가가 동일한 관점을 갖기는 어려울 것이다.

9.3. 세계 빈곤문제

빈곤이란 인간이 생물학적 존재로 살아가기 위해 필요한 기본적인 욕구조차 충족하지 못하는 상태가 지속되는 상태를 의미한다. 오늘날 전 세계적으로 다양한 형태의 빈곤이 계속되고 있다. 특히 제4세계라 일컫는 후진국의 대부분이 빈곤을 겪고 있다.

전 세계를 불안정하게 만드는 여타 복잡한 경제, 사회, 문화, 정치, 국제문제와 더불어 빈곤은 향후 수십 년간 국제발전을 저해하는 주요 요인으로 작용할 것으로 예상된다.

그림 9.6. 글로벌 위기를 촉진시키는 빈곤문제

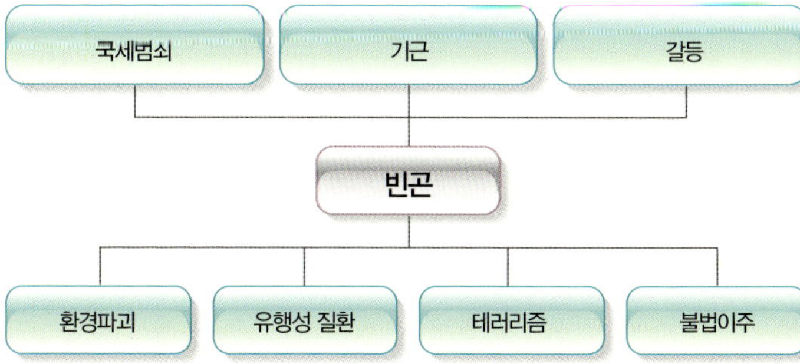

다음의 주요 요인들이 세계 빈곤문제에 영향을 미칠 것이다.

- 세계경제의 전반적 발전과 각 지역별 경제발전
- 세계 GDP 분배의 특성
- 기후변화를 비롯한 지구환경변화
- 군사, 정치, 인종, 종교를 둘러싼 국제적 대립 심화

2030년경 세계화로 인한 각 국가와 지역 내에서 인종과 종교적 갈등이 심화되어 불안정해지는 지역이 확대될 가능성이 있다. 그럴 경우, 수백만 명의 사람들이 빈곤상태에 놓이거나 난민이 될 것이다. 그리고 후진국의 사람들이 선진국으로 대거 이주함으로 인해 선진국의 빈곤문제도 첨예화 될 전망이다.

이와 같이 세계화의 부정적인 요인이 작용할 경우, 2030년까지 빈곤문제를 해결할 가능성이 낮아지고, 오히려 문제가 더 심각해질 것이다. 따라서 국제사회는 사회, 경제, 국제정치의 우선 과제를 수정해야만 한다.

선진국의 경우, 시장경기 변동, 국가의 사회정책, 저임금 일자리의 비중에 따라 빈곤문제가 악화되거나 개선될 것이다. 하지만 현재 선진국의 저임금 일자리의 비중은 점점 늘어나고 있는 추세이다.

그 이유는 대부분 비전문 인력이 종사하는 서비스 부문(무역, 수리업, 숙박업, 요식업, 공공서비스 부문)이 확대되고 있기 때문이다. 향후 20년간 이러한 트렌드가 지속될 전망이다.

뿐만 아니라 자발적 빈곤과 사회저변에 있는 소외계층으로 인하여 2030년까지 빈곤과 불균형이 심화될 것으로 예상된다.

- 현재의 소득 재분배 구조와 저임금 일자리 증가 추세가 지속된다면, 2030년경 선진국의 상대적 빈곤은 지금과 마찬가지 수준일 것이다.
  반면 후진국의 경우, 빠른 속도로 진행되는 도시집중화, 선진국으로부터 기술 및 생산품 수입, 농업부문의 일자리 감소, 산업 및 서비스 부문의 일자리 증가, 교육수준 향상, 국민의 전문성 제고로 빈곤층은 점차 감소할 것이다.

제4부

국제관계 시스템 및 안보문제

제10장

국제정치 발전 동향

10.1. 국제정치 시스템의 질적 변화

전환기의 종료

21세기 초반 처음 20년이 마무리되는 시점에서 국제정치 시스템의 발전 과정은 전환기를 넘어가게 된다.

전환기라 함은 양극체제에서 포스트 양극체제로의 전환 과정을 일컫는다. 1980년대 중반 고르바초프가 국내적으로 추진한 페레스트로이카 체제에서 추가적으로 신사고 정책이라는 대외정책을 발표한 시점이 바로 전환기의 시발점이다. 이를 기점으로 과거 40여 년 동안 동과 서로 나누어 국제관계를 맺는 지배적인 방식이었던 양극체제가 극복되기 시작했다.

양극체제의 대립방식은 서로 상극인 사회체제를 따르는 국가들 간의 상호불용 원칙을 기반으로 이데올로기적 불관용, 경제적 비협력, 군사·정치적 대립의 형식으로 나타났다. 지정학적 관점에서 보았을 때, 양극체제는 두 주축 국가인 미국과 소련을 중심으로 지원국(동맹국, 위성국, 협력국) 집단이 형성되어 양대 진영을 이룬 뒤, 서로 직접적인 경쟁을 펼치거나 국제사회에서 영향력을 확보하기 위해 각축전을 벌였던 대립구도였다.

물론, 이러한 대립의 정도와 치열함은 시기별로 편차가 있었다. 예컨대, 1948~1949년 제1차 베를린 위기 또는 1968년 바르샤바조약기구 회원국의 체코슬로바키아 군대 파병 이후에 나타난 긴장국면처럼 양극의 관계가 극도로 예민해 질 때도 있었고, 반대로 1970년대 데탕트 해빙기처럼 양극의 관계가 느슨해지는 시기도 있었다.

소련 정부가 선포한 신사고정책과 이에 대한 서구 진영의 반응은 전술적이거나 정황적인 논리를 따른 것이 아니었다. 이는 양대 진영이 대립적인 사고방식과 정책에서 벗어날 수 있다는 미래의 가능성에 초점을 맞춘 근본적인 행동이었다. 신사고정책이 선포되면서 양극체제의 깊은 뿌리가 흔들리기 시작했다. 사회주의 연합체의 붕괴는 양극체제에 치명타를 입혔다. 소련의 붕괴는 전례 없이 짧은 기간 동안에 진행되었다. 소련 붕괴 과정의 정점은 1989년으로, 소련의 동맹국이자 위성국이었던 국가들에서 벨벳 혁명이 발생한 해였다. 그로부터 2년 뒤 소련이 스스로 와해되면서 양극체제는 대단원의 막을 내렸다. 소련의 붕괴는 양극의 한 축이 사라졌음을 의미하는 것이었다. 하지만 그 이후로도 양극체제를 탈피하는 데만 20여 년이 더 걸렸다.

얄타-포츠담 체제를 해체하는 작업은 상당한 시간을 필요로 했다. 하지만 얄타-포츠담 체제의 종료는 바르샤바조약기구나 경제상호원조회의의 해체로 직결되지 않았다. 과거 사회주의 진영에 속했던 다수의 국가들로 구성된 특정 국제정치 공간에서 점진적으로 일정한 행동 패턴이 관찰되기 시작했다. 이 국가들은 중립국 지위를 열망하지 않았고, 러시아와 서구 진영 사이에서 교량 역할을 할 생각도 없다는 것을 확실하게 드러냈다. 그뿐만 아니라 이들은 오히려 서방의 일원이 되기 위해 NATO와 EU 등에 가입하는 것을 목표로 하였다. 그렇게 해서 과거 소련의 일원이었던 발트 3국이 NATO와 EU에 가입하게 된다. 소련의 영향권에 대한 불가침성의 원칙이 유명무실해지는 순간이었다.

앞으로 NATO와 EU의 규모가 확대되고 이 두 기구가 유럽이라는 국제정치 공간에서 세력을 키워나가게 되면 전혀 새로운 지역 구도가 형성될 수도 있다. 1990년부터 2000년대 초까지 새로운 국제정치 무대에서 특정 구상들은 적용이 불가능한 것으로 밝혀지기도 했다. 이렇게 무산된 구상 중에는 NATO의 순수 정치기구로의 변화, NATO 기본 방침의 극단적 수정, 전 유럽의 공동안보를 담당하는 기구로의 부상, 새로운 대륙안보유지 기구의 창설을 골자로 하는 NATO 해산 계획 등이 있었다.

한편, 20여 년에 걸쳐 옛 유고슬라비아 영토에서는 극적인 변화가 일어났다. 유고슬라비아에서 분리된 국가와 유사국가 행위주체들 간의 복잡한 전쟁이 종식되면서 유럽의 구조화는 진일보하게 된다. 유럽이라는 국제정치 공간이 글로벌 정치 공간에 편승하는 방법에 대한 문제가 부각되기 시작했다.

그림 10.1. 유럽 정치공간에서 실현되지 못한 구조화 모델

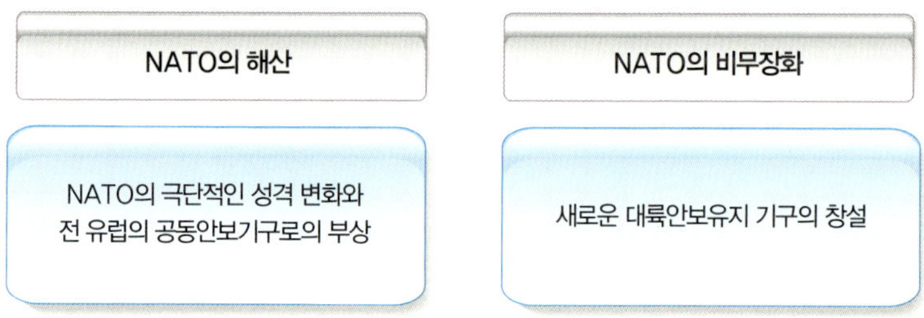

유고슬라비아 사태의 파급효과는 지역의 경계를 넘어섰다. 러시아와 NATO의 관계에서도, EU의 군사적 범위를 둘러싼 격론에서도, 2008년 8월 카프카스 전쟁(러시아 · 조지아 전쟁)에서도 그 여파가 감지되었다.

국제정치 공간에서 나타나는 전환기의 주요 특징은 미국의 일방주의가 정점을 이뤘던 시기이자 동시에 설득력을 잃게 되었던 시기였다는 점이다. 만약 2000년대 초반이 일방주의가 정점에 달했던 시기였다면 2000년대 중반은 미국의 공화당 행정부가 자신들의 과도한 공격성을 극복하려고 부단히 노력했던 시기였다고 규정할 수 있다. 2010년에는 미국 정부 내에서 대외정책의 패러다임 교체설이 제기되기 시작했다.

한편, 러시아는 정치적인 선택만으로 문명국가들의 공동체에 소속될 수 없다는 사실을 깨닫기까지, 다시 말해 문명국가들의 공동체에 소속되기 위해서 자국을 변화시키고 선진국들의 체제와 자국의 체제가 부합하도록 각고의 노력을 기울여야 한다는 사실을 확신하기까지 상당한 시간을 소모했다. 그 사이 러시아의 대외 정치적 역량은 여러 요인에 의해 강화되었고, 러시아는 이러한 역량을 동원하여 국제무대에서 자신의 존재감을 각

인시킬 수 있었다.

전반적 상황을 종합해 볼 때, 국제정치 시스템의 전환기가 사실상 종결되었음을 추측할 수 있다. 양극체제의 잔재가 남아있다 해도 대부분 미미하고 대외관계 이데올로기에서 산발적으로 재현되거나 양극체제의 관성으로 인해 본능적 행동으로 표출될 뿐이다. 특히 이러한 현상은 러시아와 서구 진영 국가들이 앓고 있는 러시아 vs 서구라는 특이질환의 증상으로 나타나고 있지만, 이러한 형태로 남아있는 대립의 잔재는 한때 심각했던 과거의 대립마저 우스꽝스러운 행동으로 전락시키고 있을 뿐이다.

세계화의 효과

오늘날 세계 발전의 양상은 집약적인 세계화 프로세스로 표현될 수 있다. 세계화 프로세스가 진행되고 있다는 것만으로도 국제정치 시스템이 질적으로 전혀 다른 차원의 특성인, 전지구적 특성을 띠게 되었다는 것이 명백히 입증된다.

세계화 현상은 뿌리 깊은 갈등 요소를 포함하고 있기 때문에 세계화가 발전되려면 국제관계에서 적지 않은 대가를 치를 수밖에 없다. 세계화는 선진국의 이해관계와 목적에서 비롯된 권위주의적 또는 계층적 형태로 나타날 수 있다. 이러한 상황에서 세계화가 강자를 더 강하게 만들고 약자는 벗어날 수 없는 완전한 의존상태로 결박시킬 것이라는 우려도 제기된다.

하지만 이유 여하를 막론하고 (그 이유가 숭고하다 할지라도) 세계화에 반기를 드는 것은 무의미하다. 왜냐하면 세계화 프로세스는 명확하고 객관적인 전제조건에 기초하고 있기 때문이다. 이를 뒷받침하기 위해서 적절한 예를 들자면, 사회가 전통주의에서 현대화로, 가부장적 공동체에서 도시화로 이동한 사례 등을 꼽을 수 있다.

세계화가 국제관계에 끼친 주요 영향은 다음과 같다.

- 세계화는 세계 통합에 기여하면서 국제사회가 직면한 공동문제(21세기 국제정치 발전에 있어서 중요한 문제)에 효율적으로 대처할 수 있는 능력을 고양시켰다.
- 오늘날 국제정치 시스템 내부에 축적되고 있는 긴장요소 중 하나는 세계화와 국가 정체성의 충돌이다. 세계 각국과 국제사회는 세계화와 국가 정체성의 유

기적 조합 방법을 모색하고, 지속가능한 발전과 국제 안정을 유지하기 위해서 세계화와 국가 정체성의 조화를 달성해야 하는 문제와 직면하고 있다.

- 세계화와 연관된 일원화, 정체성의 약화, 국가의 사회통제능력 쇠퇴, 국가경쟁력에 대한 우려 등의 현상은 국가의 방어본능을 자극해 고립화, 경제 폐쇄, 보호주의를 야기할 수 있다. 하지만 장기적 관점에서 볼 때, 이와 같은 방어수단을 선택하는 국가는 영구적으로 뒤처질 것이고 발전이라는 주요 흐름에서 밀려나 변두리에 머물 수밖에 없을 것이다.

국제관계에 있어서 기본적으로 세계화로 인해 강화되는 상호의존성이 국가간 이견을 극복하는 매개가 되고 상호 용인할 수 있는 해결 방안을 도출하는 강력한 자극제가 되어야 한다는 점은 매우 중요하다.

그림 10.2. 세계화에 따른 국제정치적 파급효과

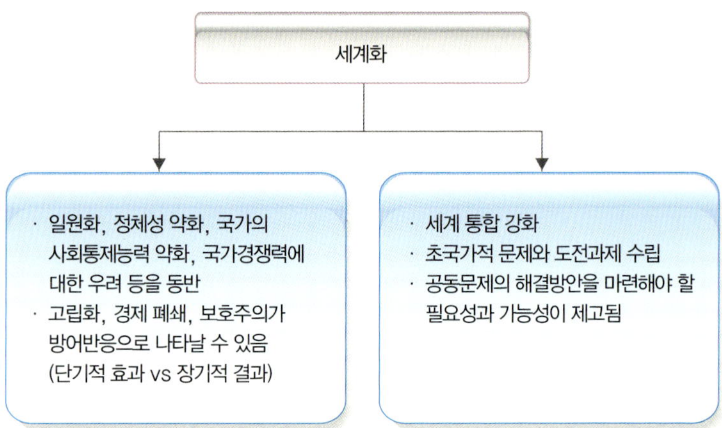

장기적으로 세계화는 글로벌 사회 구축을 지향하고 있다. 글로벌 사회가 발전하게 되면 글로벌 정부의 출현, 글로벌 시민사회의 발전, 전통적인 국가관계가 글로벌 정부의 내부관계로 전환될 가능성 등이 화제로 떠오르게 될 것이다. 물론, 이것은 먼 미래에 있을 일들에 대한 전망이다. 2030년까지는 이러한 현상의 일부 전조만 기대해 볼 수 있다.

- 초국가적 관계의 활성화(국가의 고유한 기능 중 일부가 보다 더 고차원의 기구로 이전되는 방식으로 활성화 될 것이다)
- 글로벌 법과 초국가적 법률 요소의 지속적인 형성(급격하지 않은 점진적인 방법으로)
- 국제 비정부기구의 활동 영역 확대와 필요성의 강화

국제관계의 주요 행위자

2030년까지는 국가 기구가 국제관계의 기본 행위자로서, 그 지위를 굳건히 유지할 것으로 전망된다.

또한 2030년까지는 국가의 고유한 핵심 기능 중 그 어떤 기능도 상실될 가능성이 없다. 세계화, 글로벌 거버넌스, 초국가적 통치의 발전으로 인해 국가의 특성이 약화되지 않을 것이고, 국가라는 행위자가 국제정치의 뒤안길로 사라지지는 않을 것이다. 그렇기 때문에 국제관계에 있어서 국가의 구조적 역할이 쇠퇴할 것이라는 주장은 타당성이 없다고 판단된다.

하지만 국가의 기능과 역할은 분명 대대적인 변화를 겪고 있다. 우선적으로 각국의 국내발전에서 비롯된 이러한 변화는 국제정치 시스템에 막대한 영향을 끼치고 있다. 이러한 변화에서 공통적으로 나타나는 특징은 국가에 대한(국가가 자신만의 가치를 찾을 것이라는) 기대감이 높아졌다는 것과 국제사회의 일원으로서 국가의 역할이 활성화될 것이라고 예상한다는 점이다.

세계화와 정보혁명의 물결 속에서 국가의 강화된 행위능력과 높은 효율성, 그리고 국가와 주변 국제정치체제 간 양질의 협력이 점점 더 요구되고 있다. 타국에 대한 적대감을 불러일으키는 고립주의와 외국인 혐오주의(제노포비아)가 현재 상황에서 어느 정도 긍정적 결과를 가져다 줄 수 있을지도 모르겠지만, 장기적으로 보았을 때는 절대 그렇지 않을 것이다.

오늘날의 국제사회에서는 다른 일원들과 공조해야 할 필요성이 증대되고 있다. 하물며 불량국가로 간주되는 국가들도(2030년까지 이러한 국가들이 남아있다는 전제 하에) 협력하기 위해 부단히 노력할 것으로 보인다. 2030년 즈음에는 불량국가 목록에 오르는 것을 원하는 국가는 없을 것으로 예상된다. 물론, 통치역량이 없거나 적은 국가들의 수가 늘어날 여지도 있다.

국가가 국제사회에서 담당하는 기능과 역할에 비해 국가 간(정부 간) 기구(IGO)의 활동은 대부분(절대적은 아니지만) 파생적이고 부차적인 성격을 띠게 될 것이다. 이와 관련하여 나타나는 경향을 짚어 볼 필요가 있다.

UN은 여전히 국가 간 협력의 주요 메커니즘이자 협력의 장이 될 전망이다. 전반적으로 UN에 대한 기대감과 비판은 지금과 다르지 않을 것으로 예상된다. 물론, 향후 UN의 몇몇 요소는 개혁이 될 것이고, 이 개혁은 UN 안전보장이사회의 대표성을 확대하는 방식으로 진행될 가능성이 높다. 단, 상임이사국의 거부권 등 현재 UN의 핵심 기능 알고리즘은 유지될 것으로 보인다.

환경, 기후, 해적퇴치 등 몇몇 새로운 분야에서 국가 간 협력이 활성화되는 만큼 전체 IGO의 수적 증가도 예상된다. 하지만 현재 250개로 추정되는 IGO의 수는 두 자리 수가 아닌 한 자리 수의 증가만이 기대된다.

국가는 여러 이유에서 이러한 전망에 대해 신중한 입장을 견지하고 있다. 대다수 국가들은 NATO, EU와 같은 일부 다자기구에 참여하는 문제를 중요한 대외정책 과제로 설정하고 있다. 이러한 상황이 급격하게 반전할 것이라고 판단할 만한 근거가 없기 때문에 2030년까지 이 상황은 계속될 전망이다. 하지만 다자기구의 의미가 매우 큰 까닭에 이 기구에 속한 회원국들에게 있어 다자기구의 미래는 극도로 민감한 사안일 수밖에 없다.

정치적 성격의 신생 IGO가 출현할 가능성은 낮다. 현존하는 기구 또는 아직 구조화되지 않은 다자 채널(BRICS 국가 간 채널 등)이 상징성을 제한적 범위내에서 강화하는 것 이상의 결과를 기대하기는 어렵다.

국제정치 무대에서 새로운 IGO의 창설보다 실현 가능성이 높은 현실적 대안으로 다자협력 채널을 거론할 수 있다. 다자협력 채널은 기존의 국제기구를 가리키는 것이 아니라 기능적 측면이나 회원국 구성 측면에서 모두 다구조적 성격을 띤 다자협력 관행 자체를 의미한다. 이런 협력 형태는 먼저 유럽-대서양 지역에서 시범적으로 가동해 볼 수 있다.

현재 국가 간 기구들이 보유한 권한의 범위가 급격하게 변하지는 않을 것이다. 이는 사실상 모든 국가 간 기구들에 해당된다. 하지만 국가 간 기구들의 기능은 확대될 전망이다. 점점 더 다양해지는 사회생활 속에서 다자유형 체계, 높은 수준이 운영에 대한 요구 및 필요성이 강화될 것이기 때문이다.

한편 2030년까지 국제관계에 있어서 국제 관료제 현상이 뚜렷해질 가능성이 높다. 국제관료 집단은 국제기구의 의제 설정 과정에 보다 더 확실히 개입할 수 있겠지만, 기존의 다양한 분석과는 달리 독립적 주체성을 보유하기는 어려울 것으로 판단된다.

전망 기간 동안 매우 다양한 비정부 행위자들이 국제무대에서 활동을 전개할 것으로 예측된다. 하지만 비정부 행위자들에게 거는 기대치가 현재 다소 수정되었다. 1970년대 초부터 2000년대 초까지는 비정부 행위자들에게 너무 과도한 기대를 걸었던 것이 사실이다. 당시 세계화 프로세스는 비정부기구들의 점진적 확대, 비정부기구에 의한 국가의 교체 과정으로 해석되기 쉬웠고, 그로 인해 국제관계의 혁신적인 변화가 예견되기도 했다. 하지만 이제는 가까운 미래에 이런 일이 일어날 가능성이 없다는 것이 확실해졌다.

그러나 국제관계에 참여하는 참여자로서의 비정부 행위자는 2030년까지 지속적으로 증가할 것으로 보인다. 물질적 생산영역 또는 금융흐름의 관리, 민족문화운동, 환경운동, 법적보호, 범죄영역 등 사회발전의 전 영역, 즉 초국가적 공조가 필요한 모든 영역에서 비정부 행위자들의 수가 점점 더 늘어나고 있고 이들의 활동은 점차 활발해지고 있다.

그중 일부는(예를 들어, 테러조직) 국제무대에서 목소리를 높이며 실제로 국가들에게 도전하기도 한다. 이러한 비정부 행위자들은 국가와 별개로 독자적으로 행동하고, 국가보다 훨씬 비중 있는 자원(사업구조)을 보유하며, 국가의 전통적인 역할을 비롯해 국가의 새로운 역할을 수행할 준비가 되어 있다고 피력하기도 한다(전통적인 비정부기구 – NGO들이 이와 같이 피력한다). 그 결과 국제정치 공간은 좀 더 다원적인 공간으로 바뀌게 되고 복잡하고 다각적인 알고리즘을 갖춘 구조로 거듭나게 된다.

앞서 이미 언급했듯이, 그 어떤 상황에서도 국제사회에서 국가의 존재감은 사라지지 않는다. 상황에 따라서 어떤 경우에는 국가가 경쟁자들에게 치열하게 맞설 수 있다. 때론 이들과의 치열한 경쟁이 국가 간 협력을 증폭시키는 강력한 기폭제가 될 수도 있다. 예를 들어 국제테러, 국제 조직범죄 척결 등의 문제에 있어서 그럴 수 있다. 또 다른 경우에는 국가가 비정부기구를 자신의 감독 하에 두기 위해 심혈을 기울이기거나 아니면 최소한 비정부기구가 공개적으로 활동하고 (다국적 기업의 경우와 마찬가지로) 중요한 사회적 요소를 갖추도록 하기 위해서 노력할 것이다.

국제무대에서 적극적으로 활동하는 기존 NGO들은 국가와 정부를 자극할 수 있다. 특히 공권력이 NGO의 비판과 압박의 대상으로 떠오를 때 더욱 그러할 것이다. 이와 같은 맥락에서 향후 국제사회에서는 기존의 NGO와 효율적인 공조 체계를 구축한 국가가 경쟁력 있는 국가로 부상하게 될 것이라고 가정할 수 있다.

국제관계 시스템의 잠재적 분열요소

새로운 세계질서는 기존 세계질서의 구조변화를 바탕으로 형성된다. 모든 사회가 그렇듯이 구조변화는 실험실에서 이루어지는 것이 아니기 때문에 필연적으로 분열이라는 요소를 동반할 수밖에 없다. 최악의 경우, 이러한 구조 분열은 시스템 내부의 혼란을 가중시키고 시스템의 전면적인 해체를 야기할 수 있다.

하지만 현재 눈에 띄는 해체 조짐이 포착되지 않는다. 해체 조짐이 부재하다는 것은 희소식일 수 있는데, 그 이유는 전환기 초반에 종말론적인 전망을 내놓았던 학자들의 시나리오가 증명되지 않는다는 것을 반증하는 것이기 때문이다.

□ **종말은 일어나지 않았다. 세계는 멸망하지 않았고 전 세계적인 혼란도 없었다. 만인의 만인에 대한 투쟁은 오늘날 국제관계에서 보편적인 알고리즘으로 자리 잡지 못했다.**

글로벌 금융경제위기를 겪으면서 종말론과 같은 극적인 전망이 실현될 수 없다는 것이 증명되었다는 사실은 주시할 만하다. 글로벌 금융경제위기의 규모는 과거 세계 주요 국가들에게 타격을 입혔던 대규모 경제격변기, 1929~1933년 경제대공황과 대불황기에 견줄 수 있다.

□ 20세기에는 위기가 세계전쟁으로 귀결되었던 반면 21세기에는 위기가 세계정치를 안정화시키는 역할을 했다.

다시 말해, 위기라는 시험 속에서 국가 이기주의라는 본능은 충분히 통제 가능한 것으로 판명되었고 국가 이기주의가 대형폭발로 이어지는 극단적 상황은 연출되지 않았다.

이는 국제정치 시스템이 지속가능하다는 것을 입증하는 계기가 되었다. 하지만 국제정치 시스템 내에는 안정적 요소와 함께 불안정 요소도 공존한다는 사실을 밝혀두고 싶다.

국제정치 시스템의 불안정 요소는 다음과 같이 명확하게 나타난다.

- 국제정치 시스템의 기능을 가능케 했던 기존의 메커니즘 중에는 부분적으로 유실되거나 완전히 유실된 메커니즘도 있고 약화되는 메커니즘도 상당히 많다. 그런데 이를 대체할 새로운 메커니즘은 부재하다.
- 양극체제하에서는 두 진영 간의 대립이 어느 정도 질서를 유지하는 요소로 작용했기 때문에 당시에는 국가 간의 충돌과 국내적 충돌이 억제되어 왔고 신중함과 절제력이 발휘되었다. 하지만 냉전의 결계가 풀어지자마자 그동안 축적되어 왔던 대립의 에너지가 표면으로 떠올랐다.
- 현재 수직적 보상 메커니즘이 부재하다. 양극체제에서는 갈등의 소지가 있는 문제들이 동서협력의 고위급 채널에서 적절히 조율되었다.
- 신생국의 출현으로 인해 현재의 국제정치 지형이 복잡해지고 있다. 신생국의 출현은 대외정체성을 모색하는 모순적인 프로세스와 국제관계 시스템에서 지위를 확보하려는 프로세스를 동반한다.
- 철의 장막이 무너지면서 독립하게 된 모든 국가들이 대외정책 노선을 전환했다. 전략적으로 이러한 선택이 안정화에 기여했지만 단기적으로는 국제관계 시스템의 불균형을 초래하고 말았다. 적어도 해당 국가들과 러시아 간의 관계에 있어서 이러한 불균형이 존재했다.
- 양극주의의 안티테제로 부상한 다중심주의는(자세한 내용은 뒤에서 다뤄질 예정이다) 매사에 이상적인 대안이 될 수 없다. 예컨대, 군사무기 분야, 그중에서

도 특히 핵무기 분야에 있어서는 경쟁하는 힘의 중심지가 늘어나게 되면 국제 안보와 안정이 와해될 수 있다.

지금까지의 추론을 바탕으로 확실한 결과를 도출할 수 있다. 국가 간 변화와 국내변화로 인해 진행되는 국제정치 시스템의 구조변화는 앞서 다룬 불안정 요소를 최소화하는 노력과 병행되어야 한다. 하지만 세계 주요국과 국제사회가 이 과제에 합당한 정치적 관심을 두지 않는다면 이 과제는 허울 좋은 말에 그치고 말 것이다.

10.2. 국제정치 시스템의 구성

새로운 시스템 구축

현 시점에서 세계정치 시스템 발달의 주요 특성으로 자주 다극성을 거론하곤 한다. 다극성이라 함은 다중심주의 초기 단계에서 국제정치 관계를 조직하는 특성을 의미한다.

동시에 과거의 양극체제 대신 새로운 양극체제가 출현할 것이고, 이 새로운 양극체제의 양대 축은 미국과 중국이(다른 버전으로는, 슈퍼 부자들(골든 빌리언)과 인류의 가난한 자들) 맡을 것이라는 전망도 제기된다. 몇몇 논문에서는 포스트 양극체제 현상을 1990년대 현상으로 간주하고, 포스트 양극체제가 얄타-포츠담 체제를 종료시켰다는 주장이 제기된 바 있다. 이러한 논리에 따르면 21세기의 국제사회가 포스트 양극체제의 후기에 접어들었다는 말이 된다.

사실 탈양극체제 시기의 본질적 특성은 불명확하고 유동적이며 불안정하다. 그렇기 때문에 전환기의 종료와 동시에 국제정치 시스템의 구조적 변화는 중단되지 않을 것이라고 추측할 수 있다. 하지만 이미 어느 정도 안정적인 틀이 구축되어 있는 만큼 향후 전망 기간 동안 이 틀은 유지될 것으로 보인다.

□ **국제정치 시스템의 주류에 속하기 위한 비공식적인 권한을 놓고 10-15 국가들이 경쟁하고 있다. 향후 국제정치 시스템의 구조화에 있어서 주요 국가들의 역할은 중요하다.**

이러한 맥락에서 분석하자면, G20의 형태는 정치성에 있어서는 합리적인 구조이나 대표성이라는 기준으로 볼 때 잉여적인 구조를 취하고 있다. 이와 반대로 G8은 대표성이라는 관점에서는 불충분한 구조이고, 구성원들은 정치적 정당성이라는 측면에서 조화를 이루지 못하고 있다. 세계정치 시스템의 핵을 물리적 기구로 표현한다면 아마도 개혁을 단행한 UN 안보리로 표현할 수 있을 것이다. 개혁된 안보리의 상임이사국 명단에 인도, 브라질, 독일, 일본을 비롯한 일부 규모 있는 국가들이 추가될 것으로 보인다. 그러나 신입 상임이사국은 기존의 상임이사국(P-5)처럼 권리와 권한을 완전하게 갖지는 못할 것으로 사료된다.

그림 10.3. 국제관계 시스템의 형성 과정에서 나타나는 주요 특성

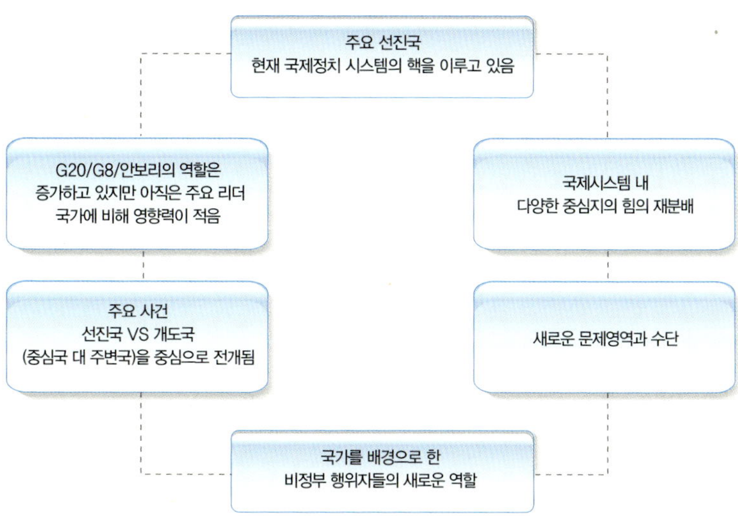

국제기구 또는 국제제도는 국제정치 시스템의 중요한 구성 요소이다. 하지만 국제기구는 앞으로도 얼마 간 지금과 마찬가지로 주요 국가들의

영향력에 밀리게 될 것이다. 그렇지만 국제기구에 대한 국가들의 수요는 앞으로도 꾸준히 증가할 전망이다.

국제관계 시스템 속에서 현존하는 힘의 중심지와 새롭게 생성되는 힘의 중심지 간에 힘의 비중이 재분배되어 왔고 지속적으로 재분배되고 있다. 특히, 각국과 전 세계에 끼칠 수 있는 영향력이 재분배의 대상이었다.

현재 형성 중에 있는 국제관계 시스템에서는 주요 사건이 선진국과 그 밖의 국가들 사이에서 전개된다. 그 밖의 국가들이라 함은 후진성이 고착화되었거나 강화되고 있는 국가들을 뜻한다. 물론, 이러한 기준에 대해서는 다양한 의견이 제기되고 있다.

한편, 국제관계에서 사용되는 수단도 다양화되고 있다. 새로운 문제영역이 등장하고 있고 경쟁이나 협동 원칙에 기반을 둔 협력 노선이 새롭게 제시되고 있다. 환경보호, 과학기술 발전, 보건, 이주 등 새로운 도전과제의 의미는 점점 더 부각되고 있다. 이와 더불어 그동안 국제관계와 국제안보 분야에서 전통적으로 다뤄졌던 문제들도 여전히 산재해 있다.

국제관계에 있어서 비정부 행위주체(행위자)들의 존재가 점점 더 중요한 요소로 자리 잡고 있는 가운데 그동안 주요 행위주체로 여겨졌던 국가의 역할도 변화하고 있다.

다극체제

다극체제 구축은 국제관계 시스템을 형성하는 방법이다. 세계 발전 추세가 다극체제 구상의 필요성을 입증하고 있고 이러한 구상은 점점 더 지지층을 넓혀가고 있다. 하지만 최소 20~30년 후의 미래에 일어날 전략적 트렌드로서 다극주의 모델을 거론할 때만 이 모델의 완전한 실현을 논할 수 있다는 것이 작금의 현실이다. 분명한 것은 국제사회가 다극체제를 향해 전진하고 있고 이미 이 추세는 되돌릴 수 없는 성향을 띠고 있다는 것이다.

다극주의와 다중심주의라는 두 단어는 국제정치 시스템의 형성 과정을 분석할 경우에 동의어로 간주될 수 있다. 물론, 때때로 이 두 개념을 차별적으로 사용하기도 한다. 다극주의는 다극 또는 여러 힘의 중심지 간의 상호 경쟁(대립)에 중점을 두는 것이고 다중심주의는 각각의 힘의 중심지가 보유한 객관적 잠재력에 초점을 맞춘 것이다. 다시 말해, 다중심주이의 경우 힘의 중심지들이 어떤 관계로 배치되어 있는지는 중요하지 않다. 이렇듯 두 개념을 구별할 수는 있지만 본서에서 다루기에는 너무 세세하고 무의미한 구별로 여겨진다.

본론으로 돌아가서, 다극체제로의 전환이 이미 되돌릴 수 없는 성격을 띠기 시작했다는 것을 재차 언급하고 싶다.

전 세계 각국의 경제력과 정치력의 비율을 따져 보았을 때, 중국과 인도의 지위가 강화되고 있음을 알 수 있다. 이와 같은 경향은 미래에도 계속될 가능성이 높다.

일본과 EU(통합화가 계속 발전될 경우를 고려할 때)와 같은 중심지의 잠재력도 상당하다. 몇몇 아시아 국가와 라틴아메리카 국가들도 집약적으로 발전하고 있다.

그뿐만 아니라 국제정치 무대에서 이슬람 국가들의 존재감도 점점 더 뚜렷해지고 있다. 물론, 이슬람 국가들이 공동행동 능력을 보유했는지는 의심의 여지가 있기 때문에 이들 국가들을 극이나 힘의 중심지라고 부르는 데는 다소 무리가 따른다.

러시아 또한 실질적인 역량과 발현되지 않은 잠재력을 보유하고 있다.

오늘날 국제정치 시스템의 다극주의 경향과 다극주의의 본질에 대해 논하면서, 이 시스템에서 미국이 재론의 여지없이 특별한 지위를 차지하고 있다는 것을 유념해야 한다. 특별한 지위라 함은 공식적으로 또는 실질적으로 다른 국가들에 의해 인정받은 지위라는 의미에 한정되는 것이 아니라, 미국이라는 나라가 실제로 국제관계에서 행사할 수 있는 막대한 영향력을 의미하는 것이다.

세계경제, 금융, 무역, 과학, 정보 등의 분야에서 오늘날 미국이 수행하고 있는 역할은 미국만의 고유한 역할이다. 이와 관련하여 가까운 미래에 반전은 없을 것이다. 게다가 러시아의 전략적 핵무기를 제외하고 본다면 군대 규모와 국방력에 있어서 전 세계적으로 미국에 견줄만한 상대는 없다.

21세기 초, 미국 정부는 이러한 힘을 바탕으로 권위와 무력을 행사함으로써 미국의 리더십을 공고히 하겠다는 정책을 공개적으로 강화했다. 하지만 미국이 현존하는 유일한 초강대국 으로서 무조건적이고 절대적인 데미우르고스(조물주)가 될 수 있었던 일극체제 모델은 결국 불발로 귀결되었다.

미국의 신보수주의자들(네오콘)은 국제무대에서 주인공이었던 미국의 지위를 영구 고착시키고, 동맹국을 포함하여 다른 국가들의 이해관계를 묵살하면서까지 오로지 미국의 이익만을 위해 세계를 재편하려는 정책을 추진했었다. 그 결과 국제정치 시스템은 새로운 긴장의 불씨를 감당해야 했다. 자국의 자주성을 수호하고자 했던 많은 국가들이 은밀히 또는 공개적으로 미국의 이러한 계획에 반대의사를 피력했다.

2009년 오바마 정권의 출범은 미국을 현실 세계에 보다 더 적합한 국가로 탈바꿈하겠다는 의지가 표출된 사건이었다. 다시 말해, 다른 국가와 상생하여 관계를 발전시킴으로써 궁극적으로 막강한 헤게모니가 없는 국제정치 시스템을 형성하겠다는 것이었다.

통합, 지역화, 국제레짐

국제관계에서 눈에 띄는 경향 중 하나가 통합 프로세스의 활성화이다. 통합은 본질적으로 범세계적 성격을 띠고 있는 세계 발전의 중요한 요소이다. 그중에서도 지역통합 현상이 두드러지고 있다.

EU는 성공적인 통합화의 대표적인 사례이다. 하지만 EU도 2005년경 지속적인 통합화를 위해 통합의 진행 속도와 형태, 방향과 한계를 재설정해야 하는 문제에 봉착했었다. 그럼에도 불구하고 EU 창설이 지난 세기가 남겨준 대규모 국제정치적 프로젝트임에는 틀림없다. 무엇보다 EU 창설은 수세기 동안 갈등과 전쟁이 끊이지 않았던 유럽이라는 국제정치 공간에 통합을 통해 안정과 안전의 지대가 구축되었다는 점에서 성공한 사례로 인정받고 있다.

통합화 실험의 필요성은 경제역량이 뛰어나지 않은 다른 지역에서도 제기되고 있지만 이들 지역은 통합을 주로 역내 불안정을 완화시키는 수단으로 간주하고 있다.

한편, 궁극적으로 글로벌 통합을 목표로 하는 지역통합의 파급효과는 명백하게 밝혀져 있지 않다. 다만, 지역통합이 통합체의 구성국 간에 존재했던 경쟁요소를 제거하거나 구성국 간의 관계를 공조체계로 전환하여 국가보다 규모가 큰 지역통합체들이 서로 경쟁할 수 있는 여건을 마련해 주는 것은 분명하다. 지역통합을 통해 통합체 구성국이 단결하고, 행위능력을 높이고, 국제사회의 일원으로서 진취성을 갖출 수 있게 된다.

통합 프로세스의 분석은 국제정치 시스템의 글로벌 안정과 지역 안정 간의 새로운 관계에 대한 논의로 이어진다. 과거 대립 시기와 달리 글로벌 체제의 안정과 지역 안정 간에는 현재 부정적이든 긍정적이든 강력한 연결점이 존재하지 않는다.

이러한 상황에서는 지역 차원에서 고조된 갈등이 전 세계로 확산되어 세계 전쟁을 유발하는 단계까지 도달할 가능성은 낮아진다. 그러나 마찬가지로 글로벌 정치 거물들이 지역 갈등에 개입할 지의 여부가 더 이상 지역 차원의 갈등을 예방하고 통제할 수 없게 되었다.

세계 전체의 안정은 국제정치 시스템의 발전에 영향을 미치는 새로운 요소이다. 전 세계의 안정이 지역의 안정과 직결되지는 않더라도 적어도 지역의 안정을 저해하는 빌미는 제공하지 않을 것이다. 오히려 대부분의 경우 전 세계의 안정을 이유로 지역 갈등 해결에 대한 압박이 가해지고 있다. 이런 현상을 하위범주로의 안정 확대 현상이라고 정의할 수 있다. 이 정의는 과거 냉전 시절 갈등이 수직상승 할 때, 국제정치의 지속가능성을 유지하는 과정에서 자주 등장했던 전략 용어인 상위범주로의 안정 확대의 원리를 이용한 정의이다.

□ **글로벌 거버넌스의 몇 가지 주요 과제가 지역 단위에서 먼저 달성될 수도 있다. 2030년 경 우선적으로 지역의 틀 안에서 국가가 국제기구, 다자협력 메커니즘, 다자협력 채널로 이전하는 권한의 수가 증가될 것으로 기대된다.**

지역이 거버넌스 메커니즘을 필요로 할 것이라고 전망할 수 있는 합리적인 근거는 많다. 예를 들어, 다국적 기술 프로세스가 진행되는 경우 프로세스에서 없어서는 안 될 커뮤니케이션의 신뢰도를 높여야 하는데, 이때 거버넌스 메커니즘에 대한 필요성이 제기된다. 일례로, 채굴된 자원을 운송하는 과정이나 최종 완제품을 소비자에게 운송하는 과정에서 운송로가 경유하는 국가들과의 문제가 발생할 수 있다. 또한 중소기업의 경우 국제 지역 네트워크를 통해 초국가적 공간에 진출하는 방법이 최적의 방법일 것이다.

오늘날 국제사회가 직면하고 있는 몇몇 새로운 도전과제들에 맞서기 위해서는 국제사회의 조율된 노력이 절실하다. 환경, 기후, 수자원 부족 등의 새로운 도전과제들은 종종 지역적 성격을 띠고 있다. 그렇기 때문에 국가들은 국제 거버넌스의 기능을 해당 분야에서 활동하는 정부 간 기구(IGO) 또는 비정부기구(NGO)에게 일임하겠다는 의사를 표명하고 있는 것이다.

하지만 기능의 이전이 지역의 틀 안에서만 가능한 것이 아님을 주목할 필요가 있다. 왜냐하면 이러한 변화를 가능케 하는 다자 협력은 상기 언급한 요소 이외의 것, 예를 들어, 분야별 특성, 문제별 특성, 기능적 특성 또는 석유수출국기구(OPEC)의 경우처럼 이러한 특성에서 비롯되는 시장 운영의 특성에 좌우될 수 있기 때문이다.

동시에 국제 지역 거버넌스가 확장되고 심화됨에 따라 각 지역 간에도 통제와 통치 네트워크가 설정되어야 할 필요성이 발생할 것으로 보인다. 그렇게 되면 미래 국제관계 시스템에서 새로운 유형의 거버넌스 형태가 탄생할 수 있다. 새로운 거버넌스 형태는 전통적인 국가 간 관계 또는 범세계적 권한을 갖는 국제기구 간에 존재했던 거버넌스 형태와는 다를 것이다. 본서가 다루는 전망 기간 동안 이러한 현상은 국제정치 발달에 있어 눈에 띄게 이슈화 될 가능성이 높다.

국제 지역화의 발전은 국제레짐, 경제공간 또는 다른 형태의 특수 공간을 형성하는 과정에 반영될 것으로 예상된다. 현재 이러한 메커니즘은 EU의 틀 안에서 고안되어 있으며 통합 협력의 형태를 가지고 있다. EU

와 적극적으로 협력하고 있는 국가들이 21세기 초부터 이러한 시스템에 편승하기 시작했다. 동방파트너십(Eastern partnership - EaP)을 예로 들 수 있다.

몇몇 국제레짐은 핵무기 비확산 제도처럼 범세계적인 성격을 띠고 있거나 미사일 기술통제레짐처럼 특정 영토에 국한되지 않는 특성을 가지고 있다. 하지만 실질적으로 국제레짐은 지역적 차원에서 수립하는 것이 훨씬 용이하다. 어떤 경우에는 국제레짐이 긴밀하고 절대적인 글로벌 의무와 구조를 위한 것이 될 수도 있고, 어떤 경우에는 정반대로 세계화 현상으로부터 보호하기 위한 공동의 수단이 될 수도 있다.

국제 리더십

국제 리더십은 두 가지 기준으로 평가된다.

- 대다수 국가들 (이론적으로는 전 세계 모든 국가)의 의지, 이해관계, 목적을 대변할 수 있는 능력
- 핵심 국제정치 과제를 해결하기 위해 많은 노력을 기울여서 이니셔티브를 발의하고 이를 위해 국제사회의 다른 일원들을 동원할 수 있는 능력

이 두 가지 능력을 갖춘 국가가 리더 국가가 될 수 있다. 하지만 리더십은 둘 중 한 가지 능력만으로도 충분하다. 리더십은 어떤 경우에는 여러 이해당사국을 아우르고 다양한 문제를 다룸으로써 광범위하게 전지구적으로 발현될 수도 있고, 어떤 경우에는 지역적 성격 심지어 국지적 성격을 띨 수도 있다.

20세기 후반에는 소련과 미국, 이 두 국가만이 글로벌 리더십 자리를 놓고 각축전을 벌였다. 하지만 비록 규모는 작지만 리더 국가에 대한 야심과 리더 국가가 될 수 있는 실질적인 잠재력을 보유한 국가들도 있었다. 예를 들어, 비동맹 운동(NAM)의 틀 안에서 유고슬라비아가, 양극체제를 구가하는 국제정치 시스템에 도전하고자 했던 중국이, 미국에 이의를 제기하며 반기를 들었던 샤를 드골 체제의 프랑스가 있었다.

미국, 소련, 영국이 공동으로 건설적인 리더십을 행사했던 사례로는

미 · 영 · 소 부분핵실험금지조약(1963년)이 대표적이다.

냉전 종식 이후 글로벌 리더십에 대한 맹목적 열정을 명확하게 보여줬던 예는 다름 아닌 미국의 정책이었다. 미국의 강경정책은 조지 W.부시 대통령의 첫 임기 시 네오콘 정권 출범으로 정점에 달했으나 그 이후로는 정책의 실효성이 눈에 띄게 하락하기 시작했다. 지금도 미국은 리더 국가의 지위 유지를 중대 과제로 삼고 있지만 이 과제를 수행하는 방법에 있어서의 직선적인 성향을 탈피하고 있다. 미국은 소프트 파워와 평화적 수단에 우선적으로 초점을 맞추고 동맹국과 파트너국의 목소리에 귀를 기울이면서 과제를 풀어가고 있다.

전망 기간 전반에 걸쳐 미국 정부가 이러한 방식으로 리더십을 유지해 나갈 것이라고 판단된다. 다만, 강경정책과 일방주의 정책으로 회귀할 수도 있다는 가능성은 염두에 둬야 한다. 보다 더 장기적인 관점에서 볼 때, 정책의 초점이 미국 정치 프로세스의 단편적이고 주기적인 변동에 따라 달라질 가능성도 있다. 다른 국가들의 역량이 상대적으로 강화되어 점차 미국의 지위를 흔들 수도 있겠지만, 2030년까지는 그리고 그 이후로도 미국이 리더십을 유지할 것이라고 전망할 수 객관적인 근거는 충분하다.

전망 기간 동안에는 국제무대에서 그 누구도 공개적으로 미국의 리더십에 강력한 도전장을 내밀 수 없을 것으로 추측된다. 하지만 개별적 사안에 있어서 벌써 미국에 반기를 드는 경우가 종종 발생하고 있다. 예를 들어, 중국이 미국과의 심각한 충돌을 준비하는 예비단계 차원에서 몇 가지 사안에 대해 반대 의사를 표명하고 있다.

다극적 세계에서는 다른 국가들도 리더십을 행사할 수 있다. 물론, 이들의 리더십은 특정 지역에 국한되거나 특별한 기능을 담당하는 공간에서 실현될 것으로 보인다.

그렇기 때문에 지역 리더십이라는 개념을 도입하는 것이 합리적이다. 예를 들어, EU의 틀 안에서는 지역 리더십이 프랑스와 독일이라는 쌍두마차에 의해 실현되었다. 국제정치 시스템이 수직적 권력의 축을 중심으로 운영되지 않는 만큼 앞으로 지역 리더십 현상은 지금보다 점점 더 빈번하게 나타날 것이다.

지역 리더십은 국제관계 시스템의 구조화에 영향을 미치고, 더 나아가 국제관계 시스템의 안정을 유지하는 데 기여한다. 이때, 리더십과 리더십을 행사하는 주체의 질적 특성이 중요하다. 일례로, 이란이 지역 리더십에 대한 우발적인 열정을 드러냈기 때문에 이란에 대해 국제사회가 경계 태세를 갖추게 되었다. 이러한 상황이 최악의 시나리오로 발전될 경우 자칫 근동, 중동 그리고 이 지역을 넘어선 다른 지역에서까지 추가적으로 긴장요소가 발생할 수 있다.

이렇듯, 국가가 리더십을 열정의 대상으로 여길 경우에도 리더십이 국제정치 발전의 요인으로 작용할 수 있다. 그렇다면 열정과 열정을 실현할 수 있는 실질적 가능성을 항상 명확하게 구분할 수 있을까? 러시아 정부가 러시아의 영향권인 지역을 '근외'라고 표현했다거나 에너지 초강대국의 지위에 도전하겠다는 의사를 밝힌 일들을 이 질문과 연계하여 생각해 볼 수 있다.

오늘날 국제사회는 모든 일원이 힘을 모아 공동의 노력을 경주해야만 풀 수 있는 과제들을 안고 있다. 국제정치 시스템이 형성 과정에 있기 때문에 이러한 과제를 해결하는 데 있어 리더십은 중요한 특성을 가진다.

냉전이 와해되고 양극체제가 종료됨에 따라 국제관계 시스템의 명확한 구조화는 이미 과거의 이야기가 되어버렸다. 한편,아군과 적군으로 구분하는 이분법적 사고와 아군과 적군 사이에 표류했던 국가들을 유치하기 위한 전쟁 자체가 국가들의 행동 동기로 작용했었다는 것을 언급할 필요가 있다. 이러한 행동방식은 이니셔티브, 제안, 계획, 프로그램 등을 진전시키는데 기여했을 수도 있고 오히려 방해했을 수도 있다.

현재의 방식을 살펴보면 특정 국제 프로젝트에 대한 찬반 세력이 자동적으로 결집되지 않는다. 여기서 국제 프로젝트라 함은 국제사회의 일원들이 일종의 결과를 도출하기 위해 행동을 취할 수밖에 없는 모든 문제 상황을 의미한다. 예를 들어 경제 원조, 정치적 레버리지 사용, 평화지원군 파견, 인도적 사안에 대한 개입, 구조대 파견, 반테러 작전의 수립 등이 이러한 문제 상황에 포함된다.

그렇다면 누가 이러한 행동을 취하게 되는가? 행동을 취할 수 있는 수많은 대상 중 해당 프로젝트와 직접적으로 연관되어 있는 일원, 필연적 이해관계(다양한 이해관계와 상반되는 이해관계)를 가지고 있는 일원이 이러한 행동을 취한다. 그 밖의 일원들은 프로젝트에 개입할 필요성을 느끼지 못하며, 특히 개입함으로써 자금과 자원의 손실이 발생할 경우에 더욱 꺼리는 경향을 보인다.

이와 같은 상황에서 국제 프로젝트를 가동시키려면 매우 강한 동기가 있어야 한다. 그럴 경우 해당 사안에 있어서 리더 국가의 역할을 감당할 수 있는 국가가 동기부여의 원천이 되어야 한다. 이를 위해서 필요한 몇 가지 조건들은 다음과 같다.

- 충분한 동기
- 내정 지원의 유무
- 주요 국제 파트너 국가들과의 상호이해 여부
- 물질적 지출을 감당할 수 있는 역량과 준비성(지출이 때론 상당한 규모라 할지라도)
- 필요 시 자국의 민간 인력과 군대를 동원할 수 있는 역량과 준비성(인명손실에 대한 위험부담과 이에 대한 국내적 비판 감수)

물론, 이것은 잠정적 조건일 뿐 각 문제 상황별로 조건은 달라질 수 있다. 어떤 경우에는 문제를 해결하기 위해 다자협력 메커니즘이 구축될 수도 있다. 집단안보조약기구(CSTO)와 EU 등 여러 다자기구 안에서 내부적으로 발생하는 갈등상황을 통제하기 위해 다자협력 메커니즘이 요구되는 경우를 예로 들 수 있겠다.

하지만 이세까지의 경험으로 미루어 볼 때, 협력 연합체가 자동적으로 생성되지 않았고 연합체를 지향하는 국가(해당 국제 프로젝트에 참여하고자 하는 의지를 밝히는 국가)도 자발적으로 나타나지 않았다. 바로 그렇기 때문에 리더십 문제가 중요한 것이다.

이러한 맥락에서 2030년까지 관찰되는 국제 리더십의 구체적인 가능성을 규명하는 일은 결코 쉽지 않다. 하지만 분명한 것은, 규모 있는 국가, 강한 영향력을 보유한 국가들이 국제 리더 국가가 될 수 있다는 사실이다. 현재 국제정치 시스템의 핵을 이루고 있는 10~15 국가들 중에서도 국제

정치 질서 정립에 관심을 가지고 국제법과 타국의 이해관계를 존중하는 책임감 있는 국가가 리더 국가로 부상할 전망이다.

한편, 소금 다른 각도에서 리더 국가의 기준을 살펴본다면 책임감 있는 리더십을 행사할 수 있는 능력과 준비성의 유무가 비공식적이지만 매우 중요한 기준이 될 것으로 보인다. 이 기준에 따라 해당 국가가 현대 국제정치 시스템의 핵으로 인정 될 수 있을 것이다.

리더십은 대규모 정치 프로젝트를 추진하는 데 있어 국제정치 시스템을 구성하는 중요한 요소로 부상할 수 있다.

□ 예를 들어, 2010년을 전후로 러시아와 미국 간의 관계가 재설정 된 이후에 핵무기 감축과 핵무기 비확산 문제에 있어서 양국이 공동의 리더십을 행사했던 사례를 언급할 수 있다.

10.3. 국제정치 행동의 결정 요인

경제

자원, 생산성, 과학기술, 금융 등 경제발전과 관련된 총체적 요소들이 한 국가의 국제정치적 행동에 막대한 영향을 끼친다.

바로 이것을 기준으로 국제관계 시스템이 지나친 사상적 대립 상태에서 정상적인 상태로 회복되었다고 판단하게 되었다. 정상적 상태라 함은 지경학이 지정학에 앞서 무조건적으로 우선시 되고 있는 상태를 말한다. 한발 더 나아가, 우리는 경제 결정론(국제관계의 크고 작은 결과들이 전적으로 또는 지배적으로 경제 상황으로만 해석되는 이론)의 르네상스가 도래했다고 말할 수도 있다.

오늘날 국제관계 발전 양상을 지켜보면 실제로 이러한 주장이 입증될 만한 새로운 상황들이 관찰되곤 한다. 하지만 명분과 지정학적 이해관계가 무엇보다 중요한 고급정치(High politics)보다 경제문제를 포함한 하급정치(Low politics)분야에서 타협점을 모색하는 것이 훨씬 수월하다는 가설이 모든 경우에 맞는 것은 아니다. 왜냐하면 현대 사회에서는 경제 문제가 외교적 마찰보다도 더 많은 갈등을 야기 시키고 있기 때문이다.

대다수 국가들이 경제적 동기를 기반으로 대외정책을 결정하고 있다는 점도 매우 중요하다. 이러한 현상은 전망 기간 내내 유지될 것으로 보인다. 하지만 이 문제는 철저한 분석을 필요로 한다. 경제적 결정론의 압도적 역할에 대한 많은 저술들은 표면적인 묘사에 그칠 뿐, 보다 더 핵심적이고 자명한 결과를 도출할 수 있는 근거를 제시하지 않는다.

그뿐만 아니라 수많은 연구 자료가 입증하듯, 경제와 정치의 관계는 원인과 결과처럼 단순한 관계가 아니며 복합적이고 다각적이며 탄력적인 성질을 가지고 있다. 경제와 정치의 상호관계의 특성은 국내정치 보다 국제정치에 있어서 명확하게 나타난다. 모든 상황을 종합적으로 판단해 볼 때, 2030년까지의 기간 동안 국가는 경제적 요인에 의해서 단편적이지 않은 다양한 국제정치적 행동을 취할 수 있게 될 전망이다.

안보와 힘의 요소

국제안보와 안정에 대한 도전과제의 본질과 국가 간 위계질서의 변화가 한 국가의 국제정치적 행동을 좌우한다.

세계 핵전쟁 위기론은 이미 국제사회의 시야에서 벗어났다. 하지만 막대한 규모의 대량살상무기가 아직도 많은 곳에 보존되어 있기 때문에 전 세계적 재앙이 발생할 가능성은 완전히 해소되지 않았다.

이와 함께 핵무기, 기타 대량살상무기, 로켓기술 등의 확산에 대한 우려가 점점 더 심화되고 있다. 이러한 문제를 세계 전체의 문제로 인식함으로써 국제사회를 동원할 수 있다. 물론, 이 방법에는 다음과 같은 한계가 있다.

- 문제가 되는 대상(무기, 기술)에 대해 선별적으로 접근할 수 있다. 어떤 국가는 이러한 대상을 보유하는가 하면 어떤 국가는 보유하지 못한다.
- 이러한 대상에 대한 접근을 차단하는 조치들은 차별대우로 치부되고 있다.

전 세계가 전략적으로 어느 정도 안정화 되면 국제관계의 하위범주에서 갈등이 속출할 것이고 국가 내부적 마찰 또한 빈번하게 발생할 수 있다. 앞으로 이러한 갈등을 억제하고 해결하는 일은 점점 더 어려워질 것으로 예상된다.

테러리즘, 마약산업, 다양한 초국가적 범죄활동, 정치극단주의와 종교극단주의 등의 문제가 국제사회의 새로운 위협으로 부상하고 있는 가운데 힘이라는 요소에 대한 재평가가 실시되고 있다.

선진국이 사용하는 정치 수단을 살펴보면 경제, 금융, 과학기술, 정보기술 등 소위 소프트 파워로 통칭되는 비무력 수단이 점점 더 중요한 수단으로 부상하고 있음을 알 수 있다. 이러한 수단을 사용하면서 선진국들은 국제사회의 다른 일원들을 끌어당길 수 있는 인력의 중심지로 거듭날 수 있게 되고, 특정 상황에서 다른 국제사회 일원들에게 무력을 사용하지 않고 효과적으로 압박을 가할 수 있게 되었다.

그렇지만 이와 동시에 많은 국가들이 국가의 안전을 보장하고 국제적 지위를 제고하기 위한 수단으로 무력수단을 중요시 하고 있다. 강대국들은 비무력 수단을 선호하면서도 극단적 상황이 발생할 경우 무력사용이나 무력사용에 대한 협박 카드 중 하나를 선택할 만반의 준비(정치적으로나 심리적으로)를 갖추고 있다. 중견국과 약소국이 많은 개도국 국가들은 다른 가용수단이 부족한 까닭에 무력수단에 가장 먼저 의존하고 있다. 그중에서도 비민주적 정치체제를 추구하는 국가들은 무력수단에 많은 비중을 두고 있다. 특히 비민주국가의 국가원수가 국제사회를 배척하는 경우 이러한 국가들은 목표 달성을 위해 무모하고 공격적인 테러수단을 이용하게 된다.

국제관계에 있어서 무력의 사용이 증대되는 경우가 또 있다. 바로 국제사회의 주도 하에 (UN이 위임했거나 위임하지 않은) 다국적 군사작전이 펼쳐지는 경우이다. 전통적인 평화유지 작전, 평화를 유지하기 위해 실시되는 군사작전이 이에 해당된다. 평화유지 작전을 언급하면서 우리는 해당 활동의 법적 근거 또는 정치적 위임여부에 초점을 맞추고자 하는 것이 아니라 여러 국가가 참여하는 가운데 무력이 사용되고 있다는 사실에만 초점을 맞추고자 한다.

□ 2030년까지의 기간을 전망해 볼 때, 무력이 사용되는 지역과 문제의 범위가 점점 더 확대될 가능성이 있다.

물론, 전략적 측면과 세계적 추세로 미루어 볼 때, 무력수단의 역할은 상대적으로 약화될 전망이다. 그러나 실질적으로는 무력수단이 과거의 수단으로만 남아있지는 않을 것으로 보인다. 앞으로는 무력사용 시 어떻게 하면 단기간에 최대의 결과를 달성하면서 대내외적으로 정치적 손실을 최소화 할지에 초점이 맞춰져 있을 것이다.

군비통제

현대 국제정치 발전 과정에서 나타는 패러독스 중 하나는 세계가 대립구도를 탈피하고 세계 핵전쟁의 위협이 감소함에 따라 무기감축과 무기제한이 점점 더 둔화되어갔다는 것이다. 이러한 프로세스는 단순히 둔화된 것이 아니라 확연하게 쇠퇴하고 있다.

유럽재래식무기감축조약(CFE), 탄도요격미사일제한조약(ABM)을 비롯한 일부 핵심 조약이 더 이상 기능을 하지 않는다. 그렇다고 해서 이를 대체할 만한 다른 협정이 도출될지는 여전히 미지수다. 21세기 초반에 이르러서야 미국과 러시아가 전략무기감축 분야에서 협력모드를 회복했을 뿐이다.

국제정치 시스템의 전환기적 특성을 고려할 때 군비통제의 기반을 회복하고 강화하는 일은 매우 중요한 사안이다. 현재 국제정치 시스템은 국가들에게 새로운 문제를 제기하면서 국가관계에서 마찰을 피하기 위해서 군사 · 안보적 수단을 현실과 부합하도록 수정할 것을 요구하고 있다. 수십 년에 걸쳐서 축적된 독특하고 귀중한 군비통제 경험이 상당하기 때문에 모든 상황을 원점으로 돌려 처음부터 시작한다는 것은 이치에 맞지 않는다.

군비통제는 국가들의 안보협력 의지를 반영한다는 점에서도 중요한 의미를 갖는다. 철저하게 자국의 이해관계만을 추구하며 다른 국가의 관심사를 고려하지 않는 방법이 협력방법의 대안일 수는 있지만 이 방법은 안 좋은 징후에 해당된다. 이런 방법은 국가가 국제사회의 이해관계에 초점을 맞출 준비가 되어 있지 않다는 것을 여실히 드러내기 때문이다.

특히 핵무기 통제는 각별한 주의를 필요로 한다. 핵클럽의 회원국이 늘어날 때마다 국제정치 시스템에 가중되는 스트레스의 양이 늘어나게 된다. 그런데 안보를 핑계로 핵무기를 보유하고 있는 강대국들이 있다는 사실이 다른 국가들을 자극해 이들로 하여금 핵무기 확보에 열을 올리게 만들고 있다. 핵보유국들이 핵 제로화에 대한 지지를 표명하는 것 자체가 비관적으로 보일뿐 아니라, 이들이 제시하는 모든 대안이 형식적이며 불분명하고 설득력이 없다. 그 이유는 핵보유국들이 자국의 핵 잠재력을 현대화하고 약점을 보완하면서 이를 다른 문제의 해결 수단으로 사용하려고 하기 때문이다.

□ **공식적인 핵강대국들이 핵 포기를 모호하지 않은 명확한 언어로 선포하지 않는다면 핵무기 확산 공포는 당면 현안으로 남게 될 것이다.**

어쩌면 핵무기를 전투 목적으로 사용하지 않는다는 불문율이 깨질 수도 있다. 이와 관련하여서는 다양한 시나리오가 존재한다. 공식 핵보유국이 직접 참여할 수도 있고, 핵클럽의 비공식 회원국, 핵클럽에 가입하길 원하는 후보국 그리고 테러리스트들이 실제 이러한 행동을 취할 수 있다. 전쟁의 위협이 고조되는 상황에서 형태적 특성상 국지적일 수 있는 이러한 상황은 전 세계에 극단적이고 심각한 타격을 입힐 수 있다.

그렇기 때문에 핵보유국들에게는 고도의 책임의식과, 창의적 발상, 유례없는 긴밀한 공조가 요구되고 있다. 이를 기반으로 사건이 파국으로 치닫지 않도록 정치적 자극을 최소화해야 한다. 이를 위해서는 다음의 조치가 중요하다.

- 미 · 러 간 대규모 핵무기 감축에 관한 협정 타결
- 핵무기 제한 및 감축 프로세스에 다자의 참여 유도

내정 상황 및 대외관계

국제정치 시스템에 적용되는 베스트팔렌 체제는 주권국가의 내정간섭을 불용한다는 발상에 기초하고 있다. 또는 적어도 외부의 개입에 대한 근거와 한계를 최대한 제한적으로 해석한 결과물이라고 볼 수 있다.

그러나 현재의 메가트렌드는 베스트팔렌 체제와 상반된다. 분리주의, 이주, 인구문제, 국가체제의 붕괴 등과 민족분쟁, 종교분쟁 등 한 국가 안에서 벌어지는 문제 상황을 국내 문제로만 보는 것이 점점 더 어려워지고 있다. 한 국가의 내정문제가 다른 국가와의 관계에 영향을 미치고 다른 국가의 이해관계를 침해하고 국제사회 전반에 파급효과를 가지고 온다. 바로 이러한 맥락에서 국가의 내정에 대한 외부개입의 가능성, 개입의 목적과 수단 그리고 개입의 한계에 대한 문제가 제기되고 있다.

□ 국가의 내부적 발전과 관련된 사안에 외부가 개입하는 관행은 점점 더 탄력을 받게 될 전망이다.

이러한 문제는 국가의 주권에 대한 문제이기 때문에 극도로 민감한 사안으로 다뤄야 하며, 매우 신중하게 접근해야 할 필요성이 있다. 그렇지 않을 경우 현존하는 세계 질서의 근간이 송두리째 흔들릴 수 있고, 그렇게 되면 오직 강자만이 지배하는 혼란이 만연하게 될 것이다. 한편, 외부개입에 따르는 또 다른 문제는 개입의 형태를 막론하고 외부개입에 치열하게 맞서는 정권의 존재에 기인한다. 이러한 정권은 표면적으로는 내정간섭에 맞선다는 명목하에, 실제로는 징책 공개를 꺼리고, 국제사회의 비판을 모면하고, 대안적 접근법을 거부하기 때문에 외부의 개입을 거부하고 있다. 이러한 문제의 적절한 해결방안을 강구해야 한다. 이때 무력사용의 가능성도 검토할 수 있다. 단, 무력사용은 임의로 국제법을 무시하는 방법이 아닌, 오히려 국제법을 강화하고 발전시키는 방향으로 이루어져야 한다.

국가의 국내발전과 대외관계 발전 방향이 충돌하는 상황은 공통분모를 찾기 어려운 매우 난망한 상황에 속한다. 갈등의 소지가 있는 다양한 문제들이 있으며 이러한 문제를 둘러싸고 매우 심각한 긴장의 근원이 발생할 수 있거나 발생한다. 다만, 이러한 긴장국면은 전개되는 상황에 의해서가 아니라 원칙적인 이유 때문에 발생한다.

이러한 문제의 예를 들면,

- 천연자원 이용과 국경 통과 운송에 대한 국가의 상호 책임
- 자국의 안보를 위한 노력과 이러한 노력에 대한 타국의 인식
- 민족의 자결권과 국가의 영토보존 원칙 간의 충돌

협력의 중요성

국제정치 시스템에서는 분쟁과 갈등을 조율할 수 있는 다양한 메커니즘이 가동되고 있다. 분쟁과 갈등은 특정 사안별로 국가들의 의견이 부합하지 않거나 갈라지는 경우에 발생한다.

이와 같은 조율 메커니즘은 앞으로도 지속적으로 발전하고 개선될 것이며, 아마도 2030년까지 조율 메커니즘의 몇몇 요소들이 소실되고 새로운 요소로 보충될 것이다.

하지만 국제정치 시스템의 형성 과정에서 문제 해결의 목적이 달라지고 있다. 이제는 단순한 분쟁 해결이 아닌 공동행동 프로그램의 마련, 이견의 최소화가 아닌 상호이익의 최대화, 이해관계의 조율이 아닌 공동의 이해관계 규명에 중점을 두게 된다.

물론, 문제 해결에 있어 존재하는 모든 목적들은 상호 작용한다. 협력에 대한 국가의 의지가 구체적인 손익계산을 항상 앞설 수는 없다. 오히려 정반대의 현상이 빈번하게 관찰되곤 한다. 게다가 공동으로 취하는 건설적 행동이 반드시 효과적인 결과만을 도출하는 것도 아니다. 공동행동 자체가 불가능한 상황이 자주 벌어지기도 한다.

그렇지만 당면 문제를 범세계적 특성을 고려하여 협력으로 풀겠다는 국제사회의 의지는 국제정치 시스템의 건설적인 토대를 이루는 중요한 요소이다.

다음은 공동의 도전과제를 해결하기 위해 국가들이 공조할 수 있는 주요 방안들이다.

- 빈곤과 기아 퇴치, 후진국의 사회경제 발전을 위한 공조
- 환경 및 기후 균형 유지, 인간의 생활환경와 생태계에 대한 부정적 영향의 최소화
- 경제, 과학, 문화, 보건 분야에서의 대규모 글로벌 문제 해결
- 자연재해와 인재 예방 및 파급효과 최소화, 구조대 파견(인도주의적 지원 포함)
- 테러리즘, 국제범죄를 비롯한 초국가적 반사회적 행위 척결
- 국제사회를 위협할 수 있는 정치 · 행정적 공황 상태의 지역과 무정부 지역의 질서 회복

제11장

분쟁과 극단적 시나리오

11.1. 국제분쟁의 전개 과정

최근 20년간 국제분쟁과 그 파괴적인 규모는 냉전 어느 때와 비교해도 급격히 감소하였다.

이 시기 동안 강대국들은 서로 간접적인 무력분쟁을(과거 한국과 베트남 같이) 일으키지 않았을뿐더러, 다른 강대국들과 전쟁을 일으키는 국가와 반정부 전투조직에도 지원을 하지 않았다. 오히려 반테러 및 평화유지 합동활동을 위한 강대국들의 상호협력이 현저히 증가했다. 세계적인 분쟁 잠재력은 무장폭력의 형태와 내용상의 변화가 계속 진행되면서 질적으로 양적으로 변화할 것이다. 특히 다음의 가장 위험한 특징을 구분해야 한다.

- 반정부 전투조직 수 증대 및 활동 증가
- 이들의 더욱 극단적인 형태 및 폭력수단을 사용하려는 시도(파괴효율을 가진 지발식[1] 수단 포함)
- 향후 분쟁 세분화 및 다국적화
- 민간인에 대한 우선적 무력성향

1) 역주: 발파에서 장전한 폭약이 정규시간보다 늦게 폭발하는 현상.

핵보유강국

전망 기간 동안 강대국 간(미국, 러시아, 중국) 그리고 그 동맹국 간 무력분쟁 및 전쟁확률은 감소할 것이다.

이들 국가 간 심각한 대립 가능성이 낮은 반면 지역분쟁에 대한 간접개입 가능성도 배제되지 않는다.

이에 반해 주요 국제정치 강대국의 포괄적 상호의존도는 세계화 과정에서 심화되고 있으며, (핵무기는 물론이거니와) 재래식 무기의 제한적인 사용에도 다차원적인 취약성이 심화되고 있다.

□ **이러한 전쟁의 손실은 핵보유국들이 서로 반대하여 무력을 사용하면서까지 추구하는 어떠한 경제적, 정치적 및 다른 이득과도 비교되지 않는다.**

기타 핵보유국

지역 핵전쟁으로 번질 위험이 큰 갈등 확률은 몇몇 준핵보유국 간에서 상대적으로 더 높다.

전대미문의 사회경제 및 정치 파장뿐만 아니라, 이러한 전쟁은 세계적인 경제 재난을 초래할 수 있다. 일단 공격을 주고받으면 핵탄두 100기만으로도 전 세계적인 오존층이 파괴되고 수년에 걸쳐 연소물질로 인해 대기권이 오염을 유발시킬 수 있다.

인도 - 파키스탄

이런 주요 위협은 인도–파키스탄 관계에 있다. 카슈미르 문제[2]는 계속해서 양국 관계 분쟁의 발화점이 되고 있다. 여기에 새로운 요소로 급진이슬람주의의 테러위협이 더해졌다. 파키스탄은 명확히 명시된 정식 핵 독트린 없이 가장 먼저(핵무기를 먼저 사용하지 않겠다고 발표한 인도와는 달리) 핵무기 사용 원칙에 입각하고 있다. 핵공격은 다음 상황에서 일어날 것으로 예상된다.

2) 역주: 1947년 인도와 파키스탄의 분리독립 이후 카슈미르(Kashmir) 지역에서 계속 일어나는 영유권 싸움.

- 인도 다목적 부대의 파키스탄 공격 및 파키스탄 영토 대거 장악
- 인도에 의한 파키스탄 육군 및 공군 대량 파괴
- 인도에 의한 상당한 파키스탄의 경세 손실(경세봉쇄 포함)
- 인도에 의한 파키스탄 국내 정치 불안정화 혹은 대규모 견제 공격

이러한 독트린의 경우 실제 인도와의 모든 분쟁과 몇몇 파키스탄 내부 사건은 핵전쟁을 위한(가령, 인도가 파키스탄 펀자브주와 신드주에 주둔한 테러 및 급진이슬람 단체 기지를 공중 폭격 한다면) 원인 혹은 동기가 될 수 있다.

미국-인도 평화적인 핵사용 협정을 통해 인도는 자신의 핵능력을 양적으로 질적으로 개선할 수 있는 가능성이 커진다.

그래서 파키스탄의 핵을 억제하기 위한 확실하고 유일한 보장 방법은 경보체제 구축과 (적이 먼저 공격할 시 파괴에 대한 일종의 핵 세력 보험인) 보복공격작전구상을 채택하는 등 핵 문턱을 낮추기 위한 게임이다.

파키스탄과 인도의 지리적 근접성으로 인해 (탄도미사일 최장 비행시간은 5~7분) 사실상 상황파악과 적절한 대응을 위한 시간이 부족하다. 따라서 어떤 실수나 시스템 오류로 치명적 결과가 초래될 수 있다.

분쟁의 다른 동기로 파키스탄 대내정치 갈등심화, 급진 이슬람단체(탈레반)와 국제테러단체(알 카에다)의 핵무기 이용 가능성이 있다.

파키스탄의 정치전개 특징은 다음과 같은 몇몇 문제 해결에 달려 있다.

- 전국적인 시민엘리트 공감대 형성
- 정치세력의 군대 지휘
- 아프가니스탄 국경지대에서의 지역 극단주의와 테러 진압

이 문제들은 서로 긴밀히 얽혀있으며, 개별적으로는 각 문제를 해결할 수 없다. 민주개혁은 정치 엘리트들의 국내 상황통제권 상실 우려를 심화시키고 군사개입을 초래할 수 있기에 희박해 보인다.

파키스탄 장교집단은 대부분 펀자브주 출신의 사회 중산층으로 민주화 과정에서 자신들의 군내 통치권 약화를 묵인하지 않을 것이다. 또 인도가 도발하여 카슈미르 문제의 무력 해결 시도에 따른 정치혼란 우려도 있다.

□ 파키스탄군대와 인도군대 모두 카슈미르 문제 해결에 가장 적대적이다. 카슈미르 분쟁이 계속되어야 자국 내 높은 군의 지위를 유지하고 막대한 국방예산을 확보할 수 있기 때문이다.

아프가니스탄과 접경지대에 있는 탈레반에 더 효율적인 군사행동을 취하기 위해서라면, 파키스탄에 외국군이 주둔할 것이며(현 단계에서 꽤 확률이 높다), 다음의 세가지 시나리오가 가능하다.

- 군의 상당부분이 이러한 사건 전개를 반대할 것이다.
- 이를 묵인한 정치세력은 모든 국민의 지지를 상실할 것이다.
- 탈레반은 통합 후 파키스탄 내 외국군 주둔을 반대하는 국민들의 막대한 지지를 얻을 것으로 예상된다.

파키스탄이 전체적으로 탈레반화 되어 이슬람 집단이 세력을 장악할 경우, 혹은 파키스탄이 다민족이슬람종파(에미리트) 준국가 상태로 붕괴할 경우 극단주의자들이 핵무기를 장악할 확률이 굉장히 높다. 인도는 의심할 여지없이 이러한 사태를 막기 위해 (미국 및 다른 국가 지원하에) 모든 군사적 대책을 강구할 것이다. 유엔 안보리 위임에 따라 다국적 군사개입도 가능하다. 어떤 경우라도 이로 인해 핵무기 사용가능성이 큰 전쟁으로 치닫게 된다. 게다가 인도와 달리 파키스탄에서는 핵무기 통제권을 군이 장악하고 있다.

■ 이처럼 전망 기간 동안 핵전쟁으로 번질 수 있는 대규모 무력분쟁의 가장 큰 위협은 남아시아에서 비롯될 것이다.

인도 - 중국

이 두 핵보유국 간 분쟁 확률은 인도-파키스탄 분쟁 확률보다 낮다. 중국은 인도-파키스탄 전쟁이 핵전쟁으로 발전될지라도 핵무기를 사용하지 않을 것으로 보인다. 중국은 또한 인도, 미국 혹은 다국적군대가 파키스탄 국가체제 붕괴 시 또는 이슬람 집단의 권력장악 시 군사작전을 펼친다면 간섭을 억제할 것이다.

핵전쟁으로 확전되지 않고 국지적 무력 충돌에 그칠 수 있는 인도양 지역 대립이 늘어날 것으로 전망된다.

인도양의 세계 컨테이너 운송비중은 이미 50%를 차지하고 있으며, 세계 석유제품 운송비중은 70%를 넘어섰다. 중국으로 수입되는 석유 중 약 85%가 인도양을 통과한다.

그래서 중국 정부는:

- 화석 연료 수입 다변화를 위해서라도 인도양 군사 · 경제 통제시스템(진주목걸이 전략[3])을 구축하고 있다.
- 페르시아만에서 석유운송이 이루어지는 호르무즈해협[4] 통제권을 위해 대양함대를 건조하며, 파키스탄에(과다르 및 파스니지역) 해군기지를 건설하고 있다. 뿐만 아니라 이 파키스탄 기지는 카자흐스탄, 투르크메니스탄 및 아제르바이잔에서 이어지는 파이프라인 터미널이 될 수 있다.
- 미얀마, 스리랑카 및 방글라데시에 함대공급 지점건설을 계획하고 있다. 중국은 벵골만에서 운남성으로 이어지는 미얀마경유 도로, 운하 및 파이프라인을 부설하고 있다.
- 말라카해협을 우회하여 인도양과 태평양을 잇는 태국 끄라(Kra)지협을 관통하는 운하 건설(일종의 동남아시아 파나마운하)을 계획하고 있다. 이를 통해 중국 군함 및 상선이 인도양 지역으로 바로 진출 할 수 있게 된다.

□ 인도는 중국의 이러한 장기 전략을 우려하고 있다.

한편, 인도도 해군을 강화하며, 이란(차흐 바하르지역), 자국연안(카르와르)과 말라카해협을 막고 있는 안다만 니코바르제도[5]에 해군기지를 건설 하고 있다.

다른 나라의 해양 운송을 폐쇄하려는 시도인 이란, 파키스탄, 미얀마

3) 역주: 진주 목걸이는 파키스탄의 과다르에서 스리랑카의 햄번토타, 그리고 인도양 한복판의 몰디브와 모리셔스의 항구에서 방글라데시의 치타공 항구, 미얀마의 벵골만까지 원유와 자원 수송의 핵심거점이자 군사요충지를 확보하기 위한 중국의 전략.

4) 역주: 페르시아만과 오만만을 연결하는 해협.

5) 역주: 인도 벵골만 동부에 있는 안다만제도와 니코바르제도로 이루어진 연방자치주.

또는 태국의 불안정화로 중국과 인도 간 경색 국면이 악화될 수 있다. 이는 국경이 없고, 통상 먼저 공격하면 승리를 거두는 영해에서 특히 선박 간 충돌이 일어날 경우 위험하다.

■ **그러나 이런 첨예화로 중국-인도 간 새로운 전쟁이 일어나지는 않는다. 상호경제 의존성 증대와 정치대화의 활성화로 인해 양국관계의 평화기반이 강화될 것이다.**

11.2. 국제분쟁

이란

전망 기간 동안 가장 확률이 높은 또 하나의 국가 간 분쟁은 이란 핵문제와 관련한 이스라엘과 이란 간 분쟁이다.

발생할 경우 이런 분쟁은 준핵분쟁이 될 수 있다. 다시 말해 핵무기사용과 관련이 없다면 핵무기 개발 및 확산가능성과 관련이 있다.

문제를 평화적으로 해결하지 않으면 가장 큰 분쟁발생 확률은 1~2년 후에 나타난다. 그 후 이 지역과 전 세계는 전쟁후유증을 겪을 것인지, 이런 문제를 평화적으로 해결할 것인지 결정해야 한다.

대 이란 군사작전 중 현실적인 대책은 취약하다.

- 기간과 규모면에서 제한된 핵인프라 주요 시설(약 30개)을 공중폭격한다. 이런 공격은 이스라엘만 가능하다. 그러나 이란의 보복조치에 대한 막대한 손해를 막지 못하면 십중팔구 미군은 작전에 개입할 것이다.
- 수개월 간 (유고슬라비아전쟁과 유사하게) 확장목표(수천 개)를 공중폭격한다. 이런 군사조치는 미군의 일방적 혹은 이스라엘과 공동으로만 실행될 수 있다.

미국이 필요한 자원을 이라크와 아프가니스탄에 과도하게 치중했기에 (이라크에서의 작전형태) 이란 파병계획은 제외되었는데, 이라크 점령에서 얻은 가장 뼈아픈 교훈의 결과이기도 하다.

제한적 공격으로 이란 핵 프로그램을 수 년간 잠재울 수 있으나 정치적 파장은 굉장히 클 것이다.

미국과 이스라엘에 대한 강렬한 증오가 폭발하고 이란 내 급진이슬람주의 부상으로 이란은 핵확산금지조약(NPT)에서 탈퇴하고, 이스라엘과 전 세계적인 차원에서 NPT에 대한 테러를 조직할 것이다. 팔레스타인과 이스라엘 간 협상은 결렬되고, 또 이스라엘은 대테러전쟁과 미사일발사 의향을 가지고 있으며, (디모나[6] 원자로와 하이파[7] 정유공장이 공격을 받지 않는다면) 이를 응당한 피해라고 여길 것이다.

□ 이 방안의 경우 중단기적인 측면에서 군사적 문제해결은 현재의 예상보다 덜 파괴적일 것이다.

미국이 개입하면 전쟁규모와 파장은 훨씬 더 커지게 된다. 즉, 전 세계에 있는 미국 대사관과 기관, 역내 미 해병 및 해군에 대한 무력대응이 발생하며, 페르시아 만을 통과하는 석유운송이 막힐 수 있다. 터키는 모든 반이란 조치를 비난하고, 미국에 자국군 기지제공을 철회할 수 있으며, 터키의 이슬람주의 경향이 심화될 것으로 예측된다.

작전이 시행되면 아프가니스탄 정세가 불안정해지고 탈레반은 강화되며 이란과 아프가니스탄 간 반테러 공동대응 협약은 결렬될 것이다. 대이란 공격이 감행되면 이슬람주의자들의 격렬한 도발과 막대한 피해를 초래하는 파키스탄 내전까지도 일어날 수 있다. 이란은 미국을 난처하게 만들고 계획된 미군철수를 방해하기 위해 이라크 시아파를 이용하려고 노력할 것이다.

전쟁이 더욱 길어지면 중앙아시아 이슬람 세력이 활동을 본격화하고 이 지역으로부터 수십만 난민이 쏟아져 나올 것이다. 전반적으로 역내 장기전이 될 경우 팔레스타인부터 터키, 이라크, 이란, 아라비아 반도, 중앙아시아, 남·북카프카즈와 아프가니스탄을 거쳐 파키스탄까지 퍼지는 혼돈이 도래할 것이다.

6) 역주: 이스라엘 네게브 사막에 있는 도시로 핵발전소와 200기로 추정되는 핵무기가 있다.

7) 역주: 이스라엘 북부 지중해에 면한 항구도시.

팔레스타인부터 아프가니스탄까지 세계 수준으로 확대될 수 있는 단일 이슬람 전선구축이 가능하다. 무엇보다도 프랑스, 영국, 독일, 네덜란드, 덴마크 등 이슬람이민자들이 상당히 많은 유럽 국가들은 공격을 받게 될 것으로 추측된다. 장기전으로 NATO는 심각한 위기에 처하고 EU가 와해 될 수 있다.

핵보유국인 파키스탄의 정세불안정, 급진이슬람주의 급부상 등의 전쟁 후유증으로 많은 국가들이 NPT에서 집단탈퇴를 할 수 있고, 미국과 이스라엘에 반대하여 억제력을 얻기 위해 일부 군사핵 프로그램이 가동될 수 있다. 그러면 핵비확산을 위한 법적 합의체제는 돌이킬 수 없이 붕괴된다.

또 미국과 그 동맹국이 위험한 핵기술과 소재를 개발하거나 공개적으로 핵무기를 매입하는 나라에 무력사용을 규정한다면, 향후 핵무기의 물리적 확산은 일정시기 동안 무력으로 억제될 수 있다.

□ 군사적 해결 경향 억제는 주요 강대국들이 이란 석유수출입금지와 원천봉쇄 등 가장 강력한 제재를 가할 의향을 가지게 한다.

또한 이란산 석유를 수입하는 국가들(유럽 국가, 일본, 한국, 인도)을 이해시킬 수 있고, 이란 핵 프로그램이 평화적으로 중단된다면, 강대국들과 역내 국가들의 협력을 기반으로 핵무기 · 위험기술 · 물질의 비확산 체제를 강화시킬 가능성이 크다.

중앙아시아

전망 기간 동안 이 지역에서는 일정한(가장 나쁜 경우 – 높은) 분쟁잠재력이 지속될 것이다.

무력분쟁으로 확대될 수 있는 대립의 근원은 계속될 전망이다. 이러한 대립 해결 가능성은 필요한 수준과 동떨어져 있다. 중앙아시아에서는 모든 분쟁형태가 가능하다. 즉, 자국 내, 그리고 적은 확률이긴 하지만 국가간 갈등, 혹은 혼합된 형태뿐만 아니라 사회, 민족, 종교, 파벌 간 그리고 복합적인 원인으로 발생하는 정기적인 무력 충돌과 테러 등이다.

네 가지 복합적인 요인이 역내 분쟁가능성의 일정한 의미를 갖게 될 것이다. 자국 내 대립 및 역내 국가불안정(특히 우즈베키스탄, 키르기스스탄 및 타지키스탄)은 불안정과 분쟁가능성의 주요 원인이 될 것이다.

중앙집권적 보호시스템, 특히 중심부에서 먼 지역의 시스템은 비효율적이고 부패했으며 현대화되지 못했다. 이 지역의 실질적인 국가기관은 부족하고, 지역엘리트 간 경쟁이 지속되고 있다. 국민 대부분은 참혹한 사회 경제 상황을 계속 겪고 있다. 국민이 보기에 중앙정권의 합법성은 한계를 드러내고 있다. 이 모든 상황으로 말미암아 반 자발적인 사회폭동이(범죄자들이 적극참여하고 선동할 경우 포함) 지속될 것이다. 그리고 지역 차원에서 보호시스템을 위한 더욱 조직적인 중앙정부, 혹은 지방차원의 대체정권 구축이 계속될 것이다. 이는 주로 사회 및 종교를 기반으로 하며, 무력대응을 위해 국가를 선동할 수 있다. 무력대립 확률은 다음 상황에서 더욱 높다.

- 권력승계의 실패 및 평화적인 권력이양 보장능력 부재(특히 우즈베키스탄)
- 개별적이고 가장 문제인 지역, 특히 페르가나계곡.

안보, 자원(특히 수자원), 영토 분쟁 등 국가간 대립이 발행하는 경우에는 전반적인 평화기조에서도 이 지역은 예외가 될 수 있다.

우즈베키스탄 · 타지키스탄, 우즈베키스탄 · 키르기스스탄 국경대립과 페르가나 지역 대립은 일정한 조건에서, 특히 국내 및 민족 간 대립과 수출불안정이 심화될 때(예를 들어, 안디잔사건이 우즈베키스탄에서 인접국인 키르기스스탄으로 확산될 때) 무력대립의 원인이 될 수 있다.

또한 지역기구, 특히 집단안보조약기구(CSTO), 상하이협력기구(SCO) 등 이러한 충돌이 무력분쟁으로 번지는 것을 억제하는 기구의 역할은 커져만 갈 것이다.

역내 무장이슬람극단주의기구는 - 국내문제이면서 동시에 초국가적, 초지역적 문제 - 2030년까지 우즈베키스탄, 타지키스탄 및 키르기스스탄의 최고 현안으로 (감소하겠지만) 남아 있을 것으로 예상된다.

주요 급진이슬람 집단은 중앙아시아, 특히 우즈베키스탄에 근거지를 두고 (우즈베키스탄 이슬람운동 및 이슬람지하드연맹) 주로 중앙아시아 국가 밖에서(특히 파키스탄 종족 지역) 기반을 유지할 것이다. 그렇지만 중앙아시아 국가의 특정 지역에 이슬람의 전초기지를 형성하려는 시도는 계속 될 것이다.

이슬람극단주의조직이 중앙아시아에서 특히 대규모 무력분쟁을 스스로 일으킬 주범이 될 확률은 적다. 정권을 차지하기 위해 투쟁, 경쟁하는 지역 씨족단체가 극단주의조직을 이용할 위협이 훨씬 크고 위험하다.

중앙아시아와 가장 큰 분쟁지역인 중동, 특히 아프가니스탄과 파키스탄과의 관계는 직접분쟁으로 번질 가능성은 제한적이지만 가장 중요한 대외불안요인으로 남을 것이다. 더 큰 위협은 아프간 아편밀매이다.

마약밀매상의 폭력범죄가 무력분쟁으로 번질 수 있는 국경지대의(가령, 타지키스탄 · 아프가니스탄 국경) 무력충돌 외에도 마약산업은 우즈베키스탄 이슬람운동과 같은 다양한 반정부 무장단체에 대한 재정지원뿐만 아니라 역내 대규모 국가기구 부패의 주요 원인이 될 것이다. 다른 대외요인으로는 (중국)신장위구르의 이슬람주의와 분리주의가 중앙아시아 정세에 영향력을 다소 확대할 수 있다.

중앙아시아에서 역외 강대국과 역내외 연합세력간 경쟁만으로 이 지역에서 군사적 충돌이 발생 할 가능성은 낮다. 이 지역의 중요한 특징은 외부 세력 특히 군사적 개입이 많은 것이라기 보다는 지역 안보체제의 부재에 있다.

- 당사자인 외부 강대국들과 역내외 기구들은 이 지역 안정 유지에 대한 공통의 관심사를(특히 러시아-중국-서구 삼각관계(트라이앵글)가 긍정적으로 발전할 때) 유지할 것이다.
  대외 강국, 특히 러시아와 중국 그리고 지역안보기구의 입지는 지역 불안정 요소를 억제하는 요인으로 작용할 것이다.

기타 지역

전망 기간 동안 내부문제와 관련 없는 국가 간 제한적 무력충돌도 가능하다. 해양화석원료, 어류자원, 담수 등 자원에 접근하기 위해 그리고 마약통관, 극단주의, 범죄 집단 및 환경피해 때문이나.

분쟁가능지역은 다음과 같다.

- 콜롬비아 및 베네수엘라
- 아프리카
- 발칸 반도
- 중앙아시아
- 아라비아 반도
- 동남아시아

양자 간 제한적 군사잠재력을 고려하면 양자 간 분쟁은 소규모로 단기간에 끝나겠지만, UN과 지역집단안보기구의 개입이나 협력 혹은 이를 병행할 때 해결할 것이다.

11.3. 복합유형의 분쟁

국내분쟁의 절대적 우세는 지속되고, 그 수는 줄어들지 않을 것이다. 국경수비를 위한 무력충돌과 국내분쟁의 대외통합을 통해 이러한 초국가적, 다국적 분쟁수준은 상승할 것으로 보인다.

직접적인 국가역할이 상대적으로 약화되는 가운데 무력분쟁 참여자인 반정부 주체들의 역할은 계속 강화될 것이다. 반정부 주체 간 분쟁건수는 국가개입 분쟁수를 상회하게 된다.

반정부 주체의 반정부 성향은 민간인대상 테러에 더 빈번히 반영될 전망이다. 이런 분쟁은 세계로 번질 수 있으며 극히 불균형적인 형태를 띠게 된다. 예를 들면, 간혹, 자국 사회정치체제의 일부로서 무력 분쟁에 적극 참여하는 외국 반정부무장주체와 국가 간 대립을 들 수 있다.

위에 열거한 경향 중 가장 위험한 것은 직접적인 민간인대상 무력행사 동향과 관련이 있다. 이러한 무력수준은 (참여자 수, 조직된 운동 수, 희생자 수 등) 모든 면에서 계속 상승하며, 상당히 체계적이고 정기적 성격을 띠게 되고 반정부 주체와 테러기술은 이런 무력의 주요 역할을 확대시킬 것이다.

분쟁의 세분화와 초국가화가 동시에 이루어지는 상대적이면서 상호 연관된 추세가 활발해 질 것이다. 낮은 국가기능의 효율성과 분쟁에 대한 외부개입은 (참여자 수의 증가, 참여자의 다변화, 다양한 형태의 무력 다중성과 결합 등) 무력 세분화의 주요 요소가 될 것이다. 세계화 시대에 세분화는 결코 분쟁국지화나 하나의 국가 틀로 분쟁을 제한하는 것이 아니라, 오히려 가속화된 초국가적 분쟁을 쉽게 유발하고 있다.

□ **국제안정을 위협하는 주요 요인들은 인접국 혹은 거리가 먼 국가와 그 동맹국이 개입할 수 있는 불안정한 나라에서 대 · 내외 성격이 혼합된 초국가적 충돌에서 기인할 것이다.**

또 개입목적으로는 반중앙정부 폭동참가자에 대한 지원뿐만 아니라, 반대 경우인 정부의 무장반대세력 진압지원, 그리고 인도적 참사, 대량학살과 대량인종청소를 막기 위한 내전 개입이 될 수 있다.

국제테러집단 또는 범죄조직의 활동(해적, 노예상, 밀매상, 마약사업 등의) 소탕을 원하지 않거나 그러한 역량을 갖추지 못한 국가에 대해 외부로부터의 군사적 행동은 이러한 상황의 또 다른 예가 될 것이다.

■ **이 외에는 인접국가나 다국적지역군이 개입하거나 유엔평화유지군이 참여하는 더 소극적 복합분쟁이 압도적이다.**

이런 분쟁의 장은 아프리카, 중앙아시아, 남아시아 및 동남아시아이다. 국가와 동맹국 그리고 그 연합이 마약사업, 해적, 밀렵, 노예매매 및 위험소재 · 기술 밀매를 한 초국가 테러조직, 즉 반정부 주체에 직접 무력으로 대응하는 경향이 뚜렷해질 것이다.

제12장

안보위협

12

12.1. 군사력 역할

군사력은 정치도구로 남겠지만, 점증하는 세계다극화, 세계화 그리고 국가상호의존성이 커지는 가운데, 전망 기간 동안 군사력의 역할은 비군사적 권력 요인과 비교하여 상대적으로 축소될 것이다.

비군사적 권력 요인이란,

- 경제 및 재정 능력
- 혁신동력
- 국가 및 동맹국의 이데올로기적 매력
- 정보기술 수준
- 환경보호 수준
- 해외투자활동
- 국제경제, 금융, 정치기구 및 연구소에서의 비중
- 평화유지 및 인도적 활동
- 분쟁해결 외교 효율성

□ **세계대전이나 대규모전쟁이 발생할 확률이 낮으면 군사력을 이용한 전통적인 전쟁 수행 방식 역시 감소될 것이다.**

선별적 군작전과 장거리국지공습(비접촉식 전쟁) 그리고 승리가 아닌 개별적이고 구체적인 과제해결을 위한 소규모 기동부대작전과 특수작전의 역할은 상대적으로 증가할 것이다. 여기에 다음이 해당한다.

- 이런 저런 국가에 압력을 행사
- 국가의 주요경제 또는 군사(핵산업 또는 핵무기 포함) 자산몰수
- 제재도입
- 통신교란 및 봉쇄

평화의 강제 및 유지, 대량학살 · 인종청소 · 인도주의적 참사를 예방하고 인간이 만든 재해 및 환경보호를 위한 군사작전은 크게 증가할 것이다.

국제테러와 초국가적범죄가 증가하면서 이에 대한 진압작전의 범위가 커질 것이다. 핵무기확산과 테러리스트들의 핵무기이용가능성을 막기 위한 무력사용은 별개이다.

세계 및 지역 강대국의 공동행동의향에 따라 이런 작전은 다각적인 토대에서 UN과 지역 안보기구 공동 혹은 단독위임에 의해 더 빈번히 수행될 전망이다.

강대국 및 그 동맹의 국제적 책임과 영향력 수준은 20세기 전쟁용 군사력 규모가 아닌 국가들의 세계평화유지 작전 및 새로운 위협퇴치(테러, 대량살상무기(WMD)확산)작전참여 규모로 정해지게 된다.

에너지 및 기타 천연자원(담수 포함), 탄소자원, 파이프라인, 북극교통로 및 해외 영토 및 기지 등을 놓고 강대국과 그 동맹국이 갈등 한다는 시나리오는 억지에 가깝다. 모든 대규모 분쟁의 손실과 결과는 상호 의존적인 강대국에 있어 군사적 문제해결로 얻는 예싱이득과 비교할 수 없을 만큼 거대하다.

약소국들은 상기한 이유로 역내수준에서 충돌할 수 있지만, (심각한 인도적 결과를 초래할 수도 있으나) 이런 분쟁의 규모는 제한적이며, 강대국과 국제기구가 간섭할 수 있다.

핵무기

강대국들은 공개적으로 또 비공개적으로 핵억제 잠재력을 유지하고 현

대화할 예정이지만 정치적 억제수단으로서 핵무기의 역할은 강대국 간 관계에서 앞으로 줄어들 것이다.

핵무기 없는 세상 이니셔티브는 그 과정의 지속성을 완전히 이해하고 국제안보체제 구축과 관련한 많은 문제해결이 필요할 때 지속적인 발전이 가능하다.

2030년 강대국과 제3핵보유국간 군사 · 정치관계에서 그리고 신 · 구 핵보유국 간 관계에서 핵무기 역할은 재차 확대될 것이다.

2020년까지 미국, 영국과 마찬가지로 프랑스, 러시아 및 중국은 자국 안보에서 핵억제 역할을 축소할 수 있다.

□ 핵무기 감축 과정은 여전히 다른 핵보유국보다 핵무기 수가 훨씬 많은 미국과 러시아의 정책에 주로 달려 있다.

2030년까지 핵무기 사용문턱과 WMD비확산체제 위반을 줄이려는 노력은 현실적이다. 이런 경우 지역 차원의 핵무기사용과 반정부기구의 국지적사용 확률은 높아질 것이다.

미사일방어체제 (MD)

MD체제개발 분야에서 미국은 기술과 배치규모에 있어 오랫동안 주도할 것이다. 일본, 이스라엘, 프랑스, 영국, 독일 등 여러 국가가 MD발전에 기술 및 재정적 기여를 할 것이다. 미국에서는 오바마 행정부가 채택한 2020 MD 어댑티브 아키텍처(MD adaptive architecture) 구축 프로그램을 실행할 것으로 추측된다.

정밀 무기

이런 종류의 무기배치규모는 미 · 러 전략무기감축협정(START)에 달려 있다.

기존의 미 · 러 비핵설비(중폭격기 공중발사크루즈미사일(ALCM) 및 잠수함 · 선박해상발사크루즈미사일(SLCM)) 장거리정밀무기는 비행거리 및 목표명중률 향상을 통해 조만간 개선될 것이다.

미국이 개발하는 해상 및 지상발사전략 미사일용 비핵정밀탄두는 발전하고 제한 수량으로 배치될 전망이다.

항공우주분야 정보 및 군사장비

우주활동 참가국은 미사일공격우주경보장비, 탐사, 항법, 통신 및 재전송, 부대 및 무기전투관리 개발 등을 계속할 것이다.

상기 개발에 우주군비경쟁이 심각한 영향을 끼칠 수 있다. 우주 · 지상 · 해상기반 대 위성 시스템 분야에 상당한 과학기술 및 생산성과가 있다. 미국의 이러한 무기개발 가능성과 배치잠재력이 가장 크다.

우주무장금지 국제조약 및 협정개발, 조율 및 채택 노력은 아직 실효를 거두지 못하고 있다. 그래서 전망 기간 동안 위성 및 지상 · 공중 · 해상 시설파괴용 무기 우주발사와 우주설비파괴용 무기 실험 및 배치로 인해 항구적인 위협이 나타나게 될 것이다.

미국 외에 중국, 러시아, 인도, 브라질, 일본 등 여러 국가가 참여하는 우주무장 경쟁이 전개될 경우 머지않아 우주무장해제를 위한 균형 및 불균형 대책이 마련될 것이다. 결국 이로 인해 세계군사 및 정치정세가 불안하게 될 수 있다.

■ **그래서 무기우주발사금지 국제협약 개발 및 채택은 단기적으로 매우 중요하다.**

전망 기간 동안 세계화, 상호의존성 강화 및 우주이용 확대로 인해 우주시설에 대한 적대적 영향을 주려는 시도 같은 강대국과 그 동맹국 간 우주분쟁 확률은 감소할 것이다.

하지만 (2009년 미국과 러시아의 위성 충돌 같은) 우주사고 확률과 권위적이고 무책임한 체제를 통해 우주 시스템 구축을 방해하고 예측 불가능한 사회 경제 및 군사적 결과가 초래된 가능성은 더욱 커지게 된다.

이런 전망은 특히 우주에서 무기배치 및 우주시설 파괴수단 개발제한 및 금지 대책을 위한 우주활동의 법적 합의기반을 개선 해야만 예방이 가능하다.

무기거래

최근 수 년 동안 국제 무기 매매량은 2008년 1,000억 달러를 달성한 이래 계속 증가 하고 있다.

계약 건수 순위는 1위 미국(60%), 2위 프랑스(13%), 3위 독일(9%), 4위 러시아(6%)이다. 이처럼 상기 언급된 국가들에 무기매매가 집중되어 있지만 적극적으로 무기수출을 한 20개국이 더 있다. 2020년까지 한해 평균 국제무기시장 규모는 600~700억 달러가 될 것이다. 무기 및 군수물자 주요 소비국 순위는 변해 국방예산 및 지출을 동시에 증대하는 국가들이 선두권을 차지할 것이다. 전반적인 군방지출 증대 경향은 유지될 전망이다.

■ **경제세계화와 세계기술정보 단일공간 형성은 국제무기매매시스템 구축에 영향을 끼칠 것이다. 반면 전망 기간 동안 무기 및 군사장비 합법거래 규제 및 불법거래 예방을 위한 국제단일시스템 개발 전망은 회의적이다.**

법적 구속력이 있는 국제무기매매조약의 개발과 채택의 필요성은 유지되고 있다. 그러나 미국과 같은 주요 무기수출국들이 조약 채택에 반기를 들 것이다. 이 국가들은 국제무기시장에서 선두 지위를 갖게 될 것이다.

12.2. 위험기술 및 원료 확산

핵확산

전망 기간 동안 국제핵무기비확산체제 발전은 다음의 성패 정도에 따라 정해질 것이다.

- 1968년 체결된 NPT 제6항에 따른 핵보유국의 핵폐기 이행 (전략무기 및 기타 조약 체결 및 비준)
- 한반도 비핵화와 이란 및 다른 국가 핵무기 개발방지
- 기존 핵무기 원료통제 강화와 테러리스트를 포함한 반정부기구, 극단주의단체의 핵무기접근 및 사용 방지
- 원자력개발 국가의 가장 민감한 핵연료 재처리 개발포기 국제협정 및 다국적 기업구축 국제 협정 체결
- NPT와 그 체제 및 기구(국제 원자력 기구(IAEA) 등), 조약탈퇴 권한과 개별 항목강화, 유엔 안보리의 핵비확산보장 및 핵체제 · 규범준수 강화 역할과 효율성 제고.

NPT에 가입 하지 않은 핵보유 3개국이 핵비확산체제에 불참하는 문제는 포괄적 핵실험금지조약(CTBT) 등 새로운 체제와 수출규제 및 핵물질 안전저장시스템으로 유도해 일부 해결할 수 있다.

지금까지 CTBT 발효는 미국상원이 비준을 바라지 않아 연기되어 왔다. 미국이 이 조약을 비준할 경우 중국이 그 다음으로 비준할 가능성이 있다. 이렇게 되면 불인정 핵보유국과 비핵보유국의 참여가 조약발효를 위한 필수조건이므로 이 국가들에 대한 압박이 강화될 것이다.

북한

북한은 NPT 회원국으로서 자국의무를 위반하고 조약 조항을 심각하게 위반하며 조약 탈퇴이력을 가진 유일한 국가이다. 북한의 행동은 아주 위험한 선례를 남기고 있다. 또 북한의 주변 국가들(일본, 한국 및 대만)은 신속한 핵무기 개발기술 가능성을 보유하고 있으며 (북한 및 중국으로부터) 점증하는 자국에 대한 안보위협과 미국의 핵우산약화를 체감하고 있다.

동북아시아 핵확산으로 동남아시아에서도 핵무기에 대한 관심이 고조될 것이다. 인도네시아, 베트남, 말레이시아와 같은 국가들은 경제발전을 이루며 정치적 야욕을 가지고 있다. 비록 현재 이들 국가는 핵무기 개발기술이나 전문가를 보유하고 있지 않지만, 정치적 결정을 할 경우 이 모든 것을 예측대상 시기에 보유하게 될 수 있다.

북한의 모든 방법을 동원한 핵 지위 강화 시도와 불법 핵수출을 빠른 시일 안에 반드시 강력하게 저지하고 예방해야 한다.

□ 전망 기간 후반에는 북한붕괴와 한반도통일 가능성이 크다.

통일측면에서 (중국, 러시아, 미국, 일본) 강대국들의 최우선 과제이자 통일과정 중 경제 및 군사안보 지원조건으로 남아프리카 공화국 모델에 따른 국제통제하에 북한 핵무기 및 관련시설 폐기가 있다.

이란

이란이 핵무기를 획득하면 역내 핵 도미노 현상이 일어날 것이다. 최근 터키, 이집트, 사우디아라비아, 아랍에미리트, 요르단, 알제리, 리비아 및 시리아와 같은 일련의 국가들은 중요 핵연료 재처리기술을 포함한 원자력에 대한 관심을 갖기 시작했다.

동북아시아와는 달리 중동의 핵기술 및 지식수준은 걸음마 단계이다. 그래서 최악의 시나리오라고 해도 이란 이외의 신생 핵보유국이 나타날 확률은 2030년 이후에나 있을 법하다. 그러나 역내 부국들이 제3국으로부터 핵무기를 구입하는 시나리오를 배제하지 않고 있다.

강대국들이 이란과의 협상에서 단일강경노선을 보여줄 경우, 이란의 핵무장화 전망으로 인해 이스라엘이 과감히 정책노선을 바꾸고 특정 조건하에서도 자국의 핵 지위와 관련해서 양보를 할 수 있다. 대부분의 아랍국가도 이란의 핵보유를 우려하고 있다. 아울러 이스라엘과 아랍 국가들이 처음으로 공통의 관심을 나타냈고, 이는 중동의 비핵지역 구축을 위한 또 하나의 자극이 될 수 있다.

핵 테러

신생 핵보유국과 기존의 핵보유국 위협 외에도 테러집단을 포함해 반정부집단이 핵무기를 획득할 가능성이 매우 높다.

이들 집단은 핵무기를 이론적으로 두 가지 방법으로 획득할 수 있다.

1) 약소국 내 핵무기 개발. 핵무기 개발에는 막대한 비용, 일정 수준의 산업 발전, 전문가와 시간이 필요하기 때문에 이 방법은 확률이 낮다.

2) 완성된 핵무기나 무기재료 입수. 대책은 있으나 핵무기 및 재료절도 위험은 2030년까지도 지속되고 평화적 원자력 확대 및 기술보유국이(2030년까지 그 수는 30개국에서 45~50개국으로 증가) 늘어나 그 위험이 확대될 것이다.

국제 NPT 유지 및 강화를 위해 세계 주요 강국, 특히 핵보유국들의 동의가 필요하다. 전반적으로 이 체제를 찬성하고 있지만 이를 번복할 가능성도 있다.

■ **비확산은 각 강대국의 우선 과제에서 다양한 순위를 차지하고 있다. 그래서 강대국 간 정치관계가 악화될 경우 몇몇 강대국은 외교협상의 최후 카드나 상대국의 달갑지 않은 행동에 대한 보복수단보다는 오히려 보편적 가치로서 비확산을 평가할 것이다.**

미사일 기술

미사일확산의 주요 근원지 또한 북한과 이란으로 여겨지며, 중국과 파키스탄도 해당된다.

이란은 현 속도로 미사일·우주프로그램을 계속 진행하면 2030년까지 대륙간 미사일의 사정거리는 5,500km 이상이 될 것이고 현대적인 고궤도 우주발사장비도 스스로 개발할 수 있게 된다. (이란이 핵 프로그램을 지속할 경우) 이것으로 핵탄두발사체를 만들 것이다.

이로 인해 미사일 기술확산통제시스템이 (NPT 타입의) 실제 법적 구속력이 있는 미사일 시스템 및 기술제한 조약으로의 발전이 사실상 불가능해지며, 시스템의 효율성은 문제시된다.

2030년까지 미사일 및 미사일 기술 확산에 영향을 줄 수 있는 전 세계적인 경향은 선진국과 개도국의 미사일·우주 프로그램 개발 및 향상 가속도이다.

탄도미사일은 테러리스트들의 용이한 무기가 아니다. 그러나 일반 우주항법 시스템을 장착한 장거리 크루즈미사일은 지상이나 해상 발사로 도시와 국가 주요 시설을 폭격할 수 있으며, 적중률이 높은 테러무기가 될 수 있다. 이는 세계적인 새로운 위협인 미사일 및 미사일 기술 확산으로 2030년에 현실이 될 수 있다.

이제 민간 및 군사미사일 · 우주 프로그램 개발은 선진국만의 전유물이 아니다. 다양한 경제적, 기술적, 사회적 수준의 수십 개국이 개발하고 있거나 계획하고 있다. 이런 경향이 앞으로도 계속 지속될 확률은 매우 높다.

우주탐사 · 통신 및 항법시스템을 사용할 경우 일반 미사일조차 원자력 발전소나 다른 주요 위험시설을 공격하기에 충분히 높은 적중률을 가지게 된다. 게다가 10여 개국은 핵무기 없이도 강대국에 용납할 수 없는 피해 위협을 가할 수 있게 된다.

□ **향후 무기(무엇보다 반위성무기)를 우주로 발사할 수 있는 국가 수는 특히 2030년 우주발사와 프로그램을 선도할 아시아에서 증가하고 있다.**

기타 대량살상무기 (WMD) 및 군사기술

화학무기

1997년 발효된 화학무기금지협약(CWC)은 화학무기확산을 막는 주요 국제보호벽이다. 188개국이 이 협약을 비준했고, 7개국이 비준 전의 단계이다. 이중 이스라엘과 미얀마는 협약에 서명은 했으나 비준은 하지 않았다. 앙골라, 이집트, 북한, 시리아와 소말리아는 협약서명을 하지 않았다. 상기 국가들 중 비공식적으로 화학무기나 생산기술 혹은 둘 다 보유한 나라가 있다고 추측할 근거가 있다.

일부 국가들이 회원국이 아니기 때문에 중기적으로 이 협약은 보편적 국제조약이 아니다. 이 문제는 이스라엘의 핵무기 및 다른 WMD 보유와 직접 연관되어 있고 상호관계에서만 해결할 수 있기 때문에 중동국가들은 (이집트, 시리아) 협약을 비준하지 않고 있다.

2030년 기존의 화학무기 특성을 뛰어넘지만 협약의 영향을 받지 않는 새로운 화학물질과 성분, 그리고 새로운 화학무기 공급 방법과 수단이 개발될 것으로 예상된다.

다양한 화학무기 개발 및 생산을 위한 과학 및 산업잠재력을 가진 국가 수는 증가할 것이다(전망 기간 동안 초기 30여 개국).

■ **첨단기술의 접근성 및 국제조약의 규제영향을 받지 않는 새로운 화학무기 개발로 화학무기 확산위협과 이를 테러 목적으로 이용할 확률은 높아질 것이다.**

생물무기

생물무기사용금지 규범은 1925년, 제네바에서 질식성 · 독성 · 기타 가스 · 세균무기 전시이용 금지 의정서(제네바의정서)가 체결된 후 형성되었다.

보류 중인 많은 국가를 포함하여 136개국이 비준하지 않아 의정서는 아직 보편적이지 않다. 보류 이유는 보복공격이나 비회원국에 대하여 생물무기를 허용할 수 있기 때문이다.

보류장벽 철폐 과정은 1975년 생물무기금지협약이 발효된 후 착수되었고 지금까지 이어지고 있다.

이 협약은 구체적인 실행방법 규정과 금지된 생물작용제 목록을 포함하지 않고 있으나 방어 프로그램은 금지하고 있다.

□ **애매한 협약규정으로 인해 참가국들은 협약 규정상 허용된 미생물, 바이러스 및 필요한 인프라를 이용하여 공격용 생물무기 프로그램 요소를 유지할 수 있다.**

과학기술 잠재력을 가진 많은 국가들은 필요할 경우 생물무기를 빠르게 생산할 수 있다.

전망 기간 동안 생물안보문제는 국가 및 국제안보에 있어 매우 중요한 요소가 될 것이다.

중기적으로 유전공학, 바이오기술, 독성학, 분자생물학 및 다른 관련 학문 분야를 포함한 생물학 분야에서의 과학기술성과를 거둠으로써 이 협약에 제약을 받지 않는 차세대 생물무기 개발이 가능해지고 있다.

인간 게놈 프로그램 연구는 협약규제영향을 받지 않기 때문에 새로운 생물무기 개발을 촉진하는 악화요인이다.

협약 발효 30여 년 동안 어떤 국가도 생물무기 보유를 발표하지 않았지만, 완전한 생물무기 개발 금지에 대한 신빙성 있는 자료도 없다. 생물무기 확산위험은 주로 (모든 경우) 위험한 전염병을 일으키는 균주, 이중목적 설비, 배양기, 기술 정보 등 생물무기를 얻기 위해 계속되는 무분별한 유통(무역, 이양)에서 비롯된다.

기존 핵보유국과 테러단체는 관련 재료, 설비 및 기술 확보를 위해 계속 노력할 것이다. 테러목적으로 생물 병원체를 이용하면 개별국가, 민족, 나아가 인류의 존속이 위협받게 된다.

■ **향후 10년 동안 협약이 제 기능을 못 하고, 협약을 강화하고 보편화하기 위한 전망이 부재하므로, 국제사회는 새로운 생물안보 국제협정(협약) 필요성을 깨닫게 될 것이다.**

이 협약 차원에서 새로운 생물무기 개발을 예방하기 위한 생물학 및 생물기술 통제와 감독 문제를 해결할 수 있다.

NPT와 유사한 생물병원체 유통보장체제 개발과 생물병원체 관련 국제기구 설립이 전 세계적인 바이오 안전성 향상을 위한 병렬적 방법이 될 수 있다.

방사능 무기

원자로를 보유한 50여 개국은 많은 비용 없이 군사 핵물질을 생산할 수 있다. 이를 위해 필요한 원료는 핵연료폐기물과 특별히 선별된 물질을 원자로에서 방사하여 얻는다. 군사 방사능물질 제공을 위해 무인기술이 이용될 수 있다. 많은 저발전국가가 보유할 수 있는 이러한 무기는 NPT 체제에서도 규제하기 어렵다. 또 많은 경우 이러한 형태 대량살상무기는 테러조직의 무기로 사용될 수 있다.

12.3. 국제테러

전망기간 동안 체제가 공개적이고 합법적인 정치과정을 통해서 테러조직이 정치도구로서 이용하는 국제테러를 진압할 수 있는 방안은 없다.

종교, 정의와 민족독립의 이상 그리고 말과 행동에서 역설된 극단주의는 극히 작은 집단의 범죄이익을 보장하고 냉소주의와 절대적 부도덕을 가려주는 병풍에 지나지 않는다.

□ 테러의 목적은 정상적인 생활을 마비시키고, 충격을 주며 최대의 희생자를 내는 데에 있다.

그래서 테러무기는 이 목적에 부합하는 전부이며, 이런 무기 선택으로 인해 문명사회 파괴 수단과 방법의 영역확대가 가능하고 그렇게 될 것이다.

테러는 빈곤, 무법, 정권과 국가의 억압으로 발생하고 극단적이지만, 많은 면에서 소외계층의 사회, 민족 또는 종교 권리를 얻기 위한 불균형적 폭력전술로 저항의 자연스러운 형태라고 여겨져 왔다.

그러나 현대 국제테러는 폭넓은 재정지원, 전문적 조직, 권위적 운영과 홍보에 의지하고 있다. 테러는 가장 큰 국제 비즈니스로 변모했다. 변하지 않은 것은 테러는 과거부터 있었다는 것이며, 모든 사회가 유지하려는 도덕적 규범과 윤리적 제약에 의하여 의식적으로 철저히 거부된다는 것이다.

□ 21세기 초는 글로벌, 혹은 참혹한 테러로 시작되었다.

테러는 전혀 새로운 특징으로 구분된다. 이는 세계장악을 위해 발생되고 있기 때문에 반드시 특정하고 구체적인 정치문제와 연관되지 않는다.

참혹한 테러는 협상아이템으로서가 아닌 무분별한 목적달성을 위해 발생한다. 무분별한 목적은 가능한 더 많은 파괴를 위한 수단을 전제로 한다. 이로 인해 대량살상무기에 접근하는 시도가 나타난다.

테러는 언제 어디서나 소수든 다수든 취약민족, 계층의 권리를 보호하지 못했다. 전망 기간 동안 현대사회의 다국적이고 정치적인 사업으로서 국제테러의 주요목적은 테러확산과 생활환경의 재구성이다. 즉 사회 및 기타 모든 파장이 동반되는 국가 간, 민족 · 종교 간 갈등을 재생산 하는 것이다. 전망 기간 동안 주도자, 기술전문가, 한 지역에서 다른 지역으로 정기적으로 움직이는 행동대원 등 전문 테러리스트 그룹의 확대가 예상된다.

■ **2030년까지 주요 분쟁지역의 효율적인 테러 진압대책을 세우지 못하면, 견고하고 영구적인 테러집단이 생성되고, 상대적으로 영구적인 테러조직과 관리를 통해 주기적으로 발전한다. 이들은 대부분의 약소국 군대, 그리고 개별 지역과 무의미한 전쟁에서는 심지어 강대국 군대와도 대립할 수 있다.**

사상 및 정치적 테러와 무기, 마약밀수출, 노예매매, 밀렵, 해적질, 몸값을 위해 인질극을 벌이는 다국적 조직범죄의 집중적인 유착이 일어나고 있다. 그 근거로 이 조직망은 계속해서 핵 · 화학무기 생물무기와 관련기술 밀수출에 더 많은 관심을 쏟고 있다.

국제테러의 가장 중요한 조력근원지는 최근 10년 동안 발전한 음성적인 WMD 기술 및 원료 시장이다. 더 많은 아시아, 아프리카 및 중남미국가들이 이 무기를 획득하려는 노력과 성공 가능성이 커져 이 시장은 확대될 전망이다.

테러목적은 분쟁해결이 아니라 분쟁격화 및 해결을 위한 모든 평화회담을 결렬 시키고자 하는 것이다. 또 테러대상 국가의 사회혼란, 정치적, 사회적 그리고 법적토대 마비 및 파괴, 국가제도 및 경제 · 군사제도 와해를 목적으로 할 것이다.

□ **본질적으로 현대 국제테러는 '~을 위한'이 아닌 '~에 반대하는' 전쟁을 한다. 즉, 현대사회, 서구 문명생활 및 그 정신, 기술 및 인도적 성과에 반대하는 전쟁이다.**

이것은 세계적 폭력집단의 반세계화 폭동이다. 또 이런 난폭한 집단은 선진국에도 존재하기 때문에 테러집단은 선진국에서 활용하거나 다른 국가와 지역으로 파견하기 위한 테러리스트들을 동원할 수 있다.

파괴적인 테러수단과 무기가 급발전하기 때문에 향후 20년간 반정부 주체의 폭력을 이용한 무분별한 목적 달성 방법으로서 이 현상의 본질은 변하게 될 것이다.

국가와 민간사회 조직, 그리고 이 조직의 내부 집단에 테러가 침투하고, 어쩌면 이 조직들을 대표할 수도 있다는 위협은 실제로 존재한다.

극단주의와 테러에 대항하기 위해 테러를 이용하는 조직과 테러지원국을 대상으로 국제사회의 선별적이지만 가차없는 강력한 공동대응이 필요하다.

■ **강대국들이 테러집단과 공범국 관계에 이중잣대를 적용하지 않는다면, 테러에 대응하는 국제적인 법적 토대를 마련하고 정보기관과 군의 상호 협력 확대를 계속해야 한다.**

12.4. 새로운 안보위협

기후

21세기 일반적으로 새로운 안보위협 중 (상기 언급된 것 이외에) 기후 문제에 가장 큰 이목이 쏠리고 있다. 이 문제는 보통 인위적 환경오염과 대기중 가스배출과 관련이 있기 때문에 향후 가장 심각한 국제적이고 정치적 파장을 낳을 수 있다.

다음의 환경오염 사실은 분명하게 인식된다.

- 더욱 엄격한 환경기준 도입은 오래전 모든 선진국과 대부분의 개도국의 관례가 되었다.
- 대기 중 가스배출 제한은 국제협상과 협정의 결과물이다. (유엔기후변화협약 및 교토의정서)

게다가 기후에 대한 언급된 요인의 영향정도를 평가하기 위한 충분한 과학적 근거는 아직 없다.

□ 기후변화는 자연재해의 결과인 경우가 많았다.

주기적인 지역 날씨 관측은 아직 200년이 되지 않았다. 엄격한 방법을 통해 세계적 차원의 날씨 관측은 약 50년 되었으며, 환경관측은 이보다 더 짧다. 그러나 수십 년 혹은 수백 년 내에 일어나는 일기변동이 아닌 기후변화가 일어나는 기간(정확히 기록될 수 있다)을 염두해 둔다면 200~300년조차 아무것도 아니다.

기후변화는 우주, 지구물리 및 인위적인 요인들로 초래된다. 이 요인들의 상호영향체계, 심지어 목록조차 최종 확정됐다고 보기 어렵다.

지구온난화는 이론적으로 사실상 모든 인류활동, 즉 경제, 에너지소비, 인류의 건강, 생활양식 및 이동에 부정적 영향을 끼칠 수 있다.

□ 기후변화는 시대와 지역마다 불규칙하게 나타나며, 그 규모 또한 지역마다 다를 것이다.

의심할 여지없이 전망 기간 동안 학계와 정계는 기후문제에 많은 주의를 기울일 것이다. 그러나 이 문제에 대한 국제정치적 결론이나 경제 및 기타 결론, 혹은 이 모든 결론을 내는 것은 시기상조이다. 이 상황을 고려하면 회담과 향후 협정에서 한편으로는 대기 중 가스배출 문제와 (인류보호문제일 수 있는) 환경보호 문제 구분을 기대할 수 있고, 다른 한편으로는 대기 중 가스배출 문제와 기후변화(지구온난화) 문제의 구분을 기대할 수 있다.

자원전쟁

천연자원으로(무엇보다 화석연료 및 담수) 인한 분쟁위협 또한 전반적으로 과대하게 나타나고 있다.

■ **평가에 따르면 2030년까지 인류는 현재보다 에너지를 40~50% 더 소비하게 될 것이다. 세계경제가 화석연료에 크게 의존하고 있어 세계는 석유 및 천연가스 생산국과 운송경로상 국가들의 지정학적 위험에 민감해질 것이다. 그러나 이런 취약성은 다른 국가 및 지역과 확연히 다르다. 문제의 정치적인 비화와 이를 둘러싼 분쟁으로 에너지안보는 복잡하게 될 뿐 강화되지는 않을 것이다.**

여기에 특히 화석연료 생산 전망에 대한 관심이 높아진 북극이 포함된다. (만약 기후변화가 확대되면) 지구온난화와 관련이 있는 북극의 기후변화로, 관련국 간의 화석연료와 빙하를 피한 해로확보 경쟁이 치열해질 것이다.

□ **북극대결은 누구에게도 무익한 반면, 협력을 하면 모두에게 유익하게 된다.**

따라서 2030년까지 북극해안 국가들의 협력 확대 또는 북극자원과 통신설비에 대한 관심 저하를 기대할 수 있다. 북극의 온난화 예측이 빗나갈 경우 북극 화석연료 채굴위험은 매우 커질 것이다.

전망 기간 동안 지구기후정책의 우선 과제는 다음과 같다.

- 대기 중 유해가스 배출감소
- 에너지안보
- 에너지효율 제고
- 기후보호를 위한 혁신기술 프로그램 개발 및 도입
- 동 분야 연구개발(R&D)촉진
- 국제기술지원프로그램 개발, 개도국의 현대기술보장협정 체결.

- 이것은 관련국제협력이 필요하며 유익하고 필수적인 대책이다. 그러나 기후알라미즘(climate alarmism)은 프로그램 개발 및 실행을 촉진하기보다는 방해가 될 수 있다.

제5부

세계발전의 중심 및 기타 지역

제13장

미국

현대사회를 주도하고 포스트 산업경제와 사회구조를 갖춘 보편적 선진 국가인 미국의 사회, 경제 및 정치발전을 장기적으로 예측하는 것은 모든 세계발전 전망과 문제를 빠짐없이 반영한다. 역동적으로 발전하는 모든 나라에서 미국식 기업모델과 다양한 제도를 벤치마킹할 수 있고, 또 하고 있기 때문에 시간이 지날수록 이 특징의 의의는 확대될 전망이다.

지식경제요소, 교육과학 및 사회문화발전의 우선 순위를 위한 미국 리더십의 정치, 군사 및 기타 주요 수단의 상대적인 의미축소는 단계적으로 지속될 것이다.

- **전망 기간 동안 인간중심적이고 자연보호 지향적인 혁신 프로세스를 통해 리더십을 단계적으로 개선할 경우 전통적 양적통계 측면에서 미국의 리더십은 천천히 축소될 것으로 보인다.**

13.1. 발전속도 및 특징

전망 기간 동안 미국의 연평균 GDP증가율은 2.5~3.5퍼센트가 될 것이다. 생산성의 지속가능한 성장률은 연간 2.0~2.5퍼센트를 꾸준히 기록하고, 이는 최근 수년 동안의 성장 트렌드에 부합한다.

2030년 미국발전예측의 통계평가를 올바르게 이해하기 위해 오늘날의 GDP구조를 바탕으로 하는 가격환산 지표의 중요성이 축소되는 것을 염두해 두어야 한다. 이 변화는 미국경제(미국뿐만 아니라) 비영리 분야의 재생산역할과 구성의 질적인 개선으로 발생한다. 그래서 미국과 중국의 GDP는 현재 질적으로 현저히 차이가 나지만, 시간이 흐르면 이 격차는 줄어들 것이다.

■ **특히 다양한 경제수준의 국가를 비교할 경우 실질경제력 격차는 가격으로 환산하면 훨씬 크다. 이런 원칙적 특징을 고려하지 않으면, 실질 미국경제의 비중과 세계발전에 대한 실질 미국 모델의 영향잠재력을 오인하게 된다.**

미국경제발전의 주요 질적 특징은 국가, 기업, 사회의 혁신 프로세스 접근법이 자연과학과 기술 달성 실행을 넘어서고 있다는 점에서 비롯된다. 미국혁신개발 모델에는 모든 사회, 조직경영 및 인도적 변화를 아우르는 신기술체제와 사회혁신이 동등하게 포함된다.

2030년 신성장토대가 될 장기 국가 · 기업 프로그램인 주요 사회 및 과학기술 혁신 윤곽이 잡히며 질적으로 변화할 것이다. 2020년대 말 현재 진행 중인 압도적 다수의 혁신 프로세스의 기술 및 상업 사이클은 마무리되거나 최고조에 다다를 것이다.

질적 변화의 첫째는 과학기술발전, 주요 경제분야구조, 금융, 인구증감과정, 교육체제, 보건, 연금개혁, 방위산업체, 군대 및 기타 주요 안보체제에 해당한다. 상기 변화는 환경보호와 자연 그리고 역사에도 영향을 끼칠 것이다.

두 번째는 40년 전 컴퓨터시대를, 20년 전 인터넷과 정보기술을 예상하지 못했듯 오늘날은 정의하기 힘들고 갑작스러운 과학기술의 새로운 성장거점의 초기발달 단계이다.

미국경제의 생산 및 산업구조는 새로운 세대의 불확실한 수요에 달려있다. 즉 궁극적으로 이 세대의 여러 과학기술의 수용과 거부에 달려있다.

2020년대 말 미국 사회와 경제발전 특징은 다음의 인류 잠재력 향상을 위한 기본적인 투자 및 제도적 대책의 현재 축적된 수준에서 비롯될 것이다.

- 건강
- 교육 및 보육
- 성격, 능력, 권리
- 시민의식, 윤리의식
- 예술 및 기업 촉진.

최근 수십 년 동안 바로 이런 인류의 잠재력은 국가경제발전을 위한 결정요인이었다.

미국에서 인류의 잠재력, 제도 및 과학기술 발전의 혁신 사이클을 토대로 하는 질서정연하고 장기적인 재생산과정 개혁이 일어났다. 미국은 포스트 산업발전 차원에서 사회 및 과학기술 개혁을 단행했다.

■ 미국에서는 인간중심의 포스트 산업발전 모델로 전환하는 주요경향이 확실히 나타나고 있다.

13.2. 경제구조의 변화

1990년대 미국의 주요산업과 상품 · 서비스생산 분야의 상관관계에서 급격한 수적 변화는 나타나지 않았다.

사회 · 경제발전의 뚜렷한 성과와 함께 1~3% 포인트 범위 내의 구조적 변화가 꾸준히 이루어졌으며, 이는 경제, 사회발전, 국민 생활양식에 극단적이고 예기치 않은 영향을 미치거나 갈등여파를 불러일으키지 않았다.

제조업 비중은 반세기 동안 약 2.5배 감소하면서 안정을 찾았다. 채굴산업과 농업 비중은 최저수준에 안착했다. 그럼에도 불구하고 이들 산업들은 국가 대 · 내외 소비를 충족시켜주고 있다. 전망 기간 동안 상품생산과 고용 비중이 추가로 감소할 가능성은 매우 적다.

□ 미국이 세계시장에서 GDP 대비 제조업(약11%) 부문의 경쟁력을 유지할 수 있을까?

생산기반, 주택, 교통 및 통신 인프라 등 거대자원의 근본적인 개혁과 제와 환경보호조치 이행을 위해 상품생산 분야의 규모 확대가 필요하게 될 것이다.

하지만 이러한 확대가 특히 국제적 분업 가능성을 고려한다면 신복합기술장비를 생산하는 혁신 과정의 실현을 위해 반드시 필요하지는 않을 것이다. 어떠한 경우든 상품생산 분야의 확대는 단 몇 퍼센트 포인트도 증가되지 않을 것이며, 그렇다면 국민경제구조의 전반적인 발전 윤곽은 변화하지 않을 것이다.

현재 미국은 발전과 상업적 유통 가능성을 충분히 내포하고 있는 구조적인 기술경향이 활발히 나타나고 있다.

국민생활과 행정기관, 기업의 정보 · 통신 서비스 분야가 급격히 발전되고 있다. 정보 상품은 특히 무선통신, 차세대인터넷, 통신장비의 보편적 확산을 통해 대중화 될 것이다. 실제로 정보기술의 산업구조가 지속적으로 개선될 전망이다.

현재 가능성이 드러난 전자부품의 소형화는 보편화 될 것이다. 생산설비, 인프라, 가전기술 분야에서 비약적 발전이 예상된다.

2020년대 말에는 소위 센서혁명이 절정을 이루게 될 것이다. 이를 기반으로 생산, 유통, 금융, 사회부문 등의 보편적이고 투명한 감독 및 운영시스템을 조성하고, 기계, 물리 · 화학, 생물, 환경 등의 특성을 기록하는 네트워크 장비를 통해 사회와 자연환경 상태의 감시 시스템이 구축될 것이다.

새로운 기술적 접근방법으로 인해 생산, 행정, 사회시스템에서 운용되는 장비 간 자동조절 방식의 환경이 조성된다.

□ 서비스 분야 발전의 기본방향은 미시적 차별화, 개인화, 서비스의 편의성 향상, 신뢰성과 안전성이다.

의료서비스 분야는 생체전자공학, 미생물학, 방사성약학을 기초로 하여 획기적인 재편이 이루어질 전망이다. 많은 사람들에게 치료혜택을 부여함으로써 의료분야의 소비수요가 상당부분 확대될 것으로 예상된다. 건전한 삶의 양식에 새로운 자극이 될 것이다. 물류운송, 보관, 여객운송 시스템의 합리화 및 대규모 재정비가 있을 것이다.

농업, 상품 및 서비스 산업의 국가통합 물류시스템 구축이 계속될 전망이다. 산업 활동과 국민생활의 상품유통 분야에 네트워크서비스 도입이 확대될 것이다.

에너지절약의 새로운 도약을 위해 에너지 · 환경 분야에서의 기술발전수준과 수요 모두 근본적인 장애요인이 되지 않는다. 미국은 에너지 절약 기술의 개발과 도입, 에너지 생산에서 선도적 역할을 하고 있으며, 또한 세계 에너지의 상당량을 보유하고 있다.

국가우선 과제로 선포된 친환경에너지로의 전환 사업은 중요한 의미를 지닌다. 대규모 자금(10년간 1,500억 달러)을 대체에너지와 에너지 절약 기술에 투자함으로써 베네수엘라와 중동에서의 석유수입을 줄일 수 있다. 이 사업은 생산자에게 2020년까지 자동차 연료 평균소비를 100㎞당 9.5ℓ에서 6.7ℓ로 (약 30%) 줄이는 예시적 목표를 세웠다.

2030년까지 장기 에너지 달성목표는 다음과 같다.

- 에너지절약의 효율성 50% 향상
- 석유소비 35% 감축, 또는 일일 소비량 7백만 배럴 감축
- 대기 중 이산화탄소배출 42% 감축

글로벌금융의 중심지 및 지역금융 허브와의 경쟁이 증대되는 가운데 미국 금융부문의 파워는 유지될 전망이다.

여러 요인들(그림 13.1)로 인해 국가채무의 재정지원 등을 위한 저금리의 자금유입이 가능할 것으로 예상된다.

그림 13.1. 금융 중심지로서의 미국의 선도적 역할 유지 요소

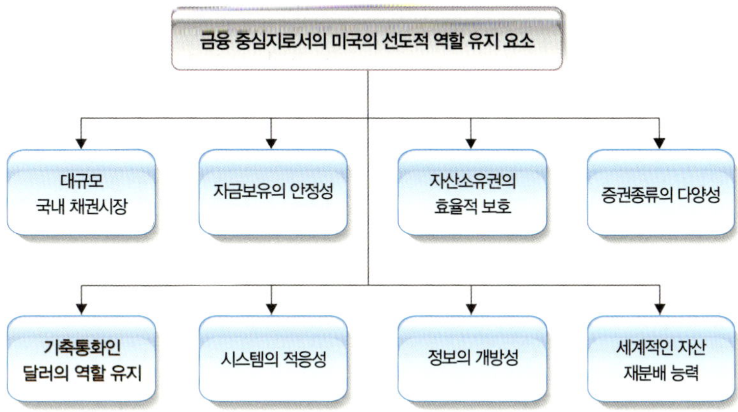

일부 단체와 기관들의 투기적 이해관계가 미국 금융시스템 발전의 안정성을 억제하고 있다. 이들 기관의 법적 규제는 행정 · 입법기관과 금융기관 간의 장기적 갈등으로 전개될 것이다. 금융시스템에 대한 규제기관의 감독강화가 예상된다.

2030년경 미국 거래소의 우세는 비교적 약화되겠지만, 안정된 세계적 입지는 유지될 전망이다.

13.3. 인구증가와 인간 잠재능력 향상

인간중심적이고 혁신인 발전 모델이 확립되면서 국민, 인구증가, 인구구성, 국민의 능력, 활동성 및 동기부여는 기본적이고 근간이 되는 자원이다.

이를 기반으로 교육, 혁신적 절차, 학술연구 및 개발, 현대적 보건시스템의 역할이 증대된다.

전망 기간은 제2차 세계대전 이후 미국인구의 연령피라미드가 회복되는 20년 주기의 네 번째 기간과 일치한다. 향후 20년간 인구증가의 약 80%는 이주민들과 미국 영토에서 출생하는 이들의 자녀들로 구성될 될 것이다.

미국 흑인 비율은 유지되고 백인 비율이 지속적으로 줄어드는 가운데 중

남미계 미국인의 수는 증가될 것이다. 중남미인의 대량유입으로 인해 이들을 언어와 문화가 다른 미국사회에 가능한 갈등 없이 편입시키는 것은 어려운 사회 · 정치적과제가 될 것이다.

□ 멜팅팟(melting pot)이라는 개념 대신 다문화주의와 전통적 모델의 요소를 결합한 새로운 동화(assimilation) 모델이 생겨날 것이다.

현대식 교통 · 통신 수단으로 고국과의 관계를 유지하는 대규모 단일민족사회의 형성으로 인해 동화과정은 복잡해지고 있다. 모든 민족공동체가 평등하고 독립적으로 공존하는 다문화주의 경향이 미국에서 커다란 비판을 받고 있다. 원심적인 성향이 실질적인 문제로 바뀌는 때가 올 수 있기 때문이다.

멜팅팟 지지자들과는 달리 다문화주의 사상가들은 언어, 전통, 문화의 보존 한다고 현재의 사회질서를 유지하는 것이 어렵다고 생각하지는 않는다. 민족공동체는 현 경제, 정치, 사회 원칙들을 기반으로 작동하는 단일 민주주의 시스템의 구성요소인 것이다.

멜팅팟은 분명 본질을 잃었다. 많은 민족공동체가 미국화 되지 않고 더욱더 소수민족사회를 이루게 될 것이며, 이는 분명 민족 · 사회적 갈등과 민족에 대한 편견이 불가피하게 증가될 것이기 때문이다. 이러한 문제 해결을 위해, 정치엘리트들은 한편으로는 불필요한 이민을 제한하고, 또 다른 한편으로는 새 미국인에게 최초의 도움을 주기위한 사회제도를 마련하는 새로운 이주민정착 메커니즘을 고안해야 한다.

이민개혁의 주요방향은 다음과 같다.

- 고급인력 유입의 선별적 증대
- 저급인력의 불법 이주 제한
- 국가 안보를 고려한 규칙과 절차의 합의

미국은 인간 잠재력 발전을 위한 종합적이고 체계적인 조치를 취함으로써 이민자들에 의해 야기되는 사회해체 문제를 충분히 극복해 나갈 것이다.

교육의 역할

개인의 잠재력 재생산을 대중화하려는 노력은 미래지향적 국민 형성에 기여할 것이다.

지속적인 물질적 지원과 모든 교육기관의 개선을 위한 적극적인 조치는 이러한 전략을 실천하는 중심 요소이다.

이러한 전략의 형태는 다양하다.

- 모든 단계에서 심화된 차별화 교육
- 재능 발굴
- 전문적이고 대중적인 개인성향과 목적에 맞는 특별 프로그램 개발

전망 기간 동안 합법적이고 국가적 차원의 효율적 절차를 통해 세계 각지에서 미국으로 우수한 두뇌 유입이 계속될 것으로 예상된다. 우수인재를 위해 호혜적인 업무 · 개발 환경을 조성하고 자유로운 직업 활동을 보장해 줄 것이다. 해외의 학자들과 최고급 인력의 초빙 및 사회적응 시스템이 계속해서 발전될 전망이다.

다양하면서도 집중적인 조치들로 인해 국가발전에 대한 적극적인 개인 내적 자극이 중요한 의미를 갖는 환경이 미국 내에 형성될 것이다. 이는 미국 사회의 안정성과 경쟁력 증대에 주요 요소가 될 것이다.

중등교육은 다른 나라로 부터의 두뇌 수입과 비교하여 미국인 과학기술 인력의 유입 비율 증대에 중요한 기여를 할 것이다.

고등교육 분야에서 기초학문연구의 중심인 대학과 국립대학학술기관들의 역할이 유지될 것이다.

학술분야에서 국가, 대학과 기업의 기능을 최적화하는 통합과정이 발달할 것으로 예상된다.

향후 20년간 미국 GDP에 대한 교육 기여도는 8~10%까지 증대될 것이며, R&D 최저 비용은 GDP 대비 3%수준에 머물 것으로 전망된다.

■ **국가는 기초과학 발전의 주요한 자금원이고 혁신 소기업을 지원하고 기업의 연구개발비 지출을 합법적으로 촉진하는데 후원자가 될 것이다.**

보건

국가사업의 일환으로 국가보건시스템 구축이 계속될 것이다. 대부분의 국민을 대상으로 하는 보건시스템의 재정 및 정보서비스 분야는 계속해서 발전될 전망이다.

그 중심이 되는 것은 일상생활에서 국민개인의 건강상태를 항시 모니터링 하는 시스템이다. 최첨단 의료센터 통합 네트워크가 구축될 것이고, 또한 효율적인 의약품 보장 보험 모델이 만들어질 것이다.

얼마 전 사회적으로 중요한 법령의 채택은 전체의료보험 문제를 해결하는 터닝 포인트임을 시사해준다. 객관적인 어려움과 보건시스템 발전에 관한 이해관계의 첨예한 대립에도 불구하고, 국민 대다수를 위한 모든 형태의 의료서비스 접근성 보장정책을 통해 이미 전망 기간까지 실질적인 사회적 결과물이 나올 것으로 예상된다.

폭넓은 접근성을 지닌 보건시스템 구축의 어려움 중 하나는 보건시스템이 시장관계의 틀을 벗어나고, 또한 국민건강지원 비용에 대한 새로운 사회 보상시스템을 필요로 하는 것이다. 이 분야의 GDP 비중(16%)은 전망 기간 동안 최소한 현재와 같은 규모이겠지만, 예외 없이 20%까지 증대될 것으로 예측된다. 의료서비스의 비용 상승 억제가 주요 과제가 될 것이다.

보건시스템 개혁은 사회적으로 비중 있고 갈등요소가 내재된 문제이다. 이미 오래전에 변화가 필요했지만 미국사회는 아직도 개혁과 대폭적인 국가 영향력 확대에 대한 준비가 되지 않았다. 사회와 지도층은 향후 10~15년 동안 누가 보건 분야의 막대한 권한을 국가에게 넘길 것인지, 누가 미국을 유럽의 사회국가와 같은 형태로 변모시키는데 강력히 반대하는 지로 나뉠 것이다.

전망 기간 동안 정치권력은 이러한 이념적 분열을 모두 극복하지는 못할 것이다. 한편 민주당과 공화당 모두 국가와 시장 메커니즘을 통해 보건시스템의 지속적인 개선을 위해 노력할 것이다.

13.4. 순환적 · 파생 문제

전망 기간 동안 위기와 과도기적 상황이 불가피하게 다음과 같은 다양한 형태로 나타날 것이다.

- 순환적 경제위기
- 미국 그리고 미국과 연관된 세계금융시스템의 위기
- 산업혁명 이후 미국 경제발전의 새로운 장기적 추세의 출발과 관련한 근본적인 어려움

전망 기간의 2010~20년 말경에는 오랜 발전 방향성을 바탕으로 순환적 위기의 파급효과가 그리 크지 않을 것이다. 국가, 사회, 개인 및 가정 형태의 급격한 발전 면에서 순환적 시장 메커니즘은 복잡한 현대 경제의 비상업적인 힘의 엄격한 규제 영향을 받게 될 것이다.

정상적인 재생산활동을 방해하는 또 다른 구성요소는 금융위기, 위기의 정도, 위기에 처한 사회 · 경제 상황이다. 금융위기는 대체로 이전의 경험에서는 찾아볼 수 없으며, 미국은 물론 세계금융시스템 모델의 전면적인 개혁이 요구된다.

금융시스템의 투기적 요소에 대한 더욱 고도화된 규제를 위해 미국정부의 노력, 국제적 조치, 경제계의 자발적 조정은 금융거품을 만들어내는 추세가 일부 와해될 거라는 근거를 마련해 줄 것이다. 한편 현재는 드러나지 않은 금융 대격변의 새로운 근원이 나타날 수 있다.

마지막으로, 미국 재생산 과정의 종합적 문제를 구성하는 특정요소이다. 미국이 인간중심 모델의 구축과 연관된 사회 · 경제발전의 새로운 형태로 변화될 때 그 특성이 규정된다.

□ **전망 기간의 주된 경향은 세대교체와 삶의 방식 변화를 나타내는 국민소비의 새롭고 강력한 파장으로 생겨난 사회 · 경제발전의 신성장동력에 대한 지원이다.**

소비는 우선 순위 선택의 종합적인 목적의 기준으로써 사회 · 경제발전의 원동력이고 조건인 수요와는 다음의 특징으로 구분된다.

- 소비는 순수 시장가격 관계의 범주를 벗어난다.
- 소비는 혁신적 또는 전망 있는 소비를 말한다.
- 소비는 그 구성요소일 뿐만 아니라, 인간의 창조적 활동을 위한 노력이고, 모든 사회조직의 단계에서 이러한 특성을 촉진하는 것이다.

소비의 이러한 규정은 교육, 학술연구, 보건, 신에너지, 환경, 안보보장의 분야에서도 나타난다. 국가의 생산구조는 이러한 소비를 목표로 하고 있다. 복잡하고 다양한 정신적 물질적 상품 분야의 준비된 대중 소비자를 양성하는 것은 과도기에 반드시 필요한 구성요소이다. 이러한 복잡한 소비 재생산의 사회 · 시장 메커니즘 발전을 가속화하기 위해 국가적 관행이 계속될 것이다.

대규모 위기대응 조치의 경험은 혁신적 발전 동력인 국가의 모든 사회 · 경제노력을 기울여 적극적으로 위기를 활용해야 함을 보여준다. 위기대응방안은 세계 권력구조에서 미국의 지도적 입지를 확고히 하기 위해 긴급한 조치와 국가혁신 잠재력의 가속 성장에 대한 장기적 투자의 균형 잡힌 조화를 이루는 것이다.

□ 혁신 잠재력은 국가의 사회 · 경제발전의 중요한 토대이다.

혁신은 막대한 대외채무를 조정하고 투자자들의 신뢰를 강화하는 자원이다. 발전균형을 깨뜨리는 흑자생성은 (만약 국가안보의 불가항력적 위협요소를 고려하지 않는다면) 미국으로서는 불확실성과 미래위협의 가장 중요한 요인이다.

다른 국가들은 미국자산에 투자하며, 이러한 방식으로 높은 수준의 사회 · 경제, 생산, 과학기술, 행정발전 분야의 경험을 다양한 형태로 차용하는 것에 대해 지불하고 있다. 여기에 미국 정보 · 문화 환경의 종합적인 영향도 포함된다.

■ 미국은 혁신적 우위를 유지하여 채무국으로 남아있을 수 있지만, 종합적으로 동등한 파트너 또는 원조국이 될 수 있다.

13.5. 사회 · 경제제도의 기능 변화

미국 경제시스템은 차츰 시장경제의 전통적인 양상을 띠게 될 것이다.

시장경제 발전 방향은 다양한 제도를 결합하는 것이다. 그 밖에 유형별로 국가, 사회 · 국민, 개인 · 가정의 세 가지 비상업적 구조의 기능이 더 큰 역할을 할 것이다.

경제의 복합적 특성이야 말로 막대한 사회 · 경제 효과를 달성하게 할 것이다.

가까운 시일 내에 대내정치조직, 정치 및 사회제도 시스템의 근본적인 변화를 요구하기는 힘들 것이다. 한편, 전망 기간 동안 국가와 세계발전의 새로운 변수 출현에 따른 실질적인 행정절차의 변화가 이루어 질 수 있다.

국가경제정책과 그 우선 과제 선별에 커다란 영향을 주는 다음과 같은 요소들이 있다.

- 행정주체(연방, 주, 지방기관) 간의 권리와 의무를 구분하는 형태의 폭넓은 법적기반
- 국가 조직 간 상호 연관성 및 의사결정 합의를 작동시키는 메커니즘
- 행정기관의 활동을 규제하는 미국 특성에 맞는 정책 고안 시스템
- 미국이 처한 도전과 과제의 지속적인 정책 반영
- 모든 미국 행정부의 다양한 이익집단에 대한 선거공약과 의무에 대한 책임

시민사회의 경제정책 의사결정 채택과정에 대한 참여가 활성화 되고 있다.

복합경제 모든 부문의 자발적 발전과 법적 환경의 개선을 위해 유리한 조건을 형성하는 것이 국가의 주요 과제로 남게 될 전망이다. 이를 위해 경제발전에 방해가 되는 불필요한 법적, 제도적, 경제적 장벽을 제거하려는 새로운 국가적 노력을 기울이게 될 것이다.

미국은 선도적 입지를 유지하기 위해, 모든 경제 분야의 지속가능 발전에 요구되는 대내외적 성격의 도전 과제들을 해결해야 한다. 이는 국가경제정책의 우선 과제 순위를 결정하고 향후 10년에 대한 전략의 선별 방향을 정하는 것이다.

미국의 (연방예산 적자와 경상수지 간의) 불균형, 그리고 막대한 국가부채는 미국과 세계경제의 커다란 도전이다. 지금까지 미국은 세계 자본을 국내로 끌어들여 이익을 취했다.

개발도상국의 막대한 경상수지 흑자는 유동성이 좋은 미국의 우량주를 매입하게 했으며, 이는 미국으로 하여금 위험수위를 상회하는 부채를 늘리게 했다. 국가채무를 조정하고 예산적자문제를 해결하는 것이 국가 정책의 주요 방향이다.

그림 13.2. 사회 · 경제정책의 우선 과제

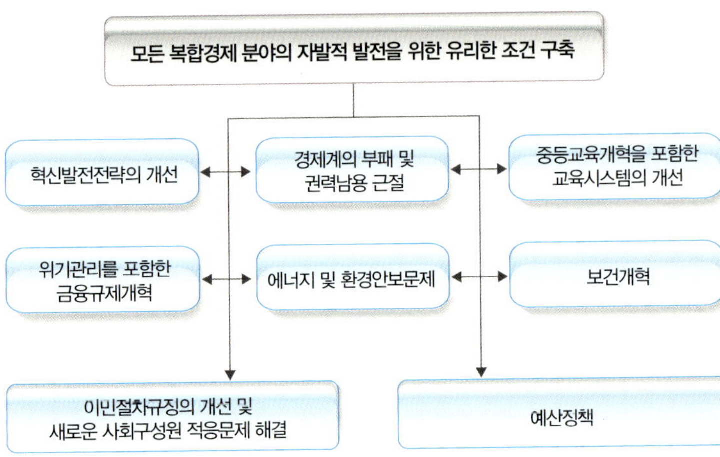

경기침체와 위기대응 자금의 일시적 증가(추가적으로 국가안보 및 이라크와 아프가니스탄에 막대한 비용지출)로 인해 최근 몇 년간 예산정책 분야에서 과세기준이 대폭 축소되었다. 이는 1조3천억~1조4천억 달러에 이르는 급격한 예산적자 증대를 가져왔다. 2010년 상반기와 그 이후에도 연방예산의 막대한 적자문제는 국가경제정책의 주요사안으로 남게 될 전망이다.

□ 모든 행정기관의 주된 예산적자 축소 방안은 경제성장을 지속하는 것이다.

중기목표는 예산적자를 GDP의 2~3%로 감소시키는 것이다. 향후 10년 동안 이러한 목표달성을 위해 다음과 같은 변수들이 존재한다.

- 보건비용의 증액 또는 감축에 대한 보건개혁이 추진될 것인가?
- 소득 250만 달러 이상의 미국인에 대한 조세감면 철폐 시 향후 10년간 1조 달러를 절약할 수 있을 것인가?
- 비효율성이 증명된 연방프로그램을 줄여 예산을 절약할 수 있을 것인가?

2020년경 예산 균형이 이루어질 것으로 예상된다. 예산의 주요 과제는 사회보험제도를 지원하는 것인데, 우선적으로 연방사회보장보험제도인 노령 · 유족 · 장해보험, 연금보장과 메디케어(Medicare)가 이에 해당한다.

여기서 인구상황의 발전이 필수요소이다. 다른 국가들 보다 더 안정된 상황임에도 불구하고 미국 또한 고령화문제가 나타날 것이다. 2018년부터 보험수령자에 대한 지불액이 사회보험기금 소득액을 초과할 것으로 예측된다. 연금 및 사회보장, 의료서비스에 대한 비용 증가가 요구될 전망이다.

기업부문

2000년 초에 세계 대기업목록에서 미국회사의 수가 급격히 감소했는데, 이는 기업내부와 기업 간 협력의 발전 과정에서 근본적인 개혁이 있었음을 보여준다.

한편 장기간 이러한 변화의 속도를 가속화해서는 안 된다. 왜냐하면, 기업이 사업부문과 협력을 양질의 새로운 메커니즘으로 변화하면서 국제신용평가에서의 등급 또한 안정을 찾기 때문이다.

중국 및 빠르게 부상하고 있는 국가들의 다국적기업 활동 확대로 인해 세계 GDP에서 차지하는 미국의 비중이 전체적으로 감소하고 있으며, 세계무대에서 미국 다국적기업의 수가 상대적으로 감소하고 있다. 2030년 미국의 거대 다국적기업의 수는 140개에서 110업체로 줄어들 전망이다.

미국 기업들은 제품 생산과정에서 다음과 같은 긍정적 글로벌 경향 중 하나를 기회로 활용할 것이다.

- 제품 생산과정을 개별적인 기업 활동 또는 기능으로의 분할 가능성
- 기업내부 활동 및 절차의 표준화 및 전산화
- 원격근무 직원 수 증대

□ 기업 내 조직구조와 형태가 근본적으로 변화할 것이다.

미국 대기업의 운영 메커니즘 또한 변화할 것으로 예상된다. 기업 내 업무분담 사례가 늘어나면서 이들 사업의 국제화가 계속되고 확장될 것이다. 조직적이고 수평적인 구조로 변모된 결과 기업들은 글로벌 통합기업으로 변모해 갈 것이다. 이 기업들은 계속해서 주어진 기능을 보다 효율적으로 수행하는 세계 각지에 분과를 배치하고 개별기능을 이전할 것이다.

대기업의 추세에 따라 중소기업의 기능과 개인 근로자들의 역할이 변화할 것이다. 기업관계의 새로운 모델과 개별 프로젝트 수행에서 다양한 규모 및 분야의 회사들 간의 협력 메커니즘이 구축될 것으로 예상된다. 이러한 메커니즘은 유연한 동반자관계, 조직적, 수평적 협력관계를 기반으로 한다. 다양한 규모의 다수 기업들과 여러 국가 전문가들의 복잡한 협력관계를 조직하는 통합자로서 대기업의 역할은 강화 될 것이다. 이러한 모델은 전 세계 전문가 파트너들과의 유동적 네트워크를 지닌 국제적이고 대규모 글로벌 통합기업들의 협력에 기반을 두게 될 것이다.

노동시장의 다국화와 지식 및 기술 유통채널의 발진을 통해 외국 전문가들과 미국회사의 해외파트너들의 역할이 증대될 것이며, 세계 각 지역의 전문가 선발 가능성이 확대될 것이다. 노동시장의 경쟁이 치열해지고, 후진국에서의 두뇌유출이 증대될 것이다. 또한 외국의 학술지식과 혁신의 활용도가 증대될 것이다. 미국 회사들은 혁신과정에서 선도자로 남게 될 것이다.

□ 미국 회사의 혁신 잠재력을 증대하는 요소들은 안정적이고 반드시 필요한 것이다.

전망 기간 동안 이러한 요소들을 강화시키는 것은 연구에 대한 특별재정지원의 기금 메커니즘 발전, 벤처캐피탈과 과학기술사업의 규모 확장을 기반으로 한다.

이러한 맥락에서 영리 및 비영리활동, 참가자들 간의 활발한 경쟁과 동등한 동반자 협력 관계를 변화시키는 혁신분야의 독립적 관계발전이 필요하다. 혁신 소기업이 기술혁신 습득의 새로운 핵심으로 변모하여 대기업의 혁신과정을 변화시킬 것이다.

대기업의 국·내외 외국 기업들과의 협력 시스템, 과학기술사업의 개별활동 또는 기능의 공동이행, 국내 개발(아웃소싱)의 새로운 아이디어, 지식, 기술 습득이 확대될 것이다. 이는 소유자원을 이용하여 폐쇄적인 혁신모델을 새롭고 개방된 모델로 변화시킬 것이다.

□ 전망 기간 말에 기업의 사회적 책임은 지속적으로 미국 경제계 관행의 전통적인 핵심 원칙으로 변화할 것이다.

기업경영은 사회·윤리적 경제활동, 자본가와의 도덕적으로 단호한 관계를 목표로 한다. 소비환경, 매출규모, 기업자산금액 등에 대한 이미지 영향이 강화될 것이다.

근로자의 안전보장, 건강, 노동환경 향상, 직원들의 적극적 창의성이라는 미국기업의 목표는 변함이 없을 것이다.

생산과 제품의 환경 안전성과 사회 인프라, 국민교육사업의 발전 또한 기업목표로 대두될 것이다.

■ 노동자 및 기업이 위치한 지역에서 활동하는 시민사회단체와의 종합적 기업 협력 시스템인 기업의 시민활동(Corporate Citizenship) 원칙과 메커니즘이 발전될 것이다.

영리 및 비영리 경제 분야의 결합

영리분야와 비영리 분야의 관계는 상호보완 원칙에 따라 구축될 것이다. 기업 활동에 있어 이는 이미지 개선, 소비자의 신뢰와 환경안정성 구축을 의미한다. 비영리단체에게는 재정 및 그들의 사회활동 이행을 위한 기타 재원을 마련해 준다.

기업은 스폰서로서 자주 그리고 폭넓게 비영리단체의 긍정적 이미지를 활용하고, 홍보 및 마케팅 활동에서 여론을 형성할 수 있게 된다. 사회혁신의 원천인 비영리단체의 역할은 강화될 것이다.

영리 및 비영리 분야의 사회활동사업 경향은 보건, 교육, 봉사활동에 대한 투자 및 기술적 지원, 사회기업(사회활동을 목표로 하는 상업기업)과 같은 중간적 조직 형태가 나타나게 될 것이다. 이 분야의 발전이 폭넓게 이루어지진 않지만, 전망 기간 동안 성과를 이뤄낼 수 있다.

정보기술의 확산은 향후 다국적 비영리단체의 수와 영향이 확대될 전제를 마련해 준다. 미국은 이 분야의 선두주자 중 하나가 될 것이다. 이러한 네트워크 구조는 장기적인 관점에서 국가 및 글로벌 사회문제 해결을 시도할 수 있다. 국가기관들이 정치적인 순환주기에 따라 단기적인 이익에 치중하는 것과 구분된다.

향후 20년간 복지에 대한 국가전체 비용이 5천억~6천억 달러까지 증액될 것으로 예상된다. 기부자의 자발적인 기부가 중단되고 비영리 분야의 효율적인 사회사업에 대한 투자로 전환되는 새로운 형태 기반이 마련될 것이다.

새로운 모델의 주요 특징은 주요 사회문제 발생요인의 근절, 체계적 접근방식을 통한 사회 · 경제프로그램 운영의 전략적 구상, 기부자와 사회기관 간의 긴밀한 협력 구축, 보조금 지원에서부터 대출에 이르기까지 다양한 형태의 특별 재정지원사업의 도입 등이다.

■ **미국의 경험을 도입하는 글로벌 추세는 계속될 것이며, 미국 모델의 우월성은 유럽과 아시아의 신흥경제국의 사례에서 볼 수 있을 것이다. 세계 혁신발전의 잠재력 양상은 보다 다각화 될 것이다.**

13.6. 세계경제관계

경제성장과 구조적 발전의 주된 요소 중 하나는 여전히 대외경제관계가 될 것이다.

미국은 기술집약적 상품·서비스와 무기·군사장비의 공급자이자 농업 상품의 거대 수출국으로서 국제 노동 분업의 전문성을 갖기 위해 노력하고 있다.

대외무역수지의 규모가 변동하는 가운데 적자가 계속될 것이다. 이 문제를 해결하기 위해 미국이 수입을 급격히 축소할 것이라 보기는 힘들다. 이는 거대한 국제무역의 흐름을 재설정 하게 되고, 다른 국가들도 이에 상응하는 조치를 취할 것이며 미국인들의 삶의 질에 영향을 줄 수 있기 때문이다.

□ 미국 내 외국자산이 해외 미국자산을 계속해서 초과하고 있다.

2000년부터 2008년까지 이러한 격차(순부채)는 약 2배 증가해 3조 6천억 달러를 기록했다. 이와 같은 추세는 수출대비 자본수입의 급격한 상승과 미국 경제의 자금조달 중 외국자금의 막대한 비중을 나타낸다. 또한 미국경제의 투자매력도를 반영한다.

국가 순부채 증가에 결정적 영향을 미치는 것은 이미 외국부채 비중의 52%를 초과한 개인 및 국가의 간접투자 유입이다. 간접투자는 미국경제의 지속적인 성장과 기업의 높은 소득에 의해 활성화 되고 있다. 예산적자 감소는 외국투자자의 신뢰를 높이는데 추가적 요소가 될 것이다.

반대로 2010년 미국 내 외국자산 중 직접투자 비율은 18.8%에서 15.7%로 하락하였으며, 외국의 미국자산에 대한 비율은 24.5%에서 27.9%로 상승하였다. 전망 기간 동안 이러한 비율의 일정부분 격차가 계속될 가능성이 높다.

미국은 세계 거대 직접투자자이며 또한 투자대상이다. 기술 강국이며 막대한 경쟁력을 기반으로 미국은 이 분야에서 주도적 역할을 계속할 것이다. 복합기술 분야의 발전을 위해 향후 산업구조에서의 직접투자 유형은 변화될 것임이 분명하다.

중기적 전망에서, 누적된 외국 유동자본의 규모가 미국과 경제규모 면에서 비교가 안 되는 다른 국가들로 일시에 빠르게 유출되기는 힘들 것이다.

국제사회는 이러한 규모의 자본유출에 흥미를 갖지 않는다. 왜냐하면 달러의 위험에서 벗어나기 위한 시도가 달러자산 보유자의 대규모 투자 가치를 사실상 떨어뜨리기 때문이다.

■ **미국은 경제 강국으로 구성하는 모든 요소가 제 역할을 그대로 유지하기 때문에, 달러의 국제적 입지의 근본적 변화를 예측할 근거 역시 적다.**

□ **세계화는 미국이 대 · 내외 경제 정책의 도구를 긴밀히 연결하게끔 할 것이다.**

미국은 보다 활발히 국제 경제협력 시스템에 편입되고, 국내시장에 먼저 생성된 경쟁, 협력과 동반자관계 메커니즘을 계속해서 폭넓게 이용하게 될 것이다. 경제 변수들의 상호의존성은 국가 상호간 성장과 안정성에 대한 관심을 불러일으키게 된다. 이는 국가들에게 상호협력의 중요한 발판을 마련해 줄 것이며, 미국이 대외경제정책 마련 시 더욱 복잡한 과제를 안게 할 것이다.

미국은 개방경제 구축과 국제문제 해결을 위해 정치 · 경제적 발판을 이용하고, 국제사회로 하여금 우선 과제를 해결하도록 하며, 계속해서 호혜적인 환경을 조성해 나갈 것이다. 미국은 또한 유망한 판매시장을 확대시킬 것이다. 이러한 목표를 위해 기업과 국가 전략이 마련돼 있다.

사실상 미국은 자신의 사회 · 경제발전 모델을 다른 세계와 계속해서 비교할 것이며, 어느 정당의 정권에서든 미국의 우선 과제를 국제화 할 것이다.

국가의 직접 재정지원은 대외경제조정의 우선 순위가 아니지만, 미국정부는 호혜적인 대외 경쟁 환경을 조성하는데 전례 없는 역할을 계속해 갈 것이다. 거대 국내시장과 선진기술의 매력도는 판매와 파트너 규제를 위해 이전처럼 이용될 것이며, 이중용도의 상품 및 기술에 대한 엄격한 수출통제체제가 유지될 것이다.

대외경제정책의 우선 과제 중하나는 중소기업의 이익을 고려하는 것으로, 수출장려 특별 프로그램을 시행하고 국제협상에서 이들의 이익을 심사숙고할 것이다.

국가 무역정책의 중심이 되는 것은 WTO 체제하에 협상을 추진하는 것이다. 미국은 다자간 무역협상에 대한 새로운 접근방법을 모색하고, 상호의무 대신 개발도상국의 양보를 얻는다. 미국의 무역정책은 보호무역주의가 되지 않을 것이며, 더욱이 고립주의가 되기는 힘들다.

파트너들의 경제적 입지가 강화되는데 반해, 미국이 국제기구의 전략과 전술을 정하게 될 가능성은 줄어들게 될 것이다. 이는 국제적 책임 분담이라는 슬로건 아래 국제 활동기준 마련의 새로운 접근방법 모색을 필요로 하게 된다.

13.7. 국내 정치발전의 주요경향

전망 기간 동안 국내 정치발전의 특성과 내용은 상호 연관된 세 가지 주요 변수들에 의해 정해질 것이다.

- 미국사회, 정치엘리트와 주요 정당에 퍼져있는 이념적, 정치 · 심리학적 과정
- 미국사회의 공동체 및 인종 · 문화적 구조의 근본적인 변화와 수정 및 관리에 대한 국가 노력
- 미국과 세계경제 협력시스템 확대의 주된 경향에 대한 사회 · 정치적 효과

전망 기간 동안 이러한 변수들의 결합은 미국 사회에서 정치 시스템의 발전과 작용을 결정하는 주요 이익집단의 구성과 상호관계를 개선하는데 영향을 미칠 것이다. 이러한 힘의 재분배는 정치적으로 적극적인 국민의 세대교체를 더욱 촉진시킬 것이다. 이는 2030년대 초 미국을 국내발전과 대외관계의 새로운 단계로 끌어올릴 것이다.

미국과 세계경제 간의 다양화되고 복잡해지는 상호관계와 증대되는 상호의존성은 국내 정치발전의 결정적인 요건이다. 다국적기업과 미국 금융기구의 영향력 증대와 금융 · 경제 시스템 강국의 입지를 변화하는 세계구조에 적응시키는 것은 국내정치 추세에서 그 중요성이 증대될 것이다. 이러한 경향은 상당부분 미국 국내정치를 세계정치과정에 자리 매김하는 것이다. 이러한 추세로 미국인의 생활을 위한 국제정치 및 이념적 경향의 환류가 가지는 의미가 증가될 것이다.

■ **세계정치 · 경제 강국의 위치를 유지하기 위해 미국 국내정치와 이념수립의 실질적인 개선 없이는 이루기 힘든 사회 · 정치적 합의가 요구된다.**

그림 13.3. 미국 국민의 특성

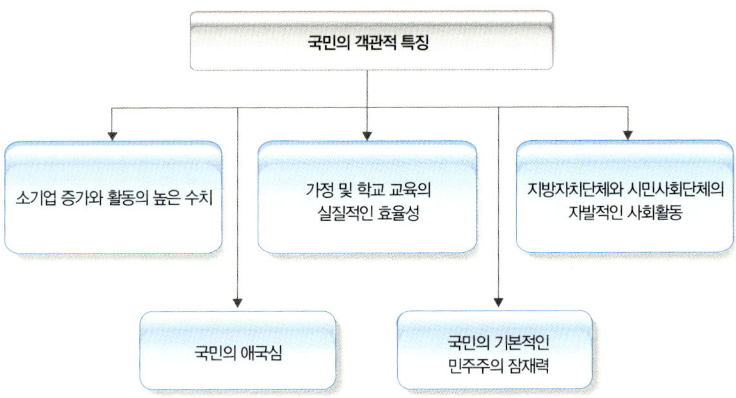

다른 한편으로는 2010년에 이미 나타나기 시작한 미국 내 새로운 정치적 이견이 계속해서 증가될 것이다. 미국의 국제적 경제 부문과 특히 해외로 진출하지 않는 활동분야 및 지역특성을 지닌 일부 단체와 엘리트에 의해 발전되고 있는 사회그룹의 이해관계 간의 차이가 새로운 정치적 이견의 근간이다. 세계화에 융합되지 않는 국민 층의 이해관계를 대변하는 것은 티파티(Tea Party)운동과 같은 매우 보수적인 정치 추세이다.

이러한 차이를 기반으로 2010년대에 긍정적인 사회적 경향에도 불구하고 미국의 세계화 영향으로 소득 및 다양한 국민계층의 자발적 잠재력 수준에 따른 새로운 사회 양극화 토대가 마련될 것이다.

특히 중간 계층의 출생 집단과 같은 다양한 계층의 잠재력이 차이를 보이는 것이 특징이다. 20세기 미국 정치 시스템에 중요한 토대를 형성하고 국가 기본정치의 사회적 목표를 삶과 소비의 표준으로 설정한 많은 중소기업가의 그룹이 다양하게 형성될 것이다.

□ 2010년~2020년 미국의 중간계층은 전통적인 상위, 하위계층으로 나누어 질 것이다.

다국적기업의 중하위 경영진을 대표하는 중간계층과 늘어나고 있는 지식노동자와 다국적 서비스 분야의 계층 일부는 보다 효율적으로 세계화를 이용하고 막대한 물질적 또는 다른 형태의 이익을 얻게 될 것이다.

이 집단은 소득, 삶의 양식, 지위, 특히 경제 사회분야의 다국적 분야와 확대되는 국가 부문과 관련된 그룹의 기회 및 이해관계에서 점점 더 차이를 보일 것이다.

대다수 미국인들을 위한 사회성장과 발전을 위한 우호적인 환경구축을 위한 국가적 노력에도 불구하고, 생활수준과 미국사회의 중심에서 사실상 뒤처지게 될 국내 침체지역 · 형성의 위험도 존재하게 될 것이다.

이민 추세와 하위계층의 높은 출산율은 역동적인 경제의 국가 내부에서 후진적이고 사회문제를 가지고 있는 지역을 위한 자양분을 제공한다. 높은 사회적 기대와 소비가 존재하면서 이러한 상황은 2010년~2020년대에 미국의 국내정치와 정치이념 및 정치심리 과정에 커다란 영향을 미치기 시작한다.

□ 이민과 교육정책의 민주화에 대한 국가 노력의 결과로 미국 정치엘리트층의 인종 및 인종문화 구성의 확대가 계속될 것이다.

중남미계 및 동아시아계 출신 엘리트 집단의 정치 및 국가행정 분야의 진출 증가가 이러한 과정에서 주된 역할을 하게 될 것이다. 미국 흑인의 인구증가세가 안정될 것이다. 이는 정치엘리트와 국가기관에서 이들의 수가 늘어나는 것을 막지 못할 것이다. 위에서 언급한 집단의 사회정치활동의 목표와 모델은 백 년 동안 미국을 지배한 전통적인 앵글로색슨의 정치 시스템과 본질적으로 구분된다.

이러한 자신의 문화와 하위문화의 특성을 가진 미국 민족 구성원의 정치참여 확대는 국내 및 대외 정치에 영향을 미칠 것이다.

전망 기간 동안 이민정책 문제는 국내정치 발전의 중요한 요소이다. 2010년~2020년경 이민 개혁은, 한편으로는 고질적이고 복잡한 정치문제 중 하나이고, 다른 한편으로는 두 정당의 정치적인 배당문제가 될 것이다.

미국의 사회문화통합 메커니즘의 높은 효율성에도 불구하고 위와 같은 경향과 대립은 국내 엘리트층의 사회 · 정치적 대립구조에 질적으로 새로운 발전을 가져다 줄 것이다. 과거에는 미국의 주요 이념적 정치적 과제가 아니었던 사회적 평등과 기회의 평등 문제에 관심이 부각될 것이다.

2010년대 초 나타난 이전의 유럽의 정치적 특성이었던 위기 극복 과정의 이러한 가치문제는 장기적으로 가치 · 이념적 성격을 갖게 된다. 미국 사회와 국가의 새로운 금융경제위기 극복 및 방지를 위한 효율적 전략수립의 노력을 위해 이러한 이념가치 요소들이 요구될 것이다.

이러한 경향이 계속되면 공화당 활동의 이념적 기반이 근본적으로 변화될 것이며, 민주당은 더더욱 그러할 것이다. 정당차원에서 일부 (환경, 이민)문제들에선 정당의 입장이 상이하고, 또 다른 문제(국가안보, 사회분야, 과학기술 정책)들은 의견일치를 보는 양립된 경향이 계속될 것이다. 동시에 각 정당 내 다양한 집단들의 입지가 강화 될 것이다.

■ 미국 정치사회, 즉 공화당 내에서조차 전통적인 방법으로 자유주의자와 보수주의자들로 나뉜다.

민주당 내 좌파세력이 크게 증가될 것이다. 민주당은 전체적으로 이념적 측면에서 사회·대중적이고 더욱 사회·민주주의 입장으로 변화하고 있다. 대부분 민주당을 지지하는 비 백인 국민의 교육수준 향상과 정치참여의 증가가 이러한 과정에 영향을 미칠 것이다. 민주당의 좌파세력은 양당체제에 포함되지 않는 좌파자유주의 정치세력과 긴밀한 연관을 맺게 될 것이다.

민주당의 이념은 국가복지 개념을 흡수 할 뿐만 아니라, 가치목표를 동등한 기회의 사회 구축으로 설정하고 있다. 민주당의 이념적·정치적 목표는 전망 기간 동안 유지될 것이다. 민주당 지도부는 극단적인 당의 급진화를 피하기 위해 노력할 것이다.

사실상 2010년대 초 비 백인 미국인이 민주당의 사회기반을 대표했다. 비 백인에 대한 당의 지나친 의존성이 나타났다. 민주당은 공화당보다 경쟁력 있는 전국가적 정당이 되기 위해 이념을 집중시켜 자신의 사회기반 확대를 위한 적극적인 활동을 해야 했다.

정당 간의 전통적 이념 주도권을 추구하는 방식은 정당 의제에 외적으로 공화당의 특성을 갖게하지만 민주당 유권자에게 맞춘 항목을 설정하는 것이다. 이러한 이념적 이동은 보건 및 이민법 개혁과 같은 사회·정치발전 프로그램의 좌파적 성향을 약화시키는 것이다. 그렇지만 민주당 내 이념적 정치적 분열 없이 활발한 좌파성향을 그대로 유지시키게 한다.

공화당 내부는 이미 나타나고 있는 세 집단으로 나뉠 것이다.

- 중도 자유주의 보수·실용주의자
- 글로벌리스트 형태의 급진적 자유주의
- 보수 대중영합주의자

이 집단들 간의 이견과 갈등은 몇 가지 문제로 나타나는데, 세계화와 관련된 문제들, 공화당원과 민주당원 간의 문제보다 더 첨예한 문제들이다. 한편 이는 공화당이 전망 기간 동안 당의 통합을 유지하는 데 방해되지 않을 것이다.

2010년대 공화당 내 예전의 보수주의자들이 포함된 보수 대중영합주의자 집단은 자신의 입지를 강화할 것이다. 이들은 세계화로 인한 충분한 이득을 얻지 못하거나 경제, 문화 · 정신적 비용 등을 발생시키는 미국 사회집단을 대표한다. 이 그룹의 공화당원들은 당을 보수적, 종교 · 정치적, 사회 대중영합주의로 확대시킬 것이다. 이들의 영향력은 정치 지배계층의 세대교체로 인해 2020년대 초 확연히 감소될 것이다.

한편 이 집단의 정신적 · 정치적 사고방식은 세계화의 영향이 증대할 때인 1970~1980년대 출생한 정치인의 등장으로 소멸되지 않을 것이다. 이들은 세계화의 사회적 영향과 미국이 그 과정에 참여한 성과에 불만을 갖는 미국 사회집단의 이해관계를 표출할 것이다.

이해관계와 활동을 국가행정, 안보시스템과 연계하는 미국 정치엘리트와, 미국 정치경제 지배층의 다국적 부류를 기반으로 형성된 별도의 글로벌엘리트 특권집단 간의 분명한 격차가 전망 기간 동안 나타날 것이다.

13.8. 대외관계의 주요방향

미국 대외관계는 세계경제 및 정치질서의 조직적 구조변화와 상호관련있는 지역 및 글로벌 변수들의 확대에 영향을 받을 것이다.

국내 사회 · 경제 및 정치 추세와 미국 경제, 사회, 정치 시스템 변화에 대한 적응 과정은 미국 대외 정치에 막대한 영향을 미칠 것이다.

첫 번째 단계(1970년대~2000년대 초)는 경제 및 정치의 세계화가 주로 미국과 선진국이 구축한 금융 · 경제, 정치 · 제도, 이념적 기반을 토대로 성장했다.

2000년대 초 세계화 과정과 추세는 국제적 상호의존성 증가, 세계발전의 새로운 중심지로 변모하고 있는 국가 집단의 입지 강화와 같은 객관적 경제동향의 영향을 받아 눈에 띄게 변화하기 시작했다. 새로운 세계질서 건설의 주체로서 근본적인 변화를 불가피하게 겪게 될 미국의 글로벌 강국의 입지가 유지되는 가운데 중심지로의 변모는 이루어 질 것이다.

■ **경제 및 정치 세계화 과정에 미국의 참여가 주도적인 성격을 갖기 위한 미국 정부의 노력은 2010년~2020년대 미국의 대외관계에서 중유한 의미를 갖게 될 것이다.**

미국 엘리트는 사회 · 경제발전과 국가안보에 부정적인 영향이 나타날 수 있는 파급효과를 최소화하기 위해 노력을 기울일 것이다.

미국의 역내 경쟁국으로 부상하는 국가는 중국, 인도(중국보다는 규모가 작고 좀 더 먼 미래에 가능하다) 그리고 브라질이다. 경쟁국 간의 경제협력이 확대될 것이다.

위의 국가들은 경제 · 정치 세계화 과정에 참여하면서 더욱 적극적이고, 미국, 유럽과 함께 직간접적으로 세계경제와 정치의 발전 목표를 수정하는 주체가 될 것이다.

통합경제지역이며 정치공동체인 EU의 발전을 이룬다면, EU는 미국의 파트너 동맹국이 될 뿐만 아니라, 몇몇 분야에서 미국의 역동적 경쟁국이 될 것이다.

□ **미국이 향후 20년 동안 참여하게 될 국제정치 환경은 미국에게는 이전의 20년보다 덜 안정적이고 더욱 경쟁적이 될 것이다.**

정치, 경제, 무력(군사를 포함한 모든 분야) 대립에 참여할 준비태세와 역량은 미국의 대외관계와 안보분야의 정책을 결정한다. 이러한 대립은 일부 지역(아시아 · 태평양지역, 아프리카, 중앙아시아, 극지방)과 치열한 국제적 경쟁 대상이며 영역이 될 공간(해양, 우주)의 산업개발과 관련이 있다.

정치 · 경제의 세계질서구조, 권력구조와 세계화의 이념적, 정치 · 윤리적 기반에 대한 (국가 간 뿐만 아니라 집단 간의) 가중되고 있는 국제적 대립은 미국이 대외정치 방향을 세우고 추진하는데 영향을 줄 것이다. 이러한 기반은 미국의 이익에 상당부분 영향을 미치게 될 것이다.

이러한 이유에서 미국의 정치 · 금융 · 경제 엘리트는 세계화가 보다 통제되는 과정으로 변화하는 것에 관심을 갖게 될 것이고, 상당부분 미국의 이익과 부합하는 글로벌 거버넌스의 이러한 원칙과 조직을 세우기 위해 노력할 것이다. 이러한 과정의 주도권은 미국이 정치 · 경제 강국을 유지하는 담보가 된다.

■ **역동적으로 국제화 되고 있는 미국 정치 · 경제 엘리트의 대외관계적 사고의 매우 중요한 요인은 세계경제의 경쟁자로서 또한 정치, 제도, 조직적 환경을 구축하는 주체로서 미국의 지위와 잠재력을 유지하는 것이다.**

세계경제와 국제정치과정, 즉, 정치 · 경제의 경쟁자와 파트너의 발전에 영향을 미치는 수단인 국내금융경제조치를 미국이 폭넓게 실제로 적용할 가능성이 높다.

이러한 방법은 향후 미국은 물론 적대국도 경제뿐만 아니라 정치적 목적으로 폭넓게 이용될 수 있다. 미국은 예전처럼 다른 국가에 비해 이 분야에서 커다란 우위를 차지하게 될 것이다. 하지만 동시에 국가경제는 대외금융 · 경제활동에서 보다 취약해질 것이다.

□ **글로벌 경쟁의 도구이며 토대인 국가기구의 이용은 국가에 의하여 사용되는 대외관계 및 대외경제 수단의 변환적 특성을 규정하는데 필요하다.**

미국은 전망 기간 동안 대외관계의 목표를 정하고 실현하는데 모든 가능한 경쟁자들과 파트너에 대한 상당한 우위를 점할 것이다. 미국의 국제정치 강국의 비군사적 (소프트 파워)요소들의 의미가 증대할 것이다.

미국정부의 대외관계 노력의 중요한 부수적인 목표중 하나는 글로벌 경제 및 정치적 의미를 지니게 될 다양한 사업 분야에서의 규제와 운영, 지역 및 글로벌 국제 조직 발전에 참여하는 것이다.

미국은 이 과정에서의 규제와 주도적 역할을 하기 위해 노력할 것이며, 국제금융 · 경제규제, 초국가적 정치 감시 및 운영 그리고 집단의사결정채택 기구들을 변화할 것이다. 또한 새로운 기구도 창설할 것이다.

그림 13.4. 국제정치 강국의 비군사적 요소

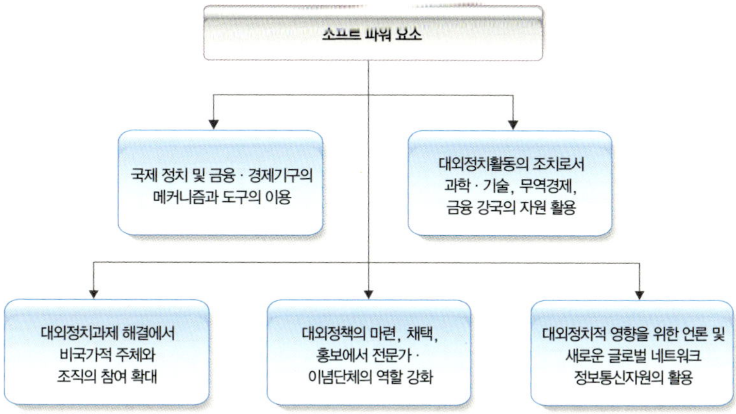

국가의 대외관계에서 보다 중요한 것은 세계금융경제기구의 발전과 사업, 이 기구들의 힘의 상관관계에 관한 문제이며, 좀 더 차후에는 글로벌 규제 및 재분배 구조를 구축하는 것이다.

미국정부는 글로벌 경제 운영의 형태와 방법에 관해 좀 더 심도 있는 논의를 하고, 세계은행그룹(World Bank Group), IMF, WTO와 같은 기구에서 자신의 영향력과 이를 추진하고 재생산하는 방법을 재편해야 한다.

미국은 선진국 간의 세계금융경제문제의 입장을 합의하는 G7 등 정형화 되지않은 국제기구의 활동에서 선도적 역할을 계속할 것이다. 또한 미국은 정치, 인도주의 등 국제적으로 비중 있는 사안들을 다루는 구성국가가 10~12개국으로 늘어나게 될 G8과 같은 협력체의 활용을 거부하지 않을 것이다. 미국은 금융 · 경제규제 문제에 대해 의견을 합의하는 G20과 같은 준 공식 기구의 국제적 중요도와 효율성을 향상하는데 제한적으로 협력할 것이다.

■ **미국 대외관계의 지배계층이 글로벌 거버넌스에 대한 관심을 확대하고 그 과정에서 강국의 입지를 유지하기 위해 노력함에도 불구하고, 전망 기간 동안 미국은 그들의 동맹국 등 다른 국가들의 시도를 방해할 것이며, 또한 국제기구들을 제한적 국제사법체제, 의무, 제도적 메커니즘의**

활동을 통해 결합할 것이다.

국내정치에서 미국의 대외관계 접근방식의 변화는 민주당과 공화당의 정권교체에 달려있다.

민주당의 대외관계이념은 예전과 같이 대외관계에서의 제도적이고 다각적인 접근방법의 활용을 통해 국가의 선도적 입지를 강화하는데 목표를 두고 있다. 이러한 접근은 미국의 제안과 목표설정이 결정적이고 또는 최소한 중요한 역할을 할 수 있는 국제적인 글로벌조직과 기구의 구축을 전제로 하고 있다.

공화당은 2010년대의 신보수주의자들의 긍정적이고 부정적인 경험을 고려하고 변형하여, 일방적인 대외관계 및 군사정치활동, '환영받는' 동맹 구축, 실용성을 고려한 특별한 목적의 국제기구를 활용하게 될 것이다.

□ 대외관계의 이니셔티브를 이행하기 위해 국가가 어떠한 금융, 사회 · 경제, 군사 자원을 보유하게 될지가 미국 민주당과 공화당 모두에게 대외관계노선의 중요한 의미가 된다.

한편 미국 금융 · 경제, 과학 · 기술의 선도적 역할이 그대로 유지될 경우 적극적인 대외관계와 글로벌 성격의 안보정책이 목표가 될 것이다.

다양한 국가조직 간의 사회 · 경제 및 과학 · 기술 불균형과 발전자원 접근의 불평등이 갖는 글로벌 국제정치의 중요성 증대로 인해 미국의 대외관계에서 이러한 추세는 가속화 될 것이다.

불균형은 미국정부가 국가의 다양한 조직의 잠재력, 요구사항, 발전조건 간의 내재된 사회 · 경제 불균형 요소와 관련 있는 경제, 정치, 이념 및 다국적 갈등에 처할 가능성 증대를 초래할 것이다.

대외관계에서의 다국적기업, 영리 및 비영리 단체

미국과 중국 그리고 부분적으로 EU와 일본과의 관계에서 경쟁 증대, 주요 지역강국의 경제적 입지 강화는 전통적인 미국의 국제경제 경쟁자원, 즉, 미국의 다국적기업의 우세와 금융경제제도의 우월적 활용가능성이 어느 정도 제한될 수 있다.

활발한 다국적기업화와 외국 다국적기업의 입지강화는 이전에 구축된 이점을 활용하는 미국 다국적기업 활동의 잠재력을 차츰 축소할 것이다. 중국과 다른 국가의 기업들은 몇몇 지역시장에서 미국회사들을 밀어내고, 이전에 주로 미국의 다국적기업, EU, 일본이 장악했던 분야에서 적극적인 경쟁자가 될 것이다.

일본과 한국이 미국과의 경제, 정치, 군사협력을 그대로 유지하고, 인도는 그 관계를 발전하고 강화하게 됨에도 불구하고, 이 국가들의 다국적기업들은 몇몇 분야에서 미국회사를 밀어내려고 할 것이다.

이러한 경향은 정치 분야에서 자연적으로 형성될 것이며, 새로운 세계질서 구축의 주체로서 지역강자의 입지를 강화해갈 것이다. 전망 기간 동안 위에서 언급한 어느 한 국가도 미국의 글로벌 군사 · 정치 경쟁자로 부상하지 않음에도 불구하고 경쟁 환경이 형성되는 가운데 미국정부는 향후 20년의 대외관계활동의 수단과 방법을 선택할 때 그렇게 자유롭지 못할 것이다.

동시에 과학기술, 금융 · 경제의 선도적 입지를 유지하는 것은 미국이 대부분의 상대국 및 파트너들과 비교할 때 국제경쟁에서 실질적인 이점을 갖게 되는 것이다. 이와 관련하여 무역협정, 관세요율, 환율, 금융활동과 같은 미국 대외관계노선의 경제적 구성요소 증대는 잠재적 동맹국과 적국을 선별할 때와 장기적 전략의 수립과 이행에 있어 우선 순위에 더욱 영향을 주게 될 것이다.

글로벌 정치 및 군사적 우위와 참여로 인한 군사 · 경제적 비용이 현저히 증가됨에 따라 미국이 세계 지도자 역할을 하고자하는 의도와 준비가 축소될 것이다. 경제적 한계점으로 인해 미국은 대외 · 군사정책과제와 이를 달성하기위한 높은 비용 간의 상관관계를 재고하게 될 것이다.

□ 전망 기간 동안 미국은 비국가 행위주체에게 전통적으로 국가기관과 조직이 수행했던 기능 일부를 이전하는 대외관계의 아웃소싱 활동을 계속해서 활발히 추진할 것이다.

이러한 구조는 다양한 홍보, 로비, 복잡한 기능을 국가보다 더 효율적으로 수행할 수 있다. 또한 미국의 전통적인 민간 군사기업과의 관계발전은 커다란 가능성을 갖는다.

다양한 경제, 과학기술, 정치, 군사 및 기타 정보의 수집, 가공, 분석의 국가 메커니즘과 함께 적극적으로 이용하게 될 미국 내 비국가 연구·분석기관의 설립과 강화는 계속될 것이다. 이 분야에서 미국 국가조직과 영리 및 비영리단체와의 연계활동은 확대될 것이다.

□ 미국과 다른 국가 간의 군사 및 군사기술 잠재력의 상관관계 변화 방지를 위한 노력은 미국 대외 정치 발전에 영향을 미칠 것이다.

기술 강국의 지위 덕분에 미국은 전망 기간 동안 긍정적인 방향의 군사기술발전의 모든 면에서 선두를 차지하게 할 것이며, 경쟁국과 동맹국을 현저히 앞지르게 될 것이다.

- 초정밀 무기
- 항공(무인항공)
- 해군함대
- 핵·비핵전략무기
- 우주통신 및 탐사, 우주타격시스템
- 레이저무기
- 비전략·전략 미사일방어(MD) 및 방공(AD)시스템

1990년대 초 시작된 비핵무기 분야에서 미국의 절대적 군사우위는 미국 군인과 정치인들이 세계 어느 지역이든 군사작전을 계획하고 수행할 수 있게 했다. 이러한 상황은 수시로 변화할 것이며, (2020년대부터) 아

시아 · 태평양지역의 미국의 이익을 위해 상당한 변화가 있을 것이다.

미국이 중동, 중앙아시아, 아프리카의 지역 군사작전을 성공적으로 이행하기 위해 유리한 입지를 서서히 축소해간다는 전제조건이 생겨날 수 있다. 미국이 군사 분야에서 다른 국과들과의 분리를 차츰 축소해가는 중요한 변수는 중국의 군사 · 기술잠재력 발전과, 또한 미국의 공식적인 동맹국이 아닌 지역 열강들의 군사잠재력 강화이다.

미국은 핵 · 비핵전략무기 분야에서 다른 국가들보다 상당한 우위를 점한 실질적인 군사 · 기술 강국의 자리를 유지할 것이다. 이러한 상태는 러시아의 전략적 핵무기 감축 또는 유지와 중국의 완만한 군사 · 전략잠재력의 증가가 이루어지는 가운데 2030년 이후에도 계속될 것이다.

미국과 NATO

군사 · 정치블록인 NATO가 독립적이면서 UN과 협력하고, 안보분야에서 글로벌기능을 지닌 정치 · 군사기구로 변화를 계속하는 것은 미국의 대외관계에 있어서 매우 중요한 요소이다.

NATO의 구성과 활동분야의 확대는, 한편으로 미국이 글로벌 강국을 유지하게 해주며, 다른 한편으로는 이 기구 활용의 시나리오를 변경할 것이다. 이러한 경향은 미국의 대외관계와 안보정책에 있어 다자간기구의 활용 사례를 확대될 것이다.

미국과 이전에는 공식적인 동맹국이 아니었던 새로운 국가들과의 군사 · 정치 및 정치적 협력에 NATO의 변화가 폭넓게 영향을 주게 될 것이다.

목표와 이행형태에 따라 평화유지활동과 동맹국의 안보보장 이상의 군사작전 이행을 위해 NATO의 개혁은 전망 기간 동안 미국이 주도하는 블록메커니즘 도입사례를 배제하지 않는다.

이와 동시에 2010년대에 NATO 내부의 주요 이견들은 (만약 NATO가 계속 확대될 경우) 군사동맹을 활용하는 것이 더 어려워 질 것이며, 정치, 군사 · 기술, 인도주의 및 기타 활동의 발전을 가속화할 것이다.

이러한 상황은 미국이 더 자주 국제협력의 틀에 의존하고, 군사적 과제를 해결하는데 새로운 동맹을 형성하게 하며, 이러한 행동이 필요하고 경제 및 다른 가능성의 활용이 가능한 경우 자신의 힘에 기반을 두고 행동할 것이다.

미국의 대외관계의 주요 분야 중 하나는 여전히 핵무기, 핵분열물질, 화학 및 생물무기 비확산이다.

2010년대 이미 미국 측에서 또는 미국의 지지하에 대량살상무기와 비확산 분야의 새로운 거대 국제정치 이니셔티브를 제안할 것이다. 우선적으로 비확산체제를 발전시킬 새로운 국제협정의 마련과 서명이 될 것이다.

이 분야에서 미국 대외정책의 매우 중요한 요소는 대량살상무기 이용과 비국가행위자에 의한 공급방지의 엄격한 기준과 메커니즘 강화를 내용으로 하는 UN 안전보장이사회 결의안 No. 1540의 이행 촉진을 위한 국제메커니즘을 발전시키는 것이다. 전망 기간 동안 대량살상무기를 이용한 테러 가능성은 미국의 더욱 더 적극적인 행동을 위한 촉매제가 될 것이다.

세계 여러 지역과 사업 분야에서 미국은 글로벌 강국의 지위와 잠재력을 유지할 수 있을 것이다. 하지만 2030년 무렵 몇몇 분야에서 우세한 입지를 점차 상실하게 되는 것을 피할 수 없을 것이다.

미국의 객관적 이해관계와 주관적 잠재력 간의 대립은 미국의 대외정책의 수립과 추진에 국제환경과 국내정치적 배경 모두를 규정하는 요소가 될 것이다.

■ 향후 20년 동안 미국의 정치엘리트들이 자국의 글로벌강국의 지위가 점진적으로 붕괴되는 방식을 의식적으로 추진하진 않을 것이다. 미국의 글로벌강국 형태는 수정되고, 새로운 방법이 제시될 수 있지만, 세계정치에서 미국이 가진 독특한 지위를 거부하지 않을 것이다.

제14장

EU

14

■ **2030년까지 EU는 이전과 같이 세계에서 유일한 힘의 국제적 중심지가 될 것이다. EU는 경제 및 정치면에서 유럽을 통합하는 제도적 시스템을 마침내 완성할 것이다.**

유일한 통합체인 EU는 다극화 세계를 형성하는 시스템에서 중요한 위치를 차지했다. 한편 새로운 형태의 힘의 중심지로서 EU의 효율성은 유럽통합에서 생겨난 도전과제들을 해결하고, 중요한 국제정치경제 문제에서 주요 파트너들과 공동의 입지 구축을 가능하게 할 것이다.

향후 20년 동안 EU는 새로이 확대될 것이다. EU 국경의 과도한 확대는 통합과정을 약화하고 통제를 힘들게 할 수 있으며, 2030년 EU는 국경과 향후 외형을 개념적으로 정해야 한다. 유럽의 독자성을 보존하기 위해 다양성 속의 일치라는 슬로건의 재고와 다른 국가와의 관계에서 효율적 전략을 세울 필요가 있다.

■ **비록 질적이 아닌 양적 변수에서 세계에서 유럽의 비중은 감소하겠지만, 향후 20년 동안 EU의 글로벌 과정에 대한 영향력은 증대될 것이다.**

거대 비 유럽국 국가들에 비해 성장세가 뒤쳐짐에 따라, 2030년 세계 인구에서 EU가 차지하는 비율은 감소할 것이며 세계경제에서 비중은 감소할 것이다.

또한 유럽은 이념분야에서 오랜기간 축적한 지도력을 쉽게 잃지 않을 것이다. 통합의 확대, EU 내 시장을 실제 단일경제공간으로 전환한 것은 다른 지역에게 값진 경험의 원천으로 남을 것이다.

표 14.1. 2030년까지 EU확대 전망

국가	경향	전망
현재 가입 후보국 크로아티아, 마케도니아	국경의 불확실성과 (알바니아인의 인구수 증가에 반해) 순수혈통 지역 확대 시 국가문제의 첨예화로 인해 상황이 불안정할 경우 통합의 속도는 급격히 둔화될 것임	EU 회원국
몬테네그로와 기타 발칸반도 국가들		EU가입 가능
후보국 자격을 얻은 터키	프랑스와 독일 등 주요 국가 및 유럽 사회 전반의 반대	적어도 2020년 말까지 EU가입 제외
아이슬란드	상품, 서비스, 인력, 자본, 사법 분야에서 유럽자유무역연맹(EFTA)과 EU 통합이 강화될 것임	EU 회원국
노르웨이		EU 회원국 반대의견 – 복지 분야 분리
스위스		EU가입보다 정치주권 우선
러시아, 우크라이나, 벨라루스, 몰도바	경제, 사회, 정치 발전에서 EU에 대한 관심 증가	최대한 안정화 협약과 향후 EU가입에 대한 의무 제외 합의

EU의 적극적인 참여를 통해 경제공간의 균질화 과정이 이루어 질 것이다. 이미 현재 유럽 국가들은 국제표준 통일에서 중요한 역할을 하고 있다. 유럽의 국제적 발전에 미치는 간접적인 영향은 특별한 의미를 갖는다. 이는 (대체로 미국으로의) 이주 또는 EU의 일부 지식엘리트들의 (예를 들면, 유럽 다국적기업의 세계 각지의 계열사 등에서의) 해외근무이다. 미국과 아시아·태평양지역 및 다른 지역과의 급격한 경제관계 발전은 미국과 EU의 경제관계 강화 추세를 방해하지 않는 사실을 염두에 둘 필요가 있다.

2011년~2020년 동안 EU는 환경문제, 인구고령화, 공동체 모든 구성원의 동등한 출발조건 보장, 세계안보 강화 등과 같은 21세기 인류발전의 수많은 도전과제에 대한 적절한 답변을 해주게 될 것이다.

향후 전 세계 국가들 중 EU는 보다 체계적으로 EU에서 이룬 경제발전과 안정적인 GDP 성장세를 고려하여 발전의 안정성에 관심을 기울일 것이다. 사회국가의 진화가 계속될 것이며, 경제계의 사회적 책임이 증대될 것이다. 결국 EU의 경제발전을 통해 부차적으로 국민 삶의 질 향상 또는 지원이라는 목표가 세워지게 될 것이다. 한편 사회주의 시장경제 개념은 심각한 어려움에 처할 것이다.

14.1. 사회 · 경제 발전

전망 기간 동안 중동부유럽을 제외한 EU의 GDP 증가율은 미국보다 낮을 것으로 예상된다.

2011~2014년간 출구전략이 시행되고 지속적인 경제성장의 여건을 조성할 제도가 마련될 것으로 보인다.

경제는 2010년대 중반부터 살아나기 시작하겠지만, 2020년대 들어서야 비로소 경제위기 이전 수준을 회복할 것이다.

■ 인구변화 및 원자재 부족은 2010~2020년대 EU 회원국들의 사회 · 경제 발전에 막대한 영향을 미칠 것으로 전망된다. 그러나 기존의 생산요소인 노동, 천연자원, 자본을 제치고 더 중요한 요소로 자리매김한 혁신은 EU 경제에 활력을 불어넣고, 삶의 질 향상을 위한 여건을 마련해줄 것이다.

EU가 경쟁력을 유지하려면서 유럽경제를 위협하며 역동적으로 발전하고 있는 동아시아 국가와 개도국을 견제하기 위해서는 기술 집약 산업에 미래를 걸어야 한다. 유럽인들의 높은 교육수준과 혁신에 대한 감수성은 EU의 첨단산업과 기술 집약 서비스를 발전시키는데 훌륭한 밑거름이 될 것이다.

□ 모든 유럽 국가를 혁신발전의 길 위에 올려놓기는 쉽지 않은 일이다.

EU는 현재 GDP 대비 1.9% 수준인 연구·개발(R&D)비를 더 높여나갈 예정이다.

그러나 남유럽 및 EU의 새로운 회원국에서는 기업들의 R&D 투자율이 저조하고, 정부는 예산적자 상황에서 R&D 예산을 크게 증액할 수 없을 것이므로, 2030년까지 EU의 GDP 대비 R&D 투자율은 2.5%를 넘지 못할 것으로 예상된다. 이에 따라 EU는 혁신에 대한 적응력을 높이는 데 총력을 기울일 것이다.

한편, 유럽 전역의 과학, 교육 발전에 힘입어 2030년 말에는 교육의 질이 크게 향상될 것으로 보이나, 일부 EU 회원국에서 이는 여전히 문제로 남아 있을 것이다. EU는 혁신사회 건설을 위해 서비스 부문 자유화와 위기 대처 능력이 부족한 국가들의 사업 장려를 위해 노력을 아끼지 않을 것이다.

□ EU 회원국의 주요 과제는 경제 분야에서 국가의 중요한 역할을 남겨놓는 것이다.

일부 EU 회원국에서는 재산업화(reindustrialization)를 장려하고, 첨단기술 기업을 육성하는 대책을 마련할 것으로 예상된다.

이 같은 대책은 비단 유럽경제의 경쟁력 제고를 위해서만이 아니라, 양질의 일자리 창출, 친환경산업 육성, 경제 에너지집약도 축소를 통해 유럽인들의 삶의 질을 높이기 위한 것이다. 이에 따라 앞으로 EU의 혁신정책과 환경정책의 중요성이 너욱 강조될 깃으로 전망된다.

다양한 정부 및 민간 협력기관의 역할도 증대될 전망이다. 이와 함께 중도좌파와 중도우파 간의 입장 차도 좁혀질 것으로 예상된다. 사회가 탈산업화 단계에 진입하고 유럽인들의 기본가치가 변하면서 다수의 EU 회원국에서 집권연합에 들어가는 작은 정당에 대한 지원이 확대되어 사회·경제 기조가 더욱 강화될 것으로 보인다. 반면, 경제성장을 저해하는 요소로 인구변화를 들 수 있는데, 앞으로 고령화와 같은 사회문제를 해결하기 위하여 막대한 비용이 소요될 것으로 예상된다.

□ EU의 회원국들이 가진 공통의 문제는 비단 노동 가능 인구의 감소만이 아니다. 이민율 증가는 국가 대내외 안보에 악영향을 미칠 것으로 예상된다.

EU 전체 인구는 2007년 5억 명에서 2030년에 5억 1천만~2천만 명으로 증가할 것이다. 이민자의 유입으로 인구 연령구조의 변화는 적겠지만, 사회적 긴장은 더욱 고조될 것으로 예상된다.

그림 14.1. EU 27개국 인구 연령구조 (백만명)

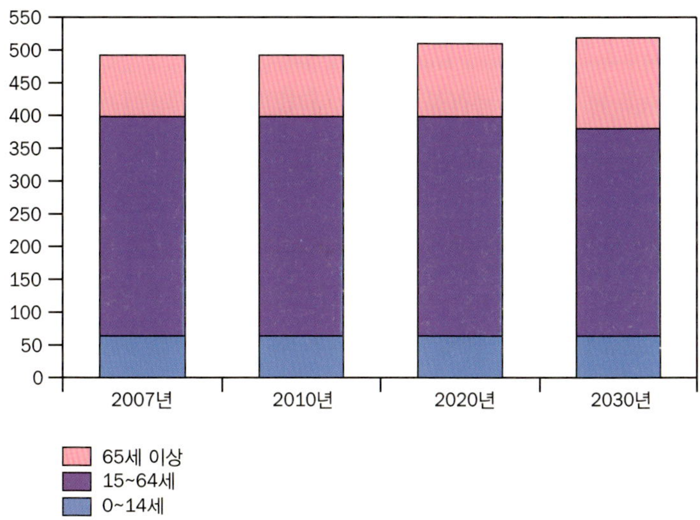

다른 피부색과 종교를 가진 대다수 이민자들(주로 아프리카인, 아시아인)이 비인기 직종에 종사하고 있는 국가에서 상황은 더욱 좋지 않을 것으로 예상된다. 현재 EU에는 유럽사회에 통합되지 못하고 있는 1천5백만~2천만 명의 무슬림이 살고 있다. 이와 더불어 유럽에 있는 이슬람공동체에 특별한 의미를 부여해주는 이슬람 급진세력이 급증하고 있다. 그 결과, 사회여론이 보수화되고 유럽통합에 악영향을 끼치는 민족주의가 발현되었다. 따라서 EU의 최우선 과제는 EU 국민들의 안전을 수호하는 동시에 유럽인들의 외국인 혐오증을 없애는 일이 될 것이다.

이와 더불어 동유럽인 비자 간소화에서 알 수 있듯이 동유럽국가의 노동력 유치를 위하여 정책 방향이 전환될 것으로 예상된다. EU 내에서는 신유럽에서 구 유럽으로 노동인구의 이동이 가속화될 것이다. EU 선진국 국민들은 동유럽 노동자들(주로 비숙련 노동자)에게 더 호의적인 태도를 보일 것이다. 하지만 EU 신 회원국들의 입장에서 이 같은 노동인구의 이동은 큰 문제가 아닐 수 없다. 한때 노동력 공급자였던 EU 신회원국들이 제3국 노동자들을 수용해야 할 상황에 처하게 될 것이기 때문이다.

앞으로 20년 내에 EU에서는 경제수요에 맞게 교육시스템이 개선되어 회원국의 구조적 실업률이 급감할 것으로 전망된다. 이는 2030년경에 있을 노동시장의 긍정적 경향 중 하나가 될 것이다.

□ 광물 및 에너지자원 부족은 EU 경제성장의 큰 걸림돌이 될 것이다.

EU는 2010년부터 2020년까지 경제의 자원 · 에너지 집약도를 낮추기 위해 투자를 늘릴 것으로 전망된다. 그러나 이 같은 구조적 재조정은 2030년경에야 GDP 동향에 반영될 것이다. EU의 에너지자원 소비율 증가, 에너지 밸런스 조정, 에너지 효율성 증가에도 불구하고, EU에 노르웨이가 가입하지 않을 경우 2030년경에 EU의 에너지 수입의존도는 더욱 높아질 것으로 전망된다.

따라서 EU는 2020년까지 재생에너지의 비중을 20%로, 자동차 바이오연료의 비중을 10%로 늘리는 목표를 달성하지 못할 것으로 전망된다. 그러나 2030년까지 원자력발전의 르네상스가 도래할 것이고, 대체에너지(바이오매스, 폐기물)가 기존의 전통연료를 대체하게 될 것으로 예상된다(그림 14.2. 참조).

개도국에서 재생에너지 분야가 발전하고 있는 상황에서 EU의 금속원자재나 목재에 대한 에너지의존도가 현재 수준을 유지하거나 더 높아질 경우, EU는 구 산업 시대로 돌아가게 될 것이다. 이와 더불어 아시아, EU에 있는 다국적기업들의 해외이전이 일어날 가능성도 크다.

그림 14.2. EU의 1차 에너지 소비구조 변화

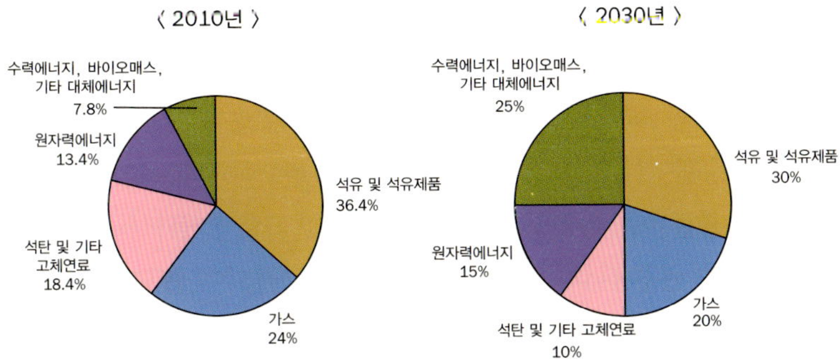

□ **EU는 지속적 경제성장을 위한 자금 확보에 어려움을 겪지 않을 것이다.**

전망 기간 동안에 국가 간의 큰 격차가 그대로 유지될 경우, EU의 평균 저축률은 20% 수준에 머물 것으로 전망된다. 인구 고령화는 저축성향을 증대시키지 않을 것이다.

제3국의 자본투자가 증가하고 있음에도 불구하고 대부분의 국가 간 투자는 그룹별로 제한될 것으로 예상된다. 그 결과 EU의 역동적인 경제발전은 혁신사업에 대한 투자 수익률을 증가시킬 것이다.

이 외에도 2030년경에 EU와 이웃국가 간의 자본이동 자유화가 이루어지면서 재정자원이 효율적으로 활용될 것으로 예상된다.

추가적 요인으로 EU의 대다수 회원국의 유로화 도입도 빼놓을 수 없다. 비록 2030년경까지 유로화가 미 달러화를 제치고 1위로 등극하지는 않겠지만, 세계 두 번째 기축통화로 자리매김하게 될 것으로 예상된다.

14.2. EU 국가 및 지역 간 격차 해소

높은 경제성장률과 다양한 지역개발 정책으로 EU 개도국 간의 1인당 GDP 격차가 줄어들 것으로 전망된다(그림 14.3, 14.4 참조). 그러나 지역 간 격차는 여전히 큰 폭을 유지할 것으로 보인다.

□ **EU 회원국 간의 1인당 GDP 격차는 줄어들겠지만, 2030년경까지 낙후지역 개발, 지역 간 격차 문제는 미해결로 남을 것이다.**

일부 국가에서는 중앙과 지방 간 격차가 여전히 클 것이다. 낙후지역은 인종별, 문화별로 특화되어 있거나 영토계획에 따라 분할되어 있다. 낙후지역(PPP 기준 1인당 GDP가 EU 평균의 75% 이하)에 대한 국가의 정기적 지원은 상기한 지역이 자력으로 발전해나갈 기회를 앗아가 버릴 것이다. 포르투갈, 그리스, 발칸반도, 발트 3국은 혁신발전 모델로의 전환을 위해 필요한 인적자산을 늘리는데 큰 어려움을 겪고 있는 반면에 주변의 선진국들은 서로 밀접해 있어 글로벌 경쟁력을 키우기에 최적화되어 있다.

그림 14.3. 2008년 기준 EU 27개국 평균 대비 EU 회원국, 크로아티아, 마케도니아, 아이슬란드, 노르웨이, 스위스의 2008년 1인당 GDP (%, PPP 기준)

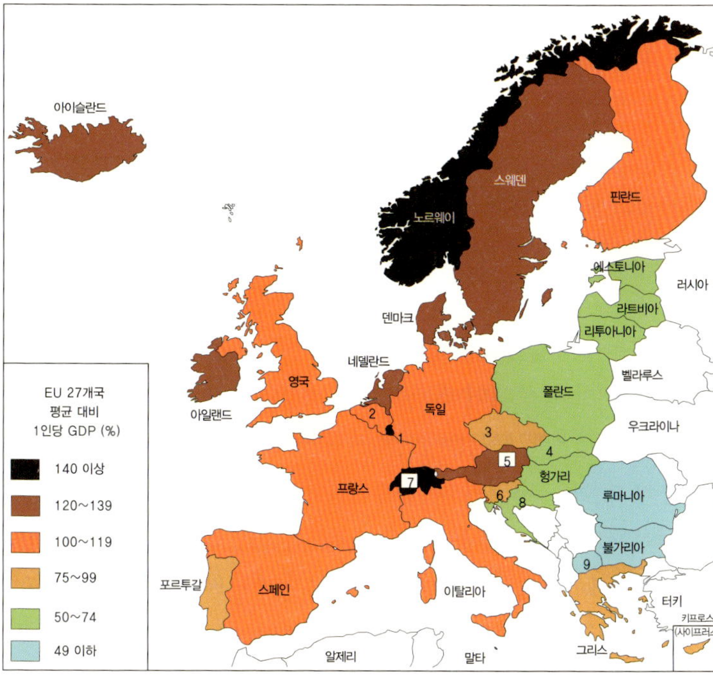

숫자로 표기된 지명

1. 룩셈부르크	4. 슬로바키아	7. 스위스
2. 벨기에	5. 오스트리아	8. 크로아티아
3. 체코	6. 슬로베니아	9. 마케도니아

기존의 전통적 지역정책인 구 산업 단지의 구조적 개혁 및 농촌지역, 벽지 개발과 함께 2030년경에는 환경정책이 새로이 추진될 것으로 전망된다. 기후변화는 관광, 에너지, 농업, 어업 지역에 큰 타격을 줄 것이므로 연안침식, 홍수, 가뭄에 대비한 효율적인 대책을 시급히 마련해야 할 것이다.

그림 14.4. EU 27개국 평균 대비 EU 회원국, 크로아티아, 마케도니아, 아이슬란드, 노르웨이, 스위스의 2030년 1인당 GDP (%, PPP 기준)

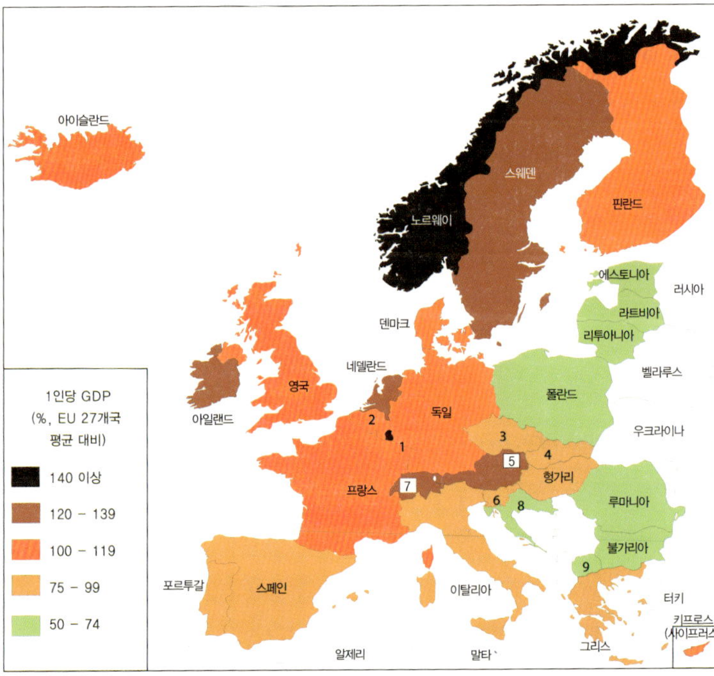

숫자로 표기된 지명

1. 룩셈부르크	4. 슬로바키아	7. 스위스
2. 벨기에	5. 오스트리아	8. 크로아티아
3. 체코	6. 슬로베니아	9. 마케도니아

□ 2020년대 후반에 EU의 대대적인 예산개혁이 있을 것으로 예상된다.

EU 총예산은 EU 경제, 특히 문제가 되는 지역을 혁신발전의 길에 올려놓는 데 있어 중요한 역할을 할 것이다(그림 14.6 참조).

현재 EU 총예산은 전체 회원국 GDP의 1%에 불과하고, 예산 대부분은 농업장려 및 낙후지역 지원에 사용되고 있다.

그림 14.5. 2030년 유럽 주요 농업지역 및 경제 중심지

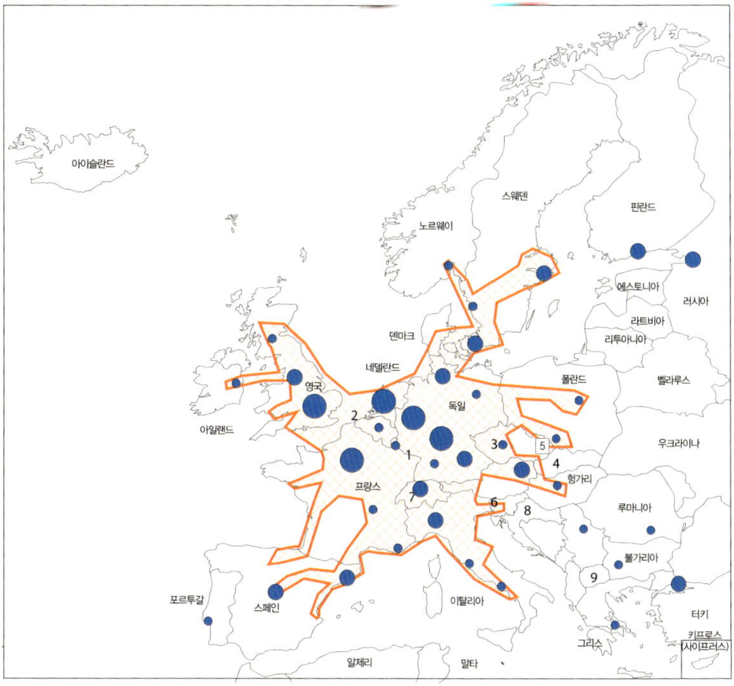

숫자로 표기된 지명

1. 룩셈부르크
2. 벨기에
3. 체코
4. 슬로바키아
5. 오스트리아
6. 슬로베니아
7. 스위스
8. 크로아티아
9. 마케도니아

비록 EU의 대다수 전문가와 정치가들이 혁신사회건설과 환경개선 같은 실질적 과제에 더 많은 예산을 편성해야 한다는 사실을 인식하고 있지만, 앞으로도 오랫동안 대부분 예산이 농업정책과 지역정책에 지원될 것이다.

2020년대 말에야 EU 총예산의 대대적 개혁이 가능할 것으로 보인다. 지출구조의 변화와 더불어 새로운 수입창출 원칙이 도입될 것으로 예상된다. 이에 따라 부가가치세(VAT)와 같은 복잡한 시스템과 불투명한 EU 회원국의 보상금 제도를 없애고 새로운 수입원을 마련할 것으로 보인다.

그림 14.6. EU 전체예산 지출구조 변화

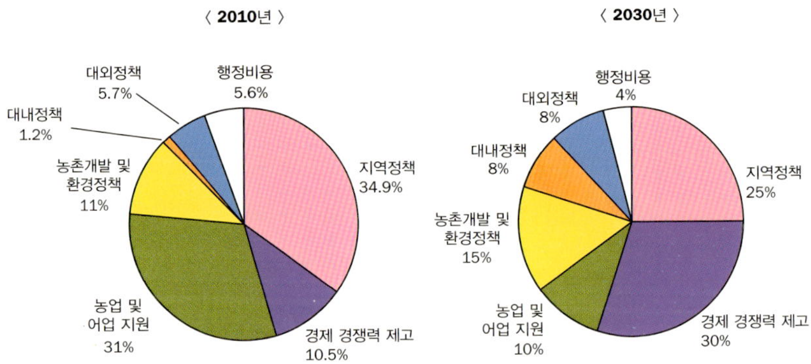

그 결과 예산규모는 EU 총 GDP의 2~3%까지 증가할 것으로 기대된다.

또한, 지역 차를 고려해 볼 때, 투자 및 고숙련 인적자원을 유치하기 위하여 EU 회원국과 지역 간의 경쟁이 더욱 첨예화될 것이다. 그러나 이 같은 경쟁문제는 2020년 말까지 유럽위원회에 유럽정부의 많은 기능을 이양하는 것을 포함하여 EU 회원국의 경제정책 조정을 통해 해결될 수 있을 것으로 예상된다.

14.3. 제도적 구조의 진화

□ 2030년경에 더 확대된 EU는 제도적 개혁의 필요성에 직면하게 될 것이다.

새로운 제도적 변화는 EU의 회원국 확대 가능성을 남겨두고 내부통합을 강화하는 방향으로 이뤄져야 한다. 내부통합은 오늘날 쉥겐 지대(Schengen area), 유로존(Eurozone)과 같이 EU 내의 다양한 통합을 통해 강화될 수 있다. 리스본조약(Treaty of Lisbon)이 발효된 후 8~10년이 지나면 첫 수정이 가해지겠지만, 개혁규모는 타협안인 리스본조약의 범위 내로 제한될 것이다. 리스본조약은 공식적으로 초 민족적 요소와 정부 간 요소 사이의 제도적 균형을 원칙으로 하면서 권력중심을 유럽이사회(European Council)와 각료이사회(Council of Ministers)로 이동시키고 있다.

장기적으로 EU는 결정 채택 및 이행의 모든 단계에서 각국 대표부 간의 균형을 유지하기 어려울 것이다. 향후 EU 집행위원회(European Commission) 의원직을 20개로 한정하고 순번제로 돌아가도록 하는데 동의가 이뤄질 가능성도 있다. 반면에 EU 이사회(Council of the European Union)의 가중다수결제가 더 확대 조정될 가능성은 매우 적다.

EU 회원국의 일부만이 지지하는 결정 채택은 그 결정의 합법성을 훼손하고 이행을 어렵게 만든다. 그러나 앞으로 상호이익에 기반을 둔 EU 회원국 다년간의 협력 경험을 통해서 정치노선의 일치성이 높아질 것으로 기대된다.

□ 유럽의회(European Parliament)의 결정 채택 과정에 미치는 영향력이 분산될 것이다.

유럽의회는 각료이사회와 동등한 자격으로 EU 예산 승인에 참여할 권리를 갖게 될 것으로 예상된다. 공동결정 채택 절차는 80개 항목(현재 37개)의 EU의 권한(competence)에 따르게 될 것이다.

결정에 대한 전원일치의 동의가 이루어지지 않을 경우, 그 결정의 합법성은 유럽의회가 보장해 줄 수 있다. 그러나 각국의 의회가 과연 EU 차원에서 진행되는 절차를 효율적으로 감독할 수 있을지는 미지수이다.

EU 기구의 민주성 부족 문제는 유럽의회 활동에 대한 시민사회의 관심을 유도하고, 유럽의회의 연합정당 형성 체제를 대신할 완전한 범유럽정당을 창설하는 방법으로 보완할 수 있을 것이다.

범유럽정당은 지금처럼 분할되어 있지 않은 EU의 단일 정책토론의 장을 만드는데 기여할 것이다. 그리고 인간의 권리와 자유를 보장하면서 EU의 국민과 이민자들의 활동을 감독하는 방법 등과 같이 토론해야 할 현안들이 이미 산적해 있다.

그림 14.7. EU 내 국민 활동 통제 시스템의 발전

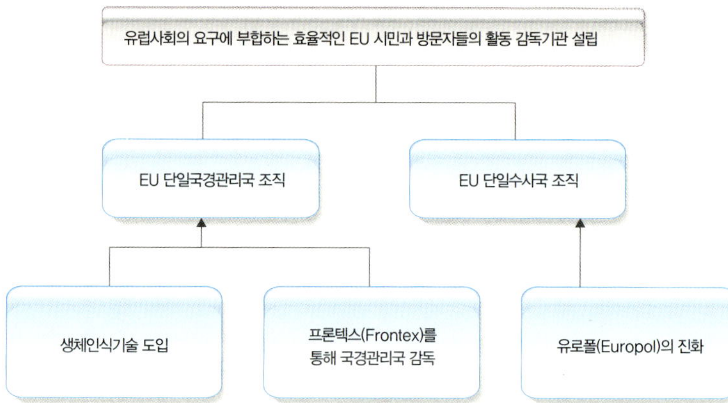

EU 외교 · 안보정책의 업무경험은 앞으로 외교 · 안보제도를 최적화할 여건을 마련해 줄 것이다. 20~30개 주요국을 제외하고 회원국의 대사관은 EU 대사관으로 전환될 가능성도 있다.

□ **유럽안보와 국방정책이 앞으로 20년 동안 가장 큰 변화를 겪을 것으로 예상된다.**

EU의 정책 방향 중 공동안보외교정책(CFSP, Common Foreign and Security Policy)과 유럽안보방위정책(ESDP, European Security and Defense Policy)이 가장 크게 개혁될 것이고, 정부 간 협력 형태를 유지할 것으로 보인다. 참고로 2009년부터 유럽안보방위정책(ESDP)은 공동안보방위정책(CSDP, Common Security and Defence Policy)으로 전환되었다. 이와 더불어 리스본조약에는 EU의 회원국이 공격받으면 EU가 공동행동을 할 수 있는 조항이 추가되었다.

공동안보방위정책에 포함되는 의제가 더 많아지겠지만, 대외관계 현안에 대한 EU 회원국 간의 의견 차를 고려해 볼 때 공동안보방위정책의 발전은 상설협력체계 차원으로 발전될 것으로 기대된다.

이는 높은 수준의 군사잠재력을 가진 EU 회원국의 참여를 의미한다.

그러나 공동정책에 대한 논의가 국내로 한정되는 경향이 있어 공동정책의 발전을 위해서도 EU 내에 단일한 정치토론의 장이 마련되어야 할 것으로 보인다.

□ 미국의 대외정책의 특성을 고려해볼 때 NATO보다는 EU가 대규모 평화유지활동을 지원하기에 가장 이상적인 협력체이다.

다소 느린 감이 있지만, EU의 방위체제가 견고하게 마련되면 EU는 분쟁지역에서 평화유지활동을 독자적으로 수행할 수 있게 된다.

앞으로 EU는 국제평화 및 안보에 있어 UN 안전보장이사회의 중심역할에 대한 선언적 지원을 계속할 예정이지만, 실제로 위기상황에서 무력활동에 대한 결정을 UN 안보리의 지지 없이 채택할 가능성도 배제할 수 없다. 그리고 2030년까지 유럽군의 창설을 기대하긴 어려울 것으로 보이나, 지휘체계가 최적화됨으로써 일부 회원국의 참모기관이 사라지고 그 기능이 EU로 이전될 수 있을 것으로 전망된다.

14.4. 주요 외교정책의 벡터

EU와 NATO 관계는 양자 간 기능을 분담하는 방향으로 발전할 것으로 전망된다.

유럽안보기구의 개혁은 이러한 경향을 가속화시키고, 개혁과정에서 EU는 유럽의 에너지 및 대내 안보에 대해 더 큰 책임을 지게 될 것이다.

베를린 플러스 협정(Berlin Plus Agreement) 차원에서의 EU와 NATO의 협력에 장애가 되고 있는 터키-키프로스 간 대립은 EU 군사부문을 자치화하는데 주요 요인이 될 것으로 예상된다.

■ **유럽 및 국제안보에서 EU와 NATO 간의 관계는 양극화 시대의 의존성을 대체했던 상호의존적 모델에서 안보분야에서 양 기관의 기능과 역할을 분담하는 방향으로 발전될 전망이다.**

공동안보방위정책차원에서 NATO가 EU의 미션을 지원하지 않는 경우 아프가니스탄에서 EU의 NATO 지원도 제한적일 수밖에 없다. 이 같은 상황의 탈출구는 베를린 플러스 협정을 대신할 새로운 협력 메커니즘을 창설할 수 있다. 그럴 경우 EU와 NATO의 합동작전 수준이 높아지면서 양 기관 군사분야의 제도적 상호관계가 강화될 것이다. NATO의 핵전략 재검토는 프랑스, 영국의 핵전력 통합의 촉진제가 될 것이고, 핵전력 통합은 EU의 전 회원국이 거부권을 가지고 결정을 채택하는 공동메커니즘에 기초하여 EU 단일핵전력을 구축할 수 있는 기반을 조성해 줄 것이다. 이는 프랑스, 영국을 전략적 핵무기 감축에 참여시키고, 신뢰 및 통제 대책을 채택하는데 기여할 것이고, 종합적 결정채택 메커니즘은 영국, 프랑스 핵 독트린이 허용하고 있는 핵무기 사용에 있어서의 최대한의 자유보장의 위험성을 제거해 줄 것으로 예상된다.

□ **미국은 EU의 주요 동맹국 역할을 지속해 나갈 것이다.**

EU와 미국은 함께할 때만이 글로벌 의제에 영향을 미칠 수 있고 주요 현안(핵무기 비확산, 분쟁, 기후변화)에 대한 정책을 조율할 수 있다.

그러나 국제관계에서의 무력사용, EU 내에서의 터키의 역할, 중동 분쟁 등의 현안에 있어 EU와 미국 간의 의견대립은 앞으로도 계속될 것이고, 미국은 EU의 대러시아 단일정책 형성에 중요한 요인이 될 것이다.

□ **EU와 중국 간의 관계는 주로 무역, 투자 부문에서 발전해 나갈 것이다.**

EU와 중국 간 동반자협력 기본협정이 체결될 수 있으나, 이는 전략적 동맹관계의 토대가 되기보다는 기술적 문건으로 남을 가능성이 크다.

협정문에 이민, 지적재산권, 공동의 가치 보호에 대한 조항을 포함시키는 일은 EU 각 회원국의 경제적 이해관계와 정치적 합목적성에 의해 흐지부지되고 말 것이다.

□ EU와 러시아 파트너십의 특성 및 본질은 여러 요인에 달려 있다.

러시아는 에너지협력 포함한 경제분야와 유럽 및 국제 안보분야에서 EU의 중요한 동맹국이 될 것이다. 그러나 EU와 러시아 협력 양상은 향후 유럽과 러시아 간의 관계발전과 러시아의 국가발전 경향에 따라 달라질 것으로 전망된다.

그림 14.8. EU와 러시아의 파트너십 전망

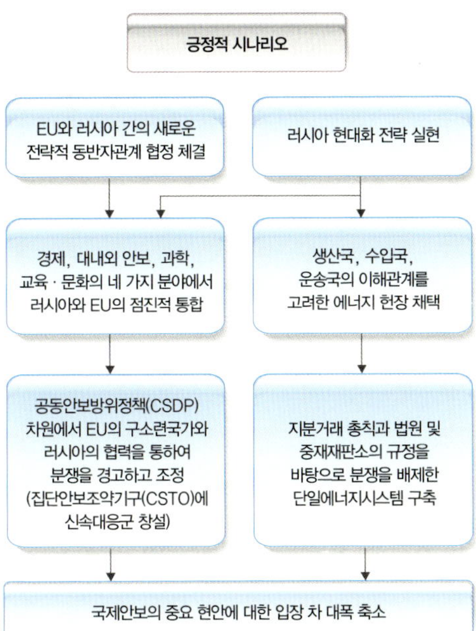

새로운 초국가적 힘의 중심인 EU에게 있어 아프리카는 앞으로 수십 년간 EU의 주요 활동방향이 될 것이다. 아프리카에서 EU의 우선 과제는

평화 및 안보 강화, 경제 및 민주주의 발전, 인권보호, 이민문제 해결, 테러와의 전쟁이다. EU는 아프리카의 평화안보기구 창설을 도덕적 의무이자 공동안보방위정책 발전의 실천적 가능성이라 여기고 있다.

EU는 전 분야에서 특히, 회원국의 안정적인 정치 · 경제 발전을 지원하면서 유럽의 발전을 도모하는 데 있어 중요한 역할을 할 것으로 기대된다. EU는 조직적 활동(국제테러리즘, 해적행위) 또는 환경적 위협과 관련된 새로운 안보문제에 대응하는 데 있어 가장 최적화된 기구이다.

14.5. EU 주요 국가 및 지역의 발전 특성

EU 회원국 간의 국가정책 방향이 잘 조율되어 있고 초국가적 수준의 결정채택이 강화되고는 있지만, 2030년경까지도 국가의 크기와는 상관없이 각 국가의 특성은 유지될 것이다. 국가마다 특수한 발전 문제와 대외관계에서의 다양한 접근방식을 가지고 있기 때문이다.

독일

앞으로 20년간 독일은 유럽통합의 원동력이 될 것으로 예상된다. 독일은 성공적으로 도전에 대응하고, 국제경제 및 국제관계 체제에서 입지를 강화할 수 있는 좋은 기회를 가지고 있다.

최근의 경제위기가 보여준 것처럼 독일은 자국경제가 어려운 상황에서도 전 유럽적 문제에 해결책을 제시할 수 있는 역량을 가지고 있다. 뿐만 아니라 독일식 사회적 시장경제모델에서 탈피하고자 하는 대책은 제한적 형태로나마 이미 여러 국가에서 시행되고 있다.

□ 전문가들은 독일이 유럽에서 우위를 점하는 데 있어 필수적인 부문인 혁신부문에서 독일이 갖고 있는 문제점을 종종 과장하곤 한다.

독일은 전자제품, 항공기제조에 있어서는 다른 국가들보다 뒤처져 있지만, 그 밖의 기술집약산업에서는 우위를 점하고 있다. 독일은 북유럽 다음으로 빠르게 혁신을 받아들이고 국가경제에 도입하고 있는 나라이다. R&D 분야의 수익이 커질 경우, R&D 지원을 GDP의 2.5%에서 3%까지 늘리는 정책기조와 오늘날의 경제 및 사회 기조를 반영한 교육개혁은 독일이 혁신분야에서 높은 위치를 선점할 수 있도록 해줄 것이다. 이는 독일의 경제규제를 완화하고, 독일경제가 위기 이전 수준을 회복하는 데에도 일조할 것이다.

표 14.2. 2010~2020년의 주요 도전 및 독일의 대응방법

경향	문제점	예상되는 해결방법
저출산, 고령화	연금 및 사회보장 제도의 역할 가중	사회적 시장경제 모델을 유지하면서 비인기 개혁 진행
독일인 귀환자 수 감소, 이민자 수 증가	다른 문화권의 인종 통합의 어려움(터키인 등), 독일 사회의 긴장 고조	숙련된 외국인 전문가 영입 방법 모색
첨단산업, 서비스 분야 발달 부진	경제의 국제경쟁력 하락, 경제위기에 취약한 기술집약상품 수출에 치중	교육개혁, 제도개혁, R&D 분야에 대한 기존의 정책기조를 유지하여 수익창출
수출로 자금 이동	전 분야 해외(중앙 및 동유럽) 이전, 구조적 실업 증가	노동시장 자유화 및 투자환경 개선 대책 마련
천연자원 부족	높은 원료 및 에너지자원 의존도	자원 및 에너지 절약기술 도입, 폐기물가공 및 대체에너지 개발

나노기술 연구에서 세계 최고인 독일의 위상을 십분 활용하여 독일의 다국적기업은 자동차, 의약품, 광학 분야를 선도하고 전자제품 생산에서 입지를 강화할 수 있을 것이다. 앞으로 20년간 서비스 부문도 크게 발전할 것이다. 투자환경의 개선은 수출 5위권을 유지하면서 국경 간 자금이동의 불균형을 완화해 주는 역할을 할 것이다.

□ 주요 국가과제는 통일 후에도 잔존해있는 문제들을 해결하는 것이다.

앞으로 서독(특히 바이에른, 바덴뷔르템베르크, 헤센)과 동독 간의 격

차가 점차 사라질 것으로 전망된다.

- 통일 후 40년이 지나면 동독과 서독 시민의 문화 · 심리적 대립은 완전히 사라질 것이다.
- 비록 구 동독의 1인당 GDP는 여전히 낮겠지만, 이 지역을 일으키기 위한 막대한 재정지원은 더 이상 필요치 않게 될 것이다.
- 실업자가 1.5배 감소할 것이다. 발전된 남부지역은 기존의 4~6%로 변동이 적겠지만, 동부지역은 12~16%에서 10%로 크게 감소할 것이다.
- 구 동독에 혁신클러스터를 건설함으로써 주요 도시복합체의 지속적 발전을 도모할 수 있을 것이다.

□ 2030년까지 독일의 정당정치제도에는 큰 변화가 없을 것으로 예상된다.

여타 다른 국가와는 달리 독일의 국내정치에서 큰 변화를 기대하기는 어려울 것이다. 약간의 선거법 개정만이 이루어지고 독일의 5개 정당체제는 그대로 유지될 것이다.

주요정당인 독일사회민주당과 기독민주연합(기독사회연합 포함)은 선거지지율을 높여줄 녹색당, 자유민주당, 좌파당과 연합하게 될 것이다. 그 밖에도 급진적 성향의 정당을 비롯하여 각 지역을 대표하는 여러 군소정당이 있다.

정권이 바뀌어도 대외관계의 연속성은 유지될 것이다.

주요정당의 대외정책 프로그램은 거의 동일하여 통합, 국제기구 지원, 분쟁조정 시 무력사용의 효율성에 대한 회의적 입장 등과 같은 국가 정책기조를 계승하고 있다.

이와 더불어 유럽의 견인차, 범 대서양 중개자로써의 독일의 전통적 역할은 EU, NATO, 서유럽안보협력기구(OSCE), UN과 긴밀히 연계되어 있다. 향후 이 같은 국제기구의 해체는 엄청난 변화를 가져올 것으로 예상된다. 독일은 국가 대외정책의 기반에 대해서는 문제 제기를 하지 않으면서 일부 제도만을 개정하고 있다. 그럴 경우 각 정치적 결정은 상호 모순적일 수밖에 없다. 잘 알려진 바와 같이 독일은 코소보사태 때 이라크 전쟁 때와는 상반된 행동을 보였다.

□ 독일 대외관계 활동의 중심에는 EU가 있을 것이다.

의심할 나위 없이 독일은 2030년까지 EU의 효율성을 높이고 일반 정책을 마련하는 등 EU의 발전을 위해 노력할 것이다.

그리고 EU 회원국의 통합을 강화하기 위해 노력을 지속해나갈 것이다.

독일은 터키의 EU 가입에 부정적이지만, 2030년경에 터키의 민주주의가 더욱 발전하고 유럽의 에너지 운송의 허브로 변모하게 되면 입장을 바꿀 가능성이 크다. 또한, 미국의 정치적 로비와 터키의 EU 가입을 통해 이슬람 세계에 대한 영향력을 키우려는 EU의 계산도 이에 한몫을 할 것이다. 앞으로도 독일은 EU 주요국의 동의를 얻어 정치적 문제를 해결하려는 노력을 계속해 나갈 것으로 예상된다.

프랑스와 함께 양두체제를 이루고 있는 독일은 앞으로도 EU에서 구심적 역할을 톡톡히 해나갈 것이다.

그러나 독일이 국내문제 해결과 접경지역 안보에 집중하기 위하여 다른 EU 파트너국과 함께 국제적 의무를 축소해나갈 가능성도 배제할 수 없다.

이와 더불어 독일은 러시아가 불편한 심기를 드러내고 있는 NATO 확대에 대한 반대 입장을 고수할 것이다. 그러나 범 대서양공동체에 대한 의견 차를 고려하여 볼 때, 2030년까지 NATO를 대체할 국제기구를 찾기보다는 NATO의 변화를 추구하려 할 것으로 예상된다.

□ 러시아는 독일의 주요 동맹국이 될 것이다.

독일은 동유럽 안정화 및 러시아 경제개혁에 동참하고, 러시아와 유럽의 관계를 긴밀히 하는 데 노력을 계속해나갈 것이다.

그러나 러시아가 성공적으로 개혁을 이룬다 해도 독일과 특별한 관계가 되기는 어려울 것으로 보인다. 다른 주요 열강들과 마찬가지로 러시아는 독일의 주요 파트너 중 하나로 남을 것이다.

영국

앞으로 20년 동안 영국에서는 혁신에 기반을 둔 발전에 총력을 기울일 것이고, GDP 증가율의 90% 이상이 노동생산성 증대에 기인하게 될 전망이다. 그 결과 영국과 경쟁국 간의 격차도 줄어들고, 저축률은 EU의 최저 수준인 16~18%를 웃돌 것이다. 1인당 생산량 증가는 투자율의 증가와 연관이 있다.

- 저축률이 증가하여 GDP에서의 투자비중이 높아질 것이다.
- 기술 분야로 투자가 이전되면서 재료 다소비산업이 감소할 것이다.
- 설비지출의 비중이 증가해 자본투자의 효율성이 높아지고 기업의 이윤도 증가할 것이다.
- 고용은 급증하지 않겠지만, 노동조직에 대한 새로운 접근법이 도입될 것이다.

□ 국가경제의 각 분야에 큰 변화가 있을 것이다.

영국경제의 중요한 특성은 EU의 다른 회원국에 비해 GDP 증가와 고용창출에서 서비스 분야의 기여도가 매우 크다는 점이다. 최근 수십 년간 영국에서 산업의 비중이 대폭 축소되고 금융화가 빠르게 진행되었다. 그리고 금융분야가 비대해지고 주식시장이 활발해지는 등 가상경제가 발달하였다. 얼마 전만 해도 이는 긍정적인 변화로 받아들여졌지만, 세계금융위기는 이 같은 전문화의 취약성을 여실히 보여주었다. 이에 따라 현재 영국에서는 기업 자본주의로의 회귀라는 이념이 인기를 끌고 있다.

그림 14.9. 영국경제의 변화 필요성

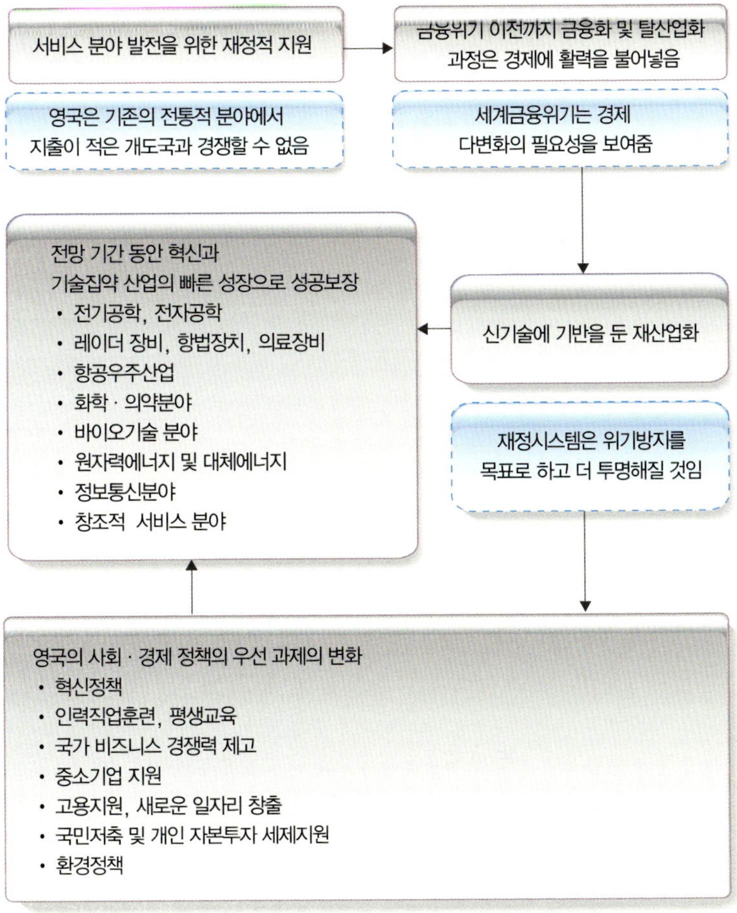

전망 기간 동안에 산업 및 인프라 현대화가 촉진될 것으로 예상된다. 2030년까지 GDP 대비 R&D 투자 비율은 1.7~1.8%에서 2.5%까지 증가하게 될 것이다. R&D 성과에 대한 수요확대 또는 군 · 산업복합체의 전환에 기여하는 부문별 혁신프로그램에 더 많은 자원이 배분될 것으로 보인다.

기업 및 국제 조합도 강화되고 정부의 주문생산이 늘면서 산업도 발전할 것이다. 국가의 조정기능을 줄이고 기업의 R&D투자 및 도입에 세제혜택을 주어 혁신을 도모하게 될 것으로 예상된다.

그리고 상대적으로 뒤처진 전문기술훈련 분야를 강화하기 위해 전문인력 양성, 중등교육 개선, 국가 교육프로그램에 가장 많은 관심을 기울일 것이다.

■ 2030년까지 영국의 사회 · 정치기구는 기존의 구조에 새로운 요소를 유기적으로 결합하고, 민주제도의 틀 안에서 다양한 사회구성원의 이해관계를 조정하는 등의 특성을 유지할 것으로 예상된다.

성문법이 없고 판례법이 발달한 영국에서 군주제는 국가정치를 안정화하는 데 중요한 역할을 한다. 정권교체는 실용적 경제기조에 큰 변화를 주지는 않을 것이다.

그러나 일부 정치적 가치는 사라질 것으로 예상된다. 상원의 권한이 축소되어 의회의 일부로 들어가면서 민주적 절차에 따라 조직적으로 활동하며 하원을 견제하는 역할을 맡게 될 것이다.

비록 다수결 선거제도는 유지되겠지만, 보수당과 노동당의 양당체제가 3당 체제(자유민주당 참여)로 전환될 가능성이 있다.

그림 14.10. 노동당과 공화당의 입장 차 축소 방안

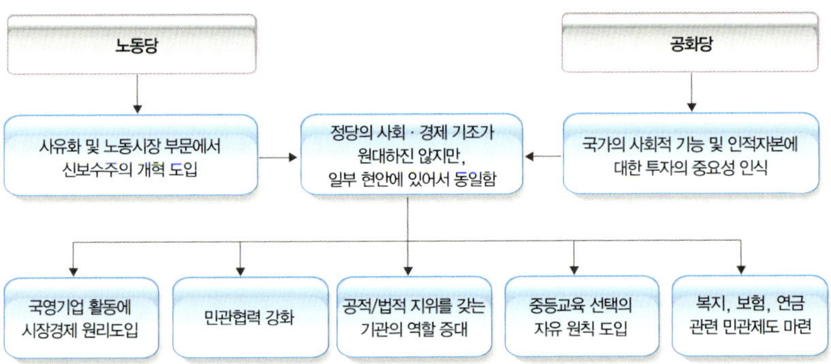

전망 기간 동안 영국은 국가의 주요 두 정당 간의 입장 차를 좁히고 정책의 연속성을 유지해나갈 것으로 예상된다.

경제위기에서 벗어나면서 국가의 경제개입도 점차 줄어들게 될 것이다.

향후 EU로 권한을 위임하는 대외정책을 시행할 경우 정당 간 합의는 깨질 수 있다. 만일 지나친 유럽주의가 국가 주권과 민족 정체성을 위협한다면, 정치분야에서 온건 민족주의가 주목받게 될 것이다. 그리고 2020년까지 영국 파운드화가 유로화로 전환될 가능성이 있다.

□ 헌법개정을 통한 행정 분권화가 지속될 것으로 예상된다.

앞으로 20년 동안 중앙에서 지방으로의 권력이양이 가속화될 것이다. 주요 사회 · 경제 지역인 웨일스, 스코틀랜드, 북아일랜드의 지역행정기관은 이미 많은 권리를 이전받았다. 영국에는 9개의 지역발전기관이 있어서 지역문제를 독립적으로 해결하고 있지만, 아직도 중앙집권적 성격이 강한 것이 사실이다(각 지역의 재정지원은 영국정부가 담당하고 있다).

□ 향후 20년간 사회 · 종교적 문제는 사라지지 않을 것으로 보인다.

전반적으로 삶의 수준은 올라가겠지만, 계층 간 편차가 심할 것으로 예상된다. 중산계층이 확대(영국 가정의 4분의 3이 자기주택을 소유하고, 3분의 1이 주식을 보유하게 될 전망)되면서 사회적 양극화도 지속될 것으로 전망된다.

영국인구 중 유색인종의 낮은 삶의 질과 교육수준은 여전히 중대한 사회문제로 남을 것으로 예상된다. 유색인종이 밀집된 지역에서는 사회적 긴장이 고조되고, 대도시에서는 우범지대가 생겨나게 될 것이다. 영국의 교회는 무슬림들을 영국의 문화, 사회에 동화시키려 노력할 것이고, 이에 따라 이슬람교와의 관계가 새로운 양상을 띠게 될 것으로 전망된다.

□ 영국은 국제 노동분업에 적극적으로 참여할 것이다.

원료, 식품의 순 수입국인 영국은 앞으로 석유와 가스 역시 수입하게 될 것으로 예상된다. 반면 첨단기술 분야에서는 기술집약 상품 수출국으로서의 입지를 다져나갈 것이다.

그러나 수출의 대부분은 외국자본의 영향 아래에 있는 기업에 의해 이뤄질 것으로 전망된다. 영국은 2030년까지 무역금융서비스, 외국인 직접투자 부문에서 입지를 강화해나갈 것이다. 영국의 주요 파트너는 선진국이지만 중국 및 EU 비회원국과의 협력도 강화될 것으로 예상된다.

□ 영국은 국제사회의 리더가 되기 위한 대외정책을 시행할 것이다.

영국은 여러 국제기구 활동에 적극적으로 참여하고, 미국과의 특별한 또는 가까운 관계를 만들기 위해 노력해나갈 것으로 보인다.

독립국가연합(CIS)과의 관계뿐 아니라 국제사회에서의 역할이 증대될 국가(중국, 인도, 러시아)와의 관계도 강화해나갈 것이다.

전망 기간 동안에 EU와 NATO에 대한 양 방향 정책을 계속 펼쳐나갈 것으로 전망된다. 앞으로도 영국은 유럽안보의 주춧돌 역할을 하는 NATO를 유지하면서 범태평양 관계를 강화시키는 유럽안보기구 설립의 필요성을 주장해나갈 것이다.

뿐만 아니라 EU 회원국과 미국 간 관계를 긴밀히 하는 정책을 지지하고 중재자 역할을 하면서 대외정책을 확대해나갈 것이다. 영국이 유럽통합에 많은 노력을 기울이고는 있지만, 군사정책 분야에서 영국의 주요 협력국은 여전히 미국이 될 것이다.

프랑스

1990년대부터 프랑스의 GDP 증가율은 프랑스인들의 상대적으로 낮은 수입과 낙후된 산업구조에 기인한 소비와 수출의 부진으로 유럽 평균보다 낮았다.

□ 전망 기간 동안에 투자 및 해외수요의 원동력이었던 성장모델로 돌아갈 것으로 예상된다.

그림 14.11. 프랑스의 중기발전 프로그램

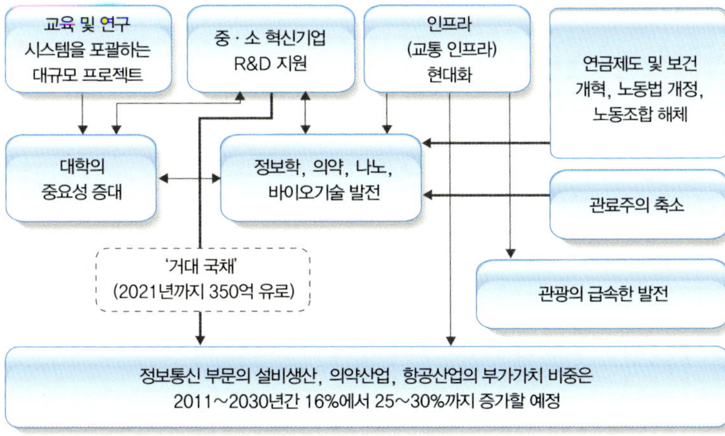

대 프랑스 투자 증가는 산업현대화와 인프라발전, 그리고 높은 출산율로 인해 촉진된 주택건설에 큰 영향을 미칠 것이다.

현재 시행되고 있는 개혁은 국가의 투자 매력도를 높여주고 있다. 전반적으로 저축률은 2020년경에 21% 이하, 2030년경에는 18% 이하로 떨어질 것으로 예상된다. 그러나 21세기 초반과는 달리 자본수입은 자본수출을 상회할 것이다. 프랑스 내에 산업현대화가 이루어지고 대외무역 방향이 아시아·태평양 지역으로 전환될 경우, 수출량은 더 증가할 것이다. 모기업과 해외지점 간의 교류가 활발해지면서 수출세에 긍정적인 영향을 미칠 것으로 예상된다(이는 현재 프랑스가 취약한 부문이기도 하다).

인구 고령화의 부정적 여파 속에서도 국민 소비를 높여 줄 다음과 같은 요인들이 있다.

- 교육수준 향상에 따른 소득증가
- 경제활동에 이민자들을 참여시키기 위한 적극적인 대책 마련
- 세금부담 완화
- 사회개혁
- 지속적인 실업률 감축(2020년까지 6~7%, 2030년까지 4~5%)

중기발전계획은 2007년에 프랑스 성장촉진위원회에 의해 수립되었고 사회부문 개혁을 포함하고 있다.

비록 금융위기가 중기발전계획을 시행하는데 부정적 영향을 미쳤지만, 일부 대책은 성공적으로 실현되었다. 예를 들어 정부와 정부 규제하에 있는 자연독점 기업은 산업인프라 현대화에 기준보다 더 많은 자금을 투자했다. 금융위기에서 벗어난 후 중기발전계획이 완전히 시행될 경우, 프랑스 경제는 혁신형 모델로 전환될 것이다.

□ 프랑스 재정상황은 경제발전의 걸림돌이 될 것이다.

금융위기로 인해 2010년에 예산적자는 7%를 상회했다. 국가 채무비율은 위기대응책과 거대 국채 발행으로 인해 GDP의 67%에서 80%까지 증가했다.

만일 재정적자를 마스트리흐트조약(Treaty of Maastricht)의 GDP 3% 이하로 낮춘다면 국가채무 부담도 줄어들 것으로 예상된다. 하지만 사회적 지출의 증가가 큰 걸림돌이 되고 있다. 거대 부채가 경제현대화에 드는 비용을 커버할 수 있을지도 미지수이다. 이러한 상황에서 국채금리가 높아지면 프랑스의 재정상황이 더 악화될 수 있다.

지난 2세기 반 동안 프랑스 정치체제는 다양하게 변모해 왔다. 지금의 제5공화국은 비록 다소 문제점을 가지고 있긴 하지만, 사회 안정성을 유지하며 효과적으로 운영되고 있다. 앞으로 20년 동안 프랑스 정치체제에는 큰 변화가 없을 것으로 예상된다.

■ 프랑스인 대다수가 대통령의 권한이 큰 현행 권력체제와 수직적 권력체계(제5공화국)를 인정하고 있다.

프랑스 정계에서는 다양한 정당이 활동하고 있지만, 그중에서 대중운동연합과 사회당이 주요 정당이다. EU 회원국 중 경제위기의 타격을 가장 적게 받은 상황에서 1995년에 정권을 잡았던 드골파가 합리적 위기대응

정책을 시행한 덕분에 2012년 대선에서 다시 승리를 거머쥐게 될지도 모른다. 그러나 앞으로 20년 동안 사회당의 집권 가능성도 배제할 수 없다.

■ **이전 식민지(특히, 북아프리카)에서 오는 이민자 수의 증가가 큰 사회문제가 되고 있다.**

프랑스의 공식적인 이민자 수는 약 5백만 명이지만 실제로는 6백만 명(10%)을 상회할 것으로 예상된다. 법적으로 이민자 수가 연간 2만 5천 명으로 제한되어 있지만, 이민자 가족의 입국과 무슬림 가정의 높은 출산율로 인해 꾸준히 증가하는 추세를 보이고 있다. 출산율에 있어서 프랑스는 EU 상위권 안에 들고, 인구 자연증가율에 있어서는 아일랜드 다음으로 2위를 차지하고 있다.

이민자들의 공동체 형성, 관습유지, 높은 실업률, 범죄율 증가는 무슬림의 동화를 막고, 이민자에 대한 적대감을 높인다. 이민자의 노동력 없이는 안 된다는 것을 잘 알고 있기 때문에 프랑스 정부는 무슬림교도들을 동화시키려 하기 보다는 사회에 지속적으로 통합시키는 정책을 펴고 있다. 이민자들은 프랑스 국민과 동등한 사회적 · 경제적 권리를 가진다. 현재 프랑스에서는 이민자들을 위한 프랑스어 강좌가 개설되고 있고, 학교마다 특별 프로그램이 시행되고 있다.

□ **대외정책을 일부 수정해야 할 필요성이 있다.**

프랑스는 독일과 함께 EU 강화와 리스본조약 실현을 위해 노력해 나갈 것이다. 프랑스는 이 조약을 만들고 채택하는 데 있어 중요한 역할을 했다. 향후 프랑스는 EU 회원국을 확대하는 데 있어 발칸 국가를 염두에 두며 조심스러운 입장을 보일 것으로 예상된다.

프랑스는 유럽군 창설의 발의자로서 앞으로도 유럽 내에 독립적인 유럽군을 만들려는 시도를 계속해 나갈 것으로 전망된다. EU의 단일 핵안보기구 창설 문제도 진전을 보일 것이다. 2009년 NATO로 복귀한 프랑스는 NATO 내에서 중요한 지위를 차지할 수 있을 것으로 기대하고 있다. 앞으로 프랑스는 유럽국가의 이익을 옹호하며 NATO 개혁에 적극적으로 참여할 것으로 예상된다. 그러나 NATO에서 미국의 역할 중요성을 인정하며 미국과의 직접적인 대립은 피하려 할 것이다.

□ **프랑스는 알제리, 튀니지, 모로코 등 지중해 국가와의 관계 발전에 특별한 관심을 기울일 것으로 예상된다.**

프랑스에서 이슬람 근본주의 세력이 커지고 있는 상황에서 지중해 국가의 경제발전과 정치안정을 도모하는 것은 프랑스의 안보와도 직결되는 문제이다. 이와 더불어 프랑스는 국제 반테러 활동에 더 적극적으로 참여할 것이다.

프랑스는 아프리카 북서부 마그리브(Maghrib) 지역의 국가발전에 EU를 참여시키려 노력하고 있다(바르셀로나 프로세스). 이를 위해 2007년 EU가 조력하는 지중해연합 창설을 제의했다. 주요 목표는 경제 및 무역 발전, 우익사상 확산, 환경보호, 이민정책 통일이다. 프랑스는 팔레스타인의 독립을 지지하면서 극동지역의 아랍과 이스라엘 간의 분쟁해결에 적극적으로 참여하고 있다.

프랑스는 중국, 아프가니스탄, 이란과 복잡한 관계에 있고, 이슬람 원리주의[1]와의 전쟁에서 러시아가 중요한 파트너가 될 수 있다는 사실을 부정하지는 못할 것이다.

■ **프랑스와 EU는 정치, 경제 분야에서 러시아와의 좋은 협력 가능성을 가지고 있다.**

1) 역주: 이슬람 교리를 정치 · 사회 질서의 기본으로 삼아 이슬람교의 원점으로 돌아갈 것을 주장하는 이슬람화 운동을 말한다.

이탈리아

앞으로 20년 동안 EU에서 이탈리아의 역할은 EU 평균보다 낮은 경제 성장률과 이탈리아 남부지역의 낙후성으로 인해 점차 축소될 전망이다. 따라서 경제규모 면에서는 세계 10위권 안에 들겠지만, EU의 선진 4개국 중 유일하게 스페인, 폴란드가 속한 중위권으로 내려갈 위험성을 가지고 있다. 그러나 이로 인해 이탈리아 관료들의 EU 진출이 활발해질 수도 있을 것으로 예상된다.

□ **이탈리아는 2030년경에 EU 회원국 중 절대 인구감소가 가장 큰 나라가 될 것으로 전망된다.**

자연증가율이 제로에 가까운 이탈리아에서 이주민 수는 점차 증가하여 EU 선진국 수준에 이를 것으로 예상된다. 2030년경에는 전체 인구수가 프랑스, 영국을 넘어설 것이다.

이에 따라 정부는 합법 및 불법 이주에 대한 명확한 차별화 정책을 펴고, 예측 가능한 고용제도를 마련하며 국경 및 해양통제를 강화하는 정책을 시행할 것으로 예상된다.

■ **전망 기간 동안에 산업 효율성 증대는 국가경제정책의 주요 과제가 될 것이다.**

인력훈련제도 개선과 산업현대화를 통해 산업 생산성이 향상될 것으로 전망된다. 이제 첫발을 내딛는 교육개혁은 2010년대 말까지 완료되어 구체적인 성과를 내게 될 것이다.

또한, 국가 프로그램인 산업 2015(Industria 2015)에 따라 산업의 기술적 현대화와 구조적 개혁이 이루어질 예정이다.

그림 14.12. 산업 기술 현대화 방향

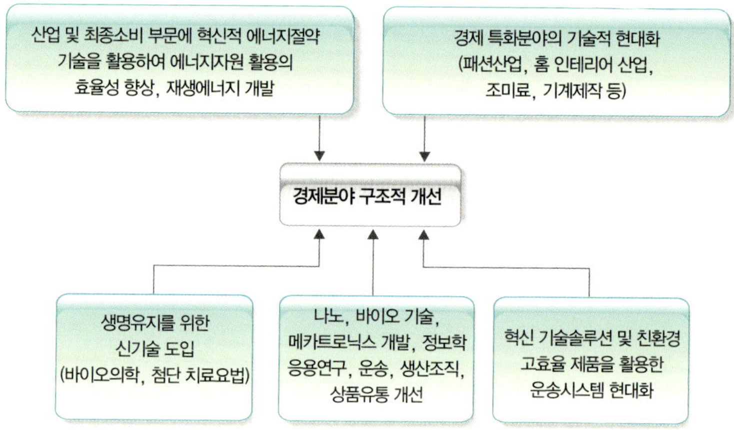

이탈리아의 특화분야인 기계제작 및 소비재산업은 그대로 유지되고, 현대화 과정에서 기술발전으로 인해 새로운 틈새 산업이 생겨날 것으로 예상된다.

그리고 남부지역 자원을 이용한 관광자원 개발이 활발해질 것으로 전망된다. 이탈리아는 EU 차원의 국제 과학기술협력에도 적극적으로 참여할 것이다. 중동부유럽, 러시아, 중국 등 동방으로의 진출은 이탈리아의 주요 대외경제정책 방향 중 하나가 될 것이다.

□ 유럽은 이탈리아 사회 현대화의 중요한 촉진제가 될 것으로 예상된다.

이탈리아 사회분야의 주요 과제는 사회보장제도, 고용정책, 교육제도를 EU의 평준화된 표준에 맞추는 것이다.

2010년대에는 정치계의 세대교체로 인하여 이탈리아 사회가 불안정해질 수도 있을 것으로 전망된다. 구세력(평균연령 약 70세)이 물러나고 새로운 정당정치제도가 마련되겠지만, 정당지도자 중 권위 있는 정치인은 나오지 않을 것으로 예상된다.

또한, 잦은 정쟁으로 인해 사회정책을 시행하는데 큰 혼란을 겪을 것으로 보인다. 그 주요 사회정책을 살펴보면 다음과 같다.

- 노동시장 자유화, 퇴직연령 상향조정
- 민간 노인복지 및 보건 서비스 확대
- 가정 지원(출산율 장려)
- 사회정책관련 지역예산 확충과 지역자치구조의 역할 증대(재정연방주의 제도 활용)
- 의료서비스 표준화

이탈리아는 대규모 부채(GDP의 100% 상회)로 인해 예산적자를 GDP 3% 이하로 유지하기 어려울 것으로 보인다.

□ 2030년까지 제도적 개혁이 완료될 것으로 예상된다.

이탈리아 선거제도의 개혁은 사회 · 정치제도 현대화에 매우 중요한 역할을 하였다. 하지만 이제 이탈리아는 지난 반세기 동안 비례대표제에 기반을 둔 정당지배체제에서 벗어날 수 있을 것으로 예상된다.

우선 중선거구제, 다수제, 2차 선거를 반대하는 규범과 메커니즘이 도입될 것이다. 대통령직선제 및 입법기관의 의석 중 30%를 여성을 위해 남겨두자는 제안도 실현될 가능성이 있다. 그리고 다수대표제에 기반을 둔 선거제도로의 개혁은 양원제 형성에 기여할 것이다.

이에 따라 2030년까지의 분극적 다당제(polarized pluralism)에서 중도좌파와 중도우파의 연합을 토대로 한 영국형 양원제로의 전환이 가능해질 전망이다. 군소정당의 수는 앞으로 점차 줄어들 것으로 보인다. 이탈리아의 정당은 민주당(사회민주주의자)과 자유국민당(보수주의자)을 중심으로 연합될 것이다. 정당들은 다양한 산업구상과 대외정책, 혜택과 수입 분배를 내세우며 비슷한 수에 상반된 의견을 가진 두 유권자 그룹을 대표하여 선거에 나설 것으로 예상된다. 소수당도 연립정부를 구성하여 정치에 참여할 수 있는 가능성을 갖는다.

지방분권을 위해 행정운영의 개혁도 시작될 것이다. 이탈리아는 법률상 단일국가지만 EU로의 지역화를 지원하는 연방주의적 성격이 강하다. 이에 따라 이탈리아 각 지역의 입법권도 확대될 예정이다.

□ 앞으로 수십 년 동안 계승인가, 전환인가의 딜레마에 빠져 이탈리아의 주요 대외정책은 대서양과 유럽 두 방향으로 양분될 것이다.

리스본조약 체결 이후 EU로의 통합과정에서 우선 공동안보방위정책, EU와 주요 동맹국(미국과 NATO, 러시아, 중국, 그 밖의 국가 및 기구) 간의 관계는 이탈리아가 대외정책의 딜레마에서 벗어나는데 결정적 역할을 하게 될 것이다. 발칸반도와 지중해 지역도 이탈리아에 있어 중요한 지역이 아닐 수 없다.

이탈리아 정부는 미국과의 특별한 관계를 맺는 것도 물론 중요하지만, EU와 함께 해야 국제정치에서 중요한 역할을 할 수 있다는 판단 아래 유럽통합을 강화하는 데 더 많은 관심을 기울일 것으로 예상된다. 그리고 EU가 확대되면 구 유럽(old Europe)의 선진국들이 그 중심축을 이루게 될 것이고 여기에 이탈리아도 동참할 수 있을 것으로 보인다.

대외정책에서 유럽의 입지강화는 유럽 내에서 안보를 담당할 미국의 NATO와 EU 간의 역할재분배에 크게 기여할 것이다.

□ 러시아는 이탈리아의 중요한 협력파트너이고 경제 · 정치적 이해관계와 문화 · 역사적 성향이 서로 비슷한 국가이다.

이탈리아는 프랑스, 독일, 스페인과 함께 러시아 및 유럽과의 전략적 협력 기조를 유지해나갈 것이다. 제조업분야에서 기업들의 투자협력은 에너지협력을 강화시켜 줄 것이다. 이탈리아 기업인들은 러시아 및 구 소련 공화국과 공동프로젝트를 진행할 경우 누구보다도 적극적으로 참여할 것이 분명하다. 반면에 러시아를 배제하고 CIS 지역 내에서 진행하는 EU의 모든 프로젝트에 대해서는 조심스러운 입장을 보일 것이다.

스페인

2030년 말 스페인의 GDP는 정치, 경제, 사회 전반에 걸쳐 고도개혁을 단행했던 포스트 프랑코시기[2]의 첫 15년간의 평균수준(3.3%)에도 미치지 못할 것으로 전망된다. 정부정책과 은행대출을 통해 촉진되는 민간소비, 주택건설 및 설비 투자 그리고 사회간접자본 및 녹색 에너지 투자와 해외수요가 지금보다는 훨씬 낮은 수준이지만 GDP 성장을 이끄는 주요 동력으로 남을 것이다.

□ **이주민의 유입이 감소할 것으로 예상되지만 2030년에도 스페인은 EU 국가 국민에게 가장 살기 좋은 국가 중 하나가 될 것이다.**

다른 EU 국가들에 비해 상당히 높은 인구증가율 덕분에 스페인의 시장 상황이 개선되고 주택시장이 발전할 것이다.

또한, 적극적인 이주민 수용정책 덕분에 2030년 경 인구수는 5천만 명을 상회할 것으로 예상된다. 그러나 이로 인해 외국인 혐오주의도 심해질 것으로 예상된다. 특히, 이주민의 비중이 25%를 넘어서는 지역에서 이와 같은 문제가 두드러질 전망이다. 따라서 이주민의 사회통합을 위한 정부의 추가적인 대책 마련이 시급하다.

한편, 〈이주민 유입〉은 망명국가로서의 스페인의 오랜 전통을 무너뜨리며 상당히 단기간 내에 나타났다는 점을 강조할 필요가 있다. 이주민의 향후 추세를 보면 북아프리카(특히, 모로코)와 라틴아메리카(에콰도르, 콜롬비아) 그리고 중동부유럽(루마니아, 집시 포함)에서 온 사람들이 주를 이룰 것이다. 그리고 범죄와 관련된 불법이주도 증가할 것이다.

□ **향후 20년의 경제발전은 장기적인 경제정책의 효율성에 달려 있다.**

1990년대에 시작된 국가경쟁력 하락의 원인은 산업공동화 및 뒤처진 실물경제 선진화를 꼽을 수 있다. 스페인에서는 전통적으로 민간투자율이

---

2) 역주: 스페인의 정치가 프란시스코 프란코(1892~1975)가 죽고 난 뒤 1976년부터의 시기를 말한다.

낮았기 때문에 노동생산성 향상과 경제구조개혁 및 구조개혁의 전문화가 주로 공공기업에 의해 이루어졌다. 그런데 석유가스 및 에너지, 통신, 자동차와 금융 분야에서 두각을 드러내며 크게 성장한 공기업을 민영화하면서 산업공동화와 실물경제 선진화의 뒤처짐 현상이 발생한 것이다.

더구나, 당시의 민영화로 인해서 소득세율과 기업과세 증가율이 감소하였다. 이는 대규모 정부예산적자와 국가채무 증가, 급격한 은행 유동성 감소, 가계 및 기업의 높은 부채로 이어졌다. 그뿐만 아니라 인구 고령화를 포함한 시급한 사회문제들도 해결되지 못한 채 남아 있다.

이와 같은 상황들로 미뤄볼 때 스페인은 2020년이 되어서야 경기침체의 그늘에서 벗어나 다시 역동적인 경제발전을 보여줄 것으로 전망된다.

□ 가장 시급한 해결과제는 국가영토와 관련된 인식의 문제이다.

앞으로 국가통합을 유지하는 것이 곧 국가의 이익이 될 것이다. 그렇다고 해서 중앙집권주의로 회귀하거나 반대로 분리주의로 무장한 지방세력(바스크, 카탈루냐)이 독립을 쟁취하는 등의 시나리오가 펼쳐질 가능성은 희박하다.

아마도 계속해서 지방분권과 연방제를 추구하며 발전할 가능성이 크다. 그러나 중앙정부를 제외한 지방 세력끼리 또는 중앙정부와 지방세력 간의 연합협정을 체결할 가능성도 배제할 수 없으며 그렇게 된다면 1978년 제정된 헌법까지 개정해야 할 것이다.

앞으로 이 문제의 해결하는 데는 다음의 상황이 중요하다.

첫째, 유럽의 지방 세력들이 범국가적인 문제를 해결하는데 참여하는 것에 대해 EU가 어떠한 입장을 취하느냐 이고 둘째, 스페인이 상기 시나리오에 따라 변하는 것에 대해 EU는 찬성하는가, 반대하는가이다.

그러나 중앙정부와 지방세력 간의 협력을 통해 해결해야 할 문제들이 산적해 있다. 예를 들어 지구 온난화(스페인이 다른 유럽 국가들에 비해 가장 심각한 피해를 볼 것으로 예상된다), 수자원 및 에너지자원 확보, 고령화, 이민, 테러리즘 등이 있다(그림 14.13 참조).

한편, 좌파(스페인사회노동당)와 우파(국민당) 모두 〈바스크 조국과 자유〉 단체에 속한 분리주의자들을 제거하기 위해 다양한 방책을 모색하면서도 동시에 바스크와 카탈루냐 지역의 중도민족주의자들에게는 양보하는 입장을 취하게 될 것이다. 이들은 양보를 통해 의회에서 지방 세력들이 자신들의 당에 더 많은 지지를 해주기를 바란다.

모든 문제에서 극한 대립을 보이고 있는 스페인사회노동당과 국민당을 주축으로 몇몇 지방정당들이 참여하는 형태의 양당제가 앞으로 지속될 것이기 때문이다.

그러나 현재 스페인 정치세력들은 대외정책 분야에서 정당 간 합의에 도달하기 위해 계속해서 노력하고 있다. 중앙정부는 앞으로 지방 세력의 대외정책 참여에 대한 지나친 야심을 막으면서 국제사회로부터 스페인을 세계정치와 국제질서 형성의 주도적인 참여자로 인정받기 위해 힘쓸 것이다.

그림 14.13. 기후 및 에너지 문제 해결을 위한 중앙과 지방 간의 잠재적 갈등

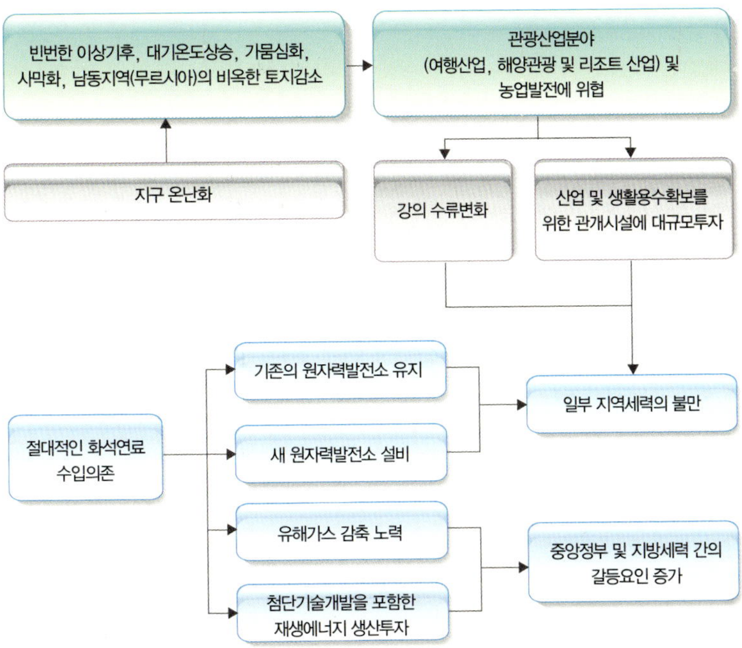

앞으로도 스페인은 좀 더 심화된 통합유럽 건설에 적극적으로 찬성할 것이다. 국민당은 독일과 프랑스의 정책이 자국이익에 부합하지 않으며 이 정책이 유럽 및 전 세계에서 영향력을 높이는데 걸림돌이 될 것이라고 생각한다. 그래서 이들은 EU의 비핵심국가들과 미국의 지지를 얻어야 한다고 믿고 있다.

한편, 스페인사회노동당의 입장은 조금 다르다. 그들은 자국의 정치적, 경제적, 전략적, 그리고 문화적인 이익은 유럽에 집중되어 있기 때문에 유럽이 대외정책의 우선 순위가 되어야 하며, 유럽통합의 중심축은 스페인이라고 주장한다. EU 헌법에 관한 국민투표에서 자그마치 76%가 넘는 국민이 찬성하였는데 다른 EU 회원국과 비교하였을 때 상당히 높은 수치라는 점에서 주목할 만하다. 그리고 2008년 의회에서도 거의 만장일치로 리스본조약을 비준했다.

그림 14.14. 대외정책의 합의점 모색

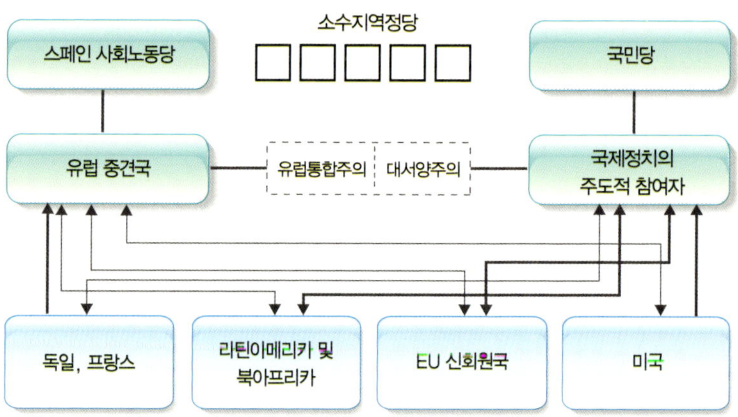

현재 대외정책 면에서 유럽 통합주의가 우세한 것으로 보이며 우파 국민당의 집권에도 불구하고 대서양주의로의 단기적 편향은 나타나지 않고 있다. 결국, 좌파와 우파 모두 포스트 프랑코시기가 시작되었을 때처럼 자국이익을 수호하기 위해서는 정당 간 협력이 필요하다는 점을 인식하고 있다. 하지만 목적을 달성하는 방법에는 입장차를 보이고 있다.

스페인 기업은 북아프리카와 라틴아메리카에까지 사업을 확장한 결과 최고의 경쟁력을 갖춘 다국적기업으로 손꼽힌다. 북아프리카와 라틴아메리카가 얼마나 주목받을 수 있느냐는 스페인이 EU와 이들 지역 간의 가교역할을 얼마나 잘 해내느냐에 달려 있다. 그러나 영국과의 지브롤터 분쟁이나 세우타 및 멜리야 지역에서의 모로코의 영유권주장 그리고 서사하라 지역 지위문제와 같이 미해결된 영토분쟁에도 중요한 관심을 기울일 필요가 있다.

- **스페인이 북아프리카와 라틴아메리카 국가들과 상당히 긴밀한 관계를 유지할 수 있는 이유는 지정학적 위치와 역사 및 문화 전통에 있다.**

북유럽

북유럽 국가는 혁신경제 및 강력한 사회부문을 바탕으로 선진발전을 이뤄낸 가장 뛰어난 복지국가다. 하지만 향후 20년간 이 지역은 스칸디나비아식 사회복지 모델을 지속적으로 개혁시켜야 하는 심각한 문제에 직면할 것으로 예상된다.

또 다른 부정적 요인으로는 심각한 지리적 인구분포 불균형 현상을 들 수 있다. 균형적인 경제성장 및 과거의 소비 자원낭비 모델에서 벗어나는 것은 역내의 성공적인 발전을 결정짓는 요인이다. 주로 북유럽 산업은 선진 특성화, 전문 인력 활용, 질 좋은 상품, 신뢰할 수 있는 납품기한 및 서비스로 결정되는 높은 경쟁력을 가지고 있다.

- **대부분의 전망 기간 동안 경제부분에서는 사실상 1970년대 구조적 위기를 야기한 금속, 산림 및 그 밖의 산업부문이 여전히 중요한 위치를 차지했다.**

구조적 절차상 어려움을 극복하는 일은 전통적인 부문의 생산 현대화 뿐 아니라 정보통신기술과 같은 새로운 부문의 향후 발전과 관련이 있다. 북유럽 국가의 자본축적 과정에서 중요한 향방은 노동력 절감 기술, 생산 합리화, 노동수단의 기술혁신을 들 수 있다.

그림 14.15. 스칸디나비아식 모델의 약화

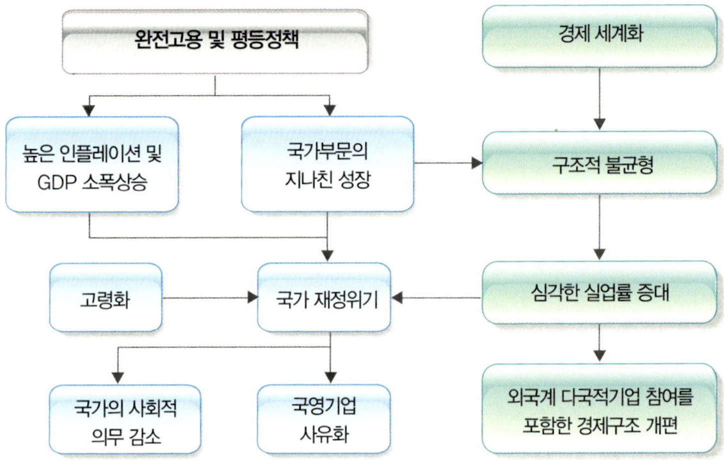

사회 서비스 부문에서 중요한 다변화된 구조를 유지하는 가운데 2030년까지 서비스 부문의 가장 중요한 발전으로는 기후 온난화 결과 이루어지는 북부 운송로 발달이다.

■ 복합 신기술이 적용된 고품질 상품생산에 있어 역내 국가 특성화를 위해서는 R&D 부문 확대가 필요하다.

북유럽에서는 교육분야에 대한 대규모 자본투입 효율성이 이미 제고되었고 R&D 부문은 고도의 전문화가 이루어질 것이다. 기초연구에 대한 투입자본 부족으로 현재와 마찬가지로 신상품 및 신기술 관련 융합기술과 기존 상품 및 생산절차 개발이 집중적으로 이루어질 것으로 보인다. 이와 관련된 선진 기술단지 및 혁신생산은 해안가 도심지역에서만 국한되어 이루어질 것으로 추측된다.

북유럽 수출 및 수입의 지리학적 측면에서 눈에 띄는 발전은 이루어지지 않을 것이다. 대외교역에서 선진국들이 주도적인 지위를 유지할 것으로 보인다.

특히 에너지 부문을 포함한 원자재 수출로 교역량은 증대될 것으로 예상된다. 하지만 북유럽 국가들과 러시아 및 독립국가연합(CIS) 간 대외교역 비중은 증대되지 않을 것으로 추측된다. 양측 간 교역량 증대는 러시아 생산효율성 제고에 달려있다.

국내정책과 관련하여 북유럽 국가들의 변화 범주는 제한적이다. 상대적 인구진공 상태에서 사회복지를 유지하는 일은 소비심리에 달려있다고 할 수 있다.

이민자 유입이 크지 않기 때문에 이슬람 극단주의 위협은 제한적이다. 하지만 남부지역에서 통제되지 않은 인구유입(기후요인에 따른 이주자 포함)이 발생할 경우 우파 급진주의가 발달할 수 있다.

□ 도서지역에서는 중앙집권제가 활발하게 발달하고 있지만 국제안보를 위협하는 수준은 아니다.

기후변화로 인한 그린란드(덴마크 정부 보조금이 GDP 30% 차지)와 페로 제도 인근유역에서의 석유 및 가스 산업채굴 착수는 국가엘리트 군주화를 종식시키게 할 것이다. 1985년 유럽공동체(EC)에서 탈퇴, 2009년 덴마크로부터 새롭게 자치권 확대를 인정받은 그린란드에 소수로 남아있는 이누이트(에스키모인)의 완전한 독립 쟁취는 2020년 중반 즈음 가능할 것이다.

□ 소 지역적 차원에서의 관계 개선과 북부지역의 새로운 통합 메커니즘 모색은 계속 될 것이다.

스칸디나비아 일부 정치인들과 전문가들은 EU 회원국들이 다양한 과제에 당면해 있다는 사실을 인식하여 EU 경제발전의 초국가적 조정요인 강화를 비판적으로 보고 있다. 하지만 역내 국가의 미래는 EU의 운명과 직접적인 연관이 있다.

몇 년 뒤면 아이슬란드는 EU에 가입할 것으로 보인다. 2020년 중반까지 역동적인 경제발전을 하고 있는 노르웨이에서는 EU 정식 회원국이 되는 문제가 또 다시 제기될 것이고, 이의 실현은 EU 가입 자체의 매력도에 달려있다. 이 외에도 소 지역적 차원의 비공식 주도권이 스위스에서 노르웨이로 점차 옮겨가고 있는 것과 같은 주도권 교체를 고려해야 할 것이다. 또한 노르웨이는 EU 비회원국이라는 특수한 개별적 지위를 유지하고 있는데 반해, EU로의 완전한 통합은 스위스의 국제 · 정치 노선을 기타 회원국들과 유사하게 만들 것으로 예상된다. 노르웨이의 GDP 규모는 이미 스위스를 넘어섰으며, 1인당 국민소득은 3분의 1이 이상이다.

□ **북유럽 국가들은 역내 차원의 활동에 실질적으로 기여하면서 서구식 제도와 기구에 긴밀히 참여하게 될 것이다.**

역내 국가에 배분된 국방 부문 관련 금융재원과 그 밖의 자원은 현재와 같은 수준이 될 것이고, 무엇보다 국제 및 지역적 차원의 협력에 있어서 요구는 증대될 것으로 보인다. 범대서양 전략적 동맹으로서 미국은 북부지역 국가 측면에서 서방의 주요 정치 및 군사 동맹으로서 NATO의 운명을 포함한 많은 문제를 국제체제를 고려하는 쪽으로 입장을 정리할 것으로 예상된다.

2030년 즈음 북부지역, 특히 핀란드에서 러시아는 세계경제, 정치, 군사 관계에서 강대국으로서 역할을 하게 될 것으로 보인다. 러시아의 역할과 권위는 엄청난 규모의 천연자원 활용능력에 기인한다. 러시아의 중앙집권제, 국가의 경제통제, 발틱 3국을 포함한 구소련 국가들에 대한 영향력 강화노선 유지는 북부지역 국가들에게 주요 도전이 될 것으로 예상된다.

중동부유럽

EU 인구의 5분의 1이 거주하고 있는 중동부유럽 국가들은 기타 EU 회원국과의 큰 격차에도 불구하고 비교대상으로 분류된다. 2010~2020년까지 이 지역 국가에서는 EU 평균보다 훨씬 높은 수준의 경제추이가 관찰될 것으로 보인다. 또한 그 어떤 국가도 1인당 GDP를 EU 평균의 100퍼센트를 넘지 못했다(하지만 이 수준을 넘어서는 중동부유럽의 경제 부문이 확대될 것으로 예상된다).

□ 인적자원 및 투자 보장은 경제성장의 주요 요인이다.

기타 대다수 선진국들과 마찬가지로 중동부유럽 국가에서는 향후 20년 동안 수명연장 및 저출산(그림 14.16)에 기인한 인구고령화 특징이 나타날 것으로 보인다.

동유럽, 독일과 함께 중동부유럽 지역(에스토니아 제외)은 가장 낮은 출산율을 보이고 있는데, 이는 문화적인 요인이 아닌 경제전환에 기인하며, 2030년 즈음 상황은 어느 정도 개선될 것으로 예상된다.

또한 중동부유럽 국가에서 인구 자연증가를 기대하기는 힘들 것으로 보인다. 국경을 아우르는 이주로 경제활동인구가 선진 EU 국가로 유출되면서 중동부유럽 국가는 과거 독립국가연합(CIS) 및 그 밖의 지역에서 대대적인 이주로 인해 발생했던 것과 같은 현상을 겪고 있다. 그리고 이로 인해 2030년 각 국가별 인구수는 크게 변화하지 않을 것으로 예상된다.

2030년 말 즈음 중동부유럽 국가의 경제는 전체 EU와는 별개일 수 없다. 역내 국가 발전을 위해 해외투자(비록 해외투자가 중동부유럽 경제의 연계적인 특성으로 이루어지지만) 및 수출(위기현상의 반복 위협에도 불구)에 계속 집중하게 될 것으로 보인다. 비록 서유럽 다국적 기업의 기술 및 자본을 둘러싼 세계 기타 지역과의 경쟁이 심화되고 있음에도 불구하고 중동부유럽 국가는 심화되는 사회 불평등과 같은 문제 해결을 비롯하여 추가 발전 동인을 찾게 될 것으로 예상된다.

□ 경제를 혁신발전의 길로 전환시키는 것은 중요한 과제이다.

그림 14.16. EU 국가 별 출산율 (%)

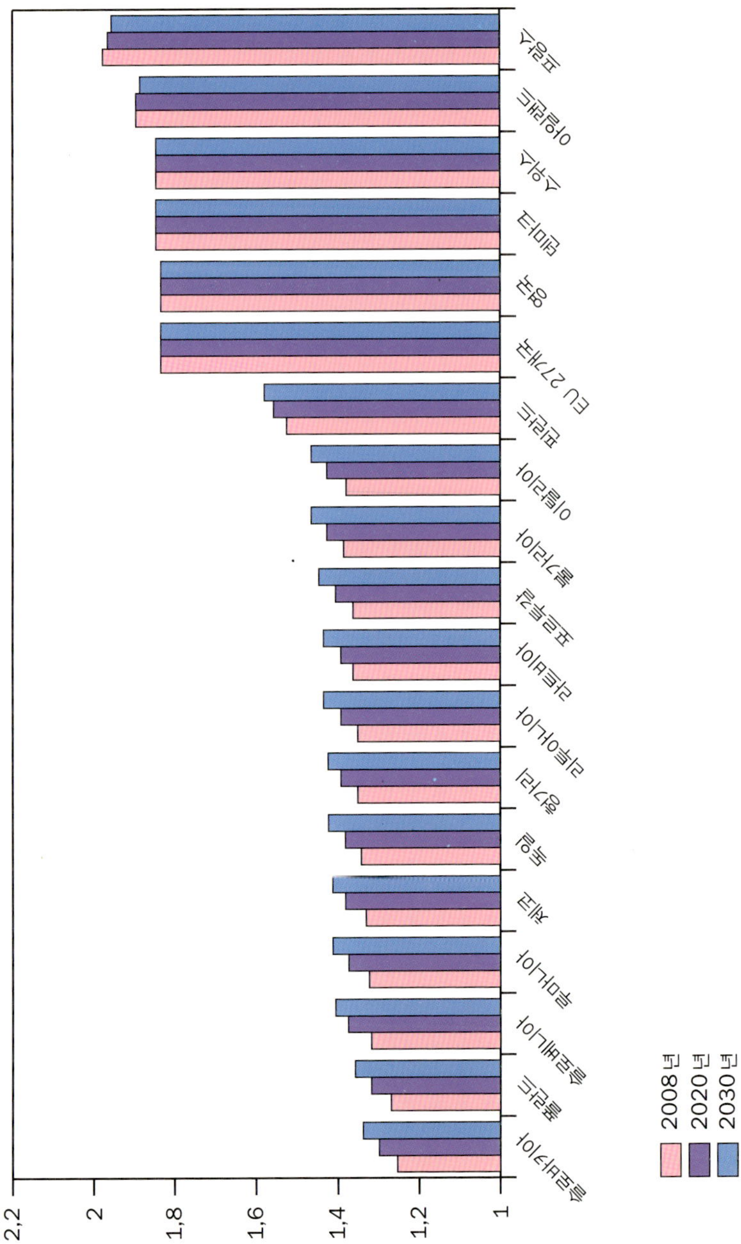

대다수 중동부유럽 국가경제경쟁력 제고 핵심과제는 EU 평균 수치와 비교 했을 때 혁신 부문의 발달이 낮다는 점을 들 수 있다.

상대적으로 질 높은 교육과 비즈니스 혁신 촉진 및 R&D에 대한 국가지출 증대로 젊은이들이 많은 혜택을 받았고 2030년 즈음에는 관련 부문에서 큰 성공을 거둘 수 있을 것으로 예상된다.

특히 불가리아와 루마니아를 비롯하여 역내 높은 비중을 차지하는 1차 산업부문 비중이 계속해서 줄어들고 있다. 비슷한 경향이 산업 전반에서 특징적으로 나타나고 있지만, 자동차 제조는 중동부유럽 선진경제 부문 중 하나로서 역할을 하게 될 것으로 보인다. 서비스, 특히 인프라 관련한 부문은 계속해서 발전할 것으로 예상된다.

□ 심각한 국내정치 문제는 소수의 권리보장이다.

중동부유럽 국가에서의 소수 민족(집시, 실레지엔, 갈리치아 및 카르파티아) 불인정 또는 언어차별 문제는 EU의 압력 하에 상대적으로 빠르게 극복될 것으로 보인다.

과거 제정시대 토착 민족으로 대표되는 소수민족의 영토 및 문화 자주권을 얻기 위한 투쟁은 더욱 심각해질 것으로 예상된다. 이미 루마니아에서 헝가리 민족은 이러한 투쟁에서 부분적인 성과를 거뒀으며, 2030년까지 슬로바키아에서는 실질적 상황 개선 가능성이 있다. 또한 러시아어와 터키어는 전 유럽 이주민 집단 거주지에서 가장 폭넓게 사용되는 언어이기 때문에 발틱 3국에서 러시아어, 그리고 불가리아에서 터키어를 공식 언어로 채택하는 문제는 복잡한 양상을 띨 것으로 보인다.

중동부유럽 국가의 국제관계 참여 전망과 관련하여 민족적 차원에서 이들 국가 엘리트 역할 강화 추세를 고려해야 할 것으로 추측된다.

역내 강대국으로서의 지위를 주장하는 폴란드를 제외한 나머지 국가들(루마니아 포함)은 경제 잠재력, 국제관계에서 소국의 역할을 하게 될 것으로 예상된다. 또한 EU 차원에서의 통합 심화는 민족엘리트의 역할을 강화시킬 것으로 보인다.

특히 2030년까지 중동부유럽 국가는 EU에서 새로운 국가라는 지위에서 벗어날 것이고, EU의 최초의 동진이 이루어진지 25년이 지나 새로운 정치인 및 유권자 세대가 등장할 것으로 보인다. 민족적인 측면을 중요시하는 중동부유럽 국가 정치인들은 NATO 강화, 에너지안보 보장, 구소련 국가들과의 관계 발전에서 자국의 중요성을 강조하는 상징적인 행동을 하게 될 것으로 예상된다.

그림 14.17. 2030년까지 중동부유럽 국가 민족 엘리트 역할 강화의 원인

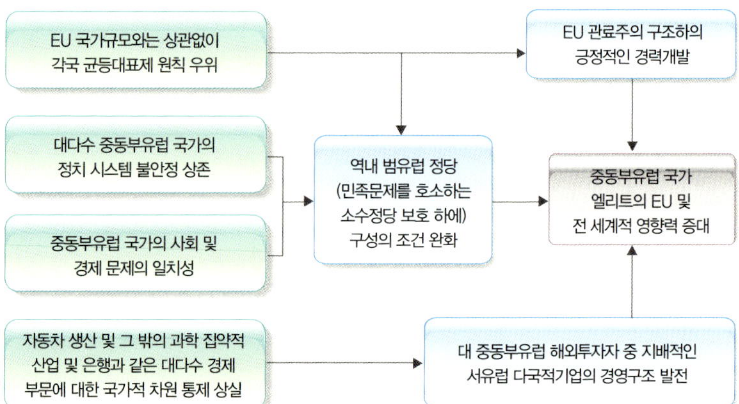

제15장

아시아 · 태평양 지역

2030년까지 아시아 · 태평양(러시아 태평양 지역, 중국, 일본, 한국, 북한, ASEAN 국가, 파푸아뉴기니, 호주, 뉴질랜드) 지역은 전 세계적으로 가장 빠르게 발전하는 지역이 될 것으로 예상된다. 그리고 역내 주요 투자 및 소비국으로 변모하게 될 중국의 경제성장과, 지역통합 발전은 이 과정에 활력을 불어넣을 것으로 예상된다.

역내 교역 및 투자 비중은 다음의 요인들로 인해 증대될 것으로 보인다.

- 동북아 3개국인 중국, 일본, 한국(향후 통일 한국)의 통합 상호협력
- ASEAN+중국, ASEAN+일본, ASEAN+한국 형태의 자유무역지대 창설 및 발전
- 2030년까지 일본, 중국(역내 주요통화인 위안화)과 다자간 통화스왑 협정 체결을 바탕으로 역내 금융안정 통합시스템을 구축한다.

다음은 실현되지 않을 것으로 판단된다.

- 동북아 3개국 차원의 자유무역지대 창설은 이해관계국의 전통적, 그리고 정치적으로 민감한 경제부문을 고려하여 부정적인 요인들을 제거시키는 방향으로 이루어질 것으로 예상된다.
- ASEAN, 동북아 3국, 호주, 뉴질랜드, 인도의 참여로 통합연합을 만든다는 동아시아 협력체 구상은 실현되지 않을 것으로 예상된다.
- 중국과 일본의 상호신뢰, 상호협력, 상호의존도는 EU와 유사한 아시아 · 태평

양 통합체 형성에 필요한 수준에는 도달하지 못할 것으로 예상된다.

- 아시아 단일 통화(ASIA) 도입 움직임은 중국이 역내 금융리더로 변모하는 시기 이후에나 실질적인 단계에 접어들게 될 것으로 예상된다. 아시아 · 태평양 경제에서 지속적으로 위안화의 역할이 강화됨으로서 중국이 아시아 단일 통화(asia)에 미치는 영향도 달라질 것으로 보인다. 중국은 유로화와 유사한 아시아 단일 통화 도입으로 얻게 될 이득을 최대화시키려 노력할 것으로 예상된다. 하지만 한국과 일본은 오랫동안 이 문제에 있어서 중국에 양보하려 하지 않았다.

그림 15.1. GDP 증대요인 (%)

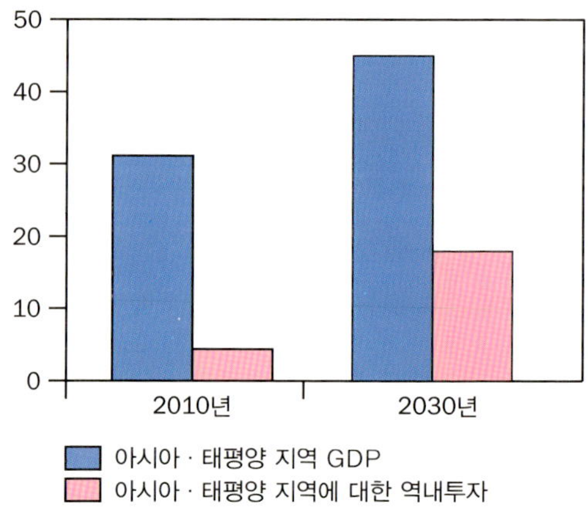

그림 15.2. 아시아 · 태평양 지역 역내투자 및 GDP에서 중국의 비중 (%)

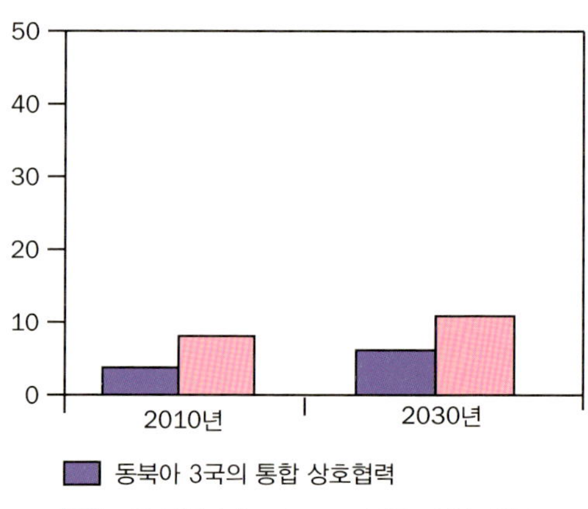

그림 15.3. 아시아 · 태평양 지역 위안화 결제 및 외환보유고 비중 (%)

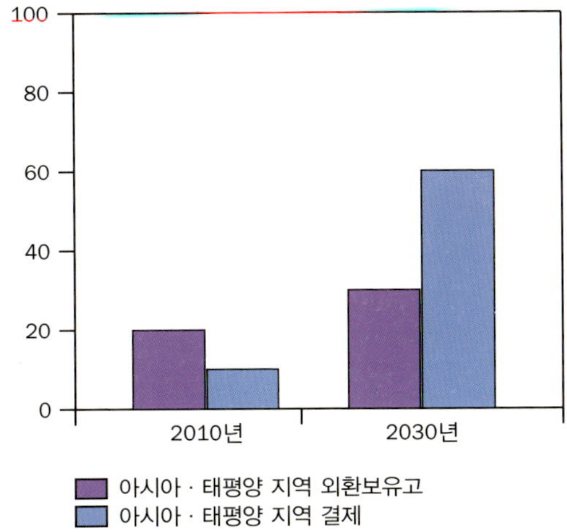

전 세계적으로 최초로 이루어진 EU의 통합 경험과 비교했을 때 통합 과정은 다음과 같은 새로운 분야에서 발전이 이루어질 것으로 예상된다.

- 금융
- 혁신경제
- 환경
- 교육

ASEAN 내부적으로는 중앙집중적인 경향이 우세하게 될 것으로 보인다. ASEAN 내부 자유무역지대는 역내 수요를 만들어 내는데 필요한 잠재력을 가지고 있지 않다. 때문에 ASEAN은 단일 경제지대가 될 수 없을 것으로 추측된다. 동아시아 협력체 창설이 제대로 이루어지지 않고 있는 것과 ASEAN+중국, ASEAN+일본, ASEAN+한국이라는 3가지 평행 상태에서 ASEAN+3 차원의 자유무역지대 창설 구상의 실질적 변화는 동남아시아 통합과정을 변경시킬 것으로 보인다. 그리고 다음의 통합을 생각해 볼 수 있다.

- 가장 큰 중국의 비중
- 중국보다는 낮은 일본의 비중
- 한국의 비중이 가장 낮을 것으로 예상되는데, 특히 북한의 흡수 및 통일가능성으로 인한 부담요인이 반영되었다.

한국의 통일은 동북아 3국 차원의 새로운 통합방향을 제시할 것으로 추측된다. 한국, 중국, 일본은 공동의 노력을 바탕으로 북한을 현재 한국과 같은 현대적인 삶의 수준으로 안정적으로 전환시키는데 지대한 관심을 가지고 있다. 2030년까지 북한 체제전환을 둘러싼 중국, 그리고 일본 및 한국 간 관계에 있어서 긴장감은 사라질 것으로 보인다. 통일한국은 동북아지역 정세에 안정적인 영향을 미칠 것으로 예상된다.

향후 호주 · 뉴질랜드 경제 통합체는 발전할 것이며 아시아 · 태평양 지역 역내 통합의 주요 부분이 될 것으로 보인다. 호주, 뉴질랜드는 경제적, 정치적으로 주로 아시아 · 태평양 지역 경제를 추구한다. 호주는 계속해서 역내통합 발전에 적극적인 노력을 경주하고 있으며, 이러한 노력은 일시적으로나마 자국의 경제적 비중을 넘어 큰 영향을 미칠 수 있을 것으로 예상된다.

아시아태평양경제협력체(APEC) 정상회담은 2030년까지도 아시아 · 태평양 지역과 남 · 북미 경제통합의 제도적 근간 형성을 촉진시키지는 못할 것으로 보인다. 범태평양 차원의 협력은 중국, 일본, 한국, ASEAN과 미국 간 양자 관계를 바탕으로 이루어질 것으로 예상된다. 동아시아 · 라틴아메리카협력포럼(FEALAC)은 양 지역 지도자간 협력의 장으로써 그 역할이 국한될 것으로 보인다.

다국적기업과 지역통합

아시아 · 태평양 지역의 통합된 상호의존은 중국, 일본, 한국 다국적 기업의 경쟁 및 협력 관계에 있어서 새로운 특성을 만들어 낼 수 있을 것으로 보인다. 2030년까지 이들 다국적 기업의 상호 간 합병 및 흡수 과정이 활발하게 이루어질 것으로 예상된다. 역내 기업경제 지도로 살펴봤을 때 중국의 다국적 기업이 현저하게 눈에 띄는 역할을 할 것으로 보인다. 그리고 이는 중국과 일본 자본의 역내 비중을 확대시킬 것으로 추측된다.

아시아 · 태평양 지역에서 중국 기업의 기업파워 증대 요인은 다음과 같다.

- 중국 정부의 자국 기업에 대한 다국적 기업으로의 변형 지원 프로그램
- 혁신기업을 통한 경제 현대화, 상대적으로 덜 발달한 아시아 · 태평양 지역 국가로 낙후 생산설비 이전
- 해외에서 천연자원 채굴기업 설립과 같은 천연자원을 이용한 중국의 산업발전 보장(2020년까지 중국에는 6 종류의 천연자원이 남을 것이지만, 전 중국 차원의 수요 충분히 보장)
- 중국 기업의 아시아 · 태평양 지역 투자 및 판매시장 중요성

그림 15.4. 중국, 일본, 한국의 다국적 기업 이윤 상관관계 추이 (%)

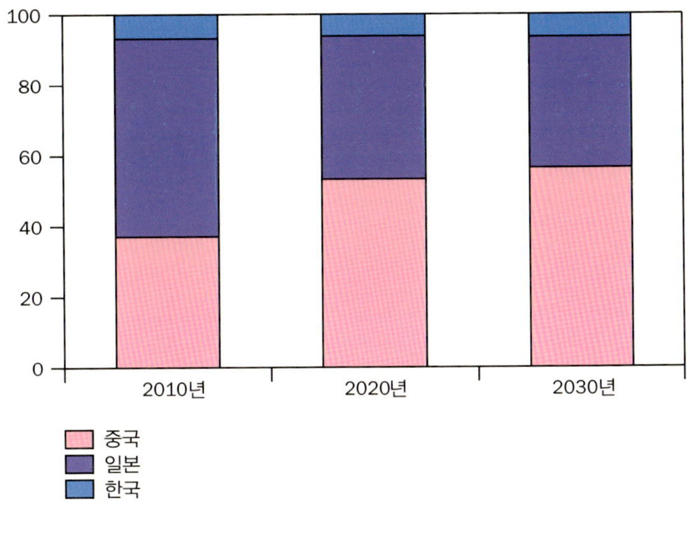

■ **중국의 해외투자 성격이 변할 것으로 보인다. 2030년까지 중국 사기업의 전체 자본투자의 40-50%는 해외에서 이루어 질 것이며, 생산기업 설립은 100% 중국자본으로 이루어질 것으로 예상된다. 또한 해외 R&D 센터 구축을 위한 투자규모가 증대될 것으로 보인다.**

아시아 · 태평양 지역에서의 일본기업 해외지사 수가 2030년까지 늘어

날 것으로 예상되는데, 그 원인은 다음과 같다.

- 역내에 축적된 투자규모 증대
- 일본 정부의 경제정책(고부가가치 과학 집약적 생산만을 보호하는)

그림.15.5. 중국, 일본, 한국의 50대 대형 다국적기업의 해외자산 (십억 달러)

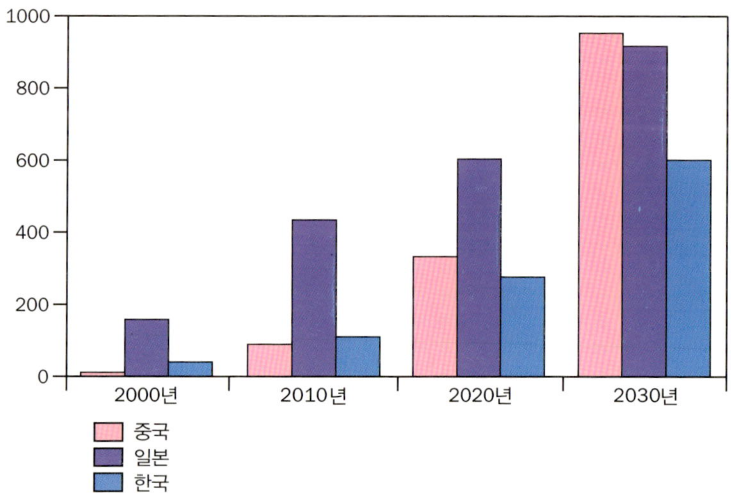

- 아시아 · 태평양 지역 소비시장 잠재력 증대

2030년까지 일본 해외투자의 90%는 일본자본이 100% 소유한 신설법인 설립을 기본전제로 가공 산업 중심으로 이루어질 것으로 보인다. 또한 자원채굴에 대한 투자도 증대될 것으로 예상된다.

누적투자액 규모에서 중국은 일본의 제1위 투자국이 될 것으로 추측된다. 또한 태국, 필리핀, 인도네시아, 말레이시아 등에서도 중국은 대규모 투자국으로 남게 될 전망이다.

한국 다국적기업 해외지사 수는 상대적으로 느린 속도로 증대될 것으로 보인다. 주로 산업부문을 대상으로 투자가 이루어질 것이고, 서비스 부문에 대한 투자는 2010년까지 25~30% 수준으로 하락할 것으로 예상된다. 광물자원 채굴 및 가공에 대한 자본투자는 과거와 같은 수준이 될 것으로 보인다. 해외투자는 100% 한국자본으로 이루어진 신생기업 설립 형태가 예상된다.

■ **역내 중국, 일본, 한국의 다국적 기업 투자활동성 증대는 역내교역 확대를 촉진시키고, 아시아 · 태평양 지역의 경제통합을 더욱 발전시킬 것으로 보인다.**

그림 15.6. 중국, 일본, 한국의 총 대외교역 부문 상호교역 비중 (%)

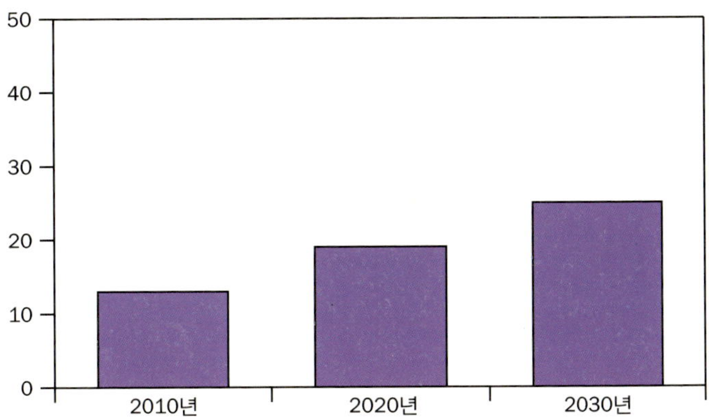

주) 1) 중국에는 홍콩을 포함 2) 트로이카에는 특히 중국 및 일본의 분업과 관련이 있는 대만이 집계에 포함 3) 반복된 집계는 제외 했으며, 그렇지 않을 경우 검토비중이 상대적으로 높게 나타남.

향후 20년간 아시아 · 태평양 지역에서는 90년대 초반 발생했던 것과 같은 대대적인 정치변혁이 일어나지는 않을 것으로 보인다. 이러한 과거의 정치변혁으로는 다음과 같은 것들을 들 수 있다.

- 구소련 공산주의 모델 해체
- 한국과 대만의 권위주의 시대 종식
- 중국의 근본적 시장개혁 등

북한을 제외한 역내 국가의 정치과정은 느리게 이루어질 것으로 보인다. 하지만 2010년과 비교했을 때 아시아 · 태평양 지역이 2030년까지 정치적으로 더욱 동일한 지역이 되는 과정을 방해하지는 않을 것으로 예상된다. 때문에 정치적 요인은 무엇보다 경제통합을 지체시키기 보다는 촉진시킬 것으로 예상된다.

러시아의 통합 잠재력. ASEAN의 점차적인 경제 단일화와, 동북아 트로이카의 상호협력 전망은 구상적인 측면에서 또는 실질적인 결정에 있어서 현재의 통합 형태를 변형시킬 것으로 보인다.

동아시아 협력체 창설의 중심적인 과정에 있어서 중국, 일본, 한국, 그리고 ASEAN 국가는 다양한 비중으로 참여할 것으로 보인다. 이는 리스크를 심화시키겠지만, 또 한편으로는 새로운 가능성을 만들어낼 것으로 예상된다. 러시아의 전략적 과제는 무엇보다 동아시아 협력체에 참여하는 가장 안정적인 방법으로서 동북아 3국과의 관계 확대를 통한 신생 지역통합 권역과의 상호협력 잠재력을 확대하는 것이다.

그림 15.7. 러시아 및 아시아 · 태평양 지역의 통합 가능성

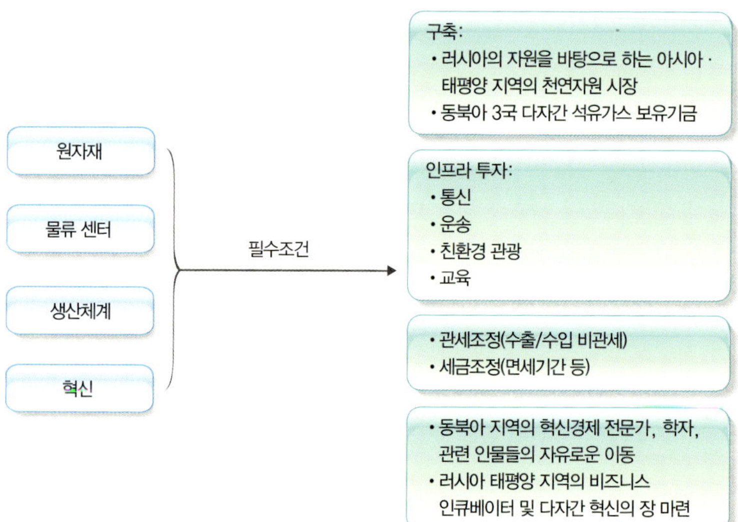

15.1. 중국

경제 현대화

중국은 급격한 현대화의 속도를 유지하고 있다. 중국의 GDP 평균 증가 속도는 2011~2020년 8.5~9.5%, 2021~2030년 7.0~8.5%[3]를 나타내고 있다. 2030년 GDP 규모(인터벌 상한점, 2009년 달러대비 위안화 연평균 환율을 기준으로 집계)는 30조 달러에 도달할 것으로 보이며, 이는 중국이 일본을 훨씬 앞서고, 미국보다도 높은 수준에 진입하는 것을 의미한다.

그리고 이러한 예측은 중국 경제가 전환단계에 있다고 설명할 수 있다. 하지만 동시에 산업혁명 이전, 산업화된, 그리고 탈산업화된 요인들이 상존하고 있으며, 도시와 농촌, 그리고 해안 및 내륙지역 간의 엄청난 격차가 유지될 것이다. 이러한 문제의 성공적인 해결은 향후 20년간 중국경제 발전 추이를 결정지을 것으로 보인다.

중국의 GDP 성장속도는 현저한 투자효율성 제고 및 빠른 노동생산성 증 속도를 유지한 가운데 나타난 인터벌의 하한 점을 기준으로 했을 때도 유지된다.

중국의 경제구조는 빠르게 변모할 것이며, 농업부문의 비중은 줄어들 것으로 보인다. 공업 및 건설부문 발전은 이미 21세기 들어서 10여 년간 정점을 찍었으며 향후 비중이 줄어들 것으로 추측된다. 문화생산, 서비스 부문의 비중은 빠르게 늘어날 것으로 예상된다.

표 15.1. 중국의 생산부문별 GDP 구조 (%)

	1990	2000	2010	2020	2030
농업	27.0	16.0	11.0	8.0	6.0
공업 및 건설	42.0	51.0	49.0	46.0	38.0
서비스	31.0	33.0	40.0	46.0	56.0

3) 모든 거시경제 지표 집계는 인터벌 하한점을 기준으로 이루어졌으며, 표에도 이 수치가 적용되었다.

국민 1인당 GDP 규모(2030년 2만 불)에 따라 중국은 중진국으로 분류될 것으로 예상된다. 위안화는 태환화가 될 것이고, 세계경제에서 영국의 파운드, 일본의 엔화와 같은 역할을 담당하게 될 것으로 보인다.

특히 국내수요 증진을 바탕으로 2020년까지 중국경제 규모는 이전과 마찬가지로 빠르게 증대될 것으로 예상된다(상한점을 기준으로 GDP 연평균 증대 수준은 9.5 %).

국내수요 증진 요인은 다음과 같다.

- 중간계층의 양적 성장
- 인구성장 증대: 1가구 1자녀 기본정책의 점차적인 거부 움직임
- 농촌의 도시화

하지만 이하의 열거 요인들은 전망 기간 20년 동안 연간 GDP 성장률을 8.5%(상한점)까지만 끌어올리는 등 경제활동을 지체시킬 수 있다.

- 일시적이기는 하지만, 주식 및 부동산 시장 거품으로 인해 위기가 발생할 수 있다.
- 중간계층 성장속도가 둔화될 수 있다.
- 임금증대는 수출소득을 감소시키고, GDP에 대한 수출 기여도를 저하시킬 수 있다.

2030년까지 GDP 증대에 대한 투자기여도는 감소하고, 가구기여도는 계속 증대될 것으로 보인다. 국가지출 비중은 약간 줄어들 것으로 예상된다. 수출의 실적 성상은 유시되겠지만 진빈적인 경제추이에 대한 기여도는 하락할 것으로 추측된다.

그림 15.8. GDP 성장 기여도 (%)

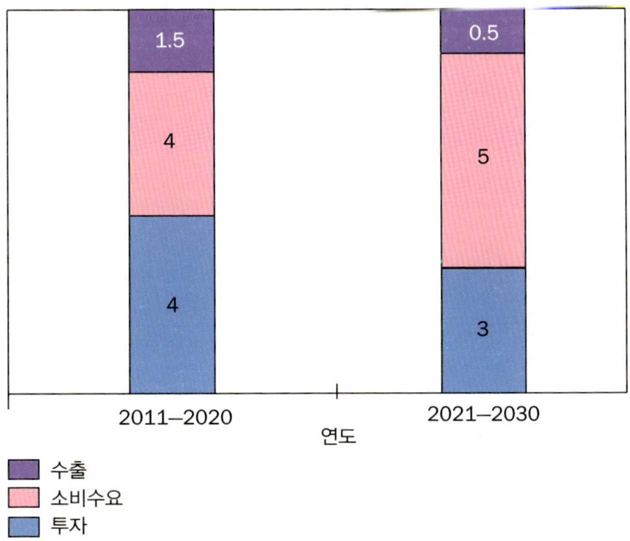

2015년 이후에는 산아제한 정책이 없어질 것으로 예상되고 있으며, 2030년까지 인구는 현재의 13억 4천만 명에서 14억~15억 명으로 늘어날 것으로 보인다. 농업인구는 연간 1,500~2,000만 명씩 계속 줄어들 것으로 예상된다. 이 비중은 인구 총 수를 30%까지 저하시킬 것으로 추측된다(표 15.2).

표 15.2. 중국의 인구 구조 (%)

	1990	2000	2010	2020	2030
도시인구	26.4	36.2	50.0	56.0	70.0
농촌인구	73.6	63.8	50.0	44.0	30.0

도시 인구의 빠른 증대와, 총 국민소득 증대, 중간계층 수 증대는 서비스 비중 증대 쪽으로 소비구조를 변화시킨다. 그리고 그 결과 2030년 이후 중국의 GDP은 선진 국가 수준의 속도로 성장하게 될 것으로 예상된다.

전망 기간 동안 혁신의 경제성장 기여도가 높아질 것으로 보인다. 중국은 학술성과 도입에 있어서 세계적인 주도국이 될 것으로 추측된다. 하지만 미국과 비교했을 때 기초연구 부문의 후진성은 심화될 것으로 보인다. 이러한 격차를 줄이기 위해 중국은 미국과의 학술적인 상호 협력 안을 적극적으로 모색할 것으로 예상된다.

■ 2030년까지 중국의 GDP 절대수치가 미국을 넘어선다고 해서 미국경제의 글로벌 입지 약화를 의미하는 것은 아니라는 것을 전략적인 차원의 결론으로 볼 수 있다. 미국은 노동생산, 혁신, 금융, 군사력 부문에서 주도적인 역할을 유지할 것으로 예상된다.

국내정치 안정

사회 민주화로의 개혁이 촉진될 것으로 보인다. 2012년 권력에 등장할 중국의 새로운 지도자들은 점차적인 정치변혁이라는 현재의 노선을 계속 진행하게 될 것으로 예상된다. 하지만 2030년까지 실질적으로 다당제는 실현되지 않을 것으로 보인다. 중국 공산당은 정치권력에 대한 독점을 유지하게 될 것으로 추측된다.

하지만 다당제의 재정적, 법적, 사회적, 지적 근간은 마련될 것으로 보인다. 정당 내부적인 발전과 시민 민주주의 발전이 이루어질 것으로 추측된다. 정당 권력에 대항하는 법적 권력이 강화될 것으로 보인다. 중국 공산당은 내부적으로 이데올로기 다원주의의 장으로 확대될 것이다. 중국 공산당의 통제를 받는 8개 정당의 활동은 더욱 실질적으로 이루어질 것으로 추측된다. 중국 국민의 삶의 질이 제고될 것으로 보인다. 또한 투표권에 대한 책임이 높아질 것으로 예상된다.

그림 15.9. 중국의 현대화에 동반되는 리스크

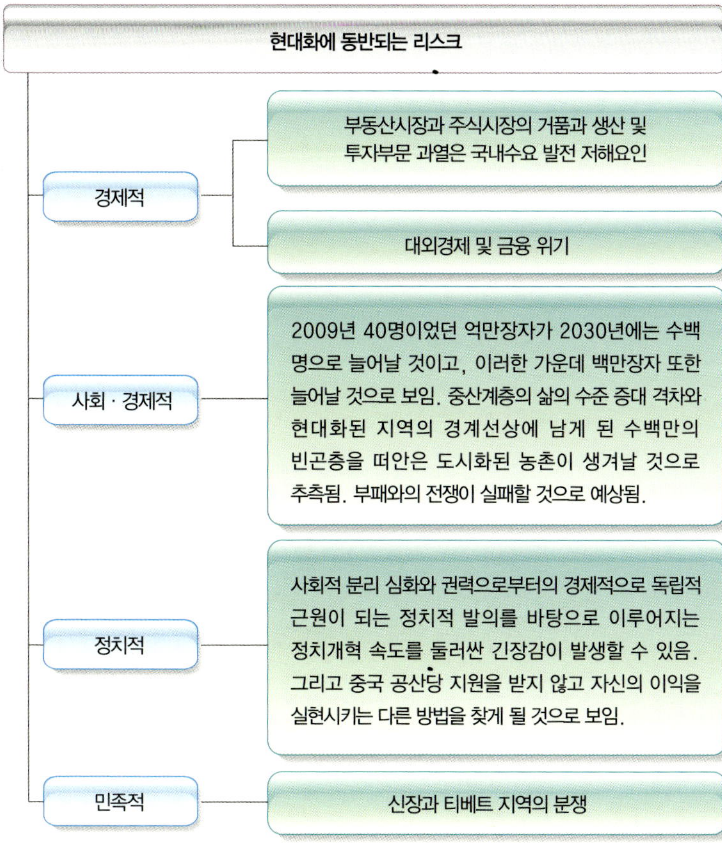

최근 20~30대 인텔리들은 경력, 재정 목표달성을 우선적으로 지향하는데, 천안문 정신(1989년 학생운동)과 같은 의식을 이들 세대에서는 찾아볼 수 없다. 상대적으로 이러한 의식을 가진 40대의 경우 2030년이면 연금세대가 된다. 2022년에는 중국 정치권력에 새로운, 그리고 아직 알 수 없는 세대가 등장하기 때문에 위험한 시기로 생각할 수 있다. 실질적인 다당제로의 전환 촉진 또는 정치 시스템 유지 결정은 중요한 문제이다.

대만은 현재와 같은 수준은 아니겠지만 중국의 국내정치 불안정 위협요인이 될 것으로 보인다. 하지만 중국 본토와 대만이라는 섬의 경제적 상호 의존도는 군사 분쟁 리스크를 자체적으로 없애는 수준까지 격상될 것으로 예상된다.

하지만 아직까지 중국의 사법관할권하에 대만을 포함시키기 위한 충분한 통합은 이루어지지 않았다. 중국 본토와 가까워지는 것에 반대하는 민주적 선출 결과, 정기적으로 교체되는 대만의 정치지도부는 통일을 반대할 것으로 보인다.

정치개혁은 중국의 안정적인 발전에 필수적인 사항이다. 중국 지도부는 경제적, 사회적, 민족적 차원의 요구사항을 재정투입, 문화 · 심리적 영향, 법률 및 권력 수단을 통해 효율적으로 관리할 수 있을 것으로 보인다.

또한 정치적 리스크가 상존한다. 차세대 지도자가 권력에 등장함으로써 2020년 이후 정치적 리스크가 높아 질 것으로 예상된다. 정당 내부의 민주주의 발전은 공산당이 새로운 통치 안을 구상하게 할 가능성이 크다.

- 공산당이 파벌로 와해
- 총서기의 직접투표 방식
- 기타 정당의 실질적 자율성 부여
- 군대의 정치적인 역할 실질적 저하 등

상기 시나리오는 정당 내부의 위기를 초래할 수 있다. 만약 차세대 지도자가 위기를 통해 자연스럽게 해결책을 찾는다면 제한적 정치 불안정은 중국의 경제 및 현대화 과정에 활력을 불어넣는데 손실을 초래하지는 않을 것으로 보인다. 하지만 반대의 경우 국가경제 발전 속도는 느려질 것으로 예상된다. 하지만 이러한 시나리오는 전개될 가능성이 더 낮다고 볼 수 있다.

중국 사회주의에서 건설적 민족주의[4)]로 이데올로기가 전환될 것으로 보인다. 중국 정부는 국내문제에 있어서 전통적인 마르크스적 해설에서 벗어나게 될 것이며, 민족의 힘을 구성하는 주요 요인으로써 소프트 파워라는 민족적 대안으로 국면을 전환시킬 것이다. 국제적 차원에서는 이데올로기적으로 계속해서 변화하는 중국의 사회주의 확대 노력 부재하에 타협과 글로벌화라는 이데올로기를 중요하게 여기게 될 것으로 보인다. 중국

4) 역주 : 민족주의를 사회적, 문화적, 그리고 정치체제의 관점에서 건설되는 현상이라는 개념

은 전반적으로 전 세계적인 시장민주주의로의 전환을 지지하지만, 자국의 민주주의 변혁 속도에 대해서는 자신에게 유리한 쪽으로 진행할 것으로 예상된다.

대외관계 노선

대외정책 분야에서 중국은 아시아 · 태평양 지역에서 역내 주도국(일본을 넘어서는) 및 제2위의 세계 강국(미국에 이어)으로서 자신의 지위를 활용해 국익을 얻기 위한 메커니즘을 습득하게 될 것으로 보인다.

중국의 대외정책은 더욱 적극적이고, 공격적인 형태가 될 것으로 보인다. 이러한 대외정책 실현을 위해서는 증대되고 있는 국방력이 아닌, 급격하게 늘어나는 재정 · 경제자원을 우선적으로 활용하게 될 것으로 추측된다. 중국은 세계금융, 석유가스, 혁신, 그 밖의 전망 있는 자산의 15~20%를 직접 또는 간접적으로 통제할 것으로 보인다. 범태평양 전략적 공간에 대한 힘의 상관관계는 중국과 미국의 전략적 및 경제적 협력에 따라 결정될 것으로 추측된다. 글로벌 정치 의제에서 범태평양 안보 문제는 범대서양 안보 문제보다 더 중요하게 될 것으로 예상된다.

15.2. 일본

예측 기간 동안 일본은 경제 잠재력, 노동생산, 삶의 질에서 전 세계 주도국 지위를 유지하고 있다. 하지만 최근 10여 년 동안 관찰된 결과에 기인한 경제 동향에서 마이너스 측면은 GDP 규모에서 중국이 일본을 앞질렀다는 사실이다. 2030년까지 세계, 그리고 역내 경제에서 일본의 비중은 크게 감소할 것으로 예상된다.

경제동향

경제성장은 2008~2009년 위기 이후 회복 속도와 무엇보다 2011년 3월에 발생한 지진으로 인한 (새로운 세계경제 순환 시작점에 속도를 내지 못하는 것으로 보이는) 일본 경제에 미친 파급효과에 따라 결정될 것으로 추측된다.

일본의 경제성장은 다음의 요인으로 제한될 것으로 예상된다.

- 심화되는 국가재정위기 및 디플레와 같은 국내 시장의 부정적 요인
- 해외 수요적인 측면에서 일본 상품의 잠식 비중이 줄어들 것으로 보이는 미국 시장에 대한 적절한 대안 부재

국내 수요를 촉진시키는 주요대책에 따라 상대적으로 부풀려지는 예산적자는 경제성장을 둔화시키는 장기요인이 될 수 있다. 일본정부의 GDP에 대한 채무(2010년 약 200%) 관계는 예측 기간 동안 큰 폭으로 늘어날 것으로 보인다. 이러한 상황에서 국가채권 수입 증대는 개인 투자동향에 부정적인 영향을 미치는 장기 금융재원이 상승하는 결과를 초래한다.

또 다른 경제 회복속도 제한요인으로는 자국의 환율 상승을 들 수 있다. 엔화의 가치상승은 수출을 억제시키고, 수입가격을 하락시킴으로써 디플레 극복을 저해할 수 있다. 시중 거래 엔화가치 하락은 투자 및 소비 촉진을 억제시키며 향후 가치 하락이 예상된다. 악성 디플레이션은 임금 및 현재의 소비수요 상승을 억제시킬 것으로 추측된다.

느린 경제성장 속도는 전망 기간 말까지 유지될 것으로 보인다. 재정적자 및 디플레의 부정적 요인으로 인해 향후 10년간 GDP 연평균 증가속도는 2%를 넘지 않을 것으로 예상된다.

2020년도 일본의 연평균 경제성장 속도는 1.0~1.5%가 될 것으로 보인다. 2020년 이후 경제성장 제한요인으로는 인구 상황을 들 수 있다. 2008년부터 일본의 인구 감소가 시작되었다. 2030년경 일본의 인구수는 약 10% 감소할 것으로 보인다. 이러한 상황에서 65세 이상 연령 인구 비중은 늘어날 것으로 예상된다. 또한 연금 및 사회보장 시스템에 대한 부담은 늘어날 것으로 추측된다.

국내 노동자원 부족현상은 대대적인 이민인구 유입으로 해결될 수 있지만, 관료구조 및 단일민족 사회 지향은 이민을 받아들이는데 있어서 어려움을 야기할 것으로 보인다. 해외 노동력은 대기업의 기술 및 운영인력과

같은 일부 카테고리에 속하는 사람을 대상으로, 그리고 서비스 부문의 좁은 틈새시장에서 제한적으로 활용될 것으로 추측된다.

이러한 상황에서 자본투입, 생산효율성 제고, 과학기술 진보는 경제발전의 주요 원동력이 될 것으로 예상된다. 하지만 부정적인 인구 전망으로 일본기업 투자활동에 필요한 자금조달에 있어서 어려움 발생할 것으로 보인다. 특히 경제활동연령대의 인구저하는 총 재원누적 평균 주요 요인인 개인저축 감소를 초래한다(1990년대 초반부터 최근까지 벌써 15%에서 5%로 하락).

그림 15.10. 일본의 인구지표

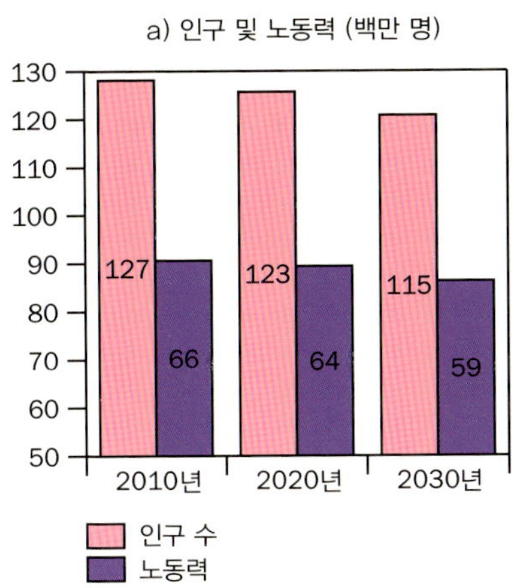

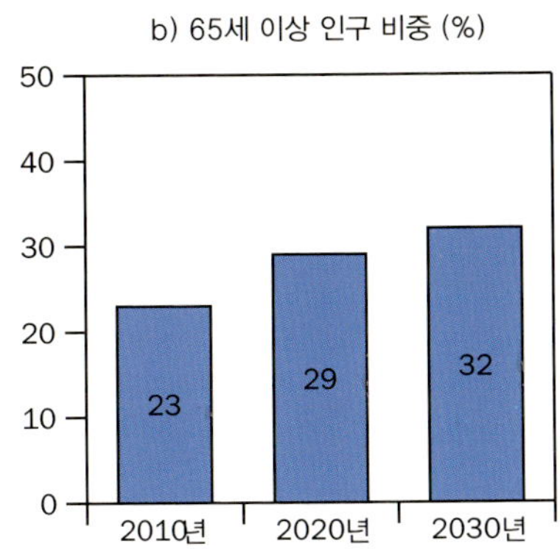

사기업 부문에서 나타나는 긍정적인 자본수지는 국내차입을 통한 국가예산 적자를 메울 수 있게 해줄 것으로 보인다. 장기적으로 볼 때 이러한 국내차입이 중단되지 않는다면 국가부채에 자금을 투입하는 현재의 모델 유지는 불가능할 정도로 크게 줄어들 것으로 추측된다. 무엇보다 미국을 비롯한 그 밖의 차용국들과의 증대되는 경쟁으로 일본 정부의 해외 금융시장 주식 매도 확대가 필요하게 될 것으로 보인다.

이렇듯 향후 10년 내에 일본의 금융시장에서는 특히 장기채 차입가격의 급격한 상승이 예상된다. 이는 민간 부문과 사회 인프라에 대한 자본투입

규모에서 불가피하게 투자 및 생산 추이에 반영될 것으로 예상된다.

경제구조는 민간 부문에서 상승세가 나타난 결과 향후 우선적으로 서비스 부문과 3차 산업의 역할이 증대될 것으로 보인다. 예산을 강하게 제한하는 상황에서 공공 서비스 비중은 줄어들 것으로 예상된다. 산업 및 농업의 총 비중은 과거와 같은 수준을 유지할 것으로 추측된다(25~26%).

일본은 첨단기술 부문에서 주도적인 지위를 차지하고 있다. 전 세계 주요 혁신 강대국으로서 창조적인 것들의 적용에서 창의적인 자금 형태로 실질 전환하였다.

오늘날 일본은 R&D 부문 종사자 수와 지출규모에 있어서 미국에 이어 세계 제2위 국가이며, GDP 대비 R&D 지출(3.6%) 관계에 있어서 전 세계 주도국 중 하나이다.

R&D 지출의 특성은 다음과 같다.

- 국가재정지원의 낮은 비중(약 20%)
- 군사연구 및 개발의 높지 않은 비중
- 민간 부문 응용연구 집중

그림 15.11. R&D 지출 (십억 달러)

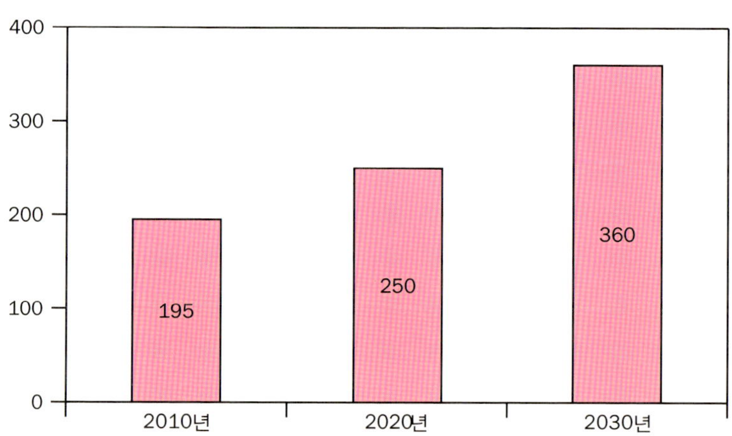

결과적으로 일본은 대중 소비재의 폭넓은 생산과 관련이 있는 기술진보 방향으로의 큰 성공을 이루었다.

최근 일본기업들은 근본적인 R&D 강화 필요성을 인식했는데, 이와 관련하여 아직까지 방해요인들이 상존하다.

- 국가의 학술 과학 상대적 약화
- 대학 측과 과학관련 분야의 불충분한 협력
- 기업의 착수조건을 지원하는 벤처자본과 제도관련 시장의 발전미비

이 모든 요인으로 기업의 대형 연구센터가 창조적 중소기업사이의 협력관계 구축을 힘들게 만들 것으로 보인다.

■ **일본의 과학기술 부문은 인간 삶의 다양한 분야에서 세계적인 수준의 업적을 쌓았으며, 그 결과 일본제품과 기술이 대중적인 인기를 얻게 되었다. 혁신촉진이 향후 일본이 당면한 최우선 과제임은 의심할 여지가 없다.**

전망 기간 동안 가장 중요한 과제 중 하나는 집단사회의 전통적 가치를 존중하고 개인의 창조적 접근방법을 검토하는 것이다.

혁신시스템 재편

해외 학자들을 유치한 세계수준의 국제연구센터 구축 프로그램이 착수되었다.

민간기업의 새로운 R&D 모델의 주요 요인은 특허의 일반사용 대신 대외 연구자원(아웃소싱)을 우선적으로 활용하는 것이다.

생명과학, 화학, 재료, 전자공학, IT, 물리, 수학 등과 같이 다양한 학문분야에 거쳐 이루어지는 연구의 우선 과제로도 볼 수 있다.

인간의 생활과 연관이 있는 학술연구 분야 진전은 일본사회의 급격한 고령화와 관련이 있는 질 높은 세계적인 보건센터로 일본을 변모시키며, 동시에 급격하게 증대되는 사회지출을 최적화시키는 것이다.

일본은 세계적인 전자공학 분야 주도국이다. 언어, 몸짓, 지적 측면과

관련한 자연 신호시스템 활용을 바탕으로 컴퓨터와 인간의 상호작용이라는 과제가 해결될 것으로 보인다.

높은 에너지 수입의존도는 재생에너지의 활용을 촉진시키며, 생산과 인구 거주면적 집중은 친 환경적 에너지자원 소비요구를 강화시킨다.

자동차생산의 주요경향이 되고 있는 수소연료 활용으로 전환이 예상된다. 휘발유나 디젤과 같은 전통적인 에너지원을 사용하는 것보다 3배나 경제적인 하이브리드 자동차 생산기술이 이미 폭넓게 활용되고 있다.

나노입자와 나노섬유의 특이한 화학 및 과학적 특성을 바탕으로 원자재 원자분자 구조를 활용함으로써 기능적 특성이 있는 설비를 만들어 낼 수 있을 것으로 예상된다.

화성 유인우주선 발사, 태양계 너머 우주공간 연구와 같은 항공우주 분야의 질적 발전이 예상된다. 또한 자연재해(지진, 태풍, 홍수)의 주파수와 진폭은 피해를 줄이는 신기술 개발이 이루어질 것으로 보인다.

그림 15.12. R&D 재정지원 비중 (%)

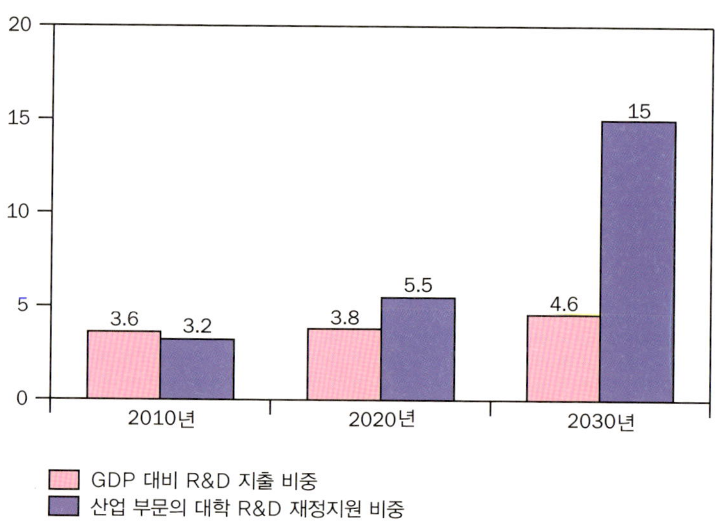

■ 미래의 창조기술 발전 방향 중 하나는 인간과 기술의 더욱 긴밀한 상호관계, 그리고 인간이 감정적으로 세계를 포용하는 것을 들 수 있다. 일본에는 문화와 기술을 통합시키는 오래된 전통이 있는데, 유망한 제품에는 민족적 특성의 영향이 크게 반영될 것이다.

대외경제 부문

GDP에 대한 수출관계는 향후 10년간 15~20%(현재 16~17%) 수준에 머무를 것이고, 2020년에는 5~10 퍼센트 포인트 증대될 수 있을 것으로 예상된다.

일본의 수출 규모 및 추세는 두가지 과정의 상호작용에 의해서 결정되는데, 하나는 대다수 일본 대기업의 해외시장 중요성이 커지는 것이고 다른 하나는 일본기업 활동의 일부가 해외로 이전되는 것이 증가하는 것이다.

예측 기간 동안 일본의 수출을 증대시키는 대외적 요인은 다양한 요인에 따라 변화될 것으로 보인다. 예측에 따르면 향후 5~7년간 상품 및 노동력의 국경을 넘어서는 이동을 위한 실질적 장벽이 강화된 가운데 국제상품 교역량 증대가 둔화될 수 있을 것으로 예상된다. 그리고 이는 인적자본 및 자본이동을 더욱 활발하게 만들 것으로 보인다. 최근 들어 대규모 지적자원이 투입되는 생산 특성화가 세밀하게 이루어지는 가운데 상품시장 글로벌화라는 새로운 물결이 일 것으로 예상된다.

향후 일본 기업의 새로운 서비스 및 상품 시장 다변화가 예상되는데, 소비적인 측면에서 틈새분야에서는 상대적으로 독립적인 세분화된 시장이 더욱 생겨날 것으로 보인다. 신규 시장의 국제화는 참여자들로 하여금 더욱 넓은 지역 또는 글로벌 판매시장을 활용하게 한다.

수출 증대와 관련하여 지식 및 혁신 관련 수익이 증가할 수 있을 것이며, 이는 일본 기업들이 세계적인 브랜드 제품의 가격을 높게 책정할 수 있기 때문에 가능하다. 이러한 과정은 중국기업의 압력으로 인해 일본의 대규모 생산업자들이 프리미엄, 슈퍼 프리미엄 브랜드의 세분화된 시장으로 최종 이동했을 때인 2010년 중반부터 매우 폭넓게 이루어 질 것이다.

전체 전망 기간 동안 활동적인 해외사업은 일본의 비즈니스 부문에서 높은 비중을 차지할 것으로 보인다. 상대적으로 대외교역보다 대외경제활동의 또 다른 역할이 증대되고 있다.

그림 15.13. 일본 수출의 첨단기술상품 비중 (%)

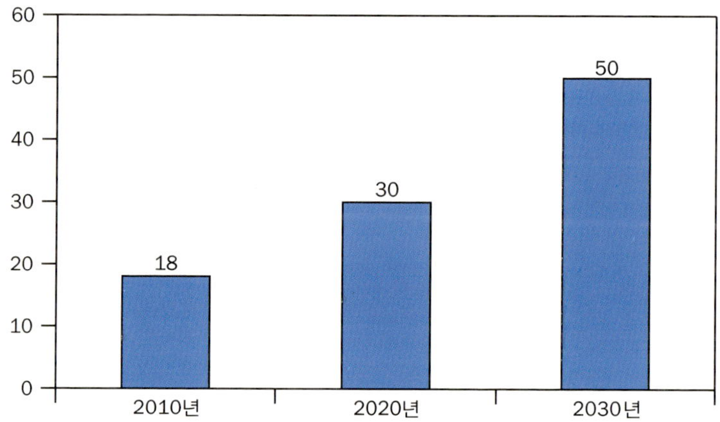

비용 최적화라는 필요에 따라 일본 기업들은 개별 국가와 지역의 상대적 이점을 고려하여 생산사슬의 더욱 합리적인 공간사용이 이루어지도록 할 것이고, 그 결과 생산 활동성 해외 현지화가 높은 수준으로 이루어지는 장기적 움직임이 있을 것으로 보인다.

일본의 대기업과 중소기업 총 교역에서 생산 활동성과 해외교역 비중은 늘어날 것으로 예상된다. 예를 들어, 가공 산업과 관련하여 해외시장에서 활동하는 일본 중소기업의 관련 지표는 현재의 30~40%에서 2010년 말 50%까지 높아졌으며, 2020년에는 60~70%까지 늘어날 것으로 보인다.

일본기업의 해외 전문 인력 활용이 활성화되고 있는데, 특히 이들 기업의 해외 지점과 자매기관들에서 이러한 현상이 두드러진다. 하지만 미국, 유럽과는 다르게 다국적 기업의 아웃소싱, 역외조달 활동 과정은 전통적으로 자국의 비즈니스 그룹을 국가적 차원에서 명확히 확인하고 국가 정치엘리트들과의 상호관계가 긴밀한 것이 특징인 일본에서는 폭넓게 발전하지 못할 것으로 예상된다. 선진 재계그룹은 국제적인 이해관계가 더욱 증대됨에도 불구하고 일본이라는 확실한 신분을 유지하게 될 것으로 추측된다.

에너지절감기술 및 대체에너지원을 적용하는 것은 자원 활용의 효율성을 제고하고, 수입의존도를 낮출 것으로 보인다. 이러한 방향에 있어서 오래된 농업구조 형태 변경이 이루어질 것으로 추측된다(대기업들은 농업 소상품 생산양식 대신).

결과적으로 일본은 무엇보다 현재의 국제수지 흑자를 유지하면서 전 세계적으로 순 수출업자 및 채권자로서 자신의 역할을 유지하게 될 것으로 보인다. 이 경우 투자수입 흑자규모는 크게 증대되고 GDP의 4~5% 수준에 머무르게 될 것으로 예상된다.

아시아 · 태평양 지역에서 대외관계의 지역주의 방향성은 강화될 것으로 보인다. 일본 정치엘리트는 국제화의 야심이라는 역사적으로 본능적인 성향이 회복하고 있으며, 아시아 · 태평양 지역의 역내 과정 및 제도 발전에서 핵심적인 역할을 하려는 노력이 이루어지고 있다.

일본은 지역 경제통합 촉진, 대외교역 및 통화정책 조정 메커니즘 구축, 아시아 · 태평양 지역의 국가 간 경제 및 금융기구 활동능력 실현을 지향하는 국가, 그리고 비정부기구에 대한 스폰서 기능을 이행하려 할 것으로 보인다. 역내기구 차원에서 일본은 지역 국가들 간 상품교환 규모와 총생산에서 최소한으로, 가능하다면 자신의 비중보다 훨씬 큰 역할을 선호할 것으로 추측된다.

일본의 엔화를 역내 지불자산으로 하거나 엔화를 중심으로 다자단 결제에 있어 제한적으로 사용할 수 있는 아시아 지역 슈퍼통화 도입 아이디어는 조직적이면서도 재정적으로 지원을 받게 될 것이다.

일본의 차관규모 증대는 주식시장 메커니즘 활용을 포함하여 일본 기업들의 해외 자본유치 가능성을 모색하게 만든다. 특히 이는 해외의 자회사 및 기타 계열사에 재정지원을 하는 것과 관련이 있다. 국내시장에서 주된 역할을 하는 비즈니스 단체 관리기구의 역할이 해외자본시장에서 제고될 것으로 예상된다.

또한 엔화로 평가절하되어 발행된 국가 혹은 지자체 채권을 해외에서 매도함으로써 일본의 국가채무를 해외에서 조달하는 중요성은 더욱 커질 것으로 보인다. 자연적으로 역내 국가의 외환보유고 구조에서 평가절하된 엔화로 구성된 금융상품의 비중은 높아질 것으로 예상된다. 이 경우 2030년 즈음 엔화는 역내 지불자산 통화로서 더 큰 기능을 하게 될 것으로 보인다.

국내정치 변화의 분기점

사회 및 경제제도 기능에 큰 영향을 주는 것은 자유민주당에서 민주당으로의 역사적인 권력전환 결과로 이루어진 국내정치 시스템의 큰 발전이다.

집권당으로서 민주당의 입지강화는 우선적으로 얼마나 빠르고 기술적으로, 그리고 사회 · 경제적으로 2011년 지진여파를 극복하느냐의 문제와, 예산마련 원칙 재검토 필요성, 재정적 측면에서 정당의 재정적 피해방지, 정치결정 채택에 관료기구가 미치는 영향과 관련한 관행변화, 미국과의 더욱 독립적인 관계구축과 같은 중요한 문제에 어떻게 접근하느냐에 달려있다.

새로운 집권 여당으로 거듭나는데 어려움이 상존하고, 또한 앞으로도 발생할 것이지만, 그럼에도 불구하고 민주당은 전망 기간 최초 10년 동안 권력에 남아있을 것으로 보인다. 근본적인 개혁에 대한 기대는 남아있으며, 유권자는 이를 기대하고 있다. 상기 언급한 문제들이 해결될 경우 실질적으로 장기적인 정치관점을 가지고 민주당을 생각해 볼 수 있을 것이다.

이미 야당으로서 역할을 하는 자유민주당의 부활은 예상되지 않는다. 대신 새로운 정당이 생겨날 것으로 보인다. 이들 중에는 민주당의 영입제의를 거절한 정치세력이 있을 것으로 추측된다. 그리고 이로써 일본에서는 두 개의 주도적인 힘을 가진 정당이 존재하는 정치 시스템으로의 전환이 착수될 것으로 보인다.

15.3. 한반도: 변화와 통일의 시나리오

통일의 단계

한국은 앞으로 20년간 인구증가, 연령별 인구분포 변화, 도시화, 경제성장, 산업구조 개선, 사회제도 개혁, 국민권리 보호, 정치사회단체 발전 등에서 점점 더 선진 민주국가의 모습을 띠게 될 것이다.

또한, 경제 및 사회문화 · 정치 변화 과정에서 민족적 특수성이 계속 유지되면서 남한과 북한(붕괴추세 추세가 가속화되고 있음)의 통일에 중요한 역할을 담당할 것이다.

본 보고서가 전망하고 있는 시기(2011~2030년) 후반에는 완전한 한반도 통일에 이르지는 못하더라도 통일과정이 실질적 단계에 접어들 것이며, 결국 북한은 현재와 같은 형태로 존재하지 않게 될 것이다.

현재 남한 인구는 5천만 명이고 북한 인구는 2천 5백만 명이나 통일한국의 인구가 거의 증가하지 않을 것이기 때문에 2030년에는 인구가 7천 6백만에서 7천 7백만 명 수준에 그칠 것이다.

통일과정에서 북한 내 1백만 명 정도의 구 체제 지지자들이 북한을 떠날 것으로 보이는데 주로 중국으로 이동하고 일부는 러시아로 넘어갈 가능성이 있다.

남한의 출산율이 감소하고 인구가 고령화되는 상황에서 북한 주민들이 남한으로 이동함에 따라 통일한국에서는 인구 불균형 현상이 완화될 수 있다. 또한 남 · 북한의 높은 도시화 수준으로 통일한국의 도시인구 비중은 2010년 80%에서 2030년에는 85%로 증가할 것이다.

그림 15.14. 한반도의 통일 단계

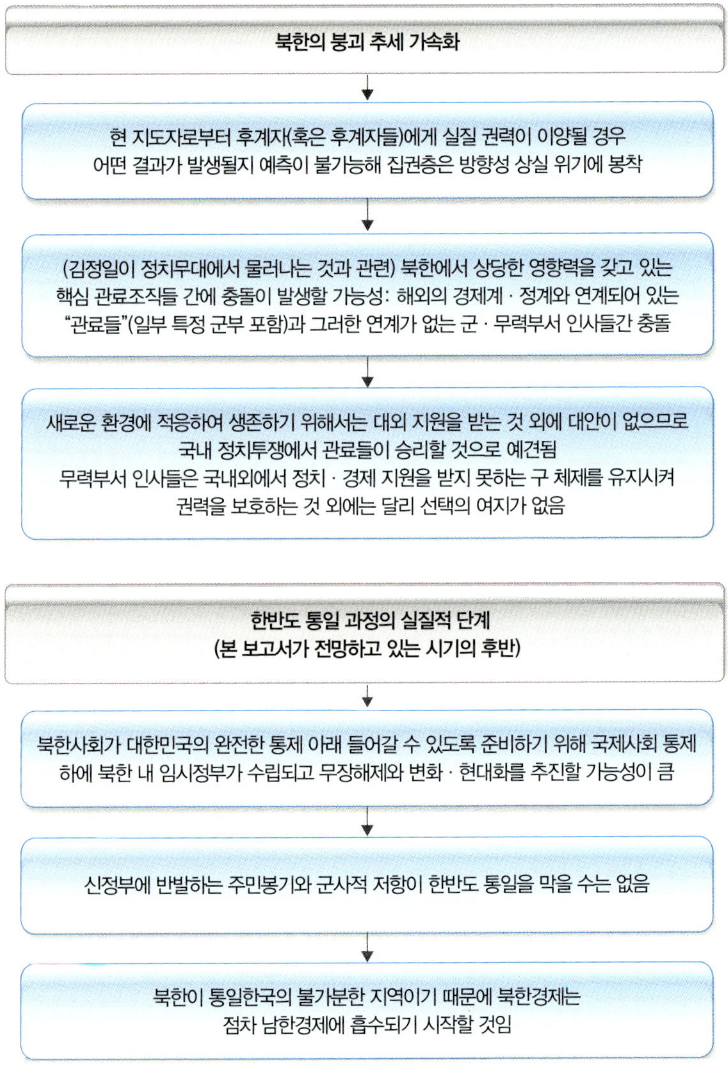

경제성장 둔화: 통일 부담

2011~2030년간 연평균 GDP 성장률은 3.8%가 될 것으로 전망된다. 2011~2020년까지 GDP가 매년 3.5%씩 성장할 것이며, 2020년 전반에는 한반도 통일의 실제적 부담(본 보고서가 전망하고 있는 시기의 중반

에 특히 부담이 큼)으로 인해 GDP 성장률이 2.0%까지 둔화될 수 있을 것으로 예상된다.

그림 15.15. 한국 인구 (백만 명)

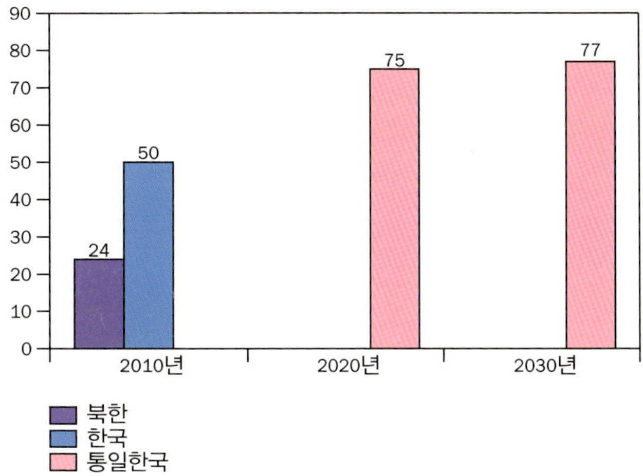

2020년대 후반에는 북한 경제가 성장함에 따라 통일한국의 GDP 성장률은 연 5~6%까지 상승할 수 있을 것이다.

그 결과 2021~2030년까지 연평균 GDP 성장률은 4%가 될 것이며, 이러한 전망치는 지역경제의 성장 동력인 중국의 발전이 둔화될 경우에는 바뀔 수도 있다.

가장 가능성이 큰 긍정적인 시나리오에 따르면, 통일한국의 GDP는 2010년 1조 1천억 달러에서 2020년 1조 7천억 달러, 2030년 2조 3천억 달러까지 증가할 것이다(2009년 가격 기준). 따라서 2030년에는 1인당 GDP가 3만 달러를 달성할 것이나 통일한국 양쪽의 경제적 격차는 지속될 것으로 예상된다.

중국 · 일본과의 3각체제 구축

본 보고서가 전망하고 있는 시기에 통일한국의 경제발전은 아시아 · 태평양 지역통합과정을 포함한 역내 협력, 특히 중국 · 일본과의 3각체제구축과 크게 관련되어 있다.

역내 협력은 다음과 같은 분야에서 형성될 수 있다.

- 환율 · 금융통화 정책 조정
- 무역 및 투자 제도의 자유화
- 혁신 · 교육 관련 공동 프로그램 실시
- 환경보호 및 전염병 퇴치에 관한 기초 프로젝트와 조치들
- 중 · 일과의 양자 FTA를 통한 관계 설정(통일한국과 ASEAN 국가들 간 무역 · 경제 관계도 비슷한 방식으로 조정될 것이다).

■ **통일한국이 출현할 가능성이 있으며, 이는 아시아 · 태평양 지역에서의 러시아 입지에 긍정적인 영향을 미칠 것이다. 한반도 상황이 안정됨에 따라, 통일한국은 러시아가 극동지역에서 외교력을 제고하고 지역협력을 확대하는데 도움이 될 협력 파트너가 될 것이다.**

그림 15.16. 통일한국의 경제 변화

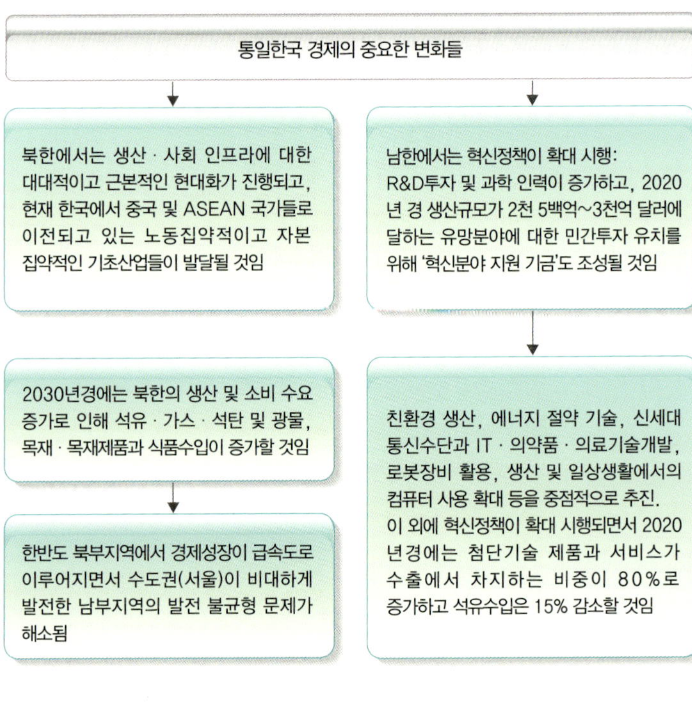

러시아 기업과 정부가 한반도의 대규모 교통운송, 에너지, 산업 프로젝트 실현에 참여할 수 있는 유리한 여건이 마련될 것이다.

러시아의 전통적 수출품(연료, 원자재 상품, 반제품, 목재 및 목재가공품, 금속, 화학 · 석유화학산업 제품)과 기계제품(에너지 설비, 철도장비, 헬리콥터 및 관련 기기)에 대한 새로운 수요가 발생할 것이다.

그림 15.17. 통일한국의 대외무역 증가

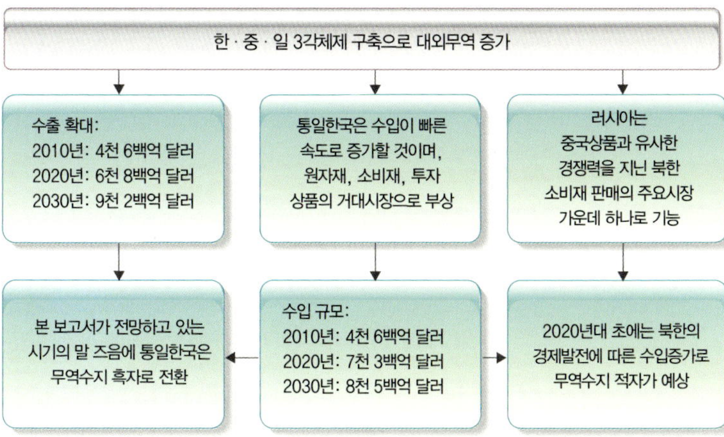

■ 부정적 경향: 중국과 남한 간 북한상황에 대한 통제력을 확보하기 위한 경쟁이 심화될 수 있다. 남한이 합리적인 북한흡수 방안을 찾지 못할 경우 북한은 오랜 혼란의 시기를 겪게 될 것이다. 하지만 이러한 전망은 가능성이 낮다.

제16장

동남아시아와 호주

16.1. ASEAN

ASEAN과 국제노동분업

국제노동분업에 ASEAN[5] 국가의 참여도가 높은 것은 이들 국가의 수출중심 경제구조에 기인한다.

일본, 미국, 유럽 다국적기업의 이전과 소형 전자기기 등 한국의 첨단기술상품 생산시설이 최근 이 지역으로 이전한 것도 수출중심 경제구조 형성에 크게 기여했다. 상대적 자국자본 약화와 대외경제 여건에 대한 의존도 지속되고 있다.

이번 세계경제위기로 과도한 미국시장 의존을 비롯한 동남아시아 경제모델의 부정적 측면이 드러났다. 상황 개선을 위해 동남아 국가는 중국 및 인도와 경제통상 협력을 확대하고 내수시장을 장려했다.

- 동남아산 원료, 반제품 및 조립제품의 주요 수출시장인 중국은 동시에 세계 완제품 시장에서 동남아의 주요 경쟁자가 될 것으로 보인다.
- 내수시장 확대로 산업 및 사회인프라 시설에 대대적 투자와 국민수요 및 구매력 증진이 요구된다.

5) 동남아시아국가연합(ASEAN)은 1967년 인도네시아, 말레이시아, 싱가포르, 태국, 필리핀이 결성했다. 1984년 브루나이, 1995년 베트남, 1997년 라오스와 미얀마, 1999년 캄보디아가 각각 가입했다. 2011-2030년 간 동티모르, 파퓨아뉴기니 등 신규회원국 영입을 통한 기구 확대 가능성이 있다.

그림 16.1. 10개국 GDP 성장률 (조 달러)

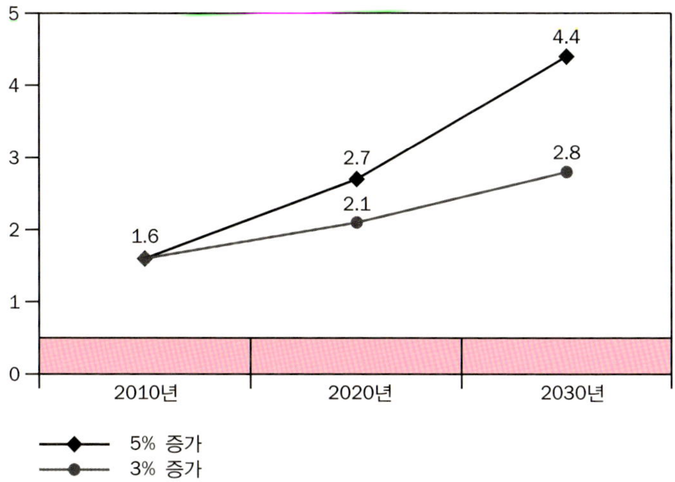

인구

인구문제는 ASEAN 경제전략에 영향을 끼치지 않을 수 없는 요소이다. ASEAN의 전체인구는 현재 5억 명에서 2030년까지 7억 명으로 늘어날 전망이다.

그림 16.2. 동남아시아 인구 추이 (백만 명)

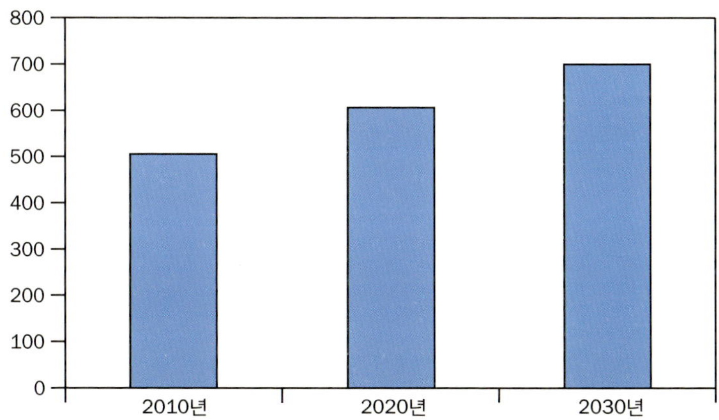

인구변동 추이를 볼 때 다음 내용이 요구된다.

- 신성장동력 모색과 사회계층 간 삶의 질 차이를 고려한 사회부담 경감
- 외국투자유치
- 고용확대를 위한 기술 접근성 확대

지역통합

ASEAN은 경쟁력 및 투자매력도 유지와 정치적 독립을 존속한 지역통합을 함께 이루려 한다.

이를 위해 다음이 필수적이다.

- 동남아시아 지역 자유무역지대 창설
- 기존 회원국과 신입국 간 발전격차 해소
- ASEAN 조직강화 및 효율적인 의사결정 메커니즘 신설

2015년 새로운 통합체인 ASEAN 공동체가 동남아 지역에 창설될 전망이다. ASEAN 공동체는 안보, 경제, 사회 · 문화 발전 세 가지 공동체로 구성될 것이다. 그러나 2030년이 넘어서야 이 프로젝트는 실현될 것으로 예상된다. 가장 큰 장애물은 민족 · 국가통합 과정(넓게는 현대화)의 미완성이다.

통합계획의 실현 기한 조정과 내용 재검토의 필요성이 크다. 모든 회원국의 민주주의 · 법치주의 · 합리적인 국가운영 달성에 대한 ASEAN 헌장 내용은 2030년까지 완수되기 어렵다. 인도네시아와 말레이시아, 태국과 캄보디아, 말레이시아와 필리핀 간 양사분쟁은 ASEAN 진체 그리고 각국 국내발전에 악영향을 끼칠 것이다.

주요 국내정치 경향

5개 창립국 (인도네시아, 말레이시아, 싱가포르, 태국, 필리핀)은 개발독재주의에서 벗어나고 있다. 그러나 2030년 이전 성숙한 민주주의 체제 달성은 어려워 보인다.

최우선 과제는 대의기구 안정과 정당, 정치적 다원성 강화 그리고 시민

사회 성장이다.

민주화가 단계적으로 조용히 진행되지만은 않을 것이다. 정치인, 정파 심지어 체제 전체에 대한 불신임과 항의시위, 테러가 주기적으로 일어날 수 있다.

수하르토 인도네시아 전대통령이나 마르코스 필리핀 전대통령 때와 같은 독재체제로 돌아갈 가능성은 희박하다.

2차 가입 5개국(브루나이, 베트남, 캄보디아, 라오스, 미얀마)은 정치체제 유지를 위해 애쓸 것으로 예상된다.

이들 국가의 통치자에게 최우선 순위는 권력을 유지한 채 이제 막 시작한 현대화를 서두르는 것이다.

투자매력도 증진과 끓어오르는 불만을 잠시나마 해소하기 위한 정치개혁은 한정된 분야에서 단계적으로 이루어진다.

야권 세력은 합법적 정치무대에서 어느 정도 지분을 획득하겠지만 여론에 큰 영향을 주진 못할 전망이다.

ASEAN에 대한 위협

ASEAN에 있어 2011~2030년은 경기침체를 극복하는 시기이다. 국제정치무대에서 자주적이고 의미있는 기구로 ASEAN을 유지하기 위한 방안을 모색해야 할 것이다.

다음이 필수적이다.

- ASEAN 지역안보포럼(ARF), ASEAN+3, 아시아태평양경제협력체(APEC), 아시아유럽정상회의(ASEM) 등 지역 및 국제기구 내 중재자로서 지위 유지
- 새로운 아태지역 정치경제협력 구도 내 위치 정립

남중국해 영유권 분쟁은 ASEAN의 장애물로 남을 전망이다. 문제해결을 위한 합의가 이뤄지지 않고 있다.

미중 경쟁격화 또한 큰 위협이다. 미국과 중국 중 양자택일은 ASEAN 국가들에 있어 단순히 어려운 문제가 아니라 불가능한 일이기 때문이다.

그림 16.3. ASEAN의 안정화

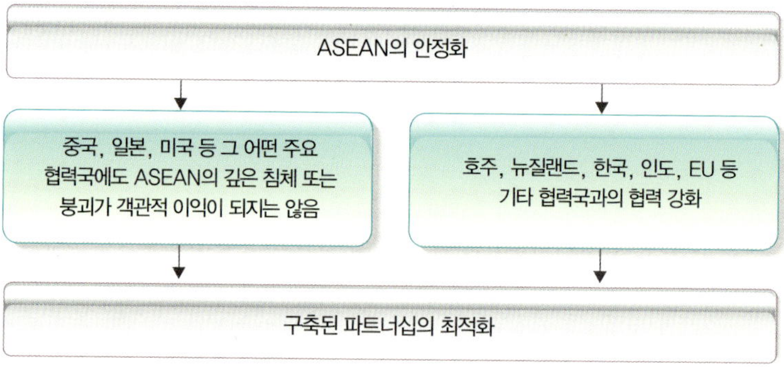

그림 16.4. 주요 협력국과의 대외교역 (십억 달러)

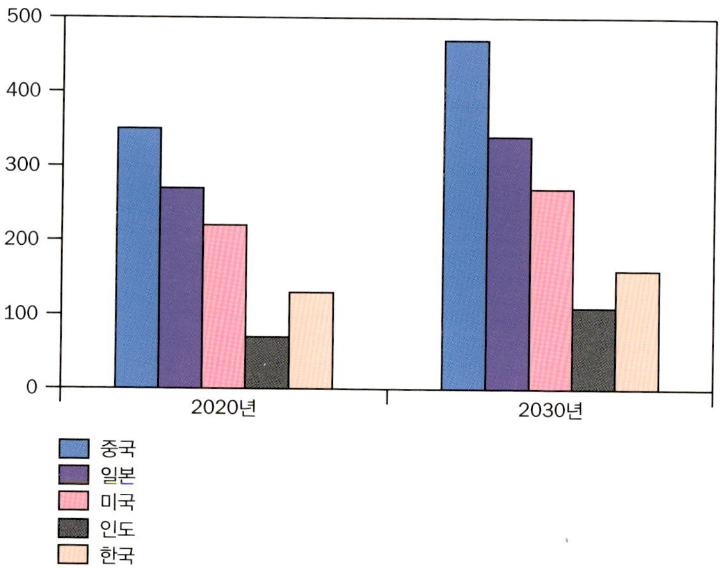

미국과 중국은 ASEAN을 경쟁자가 아닌 파트너로서 필요로 한다. 경쟁이 지역안보에 큰 타격을 주며 ASEAN의 정치적 힘을 급속히 약화시키기 때문이다. 실제 사건발발이 아니라 가능성만으로도 군비를 증가시켜 회원국 경제에 추가부담이 된다.

그림 16.5. 지역안보 분야에서 ASEAN이 직면할 도전

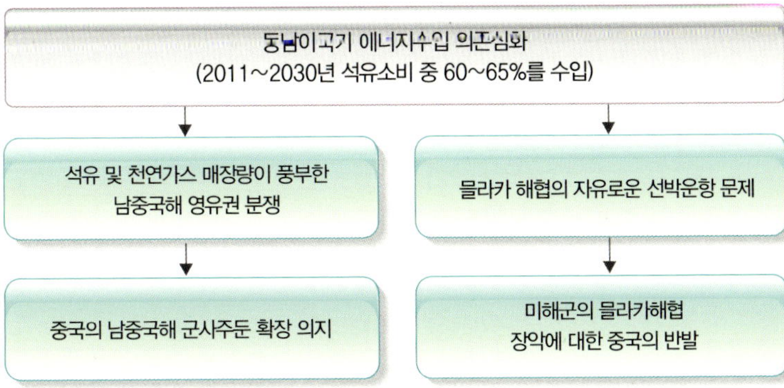

ASEAN과 러시아

러시아 · ASEAN 관계는 아직 경제협력이 정치보다 뒤쳐진 상태이다. 러시아와 ASEAN 10개국 간 적극적인 정치대화가 오가지만 대러시아 교역은 미국, 중국, 일본, 인도에 미치지 못하고 있다.

경협부진이 2011~2030년까지 근본적으로 지속되겠지만 ASEAN과 러시아의 경제통상 관계는 보다 안정되고 다양해 질 전망이다.

러시아와 ASEAN 간 협력촉진 요소는 다음과 같다.

- 동시베리아 · 태평양(ESPO) 송유관 가동개시와 LNG 수출증대로 러시아산 석유 및 가스의 동남아시장 공급 가능성 확대
- ASEAN군의 재무장 필요성과 긍정적 협력경험 축적으로 군사 및 기술협력 강화
- 원자력에너지와 비군사목적 혁신기술 개발 및 생산도입의 새로운 협력분야 개척

러시아 · ASEAN 협력은 극적인 돌파 없이 점진적이고 단계적으로 발전할 것으로 보인다. 그러나 상기 분야 협력활성화를 통해 러시아와 ASEAN 간 기존에 없었던 총체적이고 다양한 관계를 구축할 수 있다.

16.2. 호주

세계경제의 원료기지

호주는 향후 20년 간 아래 자원에 대해 세계경제의 주요 원료 및 식량기지 역할을 계속할 것으로 예측된다.

- 에너지 (천연가스, 석탄, 우라늄)
- 광물원료 및 반제품 (보크사이트, 산화알루미늄, 철광석, 연탄, 점결탄, 희유금속, 니켈, 금 등)
- 식료품 및 농업원료 (모직물 및 축산제품, 곡류, 기업형 농업 등)

지속가능한 경제성장

호주는 1990년대 초부터 연평균 3~3.5% 대의 안정적이고 지속적인 GDP 성장률을 보여 왔다(2008~2009년의 세계경제위기에도 성장세는 계속되었다). 2030년까지 연평균 2.5~3.5%의 GDP 성장률을 나타낼 것으로 예상된다. 호주경제의 성장세는 다음 요소에 기인한다.

- 호주산 원료 및 식품에 대한 중국과 인도의 수요와 일본, 한국 등 기존시장 수요
- 태평양지역 내 자국 우위를 유지한 채 경제다변화 및 국내의 유연하고 안정적 경제여건 유지

그림 16.6. GDP 규모 (십억 달러)

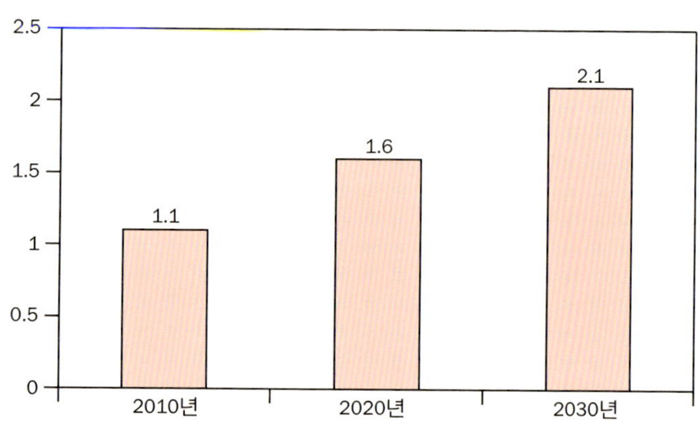

인구와 이민

선진국임에도 불구하고 연 1.3~1.5%의 상당한 인구증가세는 GDP 성장에 영향을 끼쳤다. 이민은 전체 인구유입의 50~60%에 이르며 호주 인구구조에 전통적으로 큰 역할을 해왔다.

덕분에 다른 대부분의 선진국에 비해 평균연령의 고령화가 더디게 진행되고 있다. 이런 인구경향은 앞으로도 지속될 것으로 보인다. 2020년 호주인구는 2천 5백만 명에 이를 것이며 (2010년 초 2천 220만 명) 2030년엔 2천 8백만 명이 될 것으로 예상된다. 이민은 자본유입과 함께 호주 경제성장의 주요 대외자원이 될 것이다.

이민은 인구고령화 억제 뿐 아니라 고급인력 유치에도 기여한다.

이민문제를 보는 정치적 관점은 다음과 같다.

그림 16.7. 호주 인구 (백만 명)

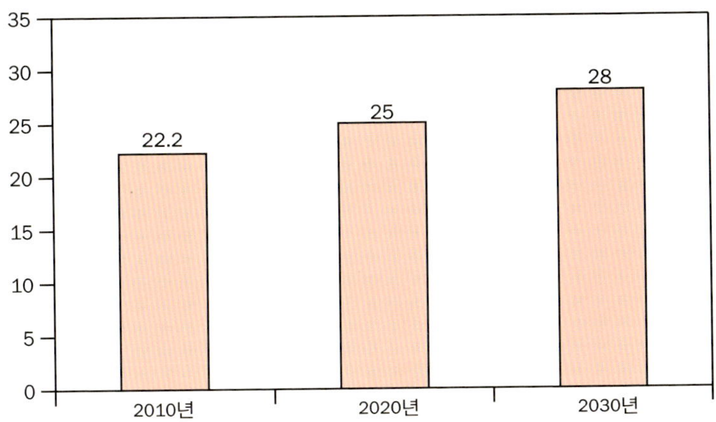

세계에서 다섯번째로 광대한 영토와 풍부한 천연자원을 가진 국가에 인구가 너무 적다면 주변국 탐욕의 대상이 될 수도 있다고 일부 호주 정치인은 우려를 표한다. 러시아라는 한 나라가 시베리아의 광활한 영토와 막대한 천연자원을 가지는 것이 불공평하다고 했던 몇몇 미국 정치인의 말이 떠오른다.

사회적 비용과 민족분쟁 가능성, 한정된 수자원 및 토지의 이유를 들어 이민을 제한하자는 의견이 있다. 그러나 정부정책은 이민유입을 지속하되 앞으로 이민의 성격을 질적으로 향상시키기 위한 구조조정에 초점을 맞추고 있다.

경제 전략

호주의 경제전략 기조는 다음과 같다.

- 천연자원 채굴 및 가공의 자연적 이점 활용
- 경제안정 유지를 위한 분야별 다변화, 관광, 교육, 엔지니어링, 금융서비스 등 대외시장에 중점을 둔 서비스 분야 장려 (역내 금융거점인 호주의 역할 강화 및 확대는 경제다변화의 향후 우선 순위 중 하나이다.)
- 고급 해외청년인력 유치
- 삶의 질 향상과(교육, 보건, 환경, 특히 수자원) 첨단기술경제 결합

에너지

막대한 석탄매장량을 가진 호주는 주요 발전 · 난방연료 공급국이다.

현재 재생에너지에 대한 관심이 높고 2020년까지 총발전량의 20%를 재생에너지원을 통해 생산한다는 목표를 세웠지만 달성하기 힘든 목표이다.

호주는 약 40년 전 원자력에너지 사용을 중단했지만 이용재개 논의는 타당성을 가진다. 그러나 정치적 이유로 인해 (원자력에너지 사용을 반대하는 강경한 환경운동) 2020년대 말에나 겨우 원자력발전소 건설결정이 내려질 전망이다. 그때까지 호주는 주로 우라늄원료 공급을 통한 해외 원자력에너지 개발에 기여하고 일부 기술개발 역시 배제하지 않을 것으로 보인다.

■ 수자원 부족은 GDP와 인구 증가에 큰 제약이다.

대외경제 부문

인도를 포함한 아시아 · 태평양 지역은 2009년 기준 호주 수출의 70%, 수입의 50%를 차지하는 주요 교역파트너이다.

호주 대외교역에서 아태지역의 비중은 40년째 지속적으로 증가해왔다. 특히 수입을 비롯 아태지역 비중증가는 지속될 것으로 예상된다.

투자부문은 유입, 유출 모두에서 미국과 영국이 강세를 보이고 있다. 그러나 대외교역에 이어 아태지역과 투자협력도 늘어날 전망이다.

해외자본 유입을 통해 국내투자, 특히 자원부문 투자가 활성화되었다. 호주자본의 해외투자 또한 지속적 증가세를 보이고 있다.

경상수지의 만성적자와 적지 않은 대외민간채무는 감독기관의 상시주의를 요구하는 문제이다. 이를 경감하고 예방하기 위해 저축률증진 대책이 필요하다.

지역통합 참여

호주는 양자 간 자유무역협정 체결을 계속하는 한편 아태지역통합과정에도 적극 노력하고 최대한 참여하려 한다.

호주가 추진하는 아태지역공동체 개념은 APEC 포럼과 달리 경제통합에 안보분야와 정치공조까지 포함하고 있다. 뿐만 아니라 새로운 지역통합 회원국 구성에 대한 호주의 입장 또한 APEC 때와는 다르게 라틴아메리카 및 남미 국가 참여를 반대하고 인도의 참여는 찬성하고 있다.

뉴질랜드의 경제통합도 더욱 강화될 전망이다. 비록 뉴질랜드 측의 정서적 반감이라는 장애가 있지만 2030년 즈음 호주·뉴질랜드 통합경제지대 창설과 단일통화 사용이 가능해질 것이다. 1901년 당시 뉴질랜드는 이민자들이 세운 여러 식민지로 구성된 호주연방국이 될 기회가 있었으나 이 기회를 잡지 않았다. 이후 뉴질랜드는 경제잠재력 불균형을 이유로 호주와 제도적으로 가까워지는 것을 경계하고 있다.

아태지역 정치경제협력 발전을 위해 호주는 현재의 적극적 플레이어 역할을 앞으로도 계속할 것으로 보인다. 그러나 지역 전체에 큰 영향을 끼칠 만큼 충분한 경제적 의의는 갖지 못할 것으로 예상된다.

정치발전

여러 분야의 비정부기구가 정당활동을 통해 국내정치에 미치는 영향력이 점점 커지고 있다.

다음은 호주의 인종구성과 정치상황 전망이다. 이탈리아나 그리스 같은 유럽대륙보다 호주사회로 통합을 원하는 아시아계의 인구비중이 계속 늘어날 것으로 보인다. 중동과 남아시아 지역 출신의 이슬람 이민자 문제도 변수가 있다. 지역분쟁이 일어나 다문화 정책의 수정이 필요할 수도 있다.

호주는 의원내각제 국가지만 엘리자베스 2세 여왕의 대리인 임명직 총독이 국가의 형식적 대표이다. 2030년경이 되어야 형식적으로 완전한 공화국체제로의 전환이 이루어 질 것이며, 영국왕위계승 상황에 따라 더 빨라질 수도 있다.

제17장

인도와 남아시아

17.1. 인도

경제동력

인도는 미국과 중국, 일본에 이어 세계 4위 경제대국으로 높은 경제성장 추이를 유지하고 있다.

연평균 GDP 성장률은 7~7.5%로 현재 1조 4천억 달러에서 (2009년 연평균 루피 환율 기준) 2030년 5조 5천억~5조 6천억 달러까지 늘어날 전망이다.

안정적인 내수성장과 거시경제 안정 속 상대적으로 낮은 인플레이션 유지는 인도 성장의 핵심요소이다.

인도경제는 세계경제로의 확장통합 없이, 즉 수입대체 모델 없이 빠른 속도로 성장했다. 세계 GDP 중 인도의 비중은 금세기 초까지 국제교역에서 인도가 차지했던 비중을 크게 뛰어넘었다.

21세기 초 인도경제는 향후 지속적 성장을 위해 경제 주요 부문을 세계경제에 보다 긴밀히 연계해야 하는 단계에 이르렀다. 그 결과 대외교역량과 대인도 외국인투자도 급격히 늘어났다. 외국인 직접투자 제한으로 대인도 외국인투자의 절대치가 아직 크지 않다는 점 또한 주목해야 한다.

인도 경제성장에 방해가 되는 요소는 다음과 같다.

- 관료주의
- 농업 및 통상 분야의 자유화 부족
- 부패와 취약한 인프라
- 빈곤 및 높은 문맹률
- 전통주의에 따른 미개혁 노동시장

서비스산업, 경공업은 지난 몇 년간 인도에서 가장 활발히 성장한 분야이며 2030년까지 빠른 성장세를 나타낼 것으로 예상된다. 이와 함께 첨단기술 분야와 철강산업, 자동차제조업의 급속한 성장도 기대할 수 있다. 인도정부의 계획에 따르면 철강생산은 향후 20년 내 5~6배 증가하고 포장도로 건설도 급속히 늘어나며 전기보급 및 가스화도 빨라질 전망이다.

에너지 분야의 주요 성과는 원자력 에너지 부문이다. 전체 에너지공급 중 원자력에너지 비중은 4%에서 10~12%까지 늘어날 전망이다.

에너지자립을 향한 정부의지에도 불구하고 2030년 경 인도는 대도시의 급속성장으로 여전히 수입에 의존한다.

인구변화

인도의 인구문제는 앞으로 20년 간 계속 심각할 것으로 보인다.

인도사회는 자발적 산아제한을 할 준비가 되어있지 않다. 비록 인구성장세가 크게 줄어들고 있지만 (1999~2000년 2%에서 2001~2010년 1.4%) 2030년 평균 증가율이 0.9%로 14억 명을 넘을 전망이다. 2030년 전 세계 인구증가 중 22%인 2억 3천만 명이 인도인이다. 인도인구 중 약 49%가 빈곤층이기 때문에 사회빈곤층 복지증진은 인도정부의 막중한 사회·정치 과제이다. 약 30%의 인구가 정상적 노동력 발휘가 어려울 정도로 식량부족을 겪고 있다. 2030년 중산층 (연소득 만 달러이상) 인구가 2억 5천만 명까지 증가한다는 전망은 긍정적 요소다.

다음과 같은 다른 긍정적 경향도 나타날 것으로 보인다.

- 노동가능 인구 (15~64세) 비중이 전체 인구의 약 2/3를 차지할 것이다. (2010년 63%)
- 2030년 남성 평균수명은 71세, 여성은 74세로 65세 이상 인구의 증가는 국가경제에 추가부담이 될 것이다.
- 급격한 도시화로 2030년 도시 인구는 전체인구의 50%에 이를 것이며 (현재 30%) 인구 백만 이상 도시는 60~70 개가 될 전망이다.

현대화와 사회의 질적 발전 문제

경제현대화가 곧 지정학적 입지 강화 방안이며 선진강국이 되는 길이라고 인도 집권층은 인식하고 있다. 마치 중국경제의 급속한 성장에 대한 반응과 같이 현대화에 대해 전 국민이 기본적으로 공감하고 있다.

안정적이고 높은 경제성장세 덕에 2030년 인도는 국민 대다수의 삶의 질 개선, 평균연령 증가, 유아사망률 감소, 영양섭취 개선, 전염병의 효과적 통제가 가능해 질 전망이다. 국민 교육복지 또한 향상될 것이다. 이는 인적자본에 대한 막대한 투자이기도 하다.

식품소비를 선진국 수준까지 향상시키기 위해 인도는 2030년까지 연평균 4~4.5%대의 농업생산 증가기조를 유지해야 한다. 이를 통해 농업생산 규모가 2.2~2.4배 늘어나고 농업의 GDP 비중은 현재 17%에서 2030년 10%까지 감소할 것으로 예상된다.

정부개입 정책은 지식경제 구축을 위해 정부가 세운 발전전략의 영향을 받으며 사회 · 경제적 불균형 해소에 초점을 맞출 것이다. 해외기술의 적극적 도입도 이루어질 것이다.

■ 정보와 지식은 사회 계층 간 격차를 해소할 수 있는 혁명동력이다.

지식경제 전환을 통해 인구증가를 늦추고 자발적 산아제한을 유도할 수 있을 것이다. 인도의 발전전략은 다음과 같다.

- 생산시설의 지속적 개선
- 산업 및 과학기술을 근간으로 하는 자립형 경제성장
- 경제 다변화 및 현대화

정당정치 구조의 진화

인도의 정당정치는 중도좌파와 중도우파연합의 양자체제를 유지할 것으로 추측된다.

앞으로 20년 간 사회 하부구조까지 권력 이전, 지방정부와 교육기관의 자치 강화, 국민 전 계층의 문화 · 정치적 사회화 진행, 중간 · 말단 공무원의 능력향상이 이루어질 것으로 보인다.

2004년과 2009년 총선에서 위력을 발휘한 높아지는 기대의 혁명은 인도 정당 및 정치체제의 변화를 요구하고 있다. 이러한 복잡한 다수당 모델은 이미 이탈리아에 존재한다. 정당체제 및 관계의 변화는 다음과 같은 형태로 이루어질 수 있다.

극과 극인 인도국민회의당(INC)과 인도인민당(BJP)이 연합해 교대로 정권을 잡는 것과 복잡하고 다층적인 인도 사회구조의 각 부문 이익을 대변하는 정당연합이 존재할 것이다. 이때 지역정당의 역할이 점점 더 커질 것이다. 2030년 경 실제 다원적 다당체제가 그 윤곽을 드러낼 것으로 보인다.

사회정치 경향과 위협요소

인도가 선진국이 되기 위한 정치과제는 경제, 사회, 문화적 양분 극복에 있다.

이를 위한 해결책은 몇 가지 방향으로 나뉜다.

인구과밀, 사회문화적 양분화, 심각한 지역 간 격차 같은 현실로 인해 인도정부는 잠재적 경제참여자인 사회하층의 현대화에 힘써야 한다. 다시 말해 앞으로 20년 간 다음의 두 과제를 같이 해결해야 한다.

- 사회 전체의 시장 활동 촉진
- 정부정책을 통한 국민 전 계층의 구매력 및 수요 증진

반면 다음과 같은 위험요소가 있다.

- 다원주의가 인도문명의 근간임에도 힌두세력의 정치적 성장으로 단일화 열망

이 나타날 수 있다. 국가 대내외 거시문제에 대해 국민합의로 이를 지지하게 될 것으로 보인다.

- 카스트 제도의 붕괴, 하위계급의 정치, 사회, 경제적 입지를 개선하려는 모든 노력과 그 과정의 성과에도 불구하고 카스트 계급, 도시와 농촌, 지역 간 사회경제적 격차는 크게 좁혀지지 않고 있다.
- 인도 정부가 추진하는 그리고 추진예정인 카스트 불평등철폐 정책은 점진적으로 정치사회 부문의 하위계급 통합을 야기할 것이다.
- 착취당하던 하층계급의 활발한 활동으로 사회적 폭발이 일어날 수 있다.

17.2. 파키스탄

파키스탄의 발전전략은 크게 정부의 성격, 경제 특징, 사회 동력, 글로벌 문제의 네 분야로 나뉜다.

주요 사회경제적 지향점

발전 로드맵의 내용은 다음과 같다.

- 파키스탄 경제가 세계경제보다 빠르고 안정적으로 발전하도록 연 4.5~5%의 경제성장
- 1인당 국민소득을 구매력평가(PPP) 기준 5천3백 달러까지 2배 증대
- 파키스탄이 세계경제 순위 현재 27위에서 23위까지 오를 수 있도록 GDP를 1조2천만 달러까지 증가
- 경제사회 발전의 원동력인 중산층 형성
- 빈곤층 감소와 경제발전 성과를 다양한 계층에 보다 공평하게 분배

파키스탄 사회 정치기구 현대화는 주요 정치적 목표다. 복잡한 사회구조 내 여러 계층의 이익을 위한 공감대 형성도 필요하다.

파키스탄의 당면 과제

주요 문제는 다음과 같다.

- 높은 인구증가율, 2030년 무렵 파키스탄은 브라질과 함께 세계 5~6위의 2억 2천만~2억 3천만의 인구대국이 될 전망이며 정부의 상시적 고용안정책이 요구된다.
- 피할 수 없는 도시화 과정, 2030년 경 현재 6천 2백만인 도시인구는 두 배가 되어 국가경제정치에 추가부담이 될 것으로 보인다.

  파키스탄은 사회 · 민족 구성이 복잡하기 때문에 현대화를 위한 계획적 접근과 발전단계별 목표의 세분화가 필요하다. 경제성장률 전망치가 달성되려면 군부 및 시민사회 지도층은 최소한 아래의 두 기본 조건을 충족해야 한다.
- 1947년 8월 파키스탄 독립 시 형성된 이데올로기적 정부 개념 탈피. 국가 지도층이 사적이익을 위해 이용하는 위기의 이슬람 슬로건은 경제 · 사회 변화와 현대화, 전 국민적 합의를 위한 체계적 작업에 자리를 양보해야 한다.
- 핵무기를 보유한 단일 이슬람 국가의 영토분열이 역내와 국제적으로 예측 불가능한 결과를 초래할 수도 있다는 것에 대한 지도층과 대중의 명확한 이해

파키스탄의 단일성과 영토를 지킬 가장 효과적 정책은 전 지역이 경제활동에 참여하는 개념의 발전이어야 한다.

17.3. 남아시아 기타 국가들

남아시아 기타 국가들은 2030년에도 국가와 영토를 유지할 것으로 보인다. 방글라데시, 네팔, 스리랑카가 정치경제체제를 유지하는 데 지정학적 외부 요소가 중요하다.

인도와 중국, 두 아시아대국의 보이지 않는 경쟁이 남아시아 지역발전에 큰 영향을 미치기 때문이다.

역내 힘의 균형에 관심 있는 중국과 인도는 각자의 이유로 남아시아 국가 영토 및 정치체제 유지를 지원할 전망이다.

■ **남아시아 지역은 페르시아만 → 극동지역 에너지수송로로 지정학적 의의를 가진다.**

제18장

중동과 아프리카

18.1. 중동

중동[6]지역은 세계 에너지자원의 주요 공급자이자 세계통신의 허브, 대규모 시장의 장점을 유지해갈 지켜나갈 것으로 예상된다.

경제동력

중동지역 국가는 소득수준에 따라 국가별 차이가 심화될 것으로 보인다.

- 국민소득이 높은 국가(이스라엘, 키프로스, 아랍군주국)는 선진국의 경제지표를 따라잡을 전망이다.
- 중간수준 소득의 국가(터키, 이집트, 레바논, 이란, 요르단)는 적정한 경제성장세를 유지할 전망이다.
- 국민소득이 낮은 국가(예멘)는 내수시장 통합 및 다른 중동국가와 격차 극복을 이루지 못할 전망이다.

인구와 이민 동향

2030년 중동지역 인구는 5억 8천 5백만 명까지 늘어나지만 역내 그 어

6) 중동지역 (또는 UN 분류에 따라 서아시아)은 수에즈운하와 보스포르해협에서 페르시아만까지 이르는 지역으로 이집트, 바레인, 이스라엘, 요르단, 이란, 이라크, 예멘, 카타르, 키프로스, 쿠웨이트, 레바논, 아랍에미리트, 오만, 사우디아라비아, 시리아, 터키를 포함한다.

느 국가도 인구과밀을 겪진 않을 것으로 보인다.

아랍국가(특히 이집트, 이라크, 사우디아라비아, 예멘)의 15~24세 청년층 인구비중은 평균 12%이다.

노동가능 청년인구의 증가와 일자리 부족, 정치불안정, 민족종교갈등으로 인해 중동국가(주로 이집트, 이라크, 레바논, 시리아, 예멘)에서 페르시아만 또는 유럽으로 노동이민(저학력 비전문 노동력)이 생겨날 수밖에 없다. 노동이민자수는 2020년경 정점을 기록하고 2030년쯤 다소 감소할 것으로 예상된다.

이란은 극적인 변화를 겪는다. 이란 인구는 2006년 7천만 명에서 2030년 9천만에 이를 것이다. 이에 따라 현재 전체인구의 61%인 30세 미만 노동가능 청년인구도 늘어날 전망이다.

도시화 속도도 빨라질 것이다. 리야드(사우디아라비아), 아부다비(아랍에미리트), 테헤란(이란) 등 대도시에 인구집중 현상이 나타난다.

정치전망

세계정책 결정 시 중동 주요국의 참여가 점점 늘어날 것으로 예상된다. 서구식 사회경제 및 사회정치체제를 도입한 결과 중동 일부국가와 서구 간 국경이 사라질 것이다.

정치보다 경제에 큰 변화가 일어난다. 2011년 아랍의 봄은 급진적인 민주개혁을 이루지 못했다. 혼돈과 통치불능 상황이 끝난 후, 세 가지 시나리오가 가능하다. 첫 번째는 민주체제, 두 번째는 이슬람체제, 세 번째는 새로운 군부독재이다. 제한적 정치개혁이 권력에 대한 아래로부터의 압박 반응으로 나타날 가능성도 크다. 그러나 실제 권력은 여전히 정치적 영향력이 있는 군부관료 일가 및 그 세력, 부족지도자들이 가질 것이다. 외부로부터 민주주의의 신호가 느껴지는 가운데 (선거, 권력분할, 정당 및 야당, 언론의 자유) 지역정부 대부분에서 중앙권력에 의존하지 않는 통치가 이루어 질것으로 보인다.

인권전반과 여성, 소수민족 및 종교계의 인권신장이 다소 실현되지만 사회문제에 대한 참여는 제약을 받을 것이다.

터키, 이라크, 시리아 내 쿠르드족의 쿠르드국가 건설 열망이 있지만 터키가 군사력까지 동원해서라도 이를 허용치 않을 것으로 추측된다.

이라크는 미군 철수 후 일정기간 혼란과 내전의 시기를 거친 후 영토를 유지할 전망이다.

이란 역시 영토를 유지할 것으로 보인다. 그러나 2020년까지 심각한 경제위기와 국내정치 불안정, 집권세력과 미국 · 이스라엘 지원세력 간 의 견차이로 인한 혼란을 겪을 것이다. 미국 및 이스라엘이 이란에 군사행위를 할 가능성은 적다. 2020년~2030년간 또는 그 이전 종교세력이 정치에서 물러나지만, 이란의 대외관계기조가 친서방으로 바뀌지는 않을 전망이다. 정치지도자들의 반미발언이 계속되지만 이란과 EU, 미국과의 경제통상협력은 더욱 긴밀해 질 것이다.

사우디아라비아, 요르단, 아랍 에미리트에서 왕정세력은 빠른 경제성장과 현대화에 기대어 통치를 이어갈 전망이다.

이스라엘은 중동지역 전체에서 미국과 유럽의 가장 신망있는 정치군사동맹국 역할을 지속할 것이다. 2015년경 정치에서 다른 아랍국들과 싸늘한 평화의 각을 세우겠지만 경제, 사회, 문화적 영향은 없을 것으로 보인다. 이스라엘 및 부유한 페르시아만 국가로부터 경제적으로 독립한 팔레스타인 국가가 요르단강 서쪽 유역과 가자지구 통합지역에 세워질 전망이다.

이슬람세계에 대한 터키의 영향력은 커지지 않고 터키와 이란 · 이집트 간 경쟁이 치열해진다. 그러나 종교 및 전통주의적 반감으로 터키식 사회모델이 이슬람세계에 널리 퍼지지 못할 것으로 추측된다. 이 지역의 민주개혁 성패는 이슬람정당과 민주화운동을 극단주의세력의 여백에 긍정적으로 채워넣는데 달려 있다.

이슬람 요소

중동국가의 발전은 종교가 아닌 세속의 패러다임으로 이루어질 것으로 보인다. 그러나 이슬람식으로 고착된 사회정치구조는 여전한 채 경제현대화와 결합된다.

■ 유럽 내 이슬람계 디아스포라 형성의 결과로 중도 이슬람인은 여전히 중동지역의 패권을 가진다. 유럽의 이슬람교도가 얼마나 빠르게 유럽문화에 통합되느냐와 문명의 충돌을 막기 위한 노력에 많은 것이 달려있다.

이슬람사상 확산을 위한 기반은 남아있지만 세속의 기준이 종교적(이슬람)가치와 함께 정치불안의 이데올로기적 근간이 된다.

일종의 이슬람 법제도인 샤리아트[7] 도입을 찬성하는 이슬람교도가 민주적으로 권력에 오르는 상황이 이집트나 이라크에서 일어나지 않는다고 할 수 없으며 시리아와 레바논에서도 가능하다. 그러나 권력을 잡은 이슬람인은 곧 보통의 정치인처럼 행동할 것이다.

사우디아라비아는 이슬람권 전체에 대한 영향력을 유지하고 사우디아라비아의 이슬람 성직자들은 왕정지원 아래 이슬람 수니파를 전 세계로 확산시키기 위한 적극적 노력을 할 것으로 전망된다.

이란은 세계 이슬람 시아파의 보루역할을 한다. (전체 이슬람교도 중 시아파 비율은 10% 이하) 전 세계 시아파 공동체는 경제, 정치, 종교 및 기타 분야에서 이란과 결속이 예상된다.

터키의 정치체제는 라이시즘[8]의 철학에 기반을 둔 세속적 정치체제를 유지할 것으로 보인다.

알 카에다는 사라지지만 여러 파로 나뉜 극단주의 테러분파들이 단일조직으로 연합되지 못한 채 그 자리를 메울 전망이다. 그러나 이들이 중동의 정치종교적 얼굴이 되는 일은 없을 것이다.

지역통합

2030년 이전 중동지역 전체의 경제통합이 이루어질 가능성은 미미하다.

- 세계중심으로부터 중동국가들이 골고루 멀어지고 외부지지 세력과 단절현상이 지속된다.
- 이스라엘을 제외한 대부분의 중동국가가 세계화를 세계경제로의 편입촉진을

7) 역주: 이슬람교인의 도덕예절, 종교생활을 규정하는 코란 상의 규범

8) 역주: 정부에서 종교의 자유를 주되 종교에 대한 어떤 특별한 배려도 하지 않는 것, 라이시테라고도 함

위한 가능성이 아닌 도전으로 받아들일 것으로 보인다.

- 경제 및 정치 부문에서 국가가 독점적 위치를 고수한다.
- 기술 및 정보 발전이 동아시아보다 더디게 이루어진다.

아랍국가들은 지정학적으로 같은 공간에 있고 같은 종교를 따르며 같은 문화유산을 가짐에도 불구하고 (경제 · 군사적) 집단책임제를 이루지 않을 것이다.

그러나 페르시아만 국가들에 의한 아래와 같은 형태의 통합은 가능성이 있다.

- 공동시장
- 통화연맹을 기반으로 하는 단일통화기구
- 유가 등 계산법 통일을 위한 단일통화 (아랍형 유로)
- 카타르, 쿠웨이트, 사우디아라비아의 단일석유망
- 통합에너지시스템
- 걸프 아랍국 협력회의(CCASG)[9] 일환의 집단방위체제

이란은 다음과 같은 이유로 페르시아만 통합과정에 참여하지 않을 것이다.

- 깊은 문화 · 문명적 차이 (아랍과 페르시아, 시아파와 수니파)
- 아랍에미리트와 해결되지 않는 영토분쟁
- 주변 아랍국이 지역안보위협으로 여기는 이란의 핵 프로그램
- 걸프 아랍국 협력회의 시아파에 대한 이란의 (은밀한 그리고 노골적인) 지원

미래의 도전과 위협요소

- 부족한 수자원으로 인한 이스라엘과 주변 아랍국(시리아, 요르단) 간 분쟁
- 현재에도 몇몇 국가 (이집트, 예멘)가 전체 식량의 50%를 수입하는 등 식량위기
- 사회 불평등으로 인한 종교적 극단주의와 국내상황 불안정
- 인구 증가로 특히 청년층 실업자 증가, 반대로 페르시아만 국가들은 향후 경제 성장을 견인할 노동자원 부족
- 지역안보를 고착화하는 미해결 영토문제
- 민족, 공동체, 종교 간 갈등과 종교적 극단주의

9) 걸프 아랍국 협력회의 회원국은 아랍 에미리트, 바레인, 사우디아라비아, 오만, 카타르, 쿠웨이트다

- 지구의 주유소인 중동지역에 대한 지배권과 정치적 영향력을 향한 치열한 경쟁이 야기한 세계의 반목

18.2. 북아프리카

경제동력

2030년 북아프리카[10] 지역의 연평균 GDP 성장률은 여러 나라의 경기하락으로 인해 4~5%에 머문다. 이집트, 모로코, 튀니지는 산업과 농업 발전을 위해 갈 길이 멀고, 알제리와 리비아는 경제현대화를 달성하지 못하고 세계 에너지가격에 의존할 듯하다.

이집트는 경제발전과 군사정치 잠재력 면에서 지중해 남동쪽 연안의 리더가 될 것으로 전망된다.

이집트는 남유럽 국가의 발전수준까지 따라 잡을 계획을 세운다. 이를 위해 앞으로 10~15년 간 6~7% 대의 연평균 경제성장이 필수적이다. 이 과제는 아래의 몇 가지 요소가 결합할 때 실현 가능하다.

- 국내 정치상황의 조속한 안정
- 북아프리카 국가 중 1위(아프리카 전체 2위)인 외국인 직접투자를 앞으로도 계속 유치
- 경제성장을 위해 국내자원을 효과적으로 사용(제조업 발전, 수에즈운하 이용수익 확보, 국제관광객 유치)
- 여성의 경제활동 참여 적극장려
- 사회 전 계층을 위한 교육 현대화와 지역 간 격차(특히 이집트 북부와 남부 간) 해소를 위한 정부의 적극개입
- 지중해 연안 국가 중 산업의 핵으로 점진적으로 성장

인구와 이민 동향

이 지역의 인구는 매년 약 2%씩 늘어날 것으로 예측된다. 특히 대도시 인구 중 청년층(18~35세) 비중이 30%까지 증가할 것이다.

10) 북아프리카 지역에는 알제리, 이집트, 서사하라, 리비아, 모로코, 모리타니아, 튀니지가 속한다.

집중적 인구증가는 청년층을 비롯한 국민고용 취약, 정치불안, 사회계층 간 갈등으로 이어진다. 이민법 강화에도 불구하고 북아프리카에서 EU로 이민이 늘어날 전망이다.

도시화 현상은 국가별로 다음과 같이 추측할 수 있다.

- 산업발전으로 모로코 도시인구가 현재 55%에서 65%까지 증가
- 이집트의 역사 깊은 전통도시 발전이 침체한 가운데 대도시가 크게 성장
- 알제리 수도권에 노동인력이 크게 모이며 발전 유지

지역통합

북아프리카 경제에 대한 EU의 영향력이 커질 전망이다. 북아프리카는 잠재력 있는 대규모 상품 및 서비스 시장으로서 EU 주요 파트너 자리를 지킬 것으로 보인다. 뿐만 아니라 북아프리카 지역은 지리적으로 가까운 유럽의 중요한 에너지 생산국이다. 그러나 북아프리카와 남유럽의 단일경제공동체 건설은 2030년 이내 기대하기 어렵다.

이집트는 EU와 협력해 이 지역의 패권을 가지기 위해 모로코, 튀니지, 알제리, 리비아와 경쟁할 것으로 예상된다. 이들 국가는 자국이익 확보를 위해 이집트 세력에 균형을 맞추려 노력할 것이다.

아가디르 이니셔티브[11]와 아랍마그레브연합(AMU)[12]의 틀에서 역내 통합이 이루어질 전망이다. 그러나 경제, 정치적 이익차로 인해 북아프리카 지역 공동시장은 전망기간 동안 세워지기 어려울 것으로 보인다.

미래의 도전과 위협요소

2011년의 사건들은 계속 이어지며 지역발전을 저해할 수도 있다. (이른바 사하라의 공습도 일부 영향을 미치는) 사막화 문제는 지구 기후변화 때문이다. 미해결 바르바리[13]문제는 특히 알제리와 모로코 간 현안이다.

비효율적인 농업분야가 초래한 식량위기 문제도 있다.

11) 역주: 모로코, 이집트, 튀니지, 요르단이 2004년 결성한 아랍의 경제통상연합

12) 역주: 1989년에 설립된 북아프리카 5개국(알제리, 리비아, 모로코, 튀니지, 모리타니)의 지역 협력체

13) 역주: 이집트를 제외한 북아프리카 지역의 옛 이름

18.3. 사하라 사막 이남 아프리카

경제동력

2030년 사하라 사막 이남 아프리카는 가장 발전이 더딘 지역이 될 것이며 (일부 예외 제외) 지속가능한 경제성장, 구조적 현대화, 기술발전을 이루지 못할 것으로 보인다.

1990년 이전 20여 년 동안 심각한 경제하락을 겪은 사하라 사막 이남 지역경제는 1990년대 중반부터 세계경제위기 초까지 회복되는 양상을 띠었다. 심각했던 국내 정치분쟁이 잦아들고 세계시장에서 아프리카산 원료경기 호조 덕에 성장세를 나타냈다. 국가운영도 질적으로 개선되고 안정을 위한 구조조정과 대외원조 규모가 커졌다.

그러나 선진국과의 격차를 따라잡기엔 경제성장속도가 너무 낮았다.

이 지역경제는 대외시장과 자본유입, 재정원조에 대한 의존도가 심할 것으로 보인다. 광물원료 및 석유가스자원의 수요가 높아지며 사하라 사막 이남 아프리카 지역의 대유럽, 대미국, 대중국 주요 수출품목이 될 것이다. 유럽, 미국, 중국기업의 사하라 사막 이남 아프리카 투자와 원조 역시 늘어날 전망이다.

역내 경제다변화가 강화된다.

사하라 사막 이남 아프리카 9개국 중 평균소득에서 앞서는 나라는 보츠와나공화국, 모리셔스와 남아프리카공화국이다.

극빈국인 에티오피아부터 콩고민주공화국까지 10개국의 경제는 계속 어려울 전망이다.

지속적 경제성장과 세계경제 편입 가능성이 가장 큰 나라이다.

그림 18.1. GDP 성장률 (%)

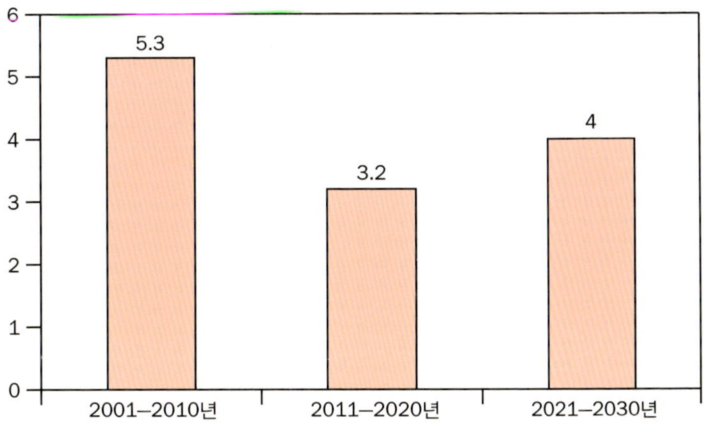

남아공은 이를 위해 사회긴장을 해소해야 한다.

레소토, 스와질란드, 짐바브웨의 노동력은 남아공 경제에 크게 의존하며 나미비아, 보츠와나 역시 드비어스[14](세계 다이아몬드 시장의 40% 좌우)의 다이아몬드 공급국으로 의존할 것이다.

전체적으로 아프리카남부[15] 국가들은 남아공 내 자국의 시장우위를 강화할 것으로 보인다.

서아프리카[16] 나이지리아의 경제잠재력도 매우 높다. 나이지리아와 남아공의 GDP는 사하라 사막 이남 아프리카 전체의 절반에 이른다. 나이지리아는 주요 석유수출국으로 오일머니를 통한 경제다변화가 예상된다. 그러나 정치안정이라는 전제하에서만 경제우위 선점이 가능하다.

주요 농업수출국이자 기니만 대륙붕 원유공급국인 가나와 코트디부아르의 경제입지 역시 강화된다.

동아프리카[17] 국가 중 경제전망이 유망한 국가는 케냐, 탄자니아, 우간

14) 역주: 세계 최대의 다이아몬드 생산 및 판매 회사로 남아프리카공화국의 기업

15) 앙골라, 보츠와나, 짐바브웨, 레소토, 모잠비크, 나미비아, 스와질란드, 남아프리카공화국

16) 베냉, 부르키나파소, 케이프 베르데, 코트디부아르, 감비아, 가나, 기니, 기니비사우, 라이베리아, 말리, 니제르, 나이지리아, 세네갈, 시에라리온, 토고

17) 부룬디, 코모로, 지부티, 에리트레아, 에티오피아, 케냐, 마다가스카르, 말라위, 모리셔스, 레위니옹, 루안다, 소말리아, 수단, 우간다, 탄자니아, 잠비아

다로 원예상품을 비롯한 농업수출국이자 관광국으로 발전 중이다.

경제성장 전망이 가장 취약한 지역은 중부 아프리카[18]이다. 인구와 천연자원이 가장 풍부한 콩고민주공화국은 계속되는 불안정으로 경제성장이 더딜 것으로 보인다. 세계 시장에서 가봉, 적도기니, 콩고, 차드산 원유는 안정적 수요를 지킬 것이다.

인구와 이민 동향

인구증가가 주춤하는 와중에도 전체 인구는 크게 늘어날 전망이다. 이민자 수 자체는 계속 늘겠지만 이민자 비율은 감소할 것이다.

그림 18.2. 사하라 사막 이남 아프리카 인구 (백만 명)

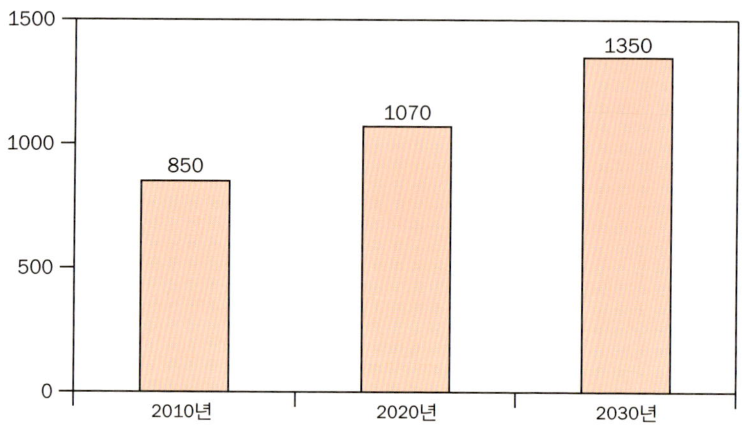

나이지리아와 에티오피아는 세계최고 인구과밀국 대열에 오를 것이다,

2010년 천 5백만 명이던 사하라 사막 이남 아프리카 지역 중산층은 2030년경 4천 5백만 명이 될 것으로 예상된다.

아프리카 인구의 반 이상이 도시에 거주할 것으로 보인다.

경제 비공식 부문에 주로 종사하는 시골출신 이민자들이 도시에서 생활하며 도시는 경제성장 거점이자 사회 · 정치적 긴장의 진앙지가 될 전망이다.

도시의 빈곤, 실업, 불완전고용으로 인해 노동생산성이 가장 좋은 청

18) 중앙아프리카공화국, 차드, 콩고공화국, 콩고민주공화국, 적도기니. 가봉, 상투메프린시페

년층이 외국으로 떠밀려 나갈 것이다.

비숙련 저학력 노동이민자들에 의한 역내이민이 일어난다. 망명자가 이민자 중 상당수를 차지한다.

또한 고급인력의 선진국 유출도 계속될 것으로 예상된다.

2011~2020년간 이민자 수가 정점에 도달한다. 합법이민자수보다 많은 불법이민은 더 심해지지만 유럽으로 불법이민은 엄격히 규제될 것으로 보인다.

사회정치 전망

사하라 사막 이남 아프리카 대부분 국가가 집권층 대립과 대중과의 갈등을 겪을 전망이다. 사회 · 정치적 요소로 인해 경제발전이 지연된다.

대다수의 국가가 권위주의 정치체제를 유지한다. 정치다원주의의 제한적 발전과 시민사회 요소 성립에도 불구하고 국가성 강화와 효율적인 국가운영 메커니즘 구축에 어려움을 겪는다. 정부의 재정문제 역시 해결되기 힘들다. 민족, 민족지역, 종교 간 갈등과 권력 및 자원(수자원, 영토, 석유 등)을 둘러싼 복잡하게 얽힌 전쟁, 식량안보 문제 첨예화 등으로 인한 정치불안정은 전망 기간 동안 이어질 것으로 보인다.

소말리아는 중앙통치 강화와 단일 중앙정부 성립에 실패할 것으로 예상된다.

나이지리아는 북부의 이슬람 급진주의를 저지하지 못한다면 폭력사태, 심지어 혼돈에 빠질 수도 있으며 서아프리카 지역의 깨지기 쉬운 평화가 불안정해지고 역내 종교대립이 일어날 수도 있다.(나이지리아는 아프리카에서 두 번째, 세계에서 일곱 번째의 이슬람인구 국가)

콩고민주공화국 정부의 무능한 상태는 계속될 전망이다.

남아프리카공화국의 소득격차는 인종문제 등 사회긴장을 야기한다. 흑인주의 대두와 흑인에게 국가 주요경제권을 돌려주려는 정책 등 백인퇴출 시도, 백인이주민에 대한 반감정서 고조로 아프리카 국가 중 가장 민주정부라는 이미지를 잃고 경제성장 또한 저하될 것으로 예상된다.

짐바브웨는 2020년이 되어서야 정치 및 경제붕괴 상태를 벗어날 수 있을 것으로 보인다.

오직 몇몇 국가 (가나, 탄자니아, 보츠와나)만 성공적 국가운영 모델을 이루고 안정적 민주제도 운영과 경제성장을 이루게 될 것이다.

북쪽 이슬람 세력과 남쪽 토착신앙화된 기독교세력 사이 극복되지 않는 대립 결과 수단은 정치적으로 두 개의 영토로 나뉜다. 2011년 단일국가 존속에 관한 국민투표로 인해 첨예한 대립이 있을 수 있다. 권력과 석유를 둘러싼 전쟁의 새로운 국면이 시작될 전망이다.

빈곤문제

사회적 불평등이 계속 심해지며 지역갈등을 조장한다.

경제성장으로 빈곤층 비중은 줄어들지만 세계최고의 인구증가세로 빈곤층 인구수는 오히려 늘어난다. 전체 근로인구 중 빈곤층 비중은 60%에 달할 것이다.

그림 18.3. 빈곤층의 변화 추이

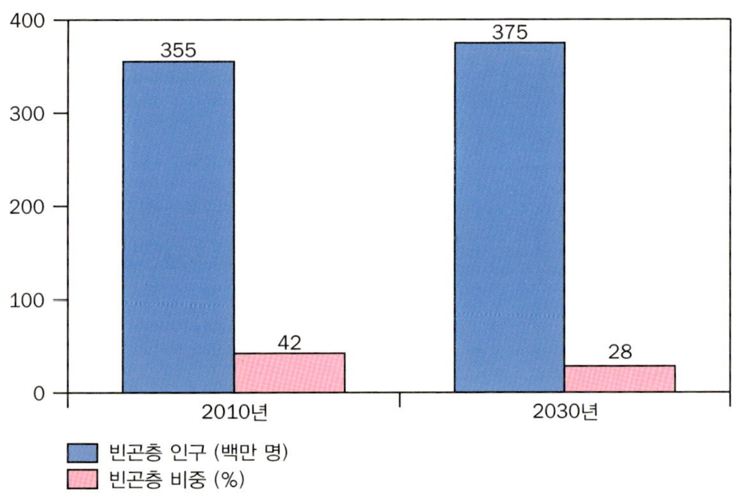

대외경제관계와 대외요소

세계시장 및 아프리카 역내에서 아시아산 섬유 및 의류제품과 치열한 경쟁으로 이 지역 농업 및 제조업 수출은 더딘 성장세를 보일 전망이다. 전체 수출액 중 첨단기술 제품 비중은 1%에 불과하다.

이민정책과 해외거주 아프리카인 사회는 국가발전계획에 전략적기구로 큰 역할을 하지 못한다. 2000~2008년 기간 동안 대부분의 국가에서 공적개발원조(ODA)보다 규모가 컸던 해외이민자의 자국 송금액 감소가 예상된다.

전 세계적으로 천연자원 부족이 첨예화되는 가운데 주요 선진국과 중국, 인도, 인도네시아, 아시아 신흥국의 사하라 사막 이남 아프리카에 대한 관심이 고조된다. 백금, 다이아몬드, 망간, 크롬철, 코발트, 금 등의 채굴과 사용량이 늘어날 뿐 아니라 석유가스산업 개발전망도 밝다.

사하라 사막 이남 아프리카와 EU, 미국, 중국, 인도, 일본, 브라질 간 경제협력이 강화된다. 양자 기반 협력 외 지역경제공동체가 결성되어 전략적 협력 프로그램 차원의 경협도 활발할 전망이다.

교역량에서 EU는 여전히 우위를 점할 것이고 유럽으로부터의 투자와 대외원조 규모 또한 지역 간 전략적협력 프로그램 (EU · 아프리카 연합)을 통해 지속적으로 증가한다.

미국은 이 지역의 두 번째 경제통상 파트너이다. 사하라 사막 이남 아프리카산 석유에 대한 미국의 수요는 두 배로 늘고, 이 지역의 전체 수출 중 석유가 차지하는 비중이 25%까지 늘어날 것으로 예상된다. 미국 민간 직접투자 유입과 미정부의 재정원조도 늘 것이다. 덕분에 두 지역 간의 경제통상협력이 확대되고 지역경제공동체의 입지가 강화되어 지역통합이 촉진될 전망이다. 미국은 자국의 경제입지 보호와 역내 반테러활동을 위해 미국아프리카사령부(USAC)의 주둔을 강화할 것으로 추측된다.

EU와 미국은 사하라 사막 이남 내 경제입지 일부를 새로운 경쟁자, 특히 중국에 내어줄 것으로 보인다. 미국과 EU 쌍두체제의 경쟁도 치열해진다.

사회경제 및 정치진화에 영향을 끼치고자 하는 서방의 관심도 계속된다. 민간, 인구, 환경, 테러 및 기타위협을 통제하려는 목표이다.

중국은 이 지역에서 자국의 세를 야심차게 넓혀나간다. 통상규모에서도 EU 및 미국과의 격차를 크게 줄인다. 2015년 이미 중국의 석유가스 수입 중 40% 이상이 사하라 사막 이남 아프리카산이 될 것으로 예상된다. 중국 역시 이 지역 인프라 시설의 주요 투자자가 될 것이다.

이 지역에서 중국의 경제적 성과는 규모 뿐 아니라 광물채굴산업, 생산 · 사회 인프라 시설 등 다방면의 통상투자활동을 통해 가능하다. 미국, EU와의 경쟁에도 불구하고 중국은 분쟁지역까지 과감히 대규모 투자를 할 것으로 보인다.

경제입지를 강화함으로 중국은 역내 지정학적 잠재력을 성공적으로 키울 것이다. 세계화 속에서 중국은 개도국의 대변자 이미지의 개선이 아닌 중국 · 아프리카 다자간협력체의 점진적 구성에 힘쓸 것으로 보인다.

지역통합

지역통합은 경제통상단위(예: 인도양지역협력연합) 형태로 가능하다.

EU, 미국, 중국이 천연자원과 시장 선점을 놓고 치열한 경쟁을 벌이는 동안 지역의 통합잠재력은 낮아진다.

지역경제공동체, 특히 서아프리카경제공동체(ECOWAS), 남아프리카발전공동체(SADC), 동남아프리카경제공동체(COMESA) 등 규모가 큰 기구를 통한 통합은 신속히 진행되지 않고 다음과 같은 이유로 지속되지 못할 전망이다.

- 에너지, 식품, 섬유 및 의류의 상호교역과 건축, 인프라 시설 개발을 기반으로 사하라 사막 이남 지역 내 양질의 노동분배를 이루기 어렵다.
- 경제약소국이 여러 경제공동체에 가입한 경우 주변 강대국에 의해 압사당할 위험이 있다.
- 국내정치불안정이 고조될 수 있다.
- 대부분의 나라가 여러 개의 지역경제공동체에 가입해 있다.

이와 같은 이유로 사하라 사막 이남 아프리카 연합, 사하라 사막 이남과 북아프리카연합, 아프리카연합과 같은 경제연합은 없을 것이다.

아프리카 인구의 2/3를 아우르는 동아프리카공동체(EAC), SADC, COMESA가 2008년 창설한 자유무역지대가 완진히 제 기능을 하는 것은 2030년이 지나서야 가능할 전망이다. 케냐, 탄자니아, 우간다, 우룬디, 루안다가 가입한 EAC가 완전한 경제통상연합이 될 것으로 예상된다. 더구나 이들 국가 중 1/3은 비슷한 연합을 이룬 역사적 전례가 있다.

미래의 도전과 위협요소

2030년 세계인구의 47%가 물부족을 겪을 것이고 그중 7천 5백만~2억 5천 7백만 명이 아프리카인이다. 사막과 반사막 지역의 물부족은 수백만까지 인구 집중이동을 야기할 전망이다.

현재의 세계 식량부족국가 18국 중 아프리카 국가가 16개국이다.

중증전염병 창궐도 심각하다. 아프리카 대륙의 말라리아 환자는 2030년 전체인구의 15%까지 늘어날 것으로 예상된다.

기후변화가 아프리카인의 삶과 경제에도 치명적 영향을 끼친다.

2030년 전기를 사용하지 못하는 인구가 약 6억 명이 될 것이고 이는 사회경제 성장의 발목을 잡을 전망이다.

제19장

라틴아메리카와 카리브해 연안

19.1. 지역 동향

경제동력

노동생산성 향상으로 라틴아메리카와 카리브해(LAC) GDP는 2030년까지 증가할 것으로 예상된다. 새로운 국면의 경제, 기술, 사회 · 정치 현대화가 필요하게 된다.

이 지역은 역사, 문화, 언어, 종교적 뿌리가 같지만 인구, 경제발전 수준, 정치 및 통치체제 성숙도에 큰 차이가 있어 이 차이가 심화될 경우 위험성이 있다.

코노 수르[19]의 칠레, 아르헨티나, 우루과이, 브라질은 정치안정하에서 보다 큰 경제성장 잠재력을 가진다.

파라과이와 접하는 안데스 국가 (볼리비아, 에콰도르, 페루, 콜롬비아, 베네수엘라)에는 경제불안정과 정치동요가 계속될 전망이다. 만약 콜롬비아가 수 년 간의 내부갈등을 해결하고 마약유통을 근절시킨다면 예외적으로 성장할 수 있다.

미국시장과 연계성이 높은 멕시코는 미국경제에 직접적으로 의존한다.

19) 역주: 코노 수르(스페인어: Cono Sur) 혹은 코니 술(포르투갈어: Cone Sul)은 남회귀선 아래, 남아메리카의 최남단 지역으로 구성된 지리적 영역을 가리키는 말이다.

그림 19.1. GDP 성장률 (%)

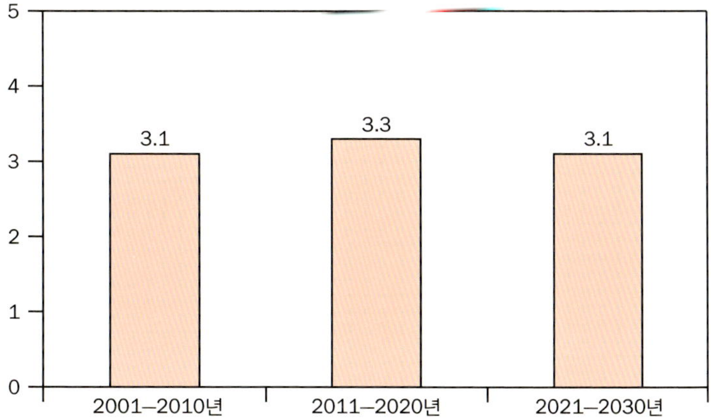

최근 정치불안과 높은 범죄율로 멕시코의 조속한 국가정상화는 이뤄지기 어렵다.

중앙아메리카(코스타리카 제외)의 경제 및 사회 · 정치 취약성은 계속될 것으로 보인다.

카리브해 연안 국가들은 내륙국에 비해 집중적 다변화를 이룬다. 이들 국가는 상대적 성공을 이루고 삶의 질 향상과 세계경제 내 자국의 영역을 찾은 나라들이다. (바하마, 바베이도스, 버진아일랜드) 대륙붕사업에 역점을 두기로 한 이들 국가 중 일부는 미국 및 다른 강대국의 방해로 자원개발에 어려움을 겪는다. 그렇지만 카리브해 연안 소도서 국가가 다른 분야를 개척하는 것 역시 한계가 있을 전망이다.

가이아나, 수리남, 트리니다드토바고, 자메이카 경제발전 전망은 세계 원료시장 경기에 달려있다.

카리브해 지역 유망산업은 관광업으로 도미니카공화국, 쿠바 등 전통관광국이 우위를 가진다.

쿠바는 베트남식(정치체제는 유지한 채 경제자유화) 성장을 따를 가능성이 크다. 그러나 이 경우도 볼리비아, 베네수엘라, 도미니카, 니카라과, 쿠바, 에콰도르 및 카리브해 소도서국이 가입한 급진좌파연맹(ALBA)의 존속에 달려있다.

아이티는 최고 낙후국으로 남을 것으로 보인다. 2010년 지진 이후 국가정상화를 위해 외부 조정(UN 또는 선진국 원조)이 필요하다.

대외경제기조가 북쪽지향(중앙아메리카 및 카리브해 일부)이냐 남쪽지향(남아메리카)이냐에 따라 역내 국가 간 분계가 뚜렷해진다. 북쪽지향 국가는 NAFTA(북미자유무역협정)에 편입하려 할 것이고 남쪽지향 국가는 좀 더 자주적이며 유럽 및 아시아와 협력을 넓혀나갈 것으로 예상된다.

인구와 노동

이 지역의 연평균 인구 성장 속도는 지속적으로 둔화될 전망이다. 총인구수는 현재 5억 8천만 명에서 2030년대 말 6억 9천만 명으로 증가할 것으로 보인다. 또한 이촌향도 현상의 약세가 지속될 전망이다. 향후 10~15년 동안 전체 인구 대비 노동가능 인구의 비중이 증가할 것이다.

뿐만 아니라, 타 대륙 국가로의 이민과 동 대륙 내 국가 이민이 늘어날 전망이다. 멕시코, 과테말라, 니카라과, 살바도르, 페루, 볼리비아, 에콰도르의 전문 인력이 미국, 캐나다, 에스파냐 외 기타 산업국가로 유출되는 현상도 지속될 것으로 보인다. 남미 국가 중에서 이주를 허용하는 국가는 코스타리카, 칠레, 파나마이고, 앞으로 아르헨티나, 브라질 또한 이민을 허용할 것이 예상된다.

그림 19.2. 인구 성장 속도 (%)

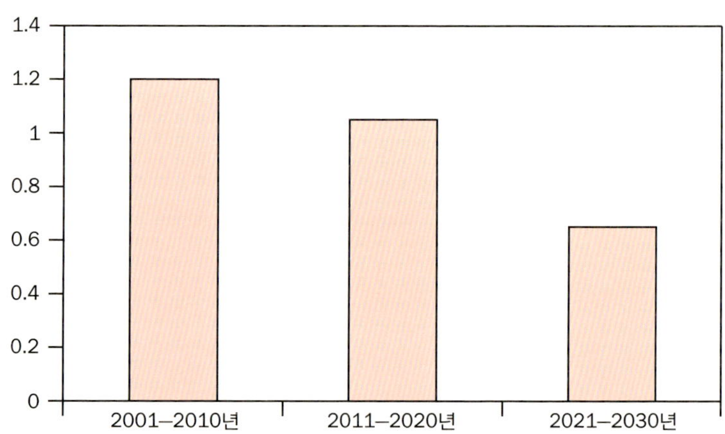

안정적인 경제 성장으로 국민 대다수의 수입이 증대될 전망이다. 정부의 강력한 사회 정책 추진으로(특히 브라질과 칠레) 빈곤층의 수가 상당히 줄어들 것이 예상된다.

그림 19.3. 빈곤층의 변화 추이

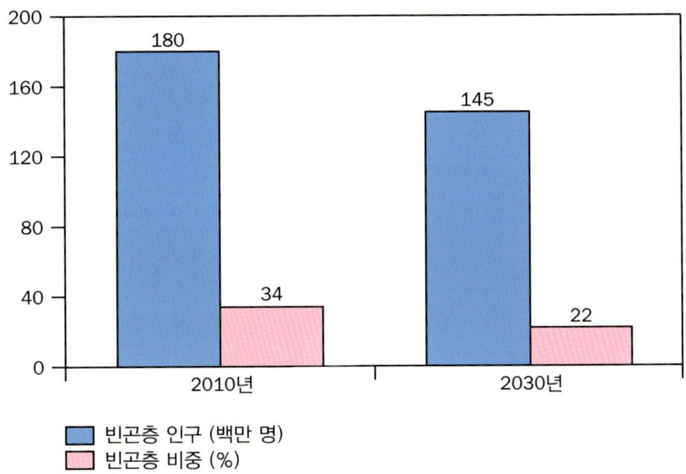

특히 브라질, 아르헨티나, 콜롬비아, 칠레와 같은 국가에서 중산층의 저변이 확대될 전망이다. 이들은 산업사회의 중산층을 대체하는 새로운 중산층이며, 라틴아메리카의 정보 · 서비스 사회의 중요한 사회주도세력으로 떠오르고 있다. 뿐만 아니라 이 지역의 빈부 양극화 현상이 약화된다 할지라도, 2030년 안에 유럽 연합(EU)의 현재 수준에 도달하기는 어려울 것으로 전망된다.

라틴아메리카 선진 국가들은 교육, 보건, 사회복지 분야에서 눈에 띄는 발전을 이룰 것으로 보인다.

구조적 변화

단순한 원료 채굴에서 국제적으로 이루어지는 상품생산 공정의 초기 단계와 중간 단계를 경제에 도입하는 수준으로 발전했다. 특히 아열대 지역과 온대 지역(남미 원뿔꼴 지역)에서 현대적인 산업농업의 역할이 증대하고 있다. 이와 동시에 라틴아메리카 GDP에서 제조업의 비중이 감소하는 반면, 일부 국가에서는(특히 브라질, 멕시코, 칠레, 최대 아르헨티나까지 포함시킬 수 있다) 고도의 과학기술 산업발전이 예상된다.

혁신

2020년 이후, 많은 국가에 영향을 미칠 기술 현대화의 새 물결이 라틴아메리카 대륙에 밀려올 것으로 전망된다(가장 약소한 국가인 볼리비아, 파라과이, 온두라스, 니카라과, 아이티는 이러한 변화에서 소외될 수 있다).

그러나 서구 산업 국가의 기초 과학기술 수준에 근접할만한 국가는 브라질뿐이며, 최대한 꼽는다면 멕시코, 칠레, 아르헨티나를 꼽을 수 있다. R&D 투자가 제한된 상황에서(브라질은 총 GDP의 1.2%,이지만, 아르헨티나, 멕시코, 칠레는 총 GDP의 0.4~0.6%이다) 기술 현대화는 주로 신기술 수입이라는 방식으로 실현될 수 있을 것이다.

대부분 라틴아메리카 국가의 기술혁신은 주로 다국적 기업의 생산 공정의 범주 내에서 틈새시장을 개발하는 방식으로 이루어 질 것으로 보인다.

유망한 과학기술 개발로 어떤 새로운 과학기술의 특성이 나타날 지는 20년 후에나 제대로 알 수 있을 것이다. 그리고 라틴아메리카의 선진국이 그 포문을 열 것으로 전망된다.

또한 재생 에너지의 사용이 증대될 전망이다. 브라질, 아르헨티나, 멕시코에는 추가적인 원자력 발전소 건설이 활성화될 것이고, 칠레와 베네수엘라에서도 그러할 예정이다. 라틴아메리카 지역은 태양에너지원, 풍력에너지원(브라질), 지열에너지원(멕시코, 니카라과), 바이오에너지원(대부분의 라틴아메리카 국가) 개발에 최적의 조건을 보유하고 있다. 접근성이 용이하지 않은 지역의 소형 발전소 건설이 활성화될 것으로 보인다.

정치체제

선진국, 중진국 수준의 발전 양상을 보이는 라틴아메리카 국가에서는 중도파의 입지가 공고해질 전망이다. 무엇보다도 민주주의, 경제적 합리성, 사회통합의 원칙을 정책에 잘 반영한 정당이나 단체가 정치적 리더십을 유지할 수 있을 것이다.

2020년까지는 좌파정당 지지 지역이 줄어들 것이 예상된다. 이와 동시에 좌파정당들은 좀 더 실용적인 정책을 내세울 것이다. 이것은 시장의 자율성이 낳은 부정적 현상을 제거할 개선된 법적 제도적 기반과 사회를 위한 정부의 적극적인 역할 모두를 고려한 정책이다.

또한 2020년 동안 인종 관련 정치운동, 녹색연합, 대안적 글로벌 운동이 큰 영향력을 끼칠 것으로 보인다.

많은 라틴아메리카 국가에서 사법, 입법, 행정부의 통치 역량이 오늘날의 선진국 수준에 근접해가고 있다. 그러한 반면, 부패가 여전히 심각한 사회 현안 중 하나로 남아 있다.

역내지역 간 분쟁 가능성

그동안 축적된 역내 지역분쟁 해결 경험은 국가 간 안정적인 관계 유지에 큰 도움이 될 전망이다.

그렇다고 해서 소수민족의 극단주의와 국경선 지대 마약 밀거래로 인한 국가 간 소규모 갈등 분쟁 가능성을 배제해서는 안 된다. 뿐만 아니라, 라틴아메리카는 문명 간, 종교 간 충돌이 일어날 바탕이 거의 없으며, 초 국경 테러가 발생할 가능성도 낮다.

대외관계, 대외정책의 지향점

국제사회에서 라틴아메리카의 입지는 국제협력이 증대됨에 따라 공고해질 전망이다. 급감하지는 않겠지만, 상대적으로 미국의 영향력은 감소할 것으로 보인다. 이에 반대로, 중국의 역할과 EU와의(에스파냐와 포르투갈) 관계가 더 증대될 전망이다.

대외경제 분야

세계경제 시스템에서 라틴아메리카 국가의 역할과 참여는 증대될 전망이다. 그 근거는 석유, 천연가스, 다양한 종류의 바이오연료, 그 외 식량과 같은 대체에너지원의 생산지로서 이 지역이 비중이 커지고 있다는 것에 있다. 세계경제위기 이후 시장 회복과 기술적 패러다임의 변화가 시작되면서 직접투자의 형식으로 이 지역에 유입되는 외국자본이 증가가 예상된다. 이와 동시에 라틴아메리카(브라질, 멕시코, 칠레) 기업의 해외투자 활동도 증가할 전망이다.

외국인 투자의 상당부분이 이 지역 내에서 이루어지고 있다. 이는 라틴아메리카 카리브 해 경제의 지역 내 통합강화라는 결과를 낳을 것이다. 라틴아메리카 경제의 새로운 부상은 에너지원, 식량, 새로운 서비스의 상호교역 증대에 바탕을 둔 지역 내 노동 분배의 진전, 지역 내 생산 공정 요소의 배치, 인프라 구축이 있을 때 비로소 가능하다.

라틴아메리카 지역의 통화연합을 이루자는 전망은 다소 회의적이다. 무엇보다 각국의 발전 전략에 차이가 있기 때문이다. 달러는 이 지역에서 전통적인 기축통화로서의 위치를 유지할 것이다. 이것이 국가 간 자국 통화의 거래를 금한다는 것은 아니다.

미주를 위한 볼리바르 동맹(ALBA)의 틀 안에서 통합전략은 전망이 없다. 베네수엘라의 경제 잠재력의 한계를 고려할 때, 미주를 위한 볼리바르 동맹(ALBA)의 전략은 우고 차베스 대통령의 재임 동안 겨우 명맥을 유지할 것으로 보인다. 그렇다고 해서 세계화에 참여하고 있는 아웃사이더 국가들이 전망 기간 동안 새로운 연합을 형성할 가능성을 배제해서는 안 된다.

아시아 태평양 지역과 라틴아메리카의 경제 통상관계가 강화될 전망이다. 또한 대서양 연안 국가들과(EU국가) 통합연대가 빠르게 발전할 가능성이 있다.

통합이 강화된다고 해서, 개별국가의 주권이 제한되거나, 엄격한 원칙이 요구되거나 하지는 않을 것이다. 이러한 협력 중 가장 전망 있는 분야는 교통, 통신, 에너지 시스템 개발, 금융 기업, 사업 협력, 환경문제이다.

19.2. 브라질

경제 동향

지속적인 경제발전의 결과로 브라질은 2030년 경 세계 GDP 규모 9위에서(현재) 7위로 도약할 전망이다. 2011~2030년 연간 GDP 성장률은 3.5~4.5%가 될 것으로 보인다. 좀 더 역동적인 경제 성장이 이루어질 것이다. 왜냐하면 노동생산성 증가로 생산성이 증대될 것이기 때문이다.

브라질의 경제 성장은 농산업 단지 및 광산 산업의 현대화와 같은 경제 현대화를 통해 안정화될 전망이다. 2030년 경 브라질은 자국 생산량만으로 기계공학 제품의 국내 수요를 대부분 충족할 수 있을 것이다. 브라질은 항공건설 강국으로서 세계 3위의 입지를 유지할 것으로 보인다. 내수시장용뿐만 아니라, 수출용, 특히 라틴아메리카 국가로 수출되는 자동차, 농업 장비, 건설 장비의 생산이 늘어날 것이 예상된다.

2020년 경, 브라질은 이미 자국의 발사체를 이용하여, 우주선과 위성을 발사할 역량을 갖게 될 것으로 전망된다. 정보기술, 바이오 기술, 나노기술의 성과를 활용한 분야가 급속도로 발달하게 될 것으로 보인다. GDP 중 R&D 투자 비중이 증가할 것이고, 이로 인해 라틴아메리카에서 과학기술 강대국으로서 브라질의 입지는 견고해질 전망이다.

그림 19.4. GDP 중 R&D 투자 비중 (%)

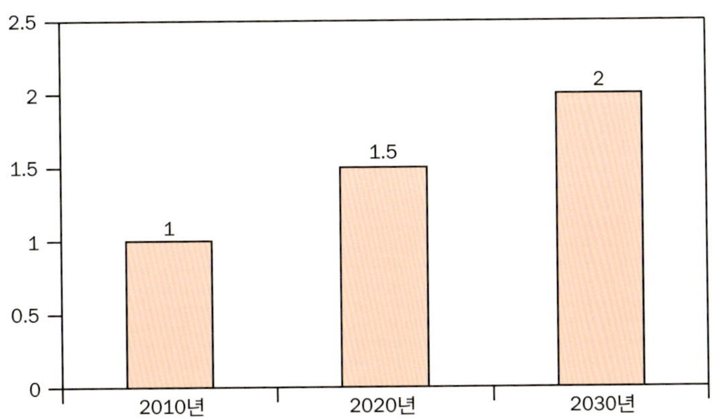

정부의 사회 분야 활동을 늘이고, 중도 자유주의 경제 정책을 견지할 것이 예상된다. 내수 증진에 더 많은 노력이 기울여질 것이고, 정부의 자국 경제 통제 정책도 유지될 전망이다.

사회 및 국내정치 상황

2030년 경 브라질의 총 인구수는 2억 3천명~2억 4천명에 이를 전망이다. 연평균 인구성장 속도는 2011~2020년에 0.9%에서 2021~2030년 0.6~0.7%로 감소할 것으로 보인다.

또한 빈곤층의 수는 유럽보다 더 많지만, 강력하고 효율적인 사회정책 프로그램 시행으로 빈곤층이 감소하고, 사회양극화 현상은 약화될 전망이다. 브라질의 경우 남부 유럽(포르투갈, 그리스)의 현재 수준과 비슷해지고 있다.(단 오지 제외) 판자촌 지역의 지속적인 정리 작업과 개발이 이루어짐에도 불구하고, 메가폴리스의(상파울로, 리오데자네이로, 벨루오리존치) 사회 문제가 심화될 가능성이 있다.

전문 인력 양성을 위한 노력의 일환으로 추진 중인 교육 시스템의 현대화로 인해 국민의 교육률 지수는 높아지고, 중산층이 눈이 띄게 증가할 전망이다. 2021~2030년 사이에 중산층은 내수시장 증대의 주요 동력이 될 것이며, 브라질의 영향력 있는 유권자가 될 것이다.

사회 및 경제의 현대화가 진행됨에 따라 초국가적 자본의 흐름에 관여하는 분파의 후원으로 새로운 엘리트의 등장이 기대된다. 중도 우파의 입지는 공고해질 것으로 보인다. 그러나 전체적으로 봤을 때 급진 좌파의 약세와 전반적인 정치적 안정의 약화가 예상되며, 중도좌파 성향의 정당이 우세할 것으로 보인다.

대외경제관계

브라질 경제계의 세계화 참여는 계속 이루어질 전망이다.

상파울루는 라틴아메리카의 중요한 국제적 금융 중심지이자. 서반구의 제2의 금융 중심지로 부상할 역량을 갖추고 있다.

가까운 시일 내에 브라질의 경제는 에너지 과잉이 될 것으로 보인다. 브라질은 두 종류의 에너지원 즉, 석유와 바이오 연료를 수출할 수 있을 전망이다.

아시아 시장으로 눈을 돌리게 되면서 브라질 대외관계의 다변화가 예상된다. 중국, 인도와의 관계가 빠르게 발전하게 될 것이고, 아프리카에서 입지를 다지게 될 전망이다(특히 이전 포르투갈 식민지).

세계 강국의 위상

브라질은 이미 지난 10년 동안의 성취로 인해서 세계 강국으로서 입지를 확보했다. 브라질이 주요한 국제합의기관에 가입한 사실은 이것을 분명히 보여준다.

라틴아메리카의 리더로서 브라질의 역할이 증대될 전망이다. 남대서양해에서도 브라질의 해양군사 세력이 강성하고 있다. 대륙의 다른 국가와 갈등이 심화되고 있는데, 이것은 나라마다 각기 다른 반응을 야기할 수 있는 것이다.

브라질 정부는 군수산업 발전을 장려할 것이고, 이를 위해 높은 수준의 국방 예산을 편성했다(전체 GDP의 3.0~3.5%). 브라질이 쉽게 핵문제의 한계점을 넘을 수 있다는 가능성이 있다. 브라질은 원자력 발전소를 폭넓게 보급시키면서, 이전처럼 원자력에너지의 평화적인 사용을 강력하게 지지하고 있다.

브라질 지도부는 브라질의 독자적인 역할을 인정해주는 것을 전제로 한 미국과의 상호이해를 지향하고 있다. 그러나 미국에 달갑지 않은 체제나 국제 동맹과 관련해서 미 정부를 특별히 신경 쓰지 않을 것이다. 또한 서구와 서구의 골칫거리가 되는 국가들 사이의 중재자로서 브라질의 역할이 증대하고 있다.

19. 3. 멕시코

경제 동향

최근의 세계경제위기의 극복과정은 멕시코에게 있어서 순탄치 않았으며 아직도 진행 중이다.

멕시코의 경제성장률은 2011~2020년에 3.3~3.5%, 2021~2030년에는 2.7~3.0%로 전망된다.

멕시코 정부는 국가 혁신 사업을 적극적으로 장려하고 있으며, 재생에너지원 개발에 특별한 관심을 기울이고 있다. GDP 중 R&D 투자 비중은 약 두 배로 증가지만, OECD 경제 선진국의 기준에는 못 미치고, 브라질을 따라잡지 못했다.

그림 19.5. 멕시코의 GDP 중 R&D 투자 비중 (%)

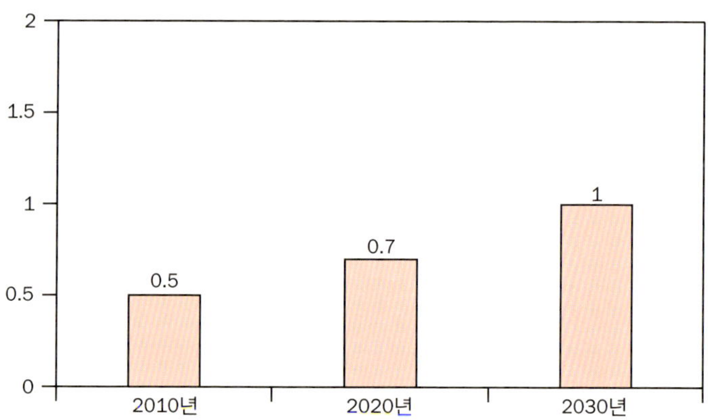

사회 및 국내정치 상황

사회 양극화 문제에 실질적인 변화가 없을 것으로 전망된다. 메가폴리스의 열악한 사회복지와 낙후된 지역 문제는 오히려 더 심각해질 수 있다.

넘쳐나는 인력으로 인해 노동시장의 포화상태가 계속되고 있는데, 이러한 상황은 낙후된 남부 지역에서 더욱 심각하다. 중앙아메리카에서 유입된 이민자로 인해 상황은 더욱 심각해지고 있다. 미국으로 향하는 대규모의 이민자들의 행렬(불법 이민 포함)도 계속되고 있는데, 특히 고등 교육이나 전문 교육을 받은 전문 인력들이 미국을 선호한다. 그러나 예전보다는 더 많은 수의 고급 인력들이 이민행보다 현대화된 서부지역의 기업체 취업을 선택하고 있다.

노동가능 인구의 평균 교육률 제고를 위한 교육시스템 개편의 첫 번째 성과를 기대하고 있다. 빈곤층의 비중이 줄어들 것이고,(전체 국민의 15~20%까지) 개별사회집단 간의 소득차가 줄어들 것이 예상된다(지니계수에 따르면 0.35~0.37%까지).

중산층의 비중이 늘어나지만, 그 속도는 느릴 것으로 보인다(브라질 보다 느릴 것이다). 멕시코에 주재한 북아메리카 회사의 지사와 본사 간의 임금의 격차가 줄어들 것이 예상된다.

범죄의 극성과 지방 통치권의 통제력 상실로 국내정치 상황은 복잡하다(특히 마약 마피아가 횡횡한다). 3당 정치체제는 지속될 전망이다. 중도우파의 입지가 약화될 것이고,(무엇보다 우파정당인 국민 행동당(PAN)) 다음 대선에서는 중도파인 제도 혁명당(PRI)으로 정권이 교체될 것으로 보인다. 향후 중도좌파 정치세력이 힘을 얻을 것이고, 인디언 원주민의 정치 활동도 크게 증가할 전망이다. 특히 남부 지역에서 원주민의 과격한 정치 활동이 있을 수 있다.

국내경제 분야

멕시코 경제는 자국 상품의 주 소비자인 미국 의존도를 계속 유지할 것으로 보인다.

통신, 과학, 의료 산업 분야와 비즈니스 서비스 분야에서 빠른 발전이 예상된다. 다른 라틴아메리카 국가 시장에서 판매되는 멕시코 통신 관련 상품이 증가할 것으로 보인다. 2025~2030년에는 소프트웨어가 멕시코 경제의 주요 수출 품목이 될 전망이다. 반대로 자동차 및 가전제품의 생산 비중은 줄어들 전망이다.

2011~2020년에는 석유 산업의 중요도가 낮아질 것이나, 금석광 산업의 역할이 높아질 것으로 보인다. 2021~2030년에는 에너지원의 중요

한 공급 국가로서의 멕시코의 역할을 부분적으로 되찾을 수 있을 전망이다. 지질학 탐사 작업의 확대로 새로운 탄화수소 매장지 개발 작업에 참여할 수 있게 되었기 때문이다.

2011~2020년 후반부에는 관광업이 부흥하고, 이만자의 가족 송금(4~5천만 달러 정도)이 활발히 이루어지게 될 것으로 보인다.

식량의 전 세계적 수요의 증가는 멕시코 농업의 현대화를 가속화했다. 하지만, 멕시코는 미국, 브라질과 경쟁하고 있는 현 상황에서 식량시장의 지속가능한 틈새시장을 찾지 못하고 있는 실정이다.

미국은 전반적으로 멕시코와의 대외경제 관계에서 주도적인 역할을 유지하게 될 전망이다. 그러나 수출에서 미국의 비중은 줄어들게 될 것으로 보인다.

멕시코의 북부 주와 미국의 남부 주 사이에 보다 긴밀한 협력이 예상된다. 국경선에서 이루어지는 협력은 이민문제에 대해 협상 모색을 촉진할 것으로 보인다. 멕시코-미국 합자회사, 미국에 진출하는 멕시코 회사가 늘어날 전망이다(미국에서는 이러한 형태의 기업이 10만 개 정도에 이른다).

그림 19.6. 멕시코 수출에서 미국과 아시아의 비중 (%)

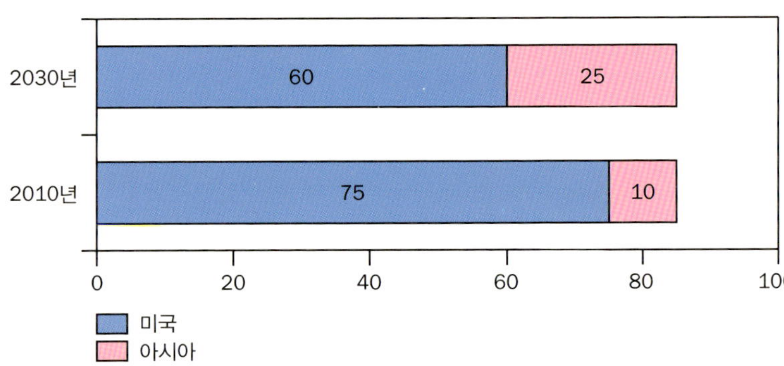

멕시코의 대외무역에서 ASEAN+동북아 3국(중국, 일본, 한국)의 중요도가 높아질 전망이다. 수출 비중은 20~25%, 수입 비중 25~30%를 차지할 것이 예상된다. EU와 라틴아메리카가 멕시코 무역 비중에서 3,

4위를 차지할 전망이다.

국세사회에서의 입지

멕시코 엘리트 사이에는 자국 경제가(정치 역시) 과도하게 미국에게 종속되어 있으며, 그로 인해 멕시코가 라틴아메리카에서 입지를 상실했다는 인식이 팽배해있다.

이 때문에, EU, 아태지역, 라틴아메리카 지역과 관계를 확대할 것이 기대된다.

그러나 멕시코의 라틴아메리카로의 부분적인 회귀는 멕시코가 라틴아메리카에서 미국의 영향력을 전파하는 역할을 한다는 점에서, 반미정서의 완충지대 역할을 한다는 점에서 미국의 계획에도 어느 정도 부합한다.

미국과 멕시코의 관계는 국경선에서 벌어지는 불법 이민과 마약 밀매로 인해 복잡해질 수 있다.

멕시코는 세계무대에서 영향력 강화를 위해 노력을 기울일 것으로 보인다. 그러나 브라질보다는 성공할 확률이 적다.

결론

러시아에게 주는 시사점: 위기와 기회

■ 러시아는 자국의 국내외 전략을, 다가오는 20년의 국제적 발전 트렌드에 효율적으로 접목시켜야 한다. 이는 러시아가 주변부의 입장에 남아있지 않고, 미래의 리스크에 대비 태세를 갖추고, 세계화가 던져줄 새로운 기회를 활용하기 위한 것이다.

이데올로기

위기	기회
러시아 내에 확산된 민족주의, 배타성, 대립적 자아일체 의식	유럽과 태평양을 아우르는 국가로서, 전 세계 문명 중 일부로서 유럽적 가치에 기반을 둔 러시아의 자아일체 의식
〈평등〉과 〈공정〉 등 급진 좌파 사상의 부흥	이데올로기와 가치에 대해 세계 선도국가들 및 기타 이해 당사국들과 폭넓은 다층적 대화를 유지
종교를 최우선 시 하는 공동체 의식, 종교 간 충돌	미국, EU, 중국, 인도와 공동으로 공격적 이슬람주의에 대응

□ **핵심 과제**

세계화 및 불평등 해소를 위한 이데올로기에 따라, 정치, 사회, 법, 교육 제도를 필연적으로 개혁해야 한다.

경제

위기	기회
자원의존 형 경제구조 유지, 세계경제의 에너지 공급국가로 고착	세계의 혁신 중심지들과의 과학 · 기술 통합을 통한 현대화된 발전전략 및 재산업화 플랜 실행
재생에너지 생산으로 러시아의 주요 수출품목인 자원 수요 감소 및 가격 하락	경제 혁신을 위한 천연 자원의 잠재력 활용
유럽과 아시아 태평양 지역의 통합 과정에서 제한된 역할을 맡으면서 이익 상실, 입지 축소	유럽 지역 러시아와 유럽 간의 통합적 협력, 아시아 태평양 지역과 러시아 간의 통합적 협력이라는 양 방향 경제 전략 수립. 예산 및 관세 정책에서도 유럽 러시아와 아시아 대륙에 속하는 러시아의 특수성을 고려
다자 외교 협상에서 낙오	역내(EU, 아시아 태평양 지역) 및 세계 구제금융 펀드에 참여
러시아를 역내 혹은 세계금융 중심지로 변모시키려는 정책의 실패 또는 이에 따른 과도한 비용지출	러시아 루블화의 점진적 지역화폐화. 내실 있는 혁신적 수출 구조의 변화, 효율적 국가 금융 시스템 구축

□ 핵심 과제

1. 지식 경제를 목표로 에너지 및 자원 분야를 재배치하는 작업은 러시아의 보수적 엘리트 층의 저항을 초래할 것이다. 혁신 전략은 러시아 에너지 산업 분야 올리가르히의 이익을 직접적으로 침해하기 때문이다. 이 같은 이해관계와 러시아의 장기적 이익 사이에서 접점을 찾는 과제는 정치적 성격을 띤다.

2. 두 가지 방향성을 지닌 경제 전략 구상(유럽 지역 러시아가 유럽을 향하고, 아시아 지역 러시아는 아시아 태평양 지역을 지향하는)은 나라의 분열과 그에 따른 반작용을 불러일으킬 수 있는 위험을 안고 있다. 이 같은 위험 요소를 제거하는 것은 정치적 과제이다. 이 문제 해결을 위한 한 방법은, 일본, 한국, 미국이 중국과의 경쟁관계 속에서 동시베리아, 극동 개발에 참여 할 수 있도록 하는 것이다.

사회분야

위기	기회
중산층 육성의 고질적 후진성. 선진국 수준에 현저히 뒤지는 인구, 삶의 질, 빈곤층 증대. 두뇌 유출 국가 및 공동체와 세계 부호 사이의 이해 충돌 심화는 러시아에 부정적 파장을 미침	조속한 중산층 육성, 삶의 질을 세계평균 수준으로 향상시키기 위한 아래 조치를 취함 · 혁신적 발전 전략 실현 · 중소기업 활동 확대 · 관료주의 폐해 제거
새로운 글로벌 사회 시스템 구축에서 낙오 교육, 보건, 사회 복지 분야의 세계적 트렌드에서 낙오	인접한 유럽 및 아태 지역 국가들의 사회정책과 조화와 세계의 경험을 바탕으로, 교육, 의료 및 사회 서비스 수준을 제고
	진정한 시민사회 형성

□ 핵심 과제

현존하는 공공 기관을 개혁한다. 이 때 역할 축소로 인해 약화된 관료주의와 효율적인 관료주의를 필요로 하는 공동체 사이의 갈등을 피하는 것이 필요하다. 이를 위해서는 정치적 의지 못지않게 시민사회의 실질적, 적극적 활동이 요구된다.

대외 정책

위기	기회
핵탄두 비축, 글로벌 유럽 안보, 중앙아시아 안보, 범태평양지역 안보, 인권문제, 민주주의, 기본적 가치관 등 영역에서의 대립으로 미국과 갈등 첨예화	세계 및 역내 안보에 상호 중요한 파트너 국가임을 인식, 안보 문제에서 공동행동을 취하는 수준의 관계 개선
관계 악화 · EU 관련: 지역문제, 에너지 안보문제, NATO 확대 문제, 새로운 유럽 안보시스템 구축 문제 · 중국 관련: 중앙아시아 문제, 국경 문제 · 일본 관련: 영토 문제	유럽 내 안보 · 협력기관의 지속적 형성
범태평양 지역의 새로운 안보 시스템 구축에 불참	중국, 일본, 미국과 양국 및 다자 외교를 통해 범태평양 지역의 새로운 안보 · 협력 시스템 구축에 적극 참여
평화 유지, 중동 및 중앙아시아의 테러 및 마약밀매 기반 약화 노력에서 미국, EU, 러시아, 중국, 일본 사이의 공동 행동 실패	중동의 문화, 역사, 사회, 경제, 사상을 고려한 종합적인 접근책 마련
세계 대양, 북극, 남극, 우주 개발문제로 대립	세계 대양, 북극, 남극, 우주개발 분야의 친환경적이고 균형 잡힌 다자협력의 중요성

□ 핵심 과제

대외정책의 이해관계와 대외 정책 전략 구상에 있어서 러시아가 잠재적 적국으로 여기는 미국, 중국에 대한 전통적 인식을 어떻게 극복할 것인가?

아래와 같은 다양한 방식의 폭넓은 대화를 갖는다.

- 정부 고위 관리-전문가 집단
- 정부 고위 관리-정치 엘리트-전문가 집단,
- 정부 고위 관리-공동체-정치 및 경제 엘리트-전문가 집단

세계에 러시아에 대한 새로운 인상을 심어주기 위해 대중매체를 긍정적으로 활용하는 것은 별도의 과제이다.

주요 국가 및 지역과 협력

미국(USA)

위기	기회
상호 불신이 존재하며, 특히, 세계 · 지역 안보 문제, 핵무기 비확산, 경제 문제 등의 영역에서 미 · 러 관계 전반에 부정적 영향을 미치는 문제에 대한 포괄적 대화의 부재	2010년의 긍정적 미 · 러 관계 기조를 장기적 점진적으로 확대 미국과 러시아가 의미 있는 성과를 낼 수 있는 상호 유익한 과학 · 기술 분야 협력 추구
미국과 러시아의 정권교체에 따라 플러스에서 마이너스까지 요동치는 변화들	혁신 및 에너지 분야 협력에서 출발하여 견고한 정치관계로 발전
더 이상 자국의 이익에 영향을 미치는 중요하고 필요한 나라가 아니라는 판단에서 나온 미국의 러시아를 무시하는 태도 이에 러시아는 자국의 중요성을 보이기 위해 미국의 고립화 및 미국에 대한 적대시로 대응 양국의 경제 관계 강화 과정의 부재	근본적 가치, 세계발전을 위한 합의된 비전, 평화구축 등을 목표로 공동노력을 이행하려는 국가적 접근법에 대한 정부 · 경제계 · 전문가 · 시민사회 차원의 포괄적 대화 필요

□ **핵심 과제**

미국과 러시아 양국에는 새로운 차원의 양국 관계를 맞이할 준비가 되지 않거나, 이에 무관심한 강력한 이익집단과 이해세력이 존재한다. 양국 간의 대외관계 의제를 조성하기 위해서는 단순한 정치적 의지, 상당한 노력, 시간뿐 아니라, 시민사회, 전문가, 경제계의 역할 제고가 절대적으로 필요하다.

EU

위기	기회
상호 수용 가능한 새로운 유럽안보 기구 구축과정의 부재	국제 안보 분야에서 러시아가 미국 다음가는 EU 주요 파트너 국가로 등장
에너지 안보, 공화국 독립 불인정, NATO 확대, 불법이민, 인권문제 등으로 양자 간 대립 구소련 영토에서 재등장하는 러시아와 유럽의 이해 다툼 러시아의 이해를 고려하지 않는 새로운 EU-중국 그리고 NATO-중국 회담 성립	러시아와 EU 간 전략적 동반자 관계 조약 체결 아래 네 분야에서 러시아와 EU의 점진적 통합 · 경제 분야 · 국내 안보 및 사법 분야 · 대외안보 분야 · 문화적 측면을 포함한 학문 및 교육 분야 양국의 이해를 고려한 에너지 안보분야의 협력 에너지 분야를 넘어서 경제 협력으로 도약 제조 · 서비스 분야 유럽 다국적 기업의 러시아 시장 진출 확대로 러시아 경제구조 혁신 러시아 기업의 유럽시장 투자확대로, 국경을 초월하는 부가가치를 창출 산업의 연쇄적 발달

□ 핵심 과제

EU 내 금융 및 국내정치 불안정은 미래를 대비하는 러시아와의 협력에 제동을 걸 수 있다. 러시아는 양자 간 통합의 심화를 위해 지속적이고 열린 자세로 전략적 협상에 임해야 한다.

아시아 태평양 지역

위기	기회
범태평양 지역의 안보, 협력, 공동 발전 과정에서 러시아 배제	아시아 태평양 지역 안보, 공동 발전에 러시아가 주도적으로 참여 이를 위해 APEC회담과 새로운 다자간 회담을 활용: 러시아-일본-미국, 러시아-중국-미국, 러시아-미 · 일 동맹(러시아-NATO의 경우와 같이) 사이의 대화 등
미국과 중국의 경제적 전략적 협력으로 인해, 태평양 지역 사안에 관한 러시아의 미국 및 중국 사이의 협력 지체	국제 안보에 관한 미 · 러 대화를 통해 범태평양 안보문제에 개입
영토 문제의 미해결은 러 · 일관계의 도약을 제약	아래와 같은 에너지 분야 체제 구축: · 러시아 자원에 기초한 아시아 태평양 지역의 에너지 시장 · 동북아 3국(중국, 일본, 한국)의 다자 석유 예비 펀드 EU와 아시아 태평양 지역의 연결다리로 러시아를 활용 러시아의 태평양 지역에 동북아 3국의 경제와 관세 및 조세 체제 구축 러시아의 태평양 지역을 동북아시아 3국과의 혁신적 통합의 장으로 아래와 같이 활용: · 동북아 지역 혁신 경제를 책임질 인력(전문가, 학자 등)의 자유로운 이동 · 다자 비즈니스 인큐베이터 설립

□ 핵심 과제

러시아인의 공동의식 속에 러시아가 유럽강국일 뿐 아니라 태평양 강국이기도 하다는 인식을 확산시킨다.

남 아시아, 아프리카, 중동, 라틴아메리카

위기	기회
지역의 자원 및 시장 개발을 놓고 세계적 선도국가들 간 각축 치열	세계 선도국가와 그 나라의 거대기업 사이에, 그리고 해당지역 정부와 자국 기업 사이에 천연자원개발에 대한 합의점 도출. 영향력 확보를 위한 경쟁 대신 리스크와 이익의 분담
영향력 다툼으로 인해 핵무기 비확산, 테러, 마약 밀매와 같은 지역분쟁 해결과 위협제거를 위한 공동협력이 방해 받음	현재의 지역적이고 제한적인 안보 관련 비전을 극복하는 등의 수단을 통해, 다양한 형태의 역내 악과의 투쟁을 위한 노력 결집
치열한 경쟁으로 러시아가 이 지역에서 배제됨	러시아는 지역 안보 및 협력체제의 한 기구이다.라는 입장을 바탕으로, 지역 선도국가들과의 양자관계 뿐 아니라 다자 외교를 통해 자신의 입장 강화

□ 핵심 과제

단지 경쟁자들에 반대하는 방식을 통해서만 이 지역의 입장을 강화해온 관행을 바꾸는 과정에서, 새로운 협력적 접근 방법은 큰 저항에 부딪히고 있다. 이 지역 대외 정책의 관습화 된 철학을 탈피하는 데 20년의 기간은 충분하지 않을 수도 있다.

보고서 집필자들은, 러시아가 적절하고 합리적 방식으로 세계화 과정을 인식하고 또 그것에 참여하고 있으며, 미래를 내다보며 대내외 전략을 구축할 수 있는 충분한 정치적 의지, 사회적 지지, 정부의 관심, 전문 분야 자원을 확보하고 있고, 이 같은 대내외 전략의 실현을 통해 러시아 자신이 세계 발전 과정에 효율적 영향을 미칠 수 있을 뿐만 아니라, 그렇게 함으로써 러시아 국민 삶의 질적 수준 제고를 위한 국제사회에서의 입지를 견고히 할 수 있을 것이라는 시각에서 이 미래 전망을 작성하였음을 밝히는 바이다.

통계지표

통계지표 해제

본 연구는 보다 정확하고 구체적 미래 전망을 제시하기 위해 2009년 국내 화폐의 달러 대비 PPP와 2009년 연평균 달러 대비 환율을 기준으로 전망 수치를 예상했다. UN의 국제비교 프로그램의 일환으로 진행된, 전반적 구매력 평가는 2005년 데이터를 토대로 2008년 발표되었다. 이는 가장 최근에 발표된 구매력 평가 지수이며, 그 이전의 구매력 평가 지수는 1993년 데이터를 토대로 1996년 발표된 바 있다. 두 차례에 걸친 구매력 평가에서 위안화의 구매력 평가는 실제보다 훨씬 낮게 수정되었고, 이로 인해 PPP 기준 GDP는 과거 자료를 바탕으로 한 예상치보다 현저히 낮아졌다. 전망 예측 기간 동안의 구매력 평가 지수는 미국과 다른 국가경제의 GDP 디플레이터(deflator)를 고려하여 전체적으로 재검토 되었다.

예측 결과에 의하면, 2020년 중국이 PPP 기준 GDP에서 미국을 추월한다는 결론이 나온다. 그러나 만약 PPP가 향후 10년 동안 상당히 변동된다면, 2030년 PPP 기준 중국의 GDP는 미국의 GDP 수준에 미치지 못할 것이다.

이들 수치의 상관관계를 더욱 분명히 이해하려면, 미국과 중국의 2009년 달러 대비 위안화 환율 기준 GDP를 비교하면 된다.

2009년의 달러 대비 위안화 환율 기준으로 볼 때, 2030년 중국 GDP

는 미국 GDP의 85%에 도달하게 될 것이다. 여기서 달러 대비 위안화의 환율이 구매력 평가 지수보다 높아지거나 이에 근접하면서 변동할 것이라는 점을 고려해야 한다. 중국의 경제구조 또한 변화하여 선진국 경제 구조와 비슷해질 것이고, 이로 인해 위안화와 달러의 비교는 더욱 용이해질 것이다. 위안화의 PPP 기준 중국 GDP와 위안화 환율 기준 중국의 GDP 사이의 차이는 2030년경에는 축소될 것이고 큰 의미를 지니지 않을 것이다. 그 결과 PPP 기준 중국 GDP는 미국 GDP보다 낮은 수치를 보일 것이다.

다른 개발도상국과 선진국 과도기형 국가들의 자국 통화 또한 위안화와 마찬가지로 환율이 달러대비 소비자 구매력 지수보다 상당히 낮다. 이 때문에 이들 국가들의 환율 기준 GDP는 PPP 기준 GDP보다 낮게 나타난다. 환율과 구매력의 차이는 나라마다 서로 다르다. 선진국이거나 경제구조가 현대화 된 나라일수록, 환율과 구매력 지수 사이의 차이는 작게 나타난다.

대부분 선진국의 경우는 환율이 구매력 평가 지수보다 높기 때문에, 여러 방식으로 평가를 해도 환율 기준 GDP가 PPP기준 GDP보다 높아진다.

한 국가의 GDP 성장률은, 자국 통화 기준, 구매력 평가 기준, 환율 기준 등 다양한 방식으로 평가를 해도 결과는 동일하다. 그러나 국가그룹의 GDP 성장률과 세계경제의 GDP 성장률은 그것의 기준이 구매력인지 아니면 환율인지에 따라 서로 달라진다. 예를 들어, 2001~2010년의 구매력 기준 세계경제 GDP 성장률이 3.5%라면, 같은 기간의 환율 대비 세계경제 GDP 성장률은 2.6%이다. 국가그룹 및 세계경제의 GDP의 전체적 화폐 단위는 단일하지만(현재의 단일 통화단위는 달러), 두 가지 GDP 계산 방법이 존재하기 때문이다. 구매력 평가 기준 GDP 계산법과, 연평균 환율 기준 GDP 계산법이 바로 그것이다. 방법이 두 가지이기 때문에 전체적인 결과 또한 두 종류이다. 각 국가의 GDP 수치가 계산 방법에 따라 달라지기 때문에, 국가그룹 및 세계경제의 GDP 수치도 계산 방법에 따라 변화한다. 예를 들어, 2010년 구매력 평가 기준 세계경제 GDP는 75조 8500억 달러였고, 환율 기준으로는 59조 9750억 달러에 해당된다.

총액의 25%가 줄어든 것이다. 따라서 경제성장률, 국가그룹 성장률도 적용 방법에 따라 결과가 달라진다. 이 때 중요한 점은 계산 방법에 따라 개별국가들의 전체 GDP에서의 비중이 달라진다는 것이다. 따라서 국가그룹과 세계경제의 GDP 규모도 달라지고, GDP 성장률 역시 변화한다.

본 연구의 모든 거시경제 지표는 가능한 전망 범위 내에서 가장 낮은 수치를 산정한 것이며, 여기에 제시된 통계표들도 가장 낮은 전망 수치들을 반영하고 있다.

표 1 은 모든 전망의 기초자료로 활용되는 16개 선진국의 거시경제 지표를 담고 있다. 그리고 모든 예측은 154개국, 전 지구촌 인구의 99.2% (2009년 기준), 전 세계 GDP의 99.8%에 달하는 거시 경제 지표들을 토대로 이루어 졌다.

표 1. 2009년 세계경제발전 주요지표

	2009년 연평균 대달러 자국 환율에 따른 10억달러 기준 GDP	2009년 연평균 대달러 환율	2009년 구매력평가(PPP)에 따른 10억달러 기준 GDP	2009년 대달러 자국화폐 구매력평가	환율과 구매력평가 간 비율
미국	14,256	1	14,256	1	1
일본	5,068	93.57	4,138	114.58	0.82
독일	3,347	0.72	2,984	0.81	0.89
중국	4,909	6.83	8,888	3.77	1.81
영국	2,175	0.64	2,257	0.62	1.04
프랑스	2,649	0.72	2,172	0.88	0.82
이탈리아	2,113	0.72	1,922	0.79	0.91
스페인	1,460	0.72	1,496	0.70	1.02
캐나다	1,336	1.14	1,280	1.19	0.96
브라질	1,572	2.00	2,020	1.56	1.29
러시아	1,231	31.74	2,687	14.54	2.18
인도	1,296	48.41	3,752	16.72	2.89
한국	833	1,276.90	1,324	802.66	1.59
멕시코	875	13.51	1,540	7.68	1.76
터키	617	1.55	1,040	0.92	1.69
호주	925	1.28	858	1.38	0.93

표 2. 세계인구 [단위: 백만 명]

	2000	2010	2020	2030
진 세계	6,085.6	6,787	7,415	7,830
선진국	942.1	1,000	1,035	1,065
미국	285.0	309	330	350
일본	127.0	127	126	125
유로존	312.8	329	333	336
EU 27개국	482.6	500	507	512
독일	82.2	82	82	81
프랑스	59.3	63	65	66
이탈리아	57.5	61	61	61
영국	58.7	62	64	65
개발도상국 및 체제전환국	5,143.5	5,787	6,380	6,765
개발도상국	4,665.3	5,309	5,890	6,265
라틴아메리카	516.0	581	645	690
브라질	171.8	195	213	227
북아프리카	144.4	172	195	213
근동 및 중동	164.1	200	235	260
근동 및 중동을 제외한 아시아	3,159.6	3,514	3,805	3,980
중국	1,268.5	1,337	1,377	1,390
인도	1,016.9	1,169	1,305	1,400
사하라 이남 아프리카	640.5	842	1,005	1,120
체제전환국	478.2	478	490	500
중동부유럽	201.2	203	213	218
CIS국가	277.0	275	278	283
러시아	145.6	142	139	140

표 3. 세계인구 비중 [단위: %]

	2000	2010	2020	2030
전 세계	100.0	100.0	100.0	100.0
선진국	15.5	14.7	14.0	13.6
미국	4.7	4.6	4.5	4.5
일본	2.1	1.9	1.7	1.6
유로존	5.1	4.8	4.5	4.3
EU 27개국	7.9	7.4	6.8	6.5
독일	1.4	1.2	1.1	1.0
프랑스	1.0	0.9	0.9	0.8
이탈리아	0.9	0.9	0.8	0.8
영국	1.0	0.9	0.9	0.8
개발도상국 및 체제전환국	84.5	85.3	86.0	86.4
개발도상국	76.7	78.2	79.4	80.0
라틴아메리카	8.5	8.6	8.7	8.8
브라질	2.8	2.9	2.9	2.9
북아프리카	2.4	2.5	2.6	2.7
근동 및 중동	2.7	3.0	3.2	3.3
근동 및 중동을 제외한 아시아	51.9	51.8	51.3	50.9
중국	20.8	19.7	18.6	17.8
인도	16.7	17.2	17.6	17.9
사하라 이남 아프리카	10.5	12.4	13.6	14.3
체제전환국	7.9	7.0	6.6	6.4
중동부유럽	3.3	3.0	2.9	2.8
CIS국가	4.6	4.0	3.7	3.6
러시아	2.4	2.1	1.9	1.8

표 4. GDP [단위 : 십억 달러, 2009년 구매력평가(PPP)기준]

	2000	2010	2020	2030
전 세계	53,425.4	75,085	114,950	175,595
선진국	33,181.0	38,830	50,950	66,175
미국	12,313.6	14,755	20,220	27,330
일본	3,966.7	4,220	5,145	6,185
유럽지역	10,115.4	11,265	14,070	17,295
EU 27개국	13,813.5	15,850	20,405	26,180
독일	2,851.2	3,020	3,790	4,665
프랑스	1,948.8	2,205	2,765	3,405
이탈리아	1,893.0	1,935	2,410	2,935
영국	1,975.0	2,290	2,900	3,680
개발도상국 및 체제전환국	20,244.4	36,255	64,000	109,420
개발도상국	15,703.7	29,280	53,090	92,065
라틴아메리카	4,762.8	6,450	8,940	12,170
브라질	1,521.3	2,130	3,005	4,200
북아프리카	738.0	1,155	1,675	2,415
근동 및 중동	1,578.0	2,490	3,790	5,665
근동 및 중동을 제외한 아시아	8,001.8	17,380	36,215	68,450
중국	3,744.7	9,685	21,905	42,885
인도	2,011.9	4,070	8,315	16,125
사하라 이남 아프리카	1,067.6	1,805	2,470	3,365
체제전환국	4,540.7	6,975	10,910	17,355
중동부유럽	2,315.7	3,290	5,175	8,105
CIS국가	2,225.0	3,685	5,735	9,250
러시아	1,762.2	2,795	4,135	6,425

표 5. GDP 증가율 [단위: %]

	2001-2010	2011-2020	2021-2030
전 세계	3.5	4.4	4.3
선진국	1.6	2.8	2.6
미국	1.8	3.2	3.1
일본	0.6	2.0	1.9
유로존	1.1	2.2	2.1
EU 27개국	1.4	2.6	2.5
독일	0.6	2.3	2.1
프랑스	1.2	2.3	2.1
이탈리아	0.2	2.2	2.0
영국	1.5	2.4	2.4
개발도상국 및 체제전환국	6.0	5.8	5.5
개발도상국	6.4	7.6	7.5
라틴아메리카	3.1	3.3	3.1
브라질	3.4	3.5	3.4
북아프리카	4.6	3.8	3.7
근동 및 중동	4.7	4.3	4.1
근동 및 중동을 제외한 아시아	8.1	7.6	6.6
중국	10.0	8.5	7.0
인도	7.3	7.4	6.9
사하라 이남 아프리카	5.4	3.2	3.1
체제전환국	4.4	4.6	4.8
중동부유럽	3.6	4.6	4.6
CIS국가	5.2	4.5	4.9
러시아	4.7	4.0	4.5

표 6. 세계 GDP 비율 [단위 : %]

	2000	2010	2020	2030
전 세계	100.0	100.0	100.0	100.0
선진국	62.1	51.7	44.3	37.7
미국	23.0	19.7	17.6	15.6
일본	7.4	5.6	4.5	3.5
유로존	18.9	15.0	12.2	9.8
EU 27개국	25.9	21.1	17.8	14.9
독일	5.3	4.0	3.3	2.7
프랑스	3.6	2.9	2.4	1.9
이탈리아	3.5	2.6	2.1	1.7
영국	3.7	3.0	2.5	2.1
개발도상국 및 체제전환국	37.9	48.3	55.7	62.3
개발도상국	29.4	39.0	46.2	52.4
라틴아메리카	8.9	8.6	7.8	6.9
브라질	2.8	2.8	2.6	2.4
북아프리카	1.4	1.5	1.5	1.4
근동 및 중동	3.0	3.3	3.3	3.2
근동 및 중동을 제외한 아시아	15.0	23.1	31.5	39.0
중국	7.0	12.9	19.1	24.4
인도	3.8	5.4	7.2	9.2
사하라 이남 아프리카	2.0	2.4	2.1	1.9
체제전환국	8.5	9.3	9.5	9.9
중동부유럽	4.3	4.4	4.5	4.6
CIS국가	4.2	4.9	5.5	5.3
러시아	3.3	3.7	3.6	3.7

표 7. 1인당 GDP [단위: 천 달러, 2009년 PPP 기준]

	2000	2010	2020	2030
전 세계	8.8	11.1	15.5	22.4
선진국	35.2	38.8	49.2	62.2
미국	43.2	47.7	61.0	78.4
일본	31.2	33.1	40.6	48.9
유로존	32.3	34.3	42.3	51.5
EU 27개국	28.6	31.7	40.2	51.2
독일	34.7	36.9	46.5	57.3
프랑스	32.9	35.0	42.8	51.9
이탈리아	32.9	32.0	39.7	48.1
영국	33.6	36.7	45.4	56.7
개발도상국 및 체제전환국	3.9	6.3	10.0	16.2
개발도상국	3.4	5.5	9.0	14.7
라틴아메리카	9.2	11.1	13.9	17.7
브라질	8.9	10.9	14.1	18.5
북아프리카	5.1	6.7	8.6	11.3
근동 및 중동	9.6	12.4	16.1	21.7
근동 및 중동을 제외한 아시아	2.5	4.9	9.5	17.2
중국	3.0	7.2	15.9	30.8
인도	2.0	3.5	6.4	11.5
사하라 이남 아프리카	1.7	2.1	2.5	3.0
체제전환국	9.5	14.6	22.3	34.6
중동부유럽	11.5	16.2	24.3	37.1
CIS국가	8.0	13.4	20.7	32.7
러시아	12.1	19.7	29.8	45.9

표 8. 1인당 GDP 증가율 [단위: %]

	2001-2010	2011-2020	2021-2030
전 세계	2.3	3.4	3.8
선진국	1.0	2.4	2.4
미국	1.0	2.5	2.5
일본	0.6	2.1	1.9
유로존	0.6	2.1	2.0
EU 27개국	1.0	2.4	2.4
독일	0.6	2.3	2.1
프랑스	0.6	2.0	1.9
이탈리아	-0.3	2.2	1.9
영국	0.9	2.1	2.2
개발도상국 및 체제전환국	4.8	4.8	4.9
개발도상국	5.1	5.0	5.0
라틴아메리카	1.9	2.2	2.5
브라질	2.1	2.6	2.8
북아프리카	2.8	2.5	2.8
근동 및 중동	2.6	2.6	3.0
근동 및 중동을 제외한 아시아	6.9	6.8	6.1
중국	9.4	8.2	6.8
인도	5.8	6.2	6.1
사하라 이남 아프리카	2.5	1.4	2.0
체제전환국	4.4	4.3	4.5
중동부유럽	3.5	4.2	4.3
CIS국가	5.3	4.4	4.7
러시아	5.0	4.2	4.4

표9. 국가별 GDP 순위

[단위: 십억 달러, 2009년 PPP 기준]

2000			2010			2020			2030		
1	미국	12,314	1	미국	14,755	1	중국	21,905	1	중국	42,885
2	일본	3,967	2	중국	9,685	2	미국	20,220	2	미국	27,330
3	중국	3,745	3	일본	4,220	3	인도	8,315	3	인도	16,125
4	독일	2,851	4	인도	4,070	4	일본	5,145	4	러시아	6,425
5	인도	2,012	5	독일	3,020	5	러시아	4,135	5	일본	6,185
6	영국	1,975	6	러시아	2,795	6	독일	3,790	6	독일	4,665
7	프랑스	1,949	7	영국	2,290	7	브라질	3,005	7	브라질	4,200
8	이탈리아	1,893	8	프랑스	2,205	8	영국	2,900	8	영국	3,680
9	러시아	1,762	9	브라질	2,130	9	프랑스	2,765	9	프랑스	3,405
10	브라질	1,521	10	이탈리아	1,935	10	이탈리아	2,410	10	멕시코	2,985
11	멕시코	1,364	11	멕시코	1,605	11	멕시코	2,220	11	이탈리아	2,935
12	스페인	1,216	12	스페인	1,490	12	한국	2,030	12	한국	2,920
13	캐나다	1,095	13	한국	1,385	13	스페인	1,850	13	인도네시아	2,530
14	한국	937.3	14	캐나다	1,320	14	캐나다	1,720	14	터키	2,445
15	터키	774.4	15	터키	1,095	15	인도네시아	1,655	15	스페인	2,260

표 10. 1인당 GDP에 따른 국가분류

[단위: 천 달러, 2009년 PPP 기준]

	1,000 미만				1,000~2,000				2,000~5,000			
	2000	2010	2020	2030	2000	2010	2020	2030	2000	2010	2020	2030
국가 수	19	12	10	8	23	22	20	14	27	25	18	20
GDP (십억 달러)	215	180	100	90	2,772	825	870	585	6,085	7,465	2,865	2,620
세계 GDP 비중 (%)	0.4	0.2	0.1	0.1	5.2	1.1	0.8	0.3	11.4	9.9	2.5	1.5
인구 (백만 명)	365	258	187	186	1,584	594	586	379	2,037	2,189	916	903
세계인구 비중 (%)	6.0	3.8	2.5	2.4	26.0	8.7	7.8	4.8	33.5	31.9	12.2	11.4
1인당 평균 GDP (천 달러)	0.6	0.7	0.5	0.5	1.8	1.4	1.5	1.5	3.0	3.4	3.1	2.9

	5,000~10,000				10,000~20,000				20,000 초과			
	2000	2010	2020	2030	2000	2010	2020	2030	2000	2010	2020	2030
국가 수	25	21	18	16	22	32	30	21	35	39	55	72
GDP (십억 달러)	4,418	12,805	12,710	4,475	6,390	13,230	36,460	30,065	33,958	40,540	61,895	137,685
세계 GDP 비중 (%)	8.3	17.1	11.1	2.5	12.0	17.6	31.7	17.1	63.6	54.0	53.8	78.4
인구 (백만 명)	579	1,756	1,960	640	508	931	2,350	2,395	972	1,057	1,415	3,325
세계인구 비중 (%)	9.5	25.6	26.2	8.1	8.3	13.6	31.4	30.3	16.0	15.4	18.9	42.1
1인당 평균 GDP (천 달러)	7.6	7.3	6.5	7.0	12.6	14.2	15.5	12.6	34.9	38.4	43.7	41.4

표 11. GDP 총 규모 [단위: 십억 달러, 2009년 달러대비 연평균 환율 기준]

	2000	2010	2020	2030
전 세계	46,245.2	59,975	86,610	125,125
선진국	34,954.0	40,520	52,720	67,885
미국	12,313.6	14,755	20,220	27,330
일본	4,857.1	5,170	6,300	7,575
유로존	11,308.7	12,570	15,670	19,225
EU 27개국	14,605.5	16,555	21,010	26,465
독일	319,7.3	3,385	4,250	5,235
프랑스	2,377.0	2,685	3,370	4,150
이탈리아	2,081.3	2,130	2,645	3,225
영국	1,902.9	2,205	2,795	3,545
개발도상국 및 체제전환국	11,291.2	19,455	33,890	57,240
개발도상국	8,862.8	15,765	28,110	48,065
라틴아메리카	3,147.0	4,255	5,915	8,070
브라질	1,183.8	1,660	2,340	3,270
북아프리카	351.6	550	795	1,135
근동 및 중동	956.8	1,525	2,295	3,395
근동 및 중동을 제외한 아시아	384,4.1	8,490	17,815	33,705
중국	206,8.4	5,350	12,100	23,690
인도	695.0	1,405	2,870	5,570
사하라 이남 아프리카	563.2	945	1,290	1,760
체제전환국	242,8.4	3,690	5,780	9,175
중동부유럽	1,414.5	2,005	3,145	4,915
CIS국가	101,4.0	1,685	2,635	4,260
러시아	807.1	1,280	1,895	2,940

표 12. GDP 성장 속도 [단위: %]

	2001-2010	2011-2020	2021-2030
전 세계	2.6	3.7	3.7
선진국	1.5	2.7	2.6
미국	1.8	3.2	3.1
일본	0.6	2.0	1.9
유로존	1.1	2.2	2.1
EU 27개국	1.3	2.4	2.3
독일	0.6	2.3	2.1
프랑스	1.2	2.3	2.1
이탈리아	0.2	2.2	2.0
영국	1.5	2.4	2.4
개발도상국 및 체제전환국	5.6	5.7	5.4
개발도상국	5.9	6.0	5.5
라틴아메리카	3.1	3.3	3.2
브라질	3.4	3.5	3.4
북아프리카	4.5	3.7	3.7
근동 및 중동	4.8	4.2	4.0
근동 및 중동을 제외한 아시아	8.2	7.7	6.6
중국	10.0	8.5	7.0
인도	7.3	7.4	6.9
사하라 이남 아프리카	5.3	3.2	3.1
체제전환국	4.3	4.6	4.7
중동부유럽	3.5	4.6	4.6
CIS국가	5.2	4.5	4.9
러시아	4.7	4.0	4.5

표 13. 국가별 GDP 비중 [단위: %]

	2000	2010	2020	2030
전 세계	100.0	100.0	100.0	100.0
선진국	75.6	67.6	60.9	54.3
미국	26.6	24.6	23.3	21.8
일본	10.5	8.6	7.3	6.1
유로존	24.5	21.0	24.3	21.2
EU 27개국	31.6	27.6	24.3	21.2
독일	6.9	5.6	4.9	4.2
프랑스	5.1	4.5	3.9	3.3
이탈리아	4.5	3.6	3.1	2.6
영국	4.1	3.7	3.2	2.8
개발도상국 및 체제전환국	24.4	32.4	39.1	45.7
개발도상국	19.2	26.3	32.5	38.4
라틴아메리카	6.8	7.1	6.8	6.4
브라질	2.6	2.8	2.7	2.6
북아프리카	0.8	0.9	0.9	0.9
근동 및 중동	2.1	2.5	2.7	2.7
근동 및 중동을 제외한 아시아	8.3	14.2	20.6	26.9
중국	4.5	8.9	14.0	18.9
인도	1.5	2.3	3.3	4.5
사하라 이남 아프리카	1.2	1.6	1.5	1.4
체제전환국	5.3	6.2	6.7	7.3
중동부유럽	3.1	3.3	3.6	3.9
CIS국가	2.2	2.8	3.0	3.4
러시아	1.7	2.1	2.2	2.4

표 14. 1인당 GDP [단위: 천 달러]

	2000	2010	2020	2030
전 세계	7.6	8.8	11.7	16.0
선진국	37.1	40.5	50.9	63.8
미국	43.2	47.7	61.0	78.4
일본	38.2	40.5	49.7	59.8
유로존	36.2	38.3	47.1	57.2
EU 27개국	30.3	33.1	41.4	51.7
독일	38.9	41.4	52.1	64.3
프랑스	40.1	42.6	52.2	63.3
이탈리아	36.2	35.2	43.6	52.9
영국	32.4	35.4	43.8	54.6
개발도상국 및 체제전환국	2.2	3.4	5.3	8.5
개발도상국	1.9	3.0	4.8	7.7
라틴아메리카	6.1	7.3	9.2	11.7
브라질	6.9	8.5	11.0	14.4
북아프리카	2.4	3.2	4.0	5.3
근동 및 중동	5.8	7.6	9.8	13.0
근동 및 중동을 제외한 아시아	1.2	2.4	4.7	8.5
중국	1.6	4.0	8.8	17.0
인도	0.7	1.2	2.2	4.0
사하라 이남 아프리카	0.9	1.1	1.3	1.6
체제전환국	5.1	7.7	11.8	18.3
중동부유럽	7.0	9.9	14.8	22.5
CIS국가	3.7	6.2	9.5	15.1
러시아	5.5	9.0	13.6	21.0

표 15. 1인당 GDP 성장률[1)] [단위: %]

	2001~2010	2011~2020	2021~2030
전 세계	1.5	2.8	3.2
선진국	0.9	2.3	2.3
미국	1.0	2.5	2.5
일본	0.6	2.1	1.9
유로존	0.6	2.1	2.0
EU 27개국	0.9	2.3	2.2
독일	0.6	2.3	2.1
프랑스	0.6	2.0	1.9
이탈리아	-0.3	2.2	1.9
영국	0.9	2.1	2.2
개발도상국 및 체제전환국	4.4	4.7	4.8
개발도상국	4.6	4.9	4.9
라틴아메리카	1.8	2.3	2.5
브라질	2.1	2.6	2.8
북아프리카	2.7	2.5	2.8
근동 및 중동	2.7	2.5	2.9
근동 및 중동을 제외한 아시아	7.1	6.8	6.1
중국	9.4	8.2	6.8
인도	5.8	6.2	6.1
사하라 이남 아프리카	2.5	1.4	2.0
체제전환국	4.3	4.3	4.5
중동부유럽	3.4	4.1	4.3
CIS국가	5.3	4.4	4.7
러시아	5.0	4.2	4.4

1) GDP는 2009년 평균 공식환율로 계산

표 16. GDP에 따른 국가 순위

[단위: 십억 달러, 2009년 달러 대비 연평균 환율 기준]

2000			2010			2020			2030		
1	미국	12, 314	1	미국	14,755	1	미국	20,220	1	미국	27,330
2	일본	4,857	2	중국	5,350	2	중국	12,100	2	중국	23.690
3	독일	3,197	3	일본	5,170	3	일본	6,300	3	일본	7.575
4	프랑스	2,377	4	독일	3,385	4	독일	4,250	4	인도	5.570
5	이탈리아	2,081	5	프랑스	2,685	5	프랑스	3,370	5	독일	5.235
6	중국	2,068	6	영국	2,205	6	인도	2,870	6	프랑스	4.150
7	영국	1,903	7	이탈리아	2,130	7	영국	2,795	7	영국	3.545
8	스페인	1,187	8	브라질	1,660	8	이탈리아	2,645	8	브라질	3.270
9	브라질	1,184	9	스페인	1,455	9	브라질	2,340	9	이탈리아	3.225
10	캐나다	1,143	10	인도	1,405	10	러시아	1,895	10	러시아	2.940
11	러시아	807,1	11	캐나다	1,375	11	스페인	1,810	11	캐나다	2.320
12	멕시코	774,8	12	러시아	1,280	12	캐나다	1,795	12	스페인	2.205
13	호주	709,1	13	호주	955	13	대한민국	1,275	13	대한민국	1.835
14	네덜란드	708,1	14	멕시코	910	14	호주	1,270	14	멕시코	1.695
15	인도	695,0	15	남한	870	15	멕시코	1,260	15	호주	1.655

표 17. 1인당 GDP에 따른 국가분류

[단위: 천 달러, 2009년 달러 대비 연평균 환율 기준]

	1,000 미만				1,000~2,000				2,000~5,000			
	2000	2010	2020	2030	2000	2010	2020	2030	2000	2010	2020	2030
국가 수	43	34	29	25	19	17	17	15	27	28	18	18
GDP (십억 달러)	1,231	557	545	415	2,953	2,128	1,085	1,330	1,548	7,819	5,270	7,600
세계 GDP 비중 (%)	2,7	0,9	0,6	0,3	6,4	3,5	1,3	1,1	3,3	13,0	6,1	6,1
인구 (백만 명)	2074	969	925	710	1836	1729	740	875	470	2124	2005	1995
세계인구 비중 (%)	34,1	14,1	12,3	9,0	30,2	25,2	9,9	11,1	7,7	31,0	26,8	25,2
1인당 평균 GDP (천 달러)	0,6	0,6	0,6	0,6	1,6	1,2	1,5	1,5	3,3	3,7	2,6	3,8
	5,000~10,000				10,000~20,000				20,000 초과			
	2000	2010	2020	2030	2000	2010	2020	2030	2000	2010	2020	2030
국가 수	21	23	25	18	10	15	21	25	31	34	41	50
GDP (십억 달러)	4,464	6,380	15,365	4,635	1,585	3,080	9,935	34,475	34,435	39,973	54,370	76,610
세계 GDP 비중 (%)	9,7	10,6	17,7	3,7	3,4	5,1	11,5	27,6	74,5	66,7	62,8	61,2
인구 (백만 명)	655	805	1,865	690	127	213	800	2170	881	946	1080	1390
세계인구 비중 (%)	10.8	11,7	24,9	8.7	2,1	3,1	10,7	27,4	14,5	13,8	14,4	17,6
1인당 평균 GDP (천 달러)	6,8	7,9	8,2	6,7	12,5	14,4	12,5	15,9	39.1	42,3	50,3	55,2

집필진 및 한국어판 번역진

제1부 이데올로기와 글로벌 거버넌스

편집
F. 보이톨로브스키(정치학 박사), N. 코솔라포프(역사학 박사)

집필
F. 보이톨로브스키(정치학 박사), N. 자글라딘(역사학 국가박사), N. 코솔라포프(역사학 박사), V. 미헤에프(과학아카데미 준회원), A. 랴보프(정치학 박사)

제2부 세계경제

편집
N. 이바노바 (과학아카데미 준회원), S. 아폰체프(경제학 국가박사)

집필
S. 아폰체프(경제학 국가박사), I. 다닐린(정치학 박사), L. 데미도바(경제학 박사), A. 딘킨(과학아카데미 정회원), S. 주코프(경제학 국가박사), V. 자가슈빌리(경제학 국가박사), N. 이바노바(과학아카데미 준회원), V. 콘드라티에프(경제학 국가박사), A. 쿠즈네초프(경제학 국가박사), G. 마차바리아니, Y. 미르킨(경제학 국가박사), E. 니키티나(경제학 박사), D. 릴리코(경제학 박사), E. 헤신(경제학 국가박사)

참고자료 집필
Y. 아드노(이학 박사), N. 안드레에바(경제학 박사), O. 보가체바(경제학 박사), Y. 자크레프스카야, E. 코발레프(경제학 국가박사), I. 코피틴, O. 쿠디노바(경제학 박사), Y. 쿠렌코프(경제학 국가박사), A. 마슬렌니코프, V. 포포프, P. 세르게에프(경제학 국가

박사), V. 슐체바

제3부 글로벌 사회문제

편집
E. 곤트마헤르(경제학 국가박사), N. 자글라딘(역사학 국가박사)

집필
G. 바인슈테인(역사학 국가박사), E. 곤트마헤르(경제학 국가박사), N. 고프페(경제학 박사), N. 자글라딘(역사학 국가박사), N. 아바노프(경제학 국가박사), V. 랍킨(화학 박사), G. 모누소바(역사학 박사), V. 판틴(철학 국가박사), S. 페레구도프(역사학 국가박사), E. 사도바야(경제학 박사), V. 사우트키나(역사학 박사), I. 세멘넨코(정치학 국가박사), K. 홀로드코프스키(역사학 국가박사), M. 호흘로바(역사학 박사), I. 차펜코(경제학 국가박사), V. 쉐이니스(경제학 국가박사)

제4부 국제관계 시스템 및 안보리스크

편집
A. 아르바토프(과학아카데미 준회원), V. 바라노프스키(과학아카데미 준회원)

집필
A. 아르바토프(과학아카데미 준회원), V. 바라노프스키(과학아카데미 준회원), V. 블라디미로프, V. 드보르킨(이학 국가박사), N. 칼리니나(의학 국가박사), A. 칼랴딘(역사학 국가박사), N. 코솔라포프(역사학 박사), B. 마케에프(정치학 국가박사), S. 오즈노비쉐프(역사학 박사), A. 피카에프(역사학 박사), V. 소트니코프(역사학 박사), E. 스테파노바(정치학 국가박사), P. 토피츠카노프(정치학 박사), T. 파르나소바

참고자료 집필
V. V. 라즈메로프(역사학 박사)

제5부 세계발전의 중심 및 기타 지역

미국

편집

F. 보이톨로프스키(정치학 박사), E. 키리첸코(경제학 박사)

집필

L. 보가예프스키, F. 보이톨로프스키(정치학 박사), V. 주라블례바(정치학 박사), L. 자파딘스카야, E. 키리첸코(경제학 박사), E. 레베데바(경제학 박사), V. 마르친케비치(경제학 국가박사), G. 니콜스카야(경제학 박사), M. 페로바(경제학 박사), A. 슐리스테르(역사학 박사)

참고자료 집필

M. 슈쿤딘(역사학 박사)

EU

편집

A. 쿠즈네초프(경제학 국가박사), E. 헤신(경제학 국가박사)

집필

A. 아빌로바(경제학 박사), T. 안드레에바(역사학 박사), N. 아르바토바(정치학 국가박사), A. 볼코프(경제학 박사), K. 보로노프(역사학 박사), K. 주에바(역사학 박사), M. 클리노바(경제학 박사), A. 코케에프(역사학 박사), A. 쿠즈네초프(경제학 국가박사), E. 오스트로프스카야(경제학 박사), G. 포네델코(경제학 박사), I. 프로호렌코(정치학 박사), S. 우트킨(정치학 박사), E. 헤신(경제학 국가박사), E. 체르카소바(경제학 박사), A. 체트베리코바(경제학 박사)

아시아 · 태평양 지역

편집

V. 아미로프, V. 미헤에프(과학아카데미 준회원)

집필

V. 아미로프, V. 자이체프(경제학 국가박사), E. 카나에프(역사학 국가박사), E. 레온티예바(경제학 박사), S. 루코닌(경제학 박사), V. 미헤에프(과학아카데미 준회원), M. 포타포프(경제학 국가박사), V. 숨스키(역사학 국가박사), A. 페도로프스키(경제학 국가박사), V. 슈비드코(경제학 박사)

동남아시아와 호주

편집

V. 아미로프

집필

V. 아미로프, E. 카나예프(역사학 국가박사), V. 숨스키(역사학 국가박사)

인도와 남아시아

편집

V. 아미로프, V. 호로스(역사학 국가박사)

집필

E. 브라긴나(경제학 국가박사), A. 볼로딘(역사학 국가박사), S. 루네프(역사학 국가박사), G. 마차바리아니

중동과 아프리카

편집

V. 아미로프, V. 호로스(역사학 국가박사)

집필

M. 볼로디나(역사학 박사), E. 레베데바(역사학 박사), D. 말리쉐바(정치학 국가박사), G. 미르스키(역사학 국가박사)

라틴아메리카와 카리브해

편집

V. 아미로프, V. 호로스(역사학 국가박사)

집필

A. 보브로프니코프(경제학 국가박사, 과학아카데미 산하 라틴아메리카연구소), V. 다비도프(경제학 국가박사, 과학아카데미 산하 라틴아메리카연구소), N. 홀로드코프(경제학 국가박사, 과학아카데미 산하 라틴아메리카연구소)

통계지표
G. 마자바리아니, Y. 자크레프스카야

[한국어판 편집 및 번역진]

편집
손현익, 장세호, 제성훈, 최아영

번역
강동희, 김규형, 김윤희, 김인경, 김자영, 김하은, 안혜령, 이유경, 이혜경, 정혜린

역자후기

이 책의 서론이 말하고 있는 것처럼 예측은 어렵고 난망한 과제이다. 이미 일어난 사건에 대한 분석과 해석의 시각조차 서로 다른 경우가 허다할 터인데, 미래 예측, 그것도 지금부터 20년 후를 조망하는 작업이라면 대부분 사람들이 우선 고개를 갸우뚱할 것이다.

그럼에도 글로벌 차원의 장기 전망이 우리의 관심을 끄는 것은, 인간 개개인 그리고 개별 국가의 운명이 전 지구적 차원의 변화 트렌드와 시시각각 긴밀한 관련을 맺을 수밖에 없는 오늘의 상황, 그리고 가변적 세계 체제와 놀라운 속도로 발전하는 과학기술이 초래할 미래의 삶에 대한 우리의 희망과 우려 때문일 것이다. 따라서 전통적으로 현상을 설명하는 법칙 탐구에 몰두하던 과학자들도 때로는 미래 예측이라는 지난한 과제에 관심을 기울여야하는 시대를 맞고 있다.

러시아 과학아카데미 산하 세계경제 및 국제관계연구소(IMEMO) 소속 백 여 명의 연구 인력이 3년 이상의 연구와 토론을 거쳐 완성한 『글로벌 전망 2030: 러시아의 전략적 시각』은 러시아가 향후 20년의 국가발전 전략을 준비하는 작업의 일환으로 집필되었다. 스탈린 시대에 경제 및 국제관계 분야 싱크탱크로 출범한 IMEMO는 냉전 기간 동안 소련 대외 전략의 기본 틀을 짜는 동시에 세계경제의 흐름과 변화에 대한 분석 결과를 소련 최고 지도부에 제공하던 중요한 연구기관이었다. 허나 소련 해체 이후 국제정치무대에서 러시아의 위상이 위축되면서 이 연구소의 역할 또한 제한적일 수밖에 없었다. 그러던 중 2000년대에 들어서 러시아 경제가 부활하고 국가 위상이 복원되면서 IMEMO의 연구 활동도 활기를 띠기 시작했다. 각종 글로벌 이슈에 대한 심층적 분석을 담고 있는 이 연구소의 정기 간행물『지구 연감(Year of the Planet)』이 러시아 권력층과 지식인들 사이에서 상당한 영향력을 발휘하고 있는 것이 그 예이다. 그간 몇 차례에 미래 예측 연구를 수행한 바 있는 IMEMO는 향후 20년 동안의 글로벌 트렌드를 거시적, 포괄적 시각에서 조망하는 보고서를 2011년 단행본 형태로 발간했다. 여기에 한국어로 출간하는『글로벌 전망 2030: 러시아의 전략적 시각(Strategicheskij golobal'nyj prognoz 2030)』은 이 단행본의 러시아어 텍스트 전문을 번역한 것이다.

서론과 결론, 그리고 총 19장의 본론으로 구성된 이 연구보고서는 이데올로기, 사회, 정치, 안보 등의 영역을 포괄하면서 미래 트렌드를 분석하고 있으며, 이 같은 미래 추이가 국제사회에 던져줄 위기와 도전들을 제시하고 있다. 아울러 글로벌 거버넌스, 세계경제의 역학구도 변화, 글로벌 사회문제, 국제안보체제는 물론, 미국, EU, 아시아 태평양지역, 인도와 남아시아, 중동과 아프리카, 남미와 카리브해 등의 지역적 차원에서의 변화를 전망하고 그 가운데서 러시아가 대비해야 할 전략적 과제들을 체계적으로 서술하고 있다.

IMEMO 연구 보고서의 한국어판 발간의 의의는, 오래 동안 미국 또는 유럽과 차별화된 입장을 견지해온 러시아 학자들의 시각과 연구 방법론, 그리고 도출된 결론들을 한국의 연구자들과 여러 분야 전문가들에게 소개하는 데 있다. 이를 통해 우리는 서구의 미래 연구와의 비교에서 러시아적 시각이 갖는 변별성을 파악하고, 나아가 글로벌 장기 트렌드에 대한 균형 잡힌 시각을 확보할 수 있을 것이다. 아울러 향후 한-러 관계의 역동적 전개에서 우리가 주목해야 할 러시아의 관심과 전략적 입장을 이해하는 데에도 기여할 수 있을 것이다.

특히, 러시아의 한반도 상황을 바라보는 기존의 냉전적 시각에 획기적 변화가 일고 있다는 점에서 이번 보고서는 우리에게 많은 시사점을 갖는다. 그 동안 러시아 학자들 사이에서 공공연하게 거론되지는 않았던 대한

민국 주도의 한반도의 통일 시나리오와 통일 이후의 지정학적 및 지경학적 변화 예측은 우리가 관심 있게 살펴보아야 할 대목이다. 미국 중심의 단극체제에 맞서 중국과 전략적 동반자 관계를 유지하고 있는 러시아가 지금까지 한반도 통일 문제에 대해 중국과 차별화된 의견을 거론한 사례가 거의 없었던 점을 감안하면 이는 획기적인 변화가 아닐 수 없다. 이 연구보고가 적시한 2030년까지 한반도의 통일 가능성을 예측하기는 어렵다 하더라도, 러시아 학자들이 체계적 분석 틀과 구체적 데이터를 바탕으로 도출한 대한민국 주도 하의 한반도 통일 시나리오에서 우리는 세계체제의 변화에 대한 러시아의 전략적 시각을 확인할 수 있다.

이것은 바로 북한이 경직되고 폐쇄된 현재 시스템을 계속 유지하는 한, 즉 스스로 변화하여 세계체제 흐름에 참여하지 않는 한 외부로부터의 어떤 충격이나 영향 없이도 자연스럽게 '붕괴의 길'로 갈 수 밖에 없음을 깨닫고, 다소 늦었지만 개혁 개방을 통해 정상적인 국제사회의 일원이 되는 길로 나아가야 한다는 것을 북한에게 촉구하는 의미가 담겨있다고 본다. 또한 한국에게는 북한이 자체 붕괴하여 통일이 되든, 평화통일 형식이 되든 통일 한국의 시기가 다가오고 있는 만큼 미래를 철저하게 준비하고 대비할 것을 강조하고 있다. 더군다나 이 책의 한반도 통일시나리오는 김정일 사망 상황과 맞물리면서 그 의미를 더하고 있다.

한-러 수교 이후 20여 년이 지난 지금 우리는 양국 사이의 상호 이해 수준을 한 단계 더 높이고, 굵직한 협력 사업들을 준비해야 하는 시기를 맞고 있다. 양국 간의 교역 규모를 획기적으로 확대하고, 정부 및 민간 차원의 다양한 교류와 협력이 효율적으로 이루어지려면, 러시아의 국가발전 전략과 세계를 보는 시각을 제대로 이해하는 것이 필수적이다. 금번 출간하는『글로벌 전망 2030: 러시아의 전략적 시각』은 이런 점에서 우리에게 러시아를 바라보는 보다 균형 잡힌 시각을 제공하는 데 기여할 수 있을 것이다.

방대한 분량의 이 미래예측 보고서를 우리 글로 번역하는 것은 그리 녹록하지 않은 작업이었다. 러시아의 세계를 바라보는 미래 전망을 우리 한국의 전문가 및 일반 독자들에게 가능한 빠른 시간 안에 소개해야겠다는 사명감에서 번역에 착수했지만, 전문 용어의 통일, 각 장이 갖고 있는 문체적 특징을 우리 글로 풀어내야 하는 과제 등 어려움이 적지 않았다.

공동 번역 진으로 참가한 김인경 석사, 강동희 석사 등 한국외국어대학교 통번역대학원 출신 전문 번역가들의 노력과 감수를 맡은 손현익 박사, 최아영 박사의 도움이 없었다면 이 번역서의 출간은 훨씬 늦어졌을 것이다. 처음부터 최종 마무리까지 여러 귀찮은 일을 도맡아 수고해준 국민대학교 이상준 교수님과 한국외대 출판부 탁경구 팀장님은 『글로벌 전망 2030: 러시아의 전략적 시각』 한국어 판 발간의 산파역이다.

여러 전문가들의 노력과 도움에 힘입어 이번에 한국에서 발간하는 IMEMO의 글로벌 전망이 우리의 지적 안목과 인식의 지평을 넓히는 데 기여할 수 있기를 기대한다. 참고로 덧붙이자면, 본 한국어판 『글로벌 전망 2030: 러시아의 전략적 시각』은 IMEMO 연구보고서의 세계 최초 번역이다.

2011년 12월 31일

한국슬라브학회 회장 김현택

글로벌 전망 2030
러시아의 전략적 시각

초판 인쇄 2012년 1월 10일
초판 발행 2012년 1월 20일

지은이 ALEXANDER A. DYNKIN
옮긴이 김현택, 이상준
펴낸이 박 철
펴낸곳 한국외국어대학교 출판부
130-791 서울시 동대문구 이문동 270
전화 02)2173-2495~7
FAX 02)2173-3363
홈페이지 http://press.hufs.ac.kr
전자우편 press@hufs.ac.kr
출판등록 제6-6호(1969. 4. 30)
편집 · 디자인 디자인퍼브 02)2254-4301
인쇄 · 제본 (주)SM C&P 02)468-6100

ISBN 978-89-7464-707-0 93300 정가 27,000원

* 잘못된 책은 교환하여 드립니다.